兰州大学人文社会科学类高水平著作出版经费资助

中国上市公司创新研究

基于多维利益相关者的视角

原东良 著

THE RESEARCH ON
INNOVATION OF
CHINESE LISTED FIRMS

BASED ON A MULTIDIMENSIONAL
STAKEHOLDER PERSPECTIVE

社会科学文献出版社
SOCIAL SCIENCES ACADEMIC PRESS (CHINA)

前　言

　　创新是引领发展的第一动力，是建设现代化经济体系的战略支撑。以科技创新驱动高质量发展，是贯彻新发展理念、破解当前经济发展中突出矛盾和问题的关键，也是加快转变发展方式、优化经济结构、转换增长动力的重要抓手。创新作为促进经济增长和提升企业竞争力的核心动力，受到政府部门、实务界和学术界的重点关注。

　　企业创新是推动经济增长和转型升级的重要引擎。随着我国经济的快速发展和经济结构的不断升级，传统的资源驱动和投资驱动已经难以满足经济发展的需要，而创新则成为新的增长动力。企业创新不仅可以帮助企业开发新产品、开拓新市场，提高竞争力和盈利能力，还可以带动相关产业的发展，形成产业链的协同效应，推动整个经济体系的升级和发展。因此，我国政府把企业创新作为推动经济转型升级的重要战略举措之一，通过制定相关政策和提供支持措施来鼓励企业加强创新。

　　企业作为创新的微观主体，如何有效提升企业的创新能力和创新质量，是企业在实现高质量发展、助力创新驱动发展战略和经济高质量发展过程中亟须解决的关键问题。基于此，本书基于利益相关者视角，以上市公司作为研究对象，从股东、独立董事、董事会、CEO、媒体、年报信息和同行企业等视角分析上市公司企业创新的驱动因素、影响机制及边界条件。

　　遵循"提出问题—分析问题—解决问题"的思路，本书的研究内容包含三部分。第一部分"提出问题"。其中，导言部分介绍本书的背景、创新之处、实践意义和理论意义；第一章分析上市公司创新发展现状并基于利益相关者视角回顾影响企业创新的驱动因素。第二部分"分析问题"是本书的核心部分，共有9章。第二章到第十章分别理论分析并实证检验连锁股东、独立董事地理距离、董事网络、CEO权力、新闻媒体情绪、年报语调、同行年报语调、同行企业创新信息披露和同群企业创新投资对上市公司创新的影响机制及边界条件。第三部分"分析问题"，即本书的第十一章，在前两部分的基础之上，总结本书所得研究结论，并提出针对性的政策建议，最后提出本书可能存在的局限性及未来的研究方向。

本书的研究结果显示：第一，连锁股东能够促进企业创新投资，冗余资源、环境丰富性和管理者能力会强化二者之间的关系；第二，独立董事地理距离会抑制企业创新，上市公司所在地开通高铁可以缓解独立董事地理距离与企业创新之间的负向关系；第三，董事网络中心度和结构洞丰富度均可以显著提升企业创新投资水平，冗余资源和环境动态性会强化前述促进作用；第四，CEO权力是企业创新投资的重要驱动因素，在新闻媒体报道内容积极的情况下，CEO权力对企业创新投资的促进作用更大；第五，新闻媒体情绪通过管理者过度自信、高级人才流动、企业融资和股票流动性四个渠道促进企业创新投资；第六，上市公司年报语调越积极，企业创新投资水平越高，媒体关注、股票流动性和融资约束在年报语调影响企业创新投资过程中发挥着链式中介的作用；第七，同行年报语调可以显著促进焦点企业创新投资，在信息供给水平高和行业复杂度高的情况下，同行年报语调对企业创新投资的溢出效应更显著；第八，同行企业创新信息披露具有显著的溢出效应，同行企业MD&A语调、同行企业分析师关注和焦点企业的管理者能力均能提升同行企业创新信息披露的溢出效应；第九，企业创新投资存在城市同群效应，分析师对同群企业的关注和焦点企业管理层职业背景多样性能够强化企业创新投资的同群效应，焦点企业市场地位和焦点企业与同群企业之间的地理距离会弱化企业创新投资的促进作用。

同已有研究相比，本书的创新之处体现在如下三个方面。第一，将有关企业创新的研究视角由单一视角拓展至多维视角。第二，识别了多维利益相关者影响企业创新的机制与边界条件。第三，使用多维研究方法组合确保研究结论的稳健性。本书的研究成果也具有一定的现实意义和理论意义。在现实意义方面，本书能够为继续深入推动创新驱动发展战略提供经验证据支持，为上市公司制定企业创新战略提供思路和经验证据。在理论意义方面，本书丰富了企业创新驱动因素的研究成果，拓展了相关理论在新兴资本市场的应用研究。

目录 CONTENTS

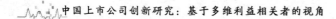

导　言

————❦————

随着经济转型的不断深入，我国经济正逐步由"中国制造"向"中国创造"转型，但我国企业的整体创新水平仍低于发达经济体的创新水平（Wei et al.，2021）。创新是提升企业可持续发展能力、推动国家创新驱动发展战略实施、助力经济高质量发展的核心动力。如何提升企业创新能力，是党和国家持续关注的经济问题。党的十八大报告明确提出，"科技创新是提高社会生产力和综合国力的战略支撑"，"要坚持走中国特色自主创新道路"，"实施创新驱动发展战略"。党的十九大报告指出，要加快建设创新型国家，建立以企业为主体的技术创新体系。党的二十大报告则进一步明确了创新是第一动力，要深入实施创新驱动发展战略，不断塑造发展新动能新优势。

在前述背景之下，政府部门开始大力引导并支持开展创新活动。国家统计局公布的数据显示，全国研究与试验发展（R&D）经费支出由 2010 年的 6980 亿元上升到 2021 年的 27864 亿元，增长 299.20%。伴随研发投入的持续增长，专利申请数量由 2010 年的 1222286 个上升到 2021 年的 5243592 个，增长 329.00%。世界知识产权组织（WIPO）公布的数据显示，我国的全球创新指数排名则由 2010 年的第 43 名提高到 2021 年的第 12 名。基于专利申请类型视角，2010~2021 年，代表创新质量的发明专利申请数量占专利申请总量的比例基本在 30%~40%波动，实用新型专利申请数量的占比呈现逐年上升趋势，外观设计专利申请数量的占比呈现逐年下降趋势。基于专利申请地域视角，国内（国外）专利申请数量的占比呈现上升（下降）趋势。由此可知，十余年来，我国的 R&D 经费支出和专利申请数量显著提升，国家创新指数也在不断提高，但是，代表创新质量的发明专利的占比和国际专利申请数量的占比并未显著增加，这意味着我国企业创新呈现效率低下、质量不高和国际影响力低的现状。企业作为创新的微观主体，如何有效提升企业的创新能力和创新质量，是企业在实现高质量发展、助力创新驱动发展战略和经济高质量发展过程中亟须解决的关键问题。

面对新一轮科技革命和产业变革带来的机遇和挑战，许多国家不约而同地把创新驱动作为国家发展的核心战略。党的二十大报告提出，要坚持创新在我国现代化建设全局中的核心地位。企业作为技术创新的主体，在推动创新驱动发展战略过程中发挥着重要作用。探究影响企业技术创新的因素，寻找提升企业创新水平的有效路径，成为学术界持续追踪的研究课题。

企业创新是一个多维度的企业战略决策行为，涉及多种利益相关者。企业内部利益相关者（股东、董事、CEO 等）和外部利益相关者（如媒体、同行企业等）都在不同程度上影响着企业的创新行为。基于此，本书拟从股东视角、独立董事视角、董事会视角、CEO 视角、媒体视角、年报信息视角和同行企业视角探究上市公司创新的驱动因素。同已有研究相比，本书的创新之处体现在如下三个方面。

第一，将有关企业创新的研究视角由单一视角拓展至多维视角。在企业创新过程中，不同利益相关者的目标和需求不同，他们在企业创新过程中的作用和影响也各异。通过分析利益相关者的角色和利益驱动，可以更准确地识别影响企业创新的关键因素，为企业制定有针对性的创新战略提供指导。从利益相关者视角研究企业创新，可以更全面地理解企业创新的驱动因素和影响机制，避免单一视角的局限性。

第二，识别了多维利益相关者影响企业创新的机制与边界条件。在企业创新过程中，利益相关者的目标和需求是多元化的，作用和影响也各不相同。本书深入分析了不同利益相关者的角色和利益驱动，将企业创新活动置于一个开放的环境中，考虑了不同情境因素对企业创新的影响，揭示了利益相关者在企业创新中的重要性和影响机制。这种全面的分析为企业制定有针对性的创新战略提供了重要的指导。通过深入探究多维利益相关者对企业创新的影响机制和路径，本书为未来的研究提供了新的研究视角和研究方法，为进一步深化对企业创新的认知提供了理论基础。

第三，使用多维研究方法组合确保研究结论的稳健性。单一的研究方法往往存在一定的局限性，而采用多种研究方法可以从多个角度对研究问题进行全面深入的分析，从而提高研究的可靠性和准确性。本书主要采用文献分析、理论演绎、文本分析和实证研究等方法。在实证研究中，利用描述性统计、单变量分析、相关性分析、VIF 检验和多元回归分析等，并通过倾向得分匹配、Heckman 两阶段回归、工具变量回归、熵平衡、双重差分模型、一阶回归模型等方法进行内生性和稳健性检验。此外，在影响机制的检验过程中，还引入了链式中介等模型。前述研究方法的多维组合确保了研究结论的稳健性。

本书基于利益相关者视角探究上市公司企业创新的驱动因素，存在以下实践意义。

第一，为继续深入推动创新驱动发展战略提供经验证据支持。企业创新是推动经济发展的关键因素，它不仅可以提高企业的竞争力，还可以促进社会进步和创造就业机会。在中国经济转型升级的关键时期，政策制定者需要更加关注如何增强企业的创新能力。本书的研究成果不仅为政策制定者提供了理解企业创新的新视角，还为其制定激励和扶持政策提供了理论支持和实践指导。上市公司是资本市场的基石，是贯彻新发展理念、构建新发展格局、推动高质量发展的中坚力量和重要力量。基于多维利益相关者视角对上市公司创新行为展开研究，可以帮助政府监管机构了解企业在创新方面的合规性和风险，从而制定更加有效的监管政策和措施，进一步推动创新驱动发展战略的实施，促进经济的可持续发展。

第二，为上市公司制定企业创新战略提供思路和经验证据。在当今高度竞争且不断变化的市场环境中，企业的创新能力已成为其核心竞争力的重要组成部分。本书基于多维利益相关者视角，深入探讨了中国上市公司创新的内在机制和影响因素，为企业在实践中提高创新能力提供了有益的启示。本书通过深入研究不同利益相关者对企业创新的影响，可以为企业管理者提供实际的指导和建议，帮助管理者更好地理解和实施企业创新战略。通过了解企业创新的最佳实践和成功案例，企业管理者可以从中汲取经验，优化企业的创新管理方式，提高企业的创新能力和竞争力。同时，通过平衡各方的利益以及促进合作和协同创新，企业可以提高创新能力和市场竞争力，实现可持续发展。

基于本书的研究内容和研究结论，本书具有如下理论意义。

第一，丰富了企业创新驱动因素的研究成果。企业创新是一个复杂的过程，受到多种因素的影响。本书从多维利益相关者视角出发，系统地探讨了这些因素如何影响企业的创新活动，有助于深化对企业创新理论的理解。研究上市公司创新行为有助于理解企业创新的过程、动因、机制以及结果，丰富和发展了现有的企业创新理论。通过微观层面的公司治理、组织结构、战略规划等角度，可以更好地解释企业创新行为的内在逻辑和规律，拓展企业创新理论的研究领域。企业创新不仅是公司层面的一种战略行为，也是推动公司持续发展和提升竞争力的关键因素。通过研究上市公司创新行为，可以更深入地理解企业在运营管理中的创新实践，认识企业如何通过创新应对市场变化、提升业绩和实现可持续发展。

第二，拓展了相关理论在新兴资本市场的应用研究。在当今快速发展的经济环境中，新兴资本市场正逐渐成为全球范围内关注的焦点。新兴市场以其独特性和巨大的潜力，为投资者和企业提供了无限的机会。本书通过深入挖掘资源依赖理论、高阶梯队理论、社会网络理论和信号理论等相关理论，将其应用于新兴资本市场的实际情况中，为投资者和企业提供了全面的指导和启示。本书为相关理论提供了新的应用场景和实证支持，同时也为新兴市场的发展提供了重要的理论指导和实践参考。本书通过拓展相关理论在新兴资本市场的应用研究，有助于深入了解新兴资本市场的特点，准确把握市场趋势，为投资者和企业提供了全面的理论和实践指导。

第一章

上市公司创新发展现状及影响因素

第一节　上市公司创新发展现状

一　样本介绍

本书选择 2010~2022 年的 A 股上市公司分析我国上市公司的创新发展现状，在剔除已经退市的上市公司和数据存在缺失的上市公司后，最终保留了 5270 家上市公司，共计 43899 个公司—年度观测值，具体的样本分布如表 1.1 所示。由 Panel A 可知，从 2010 年开始，我国上市公司数量呈现稳步增长的态势，上市公司数量由 2010 年的 2105 家上升到 2022 年的 5132 家，增长幅度为 143.80%。基于区域视角，华北地区的上市公司数量最多，其次依次为华中地区、华南地区、华东地区、西南地区和东北地区，上市公司数量最少的为西北地区。基于分省（区、市）的视角，上市公司数量最多的 5 个省市依次为广东省、浙江省、江苏省、北京市和上海市，上市公司数量最少的 5 个省区分别为青海省、宁夏回族自治区、西藏自治区、内蒙古自治区和贵州省。根据中国证监会的行业分类，本书将分析样本按照行业类别分为 19 个行业，其中，A 为农、林、牧、渔业，B 为采矿业，C 为制造业，D 为电力、热力、燃气及水生产和供应业，E 为建筑业，F 为批发和零售业，G 为交通运输、仓储和邮政业，H 为住宿和餐饮业，I 为信息传输、软件和信息技术服务业，J 为金融业，K 为房地产业，L 为租赁和商务服务业，M 为科学研究和技术服务业，N 为水利、环境和公共设施管理业，O 为居民服务、修理和其他服务业，P 为教育，Q 为卫生和社会工作，R 为文化、体育和娱乐业，S 为综合。在所有行业分类中，样本分布最多的 3 个行业依次为制造业（C）、信息传输、软件和信息技术服务业（I），批发和零售业（F），样本分布最少的 3 个行业依次为居民服务、修理和其他服务业（O），教育（P），卫生和社会工作（Q）。

表 1.1　样本分布

单位：个

	2010年	2011年	2012年	2013年	2014年	2015年	2016年	2017年	2018年	2019年	2020年	2021年	2022年	合计
Panel A 分年度														
总计	2105	2345	2480	2527	2642	2833	3217	3638	3758	3967	4419	4836	5132	43899
Panel B 分区域														
东北	161	178	184	188	193	203	210	219	219	224	231	242	249	2701
华北	817	935	994	1011	1070	1148	1347	1568	1629	1732	1978	2218	2374	18821
华东	221	244	254	254	260	276	306	332	346	359	399	440	468	4159
华南	258	292	313	324	342	371	406	437	452	485	532	565	593	5370
华中	357	394	425	433	452	493	564	661	680	718	795	861	909	7742
西北	118	120	124	127	131	135	153	162	167	171	182	185	197	1972
西南	173	182	186	190	194	207	231	259	265	278	302	325	342	3134
Panel C 分省（区、市）														
安徽	68	77	78	78	82	88	102	109	111	115	137	154	166	1365
北京	171	200	217	227	240	267	296	321	334	364	403	430	458	3928
福建	73	82	87	89	95	101	115	134	135	144	158	166	171	1550
甘肃	22	24	24	25	26	27	31	33	33	33	33	34	35	380
广东	307	341	369	377	393	431	500	594	611	648	725	788	840	6924
广西	27	29	30	30	32	35	36	37	38	39	38	39	41	451
贵州	19	21	21	21	21	20	23	28	29	29	31	33	36	332
海南	23	24	26	26	27	27	28	30	31	31	32	34	28	367
河北	41	46	48	50	50	53	55	61	62	63	67	71	74	741

	2010年	2011年	2012年	2013年	2014年	2015年	2016年	2017年	2018年	2019年	2020年	2021年	2022年	合计
					Panel C 分省（区、市）									
河南	53	63	66	66	67	73	83	87	88	90	98	105	109	1048
黑龙江	28	30	31	31	32	35	35	36	36	38	39	38	39	448
湖北	74	81	83	83	85	86	97	100	107	114	123	132	139	1304
湖南	64	69	72	73	76	82	90	105	108	110	122	135	140	1246
吉林	34	38	38	39	40	40	43	45	44	45	47	49	49	551
江苏	178	215	234	240	260	277	343	409	433	460	529	600	650	4828
江西	30	31	33	32	32	35	36	40	43	45	56	68	80	561
辽宁	58	64	67	68	71	75	77	77	77	78	78	84	87	961
内蒙古	19	21	24	24	24	25	26	26	26	26	26	27	25	319
宁夏	11	11	12	12	12	12	13	14	14	15	16	15	15	172
青海	10	10	10	10	10	10	12	12	12	12	12	11	11	142
山东	129	145	153	153	154	162	186	208	214	225	249	280	298	2556
山西	32	34	34	34	35	37	38	39	40	39	41	42	40	485
陕西	38	38	39	40	42	43	47	50	53	56	62	69	76	653
上海	178	190	197	200	205	220	250	284	291	314	353	394	419	3495
四川	83	87	90	93	92	103	114	126	128	134	148	164	171	1533
天津	36	37	38	39	43	42	46	51	52	56	62	66	70	638
西藏	9	10	10	10	10	11	14	16	18	19	20	21	22	190
新疆	37	37	39	40	41	43	50	53	55	55	59	56	60	625
云南	28	28	28	28	30	30	34	36	36	38	40	42	42	440
浙江	191	226	245	251	274	300	351	424	445	474	552	624	670	5027
重庆	34	36	37	38	41	43	46	53	54	58	63	65	71	639
					Panel D 分行业									
A	43	42	40	41	41	45	46	46	43	43	49	49	49	577
B	52	57	63	66	71	75	75	75	75	77	77	77	79	919
C	1320	1487	1579	1605	1691	1801	2046	2329	2398	2532	2867	3167	3406	28228
D	72	73	80	80	83	90	99	109	110	110	118	130	131	1285
E	41	48	60	63	65	78	90	98	96	94	101	108	109	1051

续表

	2010年	2011年	2012年	2013年	2014年	2015年	2016年	2017年	2018年	2019年	2020年	2021年	2022年	合计
						Panel D 分行业								
F	112	124	152	154	152	153	157	164	165	167	173	188	193	2054
G	75	78	83	84	84	87	90	98	104	106	108	110	113	1220
H	11	11	12	12	12	12	11	9	9	9	10	9	8	135
I	105	125	121	132	137	156	220	263	280	315	364	396	425	3039
J	36	40	42	43	45	50	68	79	96	109	123	128	128	987
K	121	127	143	137	134	136	129	128	126	126	123	116	112	1658
L	24	27	21	23	23	28	43	50	52	55	59	67	65	537
M	10	10	12	12	18	22	28	49	58	65	70	96	110	560
N	7	10	24	24	30	31	35	46	52	58	80	92	99	588
O	9	12	0	0	0	0	0	1	1	1	1	1	1	27
P	0	0	1	1	1	1	3	3	3	8	9	12	12	54
Q	2	3	3	4	4	5	6	9	10	12	12	15	16	100
R	12	18	23	24	28	38	46	58	58	58	59	62	63	547
S	53	53	21	23	23	25	25	24	22	22	16	13	13	333

二　上市公司创新投入现状

本书从整体视角、区域视角、省份视角和行业视角对上市公司的创新投入情况进行分析，为了排除公司规模的影响，使用研发投入占总资产的比重测度上市公司的创新投入水平，本节分析的相关数据来源于中国经济金融研究数据库（CSMAR）。

（一）整体视角的企业创新投入

表1.2的统计结果显示，从2010年开始，上市公司创新投入的平均水平由0.93%增长到2022年的2.70%，增长幅度超过190%。2011年，上市公司研发投入占总资产比重的均值突破1%；2018年，上市公司研发投入占总资产比重的均值突破2%。整体而言，2010~2022年，我国上市公司的创新投入水平持续提升。

表1.2 基于整体视角的企业创新投入分析

单位：%

年份	创新投入	年份	创新投入	年份	创新投入
2010	0.93	2015	1.63	2020	2.38
2011	1.11	2016	1.80	2021	2.62
2012	1.53	2017	1.98	2022	2.70
2013	1.64	2018	2.18		
2014	1.63	2019	2.39		

（二）区域视角的企业创新投入

基于区域视角对上市公司创新投入水平的分析结果如表1.3所示。2010年，上市公司创新投入平均水平最高的地区是华东地区；2011年，企业创新投入平均水平最高的地区是华东地区和华南地区；2013～2020年，企业创新投入平均水平最高的地区为华南地区；在2012年、2021年和2022年，企业创新投入平均水平最高的地区是华北地区，2021年和2022年华北地区企业研发投入占总资产比重均值突破了3%。2010～2022年，企业创新投入平均水平最低的地区均为西北地区，在2021年，西北地区上市公司研发投入占总资产的比重首次突破1%。

表1.3 基于区域视角的企业创新投入分析

单位：%

年份	华北	华南	华东	华中	西南	东北	西北
2010	1.01	1.05	1.08	0.86	0.55	0.57	0.49
2011	1.25	1.28	1.28	0.97	0.73	0.65	0.50
2012	1.78	1.76	1.67	1.41	1.02	0.99	0.77
2013	1.89	1.96	1.76	1.45	1.14	1.15	0.84
2014	1.82	1.96	1.73	1.54	1.10	1.15	0.77
2015	1.80	1.91	1.72	1.68	1.24	1.07	0.68
2016	1.97	2.09	1.92	1.80	1.36	1.18	0.80
2017	2.08	2.33	2.09	2.01	1.54	1.29	0.83
2018	2.30	2.60	2.30	2.15	1.65	1.50	0.85

续表

年份	华北	华南	华东	华中	西南	东北	西北
2019	2.61	2.89	2.48	2.33	1.80	1.63	0.94
2020	2.74	2.80	2.45	2.17	1.89	1.61	0.96
2021	3.19	2.97	2.68	2.32	2.05	1.90	1.16
2022	3.33	3.07	2.73	2.35	2.23	2.01	1.24

（三）省份视角的企业创新投入

表 1.4 展示了基于省份视角的企业创新投入的分析结果，在 2010~2022 年，在 31 个省（区、市）中，上市公司创新投入平均值进入年度前三的有北京市（13 次）、广东省（12 次）、浙江省（8 次）、西藏自治区（4 次）、湖北省（1 次）、安徽省（1 次），上市公司创新投入平均值居年度后三位的有宁夏回族自治区（11 次）、青海省（10 次）、甘肃省（7 次）、广西壮族自治区（7 次）、新疆维吾尔自治区（5 次）、海南省（3 次）。此外，在 2010~2022 年，新疆维吾尔自治区和宁夏回族自治区的上市公司研发投入占总资产比例的平均值还未突破 1%，内蒙古自治区和广西壮族自治区的上市公司研发投入占总资产比例的平均值于 2021 年突破 1%，甘肃省和青海省的上市公司研发投入占总资产比例的平均值于 2022 年突破 1%。

表 1.4 基于省份视角的企业创新投入分析

单位：%

省（区、市）	2010年	2011年	2012年	2013年	2014年	2015年	2016年	2017年	2018年	2019年	2020年	2021年	2022年
北京	1.22	1.51	2.20	2.32	2.18	2.11	2.30	2.36	2.61	2.93	3.09	3.62	3.71
广东	1.18	1.44	1.95	2.13	2.15	2.10	2.28	2.50	2.78	3.08	2.96	3.13	3.21
湖北	0.78	0.84	1.35	1.47	1.77	2.05	2.03	2.34	2.32	2.54	2.30	2.38	2.50
浙江	1.38	1.63	1.94	2.04	2.01	1.95	2.12	2.25	2.48	2.64	2.57	2.64	2.69
贵州	0.60	1.11	1.82	1.90	1.73	1.81	1.73	1.70	1.66	1.66	1.69	1.64	1.73
江苏	1.15	1.27	1.65	1.78	1.76	1.74	1.92	2.11	2.33	2.45	2.44	2.71	2.74
安徽	1.22	1.28	1.82	1.78	1.72	1.69	1.74	1.92	2.23	2.29	2.30	2.55	2.57

省（区、市）	2010年	2011年	2012年	2013年	2014年	2015年	2016年	2017年	2018年	2019年	2020年	2021年	2022年
福建	1.19	1.32	1.62	1.63	1.78	1.69	1.86	2.18	2.31	2.48	2.40	2.64	2.82
河南	1.14	1.23	1.72	1.61	1.55	1.65	1.81	1.90	2.14	2.19	2.16	2.29	2.29
山东	0.80	1.12	1.63	1.64	1.54	1.61	1.79	1.99	2.11	2.24	2.24	2.35	2.47
江西	0.81	1.09	1.42	1.34	1.35	1.55	1.70	1.92	2.06	2.60	2.00	2.17	2.03
上海	0.80	0.96	1.33	1.53	1.45	1.51	1.82	1.95	2.15	2.52	2.51	2.97	2.98
河北	0.75	0.88	1.18	1.50	1.47	1.48	1.74	1.86	2.09	2.19	2.03	2.19	2.30
天津	0.70	0.80	1.01	1.14	1.47	1.46	1.50	1.77	1.99	2.37	2.24	2.47	2.72
湖南	0.75	0.82	1.18	1.34	1.36	1.37	1.58	1.82	2.03	2.12	2.13	2.37	2.42
四川	0.65	0.83	1.07	1.20	1.11	1.29	1.43	1.52	1.83	2.03	2.13	2.27	2.53
西藏	0.29	0.63	0.60	0.77	0.86	1.23	0.95	3.02	1.99	2.35	2.85	3.38	3.25
云南	0.35	0.42	0.81	0.75	0.92	1.11	1.45	1.31	1.29	1.26	1.27	1.44	1.58
陕西	0.69	0.57	1.18	1.39	1.17	1.06	1.34	1.37	1.38	1.51	1.43	1.75	1.73
吉林	0.56	0.60	0.93	1.07	0.97	0.97	1.03	1.05	1.26	1.31	1.35	1.69	1.81
重庆	0.54	0.53	0.74	0.96	0.95	0.96	1.08	1.21	1.37	1.53	1.51	1.66	1.81
辽宁	0.44	0.53	0.96	1.03	1.16	0.92	0.99	1.12	1.30	1.48	1.54	1.89	1.98
黑龙江	0.61	0.60	0.82	0.98	0.89	0.90	0.91	1.00	1.23	1.41	1.33	1.62	1.81
山西	0.60	0.71	0.76	0.73	0.63	0.72	0.83	1.01	1.02	1.09	1.16	1.27	1.32
海南	0.29	0.19	0.51	1.08	0.82	0.71	0.86	1.04	1.20	1.28	1.29	1.23	1.51
内蒙古	0.38	0.44	0.63	0.72	0.60	0.59	0.67	0.79	0.93	0.97	0.96	1.05	1.32
新疆	0.47	0.52	0.64	0.67	0.67	0.58	0.60	0.66	0.69	0.67	0.67	0.77	0.89
甘肃	0.41	0.47	0.53	0.59	0.63	0.53	0.55	0.55	0.58	0.72	0.75	0.89	1.10
广西	0.23	0.30	0.54	0.55	0.50	0.47	0.50	0.66	0.90	1.10	0.99	1.24	1.19
青海	0.29	0.26	0.39	0.42	0.36	0.43	0.62	0.66	0.65	0.79	0.99	0.89	1.05
宁夏	0.24	0.48	0.60	0.44	0.37	0.28	0.41	0.32	0.25	0.35	0.59	0.76	0.73

（四）行业视角的企业创新投入

基于行业视角的企业创新投入的分析结果如表 1.5 所示。2010～2022年，在中国证监会的 19 个行业分类中，企业研发投入占总资产比重的平均值超过 1% 的行业有 3 个，分别为制造业（C），信息传输、软件和信息技术服务业（I），科学研究和技术服务业（M），其中，信息传输、软件和信息技术服务业（I）企业创新投入的均值在研究期间均居于所有行业的第一位。行业创新投入水平最低的行业为金融业（J）9次，住宿和餐饮业（H）3次，房地产业（K）4次，卫生和社会工作（Q）1次。[①]

表1.5 基于行业视角的企业创新投入分析

单位：%

行业	2010年	2011年	2012年	2013年	2014年	2015年	2016年	2017年	2018年	2019年	2020年	2021年	2022年
A	0.41	0.28	0.47	0.82	0.65	0.49	0.60	0.58	0.74	0.82	0.80	0.74	0.87
B	0.47	0.52	0.80	0.70	0.59	0.50	0.52	0.54	0.66	0.73	0.78	0.94	0.95
C	1.16	1.41	1.88	1.99	1.98	2.00	2.17	2.38	2.60	2.84	2.75	3.01	3.03
D	0.04	0.05	0.08	0.07	0.06	0.06	0.09	0.09	0.11	0.19	0.21	0.26	0.31
E	0.63	0.74	1.01	0.99	0.92	1.02	1.09	1.16	1.44	1.32	1.30	1.39	1.32
F	0.08	0.11	0.20	0.22	0.24	0.25	0.31	0.31	0.37	0.48	0.38	0.48	0.50
G	0.03	0.05	0.10	0.11	0.11	0.13	0.14	0.24	0.28	0.27	0.28	0.28	0.25
H	0.03	0.01	0.02	0.05	0.03	0.10	0.30	0.11	0.06		0.06	0.09
I	2.92	2.92	4.68	5.29	4.88	4.62	4.45	4.35	4.73	4.97	4.98	5.42	5.89
J	0.01	0.01	0.01	0.01	0.01	0.01	0.02	0.03	0.03	0.04	0.20	0.23	0.22
K	0.01	0.01	0.02	0.01	0.02	0.02	0.04	0.07	0.10	0.12	0.16	0.11	0.12
L	0.22	0.28	0.33	0.23	0.15	0.19	0.40	0.65	0.74	0.76	0.83	1.11	0.91
M	2.00	1.98	2.57	2.72	1.99	1.93	1.97	2.33	2.66	2.81	2.75	2.63	2.79
N	0.01	0.15	0.42	0.43	0.47	0.50	0.69	0.74	0.84	0.90	0.99	1.07	1.08
O	0.72	0.35	—	—	—	—	3.11	3.66	3.86	2.59	2.62	3.48
P	—	—	0.51	0.64	1.86	1.08	0.33	0.41	0.97	1.96	2.65	2.28	1.87
Q	0.00	0.59	1.12	1.43	1.96	1.15	0.89	1.43	1.34	1.17	1.06	1.05	1.11
R	0.13	0.08	0.21	0.24	0.58	0.63	0.65	0.73	0.79	0.81	0.53	0.54	0.57
S	0.10	0.18	0.42	0.43	0.47	0.47	0.47	0.53	0.56	0.67	0.88	1.01	1.19

[①] 注：此处是以详细数据进行的排序分析，以排除表1.5中排名并列情况。

三　上市公司创新产出现状

延续从整体视角、区域视角、省份视角和行业视角对上市公司创新投入分析的思路,本节继续从整体、区域、省份和行业四个视角对上市公司的创新产出进行分析,企业创新通过上市公司当年独立申请的专利数量测度,包括发明专利、实用新型专利和外观设计专利。本节分析的相关专利数据来源于中国研究数据服务平台(CNRDS)。

(一) 整体视角的企业创新产出

基于整体视角对上市公司创新产出的分析结果如表 1.6 所示,在 2010~2022 年,所有上市公司的年均专利申请数量介于 15 个和 31 个之间,其中,年均专利申请数量最高的年份为 2020 年,年均专利申请数量最低的年份为 2010 年。特别地,与 2021 年比,2022 年上市公司的平均专利申请数量有显著下滑,仅为 18 个。

表 1.6　基于整体视角的企业创新产出分析

单位:个

年份	创新产出	年份	创新产出	年份	创新产出
2010	15	2015	26	2020	31
2011	17	2016	26	2021	30
2012	20	2017	25	2022	18
2013	20	2018	28		
2014	24	2019	29		

(二) 区域视角的企业创新产出

基于区域视角对上市公司创新产出水平的分析结果如表 1.7 所示。2010~2020 年,上市公司创新产出水平最高的地区为华南地区,年度专利申请数量介于 28 个和 50 个之间;2021 年和 2022 年,上市公司创新产出水平最高的地区为华北地区,对应的专利申请数量分别为 44 个和 29 个。2010~2022 年,上市公司年度专利申请数量均值最少的地区均为西北地区。此外,与 2021 年相比,2022 年西北、东北、华东、西南、华中、华北和华南地区上市公司专利申请数量均有显著的下降。

表 1.7　基于区域视角的企业创新产出分析

单位：个

年份	西北	东北	华东	西南	华中	华北	华南
2010	6	8	11	15	15	16	28
2011	6	11	12	15	22	19	30
2012	8	14	16	20	29	24	29
2013	10	15	17	18	22	27	28
2014	14	14	21	20	26	31	35
2015	15	15	24	22	24	31	36
2016	10	18	24	21	18	28	39
2017	11	17	24	19	21	26	37
2018	12	19	25	18	23	31	46
2019	12	20	26	15	20	33	50
2020	14	23	27	16	24	40	50
2021	14	25	26	17	26	44	43
2022	10	15	15	16	16	29	22

（三）省份视角的企业创新产出

表 1.8 展示了基于省份视角的企业创新产出的分析结果，2010～2022年，在 31 个省（区、市）中，上市公司创新产出平均值进入年度前三的分别有重庆市（9 次）、广东省（8 次）、安徽省（7 次）、山东省（5次）、北京市（4 次）、河北省（3 次）、湖南省（2 次）、湖北省（1次），上市公司创新产出平均值排年度后三位的分别有海南省（13 次）、西藏自治区（12 次）、吉林省（8 次）、青海省（4 次）、宁夏回族自治区（3 次）、黑龙江省（2 次）、云南省（2 次）、广西壮族自治区（1次）。此外，2010～2022 年，在 31 个省（区、市）中，上市公司历年专利申请数量均不足 10 个的省份有 4 个，分别为云南省、黑龙江省、海南省和西藏自治区。

表 1.8　基于省份视角的企业创新产出分析

单位：个

省(区、市)	2010年	2011年	2012年	2013年	2014年	2015年	2016年	2017年	2018年	2019年	2020年	2021年	2022年
重庆	48	40	47	41	40	46	47	38	35	23	23	36	49
北京	18	23	29	32	38	38	34	32	38	40	47	52	34
河北	8	20	25	29	27	28	33	29	33	36	46	53	33
山东	19	21	25	27	37	46	47	37	39	44	40	37	25
广东	33	34	33	31	40	41	43	40	51	55	55	46	24
安徽	13	19	27	43	59	71	61	61	56	43	45	42	22
湖北	18	24	35	29	30	25	14	15	17	19	29	30	19
浙江	7	10	12	12	14	17	18	22	24	28	31	31	18
湖南	14	29	38	24	25	20	16	16	17	16	19	25	17
福建	6	6	7	8	12	10	12	11	22	21	21	22	16
内蒙古	10	14	21	25	21	26	24	18	24	28	29	26	14
河南	14	15	19	16	24	30	24	32	35	23	22	22	14
陕西	11	11	15	16	15	14	14	13	12	14	17	20	14
江西	12	14	14	15	25	23	22	22	27	27	25	28	13
江苏	11	11	15	15	18	18	19	18	19	19	21	20	11
山西	18	21	19	20	15	11	8	9	10	9	12	12	11
辽宁	14	14	17	16	16	17	22	21	21	18	19	19	10
甘肃	2	3	5	10	10	8	8	12	12	9	13	13	9
云南	3	4	5	6	8	9	8	8	6	5	7	9	9
上海	9	11	13	12	12	14	15	18	15	17	17	17	8
贵州	7	9	11	15	15	9	9	9	12	14	17	16	8
天津	4	4	6	6	7	8	7	8	11	11	17	14	8
四川	9	12	18	14	18	21	20	19	17	16	17	14	7
新疆	5	7	6	8	19	26	16	10	12	14	15	9	6
宁夏	2	3	6	7	7	12	10	2	3	5	9	9	6
吉林	1	2	2	2	2	2	3	2	6	14	8	6	6
青海	0	1	3	3	5	2	5	8	13	12	13	9	5
广西	2	3	4	6	7	6	7	8	10	10	8	8	5
黑龙江	4	4	4	6	4	6	5	5	5	7	7	8	5

续表

省(区、市)	2010年	2011年	2012年	2013年	2014年	2015年	2016年	2017年	2018年	2019年	2020年	2021年	2022年
西藏	4	1	1	0	1	0	1	0	2	0	2	2	1
海南	0	1	0	0	0	0	1	1	1	1	1	1	1

（四）行业视角的企业创新产出

基于行业视角的企业创新产出现状分析结果如表 1.9 所示。2010~2022 年，在中国证监会的 19 个行业分类中，年度专利申请数量位于行业前三的分别有制造业（C）13 次，采矿业（B）12 次，信息传输、软件和信息技术服务业（I）8 次，建筑业（E）4 次，金融业（J）3 次，科学研究和技术服务业（M）2 次。此外，在 2010~2022 年，上市公司年度专利申请数量均小于 10 个的行业共有 11 个，分别为农、林、牧、渔业（A），批发和零售业（F），交通运输、仓储和邮政业（G），住宿和餐饮业（H），房地产业（K），租赁和商务服务业（L），居民服务、修理和其他服务业（O），教育（P），卫生和社会工作（Q），文化、体育和娱乐业（R），综合（S）。

表 1.9 基于行业视角的企业创新产出分析

单位：个

行业	2010年	2011年	2012年	2013年	2014年	2015年	2016年	2017年	2018年	2019年	2020年	2021年	2022年
A	3	2	3	2	6	9	5	4	3	4	7	6	5
B	27	32	41	47	47	51	49	50	57	54	57	38	12
C	21	24	28	28	33	34	35	34	38	38	39	36	21
D	4	5	6	6	9	13	4	3	3	4	6	9	4
E	5	9	9	12	19	14	14	19	18	25	30	35	15
F	1	1	1	1	1	6	1	3	4	5	2	5	2
G	1	0	1	1	0	1	1	1	2	3	3	2
H	0	0	0	0	0	0	0	0	0	0	0	0
I	10	11	12	15	17	21	16	14	18	21	23	27	16
J	3	3	3	4	10	0	8	6	9	19	40	70	74

续表

行业	2010年	2011年	2012年	2013年	2014年	2015年	2016年	2017年	2018年	2019年	2020年	2021年	2022年
K	0	0	0	0	0	1	2	1	1	2	1	3	2
L	0	0	3	0	0	0	1	1	2	3	3	2	1
M	3	9	12	9	19	16	11	10	10	13	22	18	12
N	2	2	4	3	4	6	7	8	12	10	13	12	6
O	0	3	-	-	-	-	-	0	0	1	0	0	0
P	0	0	0	0	0	0	0	0	4	0	6	3	1
Q	0	0	0	0	1	2	1	0	1	1	1	1	0
R	0	0	1	1	0	0	3	1	1	2	1	1	1
S	0	0	0	0	0	1	1	1	1	0	1	0	0

第二节　上市公司创新影响因素

目前，国内外有关企业创新驱动因素的研究已经取得了丰硕的成果。He 和 Tian（2018）梳理了发表在国际顶级金融和会计期刊上的共计 68 篇有关企业创新的研究成果，相关成果涉及公司金融、资产定价和宏观经济三个领域，有关企业创新的驱动因素主要包括企业特征、市场特征和国家制度特征三个层次。具体而言，企业层面的驱动因素包括风险投资、企业精神、IPO、融资依赖、所有权结构、管理者特征（包括性格特征、人力资本和社会资本等）、管理层激励（包括薪酬激励和股权激励）、董事会职能属性、外部市场收购、分析师关注、机构投资者（包括对冲基金等）介入、交叉持股、股东干预、供应商客户关系、债务违约、信用违约互换、股票市场流动性等。有关市场特征对企业创新影响的研究主题包括产品市场竞争、知识产权保护、外贸交易、信贷市场、税收、投资周期、诉讼风险和财务报告频率等。制度层面影响企业创新的因素涵盖了法律法规、政府政策、债权人保护、股东诉讼、资本私有化、金融市场发展（包括市场准入、金融自由化等）和宗教信仰等。国内相关研究也基本围绕前述主题展开。

Miroshnychenko 和 De Massis（2020）从内部和外部两个视角回顾了公

司治理机制对企业创新的影响。在这个逻辑下，近几年的研究也从内部和外部两个角度探寻企业创新的影响因素。基于内部视角，相关研究证实了人工智能（Lee et al.，2022）、内部控制（Li et al.，2019a）、机构投资者（Mishra，2022）、公司治理（Muhammad et al.，2022）、企业融资渠道（Zhao et al.，2023）、财务松弛（Zhang et al.，2021）均会显著影响企业创新投资。内生增长理论认为，影响企业创新的重要因素是外部制度，良好的外部制度环境，有助于企业整合创新资源，为企业创新提供支持。基于外部视角，已有研究证明了环境政策（Brown et al.，2022）、经济政策不确定性（Cui et al.，2021）、政府补助（Wu et al.，2022）、货币政策（Zhang et al.，2020a）、财政政策不确定性（Wen et al.，2022）、工作权（Nguyen and Qiu，2022）与企业创新之间存在显著的关系。

企业创新是指企业在寻求新颖的、具有潜在市场价值的技术、产品或服务的过程中，投入资金、资源和智力资本的行为。它是企业为实现可持续发展、提高竞争力和创造市场份额而进行的一种战略性投资。创新不仅涉及研发新产品或新服务，还包括新技术的采用、业务流程的优化、市场扩展和知识管理等多个方面（Beneito et al.，2014；Grimpe et al.，2017）。梳理已有研究，现有对企业创新的研究主要聚焦于以下几个方面。

第一，资源视角。企业创新投资的资源视角强调了企业内部资源和能力的重要性。Barney（1991）在研究中指出，企业的资源和能力是创新投资的关键推动因素。这些资源可能包括财务资本、研发人员、知识库和生产设备。企业需要合理配置这些资源，以支持创新项目的顺利实施。Teece（2007）进一步强调了动态能力的概念，它是指企业适应和变革的能力，在创新投资决策中起着关键作用。企业需要不断地调整其资源配置以适应市场变化，这对于长期创新成功至关重要（Grimpe et al.，2017）。第二，开放创新视角。Chesbrough（2003）引入了开放创新的概念，强调了企业需要与外部合作伙伴共同创新。开放创新视角认为，创新不仅发生在企业内部，还可以通过与供应商、客户、大学和其他组织的合作来实现（Hwang et al.，2023）。这种开放性的创新投资战略有助于扩大创新的范围，加速产品开发，并使企业在市场上获得竞争优势。第三，风险视角。创新投资往往伴随着风险，企业在选择创新项目时需要考虑技术风险、市场风险和竞争风险等因素，不同类型的创新可能涉及不同程度的风险，企业需要灵活应对这些风险（Galindo and Méndez-Picazo，2013）。第四，政策影响视角。政府政策对企业创新投资产生了重要影响。Wang 等（2020）探讨了市场对企业创新投资反应与投资风险水平之间的关系。政府政策可能会影响企业的创新投资风险水平，从而影响市场对企业创新投资的反应。第五，社会网络视角。社会网络在企业创新投资中也扮演着关键角色。Muller 和 Peres（2019）探讨了社会网络结构对创新扩散速度和范围的影响，发现社会网络中的中心节点和紧密节点对创新扩散具有重要作用，这些节点更有可能成为创新的早期采用者，并将创新传播给其他成员。这些社会网络可以帮助企业获取外部资源和信息，支持创新项目的成功实施。第六，知识管理视角。知识管理对创新投资也至关重要。Brunetta 等（2020）强调了企业如何管理和应用知识以支持创新投资，也强调了竞争优势的重要性。有效的知识管理可以确保企业充分利用内部知识资源，并从外部获取有价值的知识，这有助于推动创新项目的成功实施。

基于本书拟开展的具体研究，本节将从股东、独立董事、董事会、CEO、媒体、年报信息和同行企业 7 个角度回顾企业创新的影响因素。

（一）股东视角

股东作为企业的所有者，对企业创新的影响是多方面的。在企业创新过程中，股东的重要性体现在以下几个方面：①是企业创新的重要驱动力，股东的投入和参与可以推动企业进行创新活动，提高企业的创新能力；②影响企业创新的决策和方向，股东通过参与企业治理，可以引导企业制定合适的创新策略，确保创新活动符合市场需求和企业发展战略；③为企业提供创新所需的资源，股东的资源投入可以为企业创新提供资金、人力和技术支持，提高企业创新的效率和效果；④承担企业创新的风险，股东在企业创新过程中需要承担风险，为企业的创新活动提供支持和保障。整体而言，股东能够通过资源投入、治理结构、激励机制、风险承担和知识资源等渠道影响企业创新。

基于股东视角的研究证明，股东诉讼带来的压力阻碍了管理者从事探索性创新活动（Lin et al.，2021a），机构投资者与股东之间的地理邻近性通过缓解代理问题增强企业创新（Mathers et al.，2020），少数股东的积极主义能够促进企业创新（Wang and Li，2023），大股东与管理者之间的信任与激进创新之间存在显著的倒 U 形关系（Zhang et al.，2020b）。股东参与和企业创新之间则存在 U 形关系，这种关系会受到股权激励的强化作用和监督机制的弱化作用（Zhang et al.，2020b）。多个大股东在增加创新数量的同时也能提高创新质量（Li et al.，2024）。但朱冰等（2018）的研究则证实多个大股东会降低企业的风险承担能力，降低对创新失败的容忍度，进而抑制企业创新。在大股东退出方面，陈克兢等（2021）证实了外部大股东的退出威胁可以有效提升企业的创新投资和创新产出。

关于连锁股东与企业创新投资之间的关系存在不同的观点。一种观点认为，连锁股东能够促进企业的创新投资。他们通常具有更广阔的市场视野和更丰富的资源，可以通过影响企业的战略决策和治理结构来推动企业的创新发展（Chen et al.，2021a；Cannella and Sala，2016；Brachert and Dietrich，2017）。例如，连锁股东可以为企业提供新的管理理念、引入新的战略资源，或者通过提供技术支持、市场渠道等资源来增强企业的创新能力（Li and Wang，2017）。此外，连锁股东还可以通过分享同行企业之间的特有信息，加强企业之间的紧密合作，从而促进企业之间的相互影响和进步（Cheng et al.，2021；Guo and Zhang，2020）。另一种观点则认为，连锁股东可能会对企业的创新投资产生负面影响。如果连锁股东过于注重短期收益，他们可能会限制企业的创新投入，以避免承担过高的风险（Huang and Zhang，2021；Koh and Park，2018）。当连锁股东与企业的管理团队存在利益冲突或管理理念不合等问题时，也可能会对企业创新投资产生负面影响。

（二）独立董事视角

独立董事制度是现代企业制度中重要的内部治理机制，目标在于监督公司管理层和大股东，保护中小股东利益，并为公司的经营管理提供必要的战略咨询，确保决策科学化。我国于 2001 年正式将其引入，并规定在 2003 年 6 月 30 日之前，上市公司董事会中的独立董事占比至少要达到 1/3。为了符合该项规定，上市公司开始选聘独立董事，在此过程中，大量上市公司聘任了异地独立董事。地理距离的客观存在，导致了异地独立董事监督职能和咨询职能履职有效性的降低，异地独立董事的加入还会导致董事会内部群体断裂带的产生，降低董事会整体的履职有效性，抑制企业在创新方面的投资（林雁等，2019）。当独立董事所在地与任职公司所在地位于不同的城市时，受出行便利程度、出行成本、人力资本变现等因素的影响，独立董事的资源提供能力和咨询职能履行效果必然降低，同样也会降低企业创新产出（Yuan et al.，2022）。

基于美国市场，在塞班斯法案出台之后，上市公司的独立董事占比逐步提高，对应的专利产出和专利引用也呈现同步增加的趋势（Balsmeier et al.，2017）。Lu 和 Wang（2018）同样使用塞班斯法案的出台作为董事会构成的外生冲击，证实拥有更多独立董事的公司会通过股票期权来提升管理层的风险承担水平，进而提高企业创新绩效。

从独立董事的背景出发，技术独立董事更关注企业的长远发展，能够整合企业内外部资源，为创新决策提供专业性的咨询和建议，可以发挥"专家效应"，促进企业创新绩效的提升（龚红、彭玉瑶，2021）。此外，技术独立董事通过为公司提供专业性的技能、知识和经验，可以促进内部董事对这些知识技能的学习或吸收，促进知识的积累和应用，实现技术能力和创新能力的提升，从而提高企业创新效率（胡元木，2012）。"官员"独立董事既能根据经验对政策导向进行判断，也能通过权力或关系帮助企业获取更多创新资源，中共中央组织部《关于进一步规范党政领导干部在企业兼职（任职）问题的意见》（以下简称"中组部 18 号文"）引起独立董事辞职，引发政治关联丧失，降低民营企业的创新效率（乐菲菲等，2020）。

此外，还有学者考察了独立董事与高管团队之间的关系对企业创新的影响。独立董事与 CEO 之间的人口统计学特征的友好性，有助于提高企业创新投资水平，改善企业创新绩效，但是独立董事与 CEO 之间的社会友好性却抑制了创新投资和创新绩效提升（罗肖依等，2023）。技术独立董事与 CEO 之间的社会关系抑制了技术独立董事的"专家效应"，降低了企业创新产出（朱朝晖、李敏鑫，2023）。

（三）董事会视角

在现代企业制度下，董事会与高管团队对公司的战略决策行为有巨大的影响力（Fama and Jensen，1983；Boivie et al.，2021），董事会是公司治理的核心（Feng and Xiao，2022），在公司的战略决策中发挥着积极的作用（Boivie et al.，2021），是控制和降低创新活动中代理风险的第一道防线。企业的风险承担活动依赖于其对大量资源的消耗，而董事网络作为社会资本的载体，其中镶嵌着丰富的资源和信息，董事网络位置通过影响企业拥有资源和信息的数量与质量，影响企业的风险承担水平。具体而言，董事网络的中心位置与中介位置通过地位优势、资源优势、信息优势、控制优势显著提升企业创新投资水平（周雪峰等，2021）。整体而言，董事网络对企业创新有显著的促进作用（Chang and Wu，2021）。

作为资源流动的载体，董事网络能够发挥资源获取作用，为企业创新提供融资支持，拓宽研发投入的资金来源，发挥引资作用；作为知识传播的载体，董事网络能够发挥专利知识获取作用，为企业创新提供异质性专利知识支持，提升企业创新数量和质量，发挥引智作用，即董事网络能够通过引资和引智两个渠道促进企业创新（王营、张光利，2018）。

董事的先前经验可以促使董事做出更好的决策，特定行业的专业知识被广泛认为能够促进对行业实践和趋势的理解并识别公司潜在的机会和风险，但是更多的专业知识也可能使董事变得过于保守，更难接受新的商业模式，导致董事会行业专业知识与企业创新之间存在倒 U 形关系（Sarto and Saggese，2022）。拥有担任技术专家经历的董事通过搭建企业间关系网能加强企业间的技术协作，在降低企业创新难度和风险的同时也提高了企业创新效率（胡元木、纪端，2017）。董事的海外学习背景和海外工作经验可以降低信息不对称程度，避免管理层的短视行为，促进企业创新（宋建波、文雯，2016）。由董事的海外经历引起的董事会文化多样性通常会增进企业对国际竞争环境的了解，使企业加强创新（Tang et al.，2021）。在创新战略选择时，拥有丰富创新经验的连锁董事能够更有效地识别成功可能性高的创新项目，优化资源配置；在创新战略实施过程中，拥有丰富创新经验的连锁董事能够发挥资源提供和监督职能。整体而言，任职经验丰富的连锁董事嵌入企业创新活动，能够有效提升企业创新投资和创新产出（周建等，2021）。

　　高层管理团队的配置影响了企业的战略制定及创新活动（Hambrick，2007）。基于董事会配置的视角，外部董事通常具有更丰富的行业经验和专业知识，可以为企业的创新提供宝贵的意见和建议，提升企业创新绩效（Balsmeier et al.，2014）。科技董事主要是通过强化人力资本专用性投资对创新的促进作用和弱化代理问题所产生的抑制作用，发挥协同治理功能，从而促进企业创新（李云鹤等，2022）。董事在不同公司的董事会中任职，就会形成交错董事，他们帮助不同的企业共享信息和知识，有利于企业之间建立信任和合作关系，为焦点企业提供更为广泛的视角和丰富的经验，进而影响企业创新活动（Helmers et al.，2017）。交错董事能够帮助公司更好地了解市场趋势、技术创新和未来发展方向，提高企业创新能力（Chen et al.，2022a）。但也有学者证实，交错董事与企业创新投资之间的关系并非线性的，而是存在 U 形关系（Bravo and Reguera-Alvarado，2017）。

　　人力资本理论突出了个人技能、知识和专长的组合对公司的重要性，多样性是董事会影响企业战略决策的重要基础。董事会在企业创新战略决策过程中承担着分配资源、提供资源和建立联系以提高公司创新能力的任务，多元化的董事会可以为企业带来战略性的人力资本和社会资本。基于资源的观点认为，具有不同背景的董事所带来的战略资源有利于企业创新，多样性的董事会能够带来各种各样的经验、专业知识和观点，这有助于公司高管发现机会、产生想法并克服知识领域盲点。整体而言，多元化的董事会表现出卓越的咨询能力，能够促使公司在不熟悉的领域进行更多的探索性创新和新技术的开发（An et al.，2021）。具体而言，董事会的认知多样性能够通过引入更多的高科技人才，并为其提供更优厚的激励促进企业创新产出（Li and He，2023）。在由男性主导的行业中，董事会性别多样性对企业创新的影响更大；在高技术或者专利密集型行业中，董事会经验多样性对企业创新的促进作用更显著（Cumming and Leung，2021）。任期多样性会抑制企业创新投资，而教育背景多样性和性别多样性则会促进企业创新投资（Midavaine et al.，2016）。基于国际数据的研究也证实，董事会的性别多样性能够通过更高的失败容忍度、CEO 激励、创新文化等渠道提升企业的创新产出和创新效率（Griffin et al.，2021）。

（四）CEO视角

作为企业战略的执行者，高管团队发挥着至关重要的作用。CEO作为高管团队的核心领导者，比其他高管拥有更大的权力和影响力，其个人特质对企业风险承担的影响不可忽视。企业的创新战略是由管理团队做出的，CEO更是其中的关键决策者（Du et al.，2022）。已有研究从CEO权力、职业经历、过度自信、个人特质、CEO继任、CEO与董事会的关系等视角分析了CEO对企业创新的影响。

管理层权力理论认为，CEO拥有经营活动的决策权和内部信息优势，CEO权力是影响企业战略决策的核心要素之一（Sheikh，2019），通过影响资源供应模式影响企业创新投资。强权CEO往往拥有更为丰富的资源和巨大的影响力，可以稳定其在企业战略决策过程中的角色（Eggers and Kaplan，2009）。权力大的CEO往往具有强烈的"管家精神"，拥有强大的资源调配能力和信息处理能力，有助于提高公司的战略灵活性，从而提高创新投资的意愿和能力（Chen，2014），并有效提升企业创新绩效（Sheikh，2018）。

从职业经历的视角看，在多个职位、公司和行业工作过的CEO能够积累良好的人力资本，驱动企业积极开展创新活动（Custódio et al.，2019）。基于我国制度背景构建CEO能力指数，研究证实，通才型CEO能够显著提高公司的创新投资、专利申请量和专利引用量（赵子夜等，2018），CEO复合型职业经历主要是通过丰富高管的社会网络资源以及增强高管的风险偏好倾向，从而提升企业的创新水平（何瑛等，2019）。由发明家高管管理的企业拥有更多的注册专利、被引用专利，更高的创新效率，更倾向于进行具有开创性和颠覆性的创新研发（Islam and Zein，2020），即CEO的技术经验对企业创新存在显著的促进作用（Song et al.，2023）。飞行员CEO具有好奇心、创新精神和开放的新思想，拥有追求创新的内在动力，能够为企业带来更多的创新产出（Sunder et al.，2017）；拥有海外经历的CEO更容易将自身在国外学习到的企业社会责任、环境保护和绿色创新等现代理念嵌入任职企业的战略决策行为中，推动企业积极地开展绿色创新（Quan et al.，2023）。

过度自信的高管对自己的能力估计过高，低估了失败的可能性（Galasso and Simcoe，2011），在面临挑战性、风险性及结果高度不确定性的创新项目时往往具有极大的热情（Hirshleifer et al.，2012）。过度自信的 CEO 更倾向于以市场和组织为导向的开放式创新，而不是以技术为导向的开放式创新（Xia et al.，2023）。

在个人特质方面，创始人 CEO 往往比职业 CEO 更加自信，表现出更强的冒险倾向，积极开展企业创新活动（Lee et al.，2020）；占主导地位的 CEO 可能会追求短期利益，忽视有利于公司长期发展的投资活动，降低企业创新投资（Prugsamatz，2021）；CEO 的组织认同加强了其自身利益与公司利益之间的联系，使 CEO 更倾向于从长远的角度进行决策，注重对提升企业长期价值的创新项目的投资（Du et al.，2022）。

基于 CEO 继任视角，临时合同的短期性和不确定性会导致临时 CEO 产生短视投资导向，临时 CEO 权威不足和信息缺失导致了短视投资导向，削弱了创新投资动机。此外，临时 CEO 有意在短期内进行印象管理，存在明显的风险厌恶情绪和强烈的"速胜动机"，从而降低了企业的创新投资水平（连燕玲等，2021）。在 CEO 上任初期，来自股市和董事会的双重压力使得继任 CEO 更关注公司的短期目标，而非公司长期发展的持续改进，对企业创新投资产生抑制作用（Yuan et al.，2023），但是继任 CEO 会促进企业开放式创新（Biscotti et al.，2018）。

基于资源依赖理论，董事会运用其拥有的专业知识和资源协助管理层做出创新决策；基于委托代理理论，董事会通过对管理层特别是 CEO 的聘用、解聘和评价来监督企业的创新决策。既有研究也证实 CEO 与董事会之间的关系会影响企业创新战略，CEO 与董事会的友好关系有利于董事会为企业创新提供多元化的思维和视角，影响董事会创新战略决策时的认知选择，能有效降低决策风险，促进企业创新投资（许强等，2019），并有效提升企业创新数量和质量（Kang et al.，2018）。

（五）媒体视角

媒体在传播信息方面发挥着重要作用，通过验证和整合不同数据源的信息，新闻媒体报道可以生成具有经济价值的信息，缓解资本市场的信息摩擦，通过提高投资者、监管机构等利益相关者对上市公司的认知水平，影响公司战略决策行为（Gao et al.，2020）。媒体在进行新闻报道时，大多在叙述报道内容的基础上，试图向受众释放具有一定倾向性的观点，例如对该公司经营业绩表现、未来发展预期等方面进行评价，这些都在一定程度上表明了媒体情绪的存在（Bajo and Raimondo，2017；Nguyen，2015）。

相关研究表明，新闻媒体在公司战略领导力中的作用日益突出（Tsai and Men，2017），新闻媒体的报道不可避免地会影响包括 CEO 在内的各资本市场参与者的决策（Graf-Vlachy et al.，2020）。在有关媒体报道与企业创新的研究中，Dai 等（2021）的研究表明，媒体报道通过市场压力、运营效率、行业性质和高管激励四个渠道抑制企业创新绩效提升。国内相关研究主要从媒体报道对企业创新投入和创新绩效的影响两个角度展开。在企业创新投入方面，史晋川和刘萌（2019）、刘萌等（2019）发现，媒体报道会抑制非国有上市公司的研发投入，二者之间的关系受到年龄、教育背景、职业背景、任期等管理者特征和两职合一、管理层激励（薪酬激励和股权激励）等公司治理特征的影响。夏晓兰等（2018）的研究表明，有关上市公司竞争对手创新活动的正面报道越多，越有助于提升创新竞争压力，进而促进上市公司积极开展研发创新活动。在企业创新绩效方面，许瑜等（2017）指出，媒体关注通过改善上市公司的内部控制有效性提升企业创新绩效。南楠等（2016）对媒体的报道倾向进行细分，实证检验表明，媒体的正面报道和负面报道均可以促进企业创新，但是正面报道的促进作用更大。杨道广等（2017）的研究则支持"市场压力假说"，即媒体的负面报道会抑制企业创新产出。

随着信息化浪潮的推进和互联网的普及，媒体报道作为一种外部治理机制对企业投资决策的影响越来越大，作为强大的外部冲击和意见环境，媒体情绪会大幅扩散并在市场上迅速蔓延，在市场参与者主观信念形成的过程中发挥着重要作用（Zhu et al.，2017），潜移默化地影响着他们的学习认知、分析判断和投资决策。媒体情绪是资本市场情绪的重要体现，高涨的媒体情绪会激发管理者的迎合心理（Polk and Sapienza，2009），激励其风险承担行为。相关研究已经证实媒体情绪对资本市场有显著的影响

（Bajo and Raimondo，2017；Liu and Han，2020），但是，媒体情绪如何影响高层管理者主导的企业投资行为，尚没有明确的结论。

（六）年报信息视角

年报作为上市公司信息披露的重要载体，主要由财务信息和文本信息两部分组成。相较于客观量化的财务信息，文本信息逐渐受到学术界的关注，主要原因在于以下两个方面：一是个体认知存在差异，信息的发布方、传递方和接收方对信息的理解不同，文本信息比数字信息更具弹性，表达形式更为丰富，传递渠道更为多样；二是文本信息内含的增量信息可以更好地帮助利益相关者了解公司经营状态、战略计划和发展方向（Tailab and Burak，2021；Wu et al.，2021；Tran et al.，2023）。近年来，在大数据挖掘、机器学习等现代分析工具日益普及的情况下，文本大数据的研究和应用越发受到重视（Yuan et al.，2022；Xin et al.，2022）。借助现代分析技术，通过对年报文本进行深度挖掘，能够提炼出传统财务指标之外的增量信息。与定量的财务报表不同，文本信息可以选择积极词汇或消极词汇进行表达，是一种更有效的定性信息（Loughran and McDonald，2011）。通过对文本信息的分析，可以更好地描述和体现管理层的态度（Fedorova et al.，2022），突破了传统结构化数据的束缚和限制，为经典问题的研究提供了新的视角（Gentzkow et al.，2019）。此外，关于文本信息语调的研究逐渐引起学者们的关注。

一些学者也尝试研究了文本信息属性与企业创新之间的关系，证实了更具可比性和更透明的信息披露能够提升企业创新投资水平（Huang et al.，2021）。具体而言，上市公司的信息披露通过融资、薪酬和学习三个渠道对企业创新行为产生影响（Simpson and Tamayo，2020）。基于供应链视角的研究发现，客户公司的年度报告语调通过缓解融资约束影响供应商的创新决策，在供应商的议价水平较低，或者客户媒体关注度较高的情况下，客户年报语调对供应商创新投资的促进作用较大（Xin et al.，2022）。Ding和Wei（2022）从整体性、可读性和细节三个维度检验了高管简历信息披露对企业创新的影响，结果表明，高管简历信息披露通过吸引高学历员工和缓解融资约束促进企业创新。在与本章主题高度相关的研究中，Yuan等

（2022）的研究证实同行企业积极的年报语调对焦点企业的创新投资有显著的促进作用，在信息供给水平高和行业复杂程度高的情况下，同行年报语调对焦点企业创新投资的溢出效应更显著。

（七）同行企业视角

同行企业的信息披露是指企业或组织公开与同行分享其运营和财务状况、市场策略和其他内部信息（Seo，2021）。已有研究表明，同行信息披露对企业披露决策表现出社会学习行为的影响（Seo，2021）。特别是在高度不确定性的背景下，同行企业信息披露对管理和认知的影响更加显著（Ferracuti and Stubben，2019；Lieberman and Asaba，2006）。Tuo 等（2020）在研究企业自愿信息披露政策时强调，提高和扩大同行之间的信息披露频率和范围，可以促使企业自身信息披露频率和范围的提高和扩大。同行企业信息披露作为分享信息的重要渠道，促进了企业之间的相互学习和洞察力的提升。Bertomeu 等（2021）强调，在存在激烈市场竞争的情况下，企业表现出较弱的信息共享倾向。同行之间的信息分享使企业能够获取有关市场趋势和竞争对手策略的有价值的信息，从而促进必要的调整和改进。Cho 和 Muslu（2021）指出，同行企业 MD&A 中的悲观语调会导致企业未来一年资本投资和库存的减少，而积极的语调会增加这些投资，这意味着通过同行企业信息，企业可以了解同行的运营状况、财务状况和其他重要信息。企业利用同行企业披露的信息来评估行业未来投资的趋势，并作为做出明智投资决策的基础。此外，同行信息的分享可以促进行业内的竞争和合作，从而提高整个行业的透明度和可持续性。Durnev 和 Mangen（2020）的研究发现，企业的投资决策与其竞争对手在 MD&A 披露中传递的情绪之间存在积极的相关性。通过了解同行企业的运营动态，个体组织可以吸收来自其他企业的成功做法，规避可能遇到的潜在困境。根据 Kepler（2021）的观点，竞争对手之间的沟通和公开披露是一种协调机制，随着私密交流的增加，公开披露减少，而且一旦建立了战略联盟，公开披露还将进一步减少。相关研究表明，同行企业信息披露在提高行业整体透明度、促进信息交流和推动企业共同发展方面起着关键作用（Seo，2021；Ferracuti and Stubben，2019；Lieberman and Asaba，2006）。

关于企业创新投资同群效应的研究主要基于 Lieberman 和 Asaba（2006）提出的竞争机制和信息机制展开。以竞争为基础的理论认为，企业通过模仿其他企业来限制竞争或保持在市场中的相对地位；以信息为基础的理论认为，信息不完备是模仿的主因，企业会追随拥有更优信息的其他企业。刘静和王克敏（2018）、Peng 等（2021）虽从行业层面证实了企业创新投资的同群效应，即企业的创新投资会受到同行企业创新投资水平的显著影响，但缺乏对创新投资同群效应影响机制、异质性影响因素和经济后果的系统性分析。企业创新投资是否存在地区效应，也尚未得到学者的充分关注，这为本书分析和检验企业创新投资的城市同群效应留下了可拓展的空间。

第三节　文献评述

通过对我国上市公司创新投入与产出现状的分析，以及对创新投资影响因素相关文献的回顾，本书认为现有研究还存在可进一步完善的空间。

第一，2010~2022 年，我国上市公司创新投资水平呈现持续增长的态势，但是创新产出并未随之持续增长，创新投入与创新产出之间存在不匹配现象。在区域视角、省份视角和行业视角，上市公司的创新投资与创新产出存在显著的不平衡性。如何提升企业创新能力，是深入推动创新驱动发展战略亟须解决的问题，也是学术研究长期关注的热点问题。

企业创新是一个复杂的过程，涉及多个利益相关者。从利益相关者视角研究企业创新具有重要意义。通过深入研究不同利益相关者的需求和期望、互动和影响、风险和收益平衡等因素，可以更好地理解和推动企业创新，为企业的可持续发展提供理论支持。

第二，已有关于股东、独立董事、董事会、CEO、媒体、年报信息和同行企业与企业创新之间关系的研究还存在进一步拓展的空间，具体如下。

从股东视角看，连锁股东的产生是一个复杂的现象，其对企业治理和市场竞争产生了深远影响。现有研究强调了连锁股东的双重性质，既有资源治理优势，又有合谋动机。因此，连锁股东的作用在不同情境下可能是积极的也可能是消极的。这有待进一步深入探究，以更好地理解连锁股东在不同治理情境下的异质性作用，从而优化连锁股东治理结构，促进企业创新和市场竞争。

从独立董事视角看，在资源依赖理论和高阶梯队理论框架下，独立董事的个人特征是影响其履职有效性的重要因素，既有关于独立董事与企业创新的研究较少考虑地理因素的影响。当独立董事所在地与任职公司所在地不同时，受出行便利程度、出行成本等因素的影响，独立董事履职水平必然存在差异，进而影响企业创新。

从董事会视角看，企业创新的不确定性和资源依赖性较高，受到企业获取信息和资源能力的制约。董事网络带来的外部资源、社会资本及信息优势等能够提升企业的决策水平，因此，董事网络成为研究风险承担影响因素的新视角，但相关研究尚未成熟且未形成统一结论，这就为研究董事网络对企业创新投资的风险承担机制提供了空间。

从 CEO 视角看，已有关于 CEO 权力影响企业创新的研究并未考虑外部环境，尤其是新闻媒体环境的影响。在信息经济时代，新闻媒体对公司战略领导的作用日渐凸显，新闻媒体报道对包括 CEO 在内的各个资本市场参与者的决策产生影响是必然的。

从媒体视角看，有关媒体关注的研究基本围绕媒体报道数量展开，同报道数量相比，新闻媒体报道内容所包含的情感对市场参与者的影响更为直接。同传统纸质媒体相比，互联网新闻媒体的受众更广，新闻信息的传播速度更快、传播范围更广，互联网新闻媒体报道情感倾向是否会影响企业创新还有待检验。部分学者围绕新闻媒体报道对企业创新投资的影响展开了研究（史晋川、刘萌，2019；刘萌等，2019；夏晓兰等，2018），但在研究过程中未考虑新闻媒体报道情感倾向的影响效果。

从年报信息视角看，在文本信息语调影响企业创新的研究中，已有研究已经探究了客户公司年报语调（Xin et al.，2022）和同行企业年报语调（Yuan et al.，2022）对企业创新投资的影响，但较少有研究分析年报语调对上市公司创新的影响。已有研究表明，同行企业的信息披露会影响焦点企业的投资决策，但很少有学者探讨同行企业文本信息的语调是否会影响焦点企业的创新投资。此外，已有研究对于同行企业创新信息披露是否会影响企业创新仍然缺乏足够的关注和深入研究。

从同行企业视角看，同一地区内，企业之间存在交互影响，劳动力等生产资料的自由流动，使得同一地理范围内的企业信息获取成本更低，技术交流和知识传递的机会渠道更多，形成区域内部相互学习的环境。同一城市内，不同企业之间的创新行为如何相互影响，还存在深入研究的空间。

第二章

连锁股东与企业创新

近年来，中国资本市场取得了显著进展，吸引了大量投资者的关注。与此同时，连锁股东经济现象在全球资本市场也逐渐显现。据相关数据统计，截至 2016 年，因前十大股东共同持股形成的连锁股东关联现象在中国上市公司中占比高达 28%（He and Huang，2017）。连锁股东是指同时持有两家或两家以上同行业公司股权的股东，他们形成了一个复杂的股东网络，这一网络在企业治理和投资决策中扮演着重要角色（Hernández-Lara and Gonzales-Bustos，2019）。连锁股东既具有资源治理优势，有助于企业增加创新投入，也可能追求合谋，降低创新投资，以谋求市场垄断。在当今全球化的商业环境中，企业的创新能力被认为是取得竞争优势和实现持续增长的关键因素之一（Johansson and Lööf，2015）。创新不仅推动着企业内部的发展，还对国家和全球经济产生深远影响。深刻理解企业在创新方面的投资决策以及影响这些决策的因素变得至关重要。在这个背景下，本章关注连锁股东与企业创新投资之间的关系，特别是在中国这个全球经济大国中。

鉴于此，本章将通过实证研究，深入探讨连锁股东与中国上市公司创新投资之间的关系，并试图回答以下问题。连锁股东是否对中国上市公司的创新投资产生影响？如果产生影响，那么这种影响是积极的还是消极的？进一步地，本章将探讨这种影响是否会延伸到创新产出与创新效率，以全面了解连锁股东在企业创新活动中的作用。通过深入探讨连锁股东与企业创新投资之间的关系及其作用机制，为相关领域的研究提供新的证据支持。

第一节　连锁股东影响企业创新的理论分析

一　相关文献回顾

连锁股东（Cross-Shareholding）的产生是一个复杂而多层次的现象，其对公司治理和投资决策产生了深远影响。连锁股东对企业创新投资产生了深远影响。一方面，他们具有资源治理优势，有助于企业增加创新投入，扩大研发活动的规模，提高研发活动的质量（Cao et al.，2020）；另一方面，他们可能存在合谋动机，从而导致创新投资的减少，影响企业的技术创新和市场竞争力（Caiazza et al.，2019；Peng et al.，2015）。

梳理现有文献，有关连锁股东的研究涵盖了多个维度。从资源治理效应来看，连锁股东在企业治理中扮演着重要的角色。研究表明，连锁股东通过持有大量股权，具有资源治理优势。他们可以通过投票权来影响公司决策，推动治理改革，维护自身权益（Hernández-Lara and Gonzales-Bustos，2019）。然而，这种治理优势也可能导致合谋动机，即为了维护持股企业之间的关系而减少创新投资。从合谋动机来看，连锁股东可能存在合谋动机，特别是在竞争激烈的市场中，他们可能通过减少创新投资来避免竞争，提高产品定价，降低产品产量，从而实现市场垄断（Muller and Peres，2019；Pillai and Al-Malkawi，2017）。这种合谋可能对市场竞争产生不利影响，降低市场的效率。

二　研究假设

（一）连锁股东与企业创新投资

创新是企业持续发展的核心动力，对提升企业的竞争力和市场份额具有重要意义（Morris，2018）。然而，创新过程中面临着诸多挑战，如创新风险、资源约束、信息不对称等问题（Johansson and Lööf，2015）。随着中国经济的快速发展，上市公司的股权结构日趋复杂，连锁股东现象逐渐成为公司治理中的一个重要问题。通过多个层级的控股关系，一个股东可间接控制多个上市公司的股权。这种股权结构在一定程度上影响了公司的创新投资行为（Mishra，2019）。本章试图从企业资源获取、创新动机、风险承担和治理优势等视角，深入探讨连锁股东对企业创新投入的影响。回顾已有文献，连锁股东的信息优势、治理优势以及在企业网络中的位置，均有助于提升企业的创新能力，激发企业创新动机，增加企业创新投入（Caiazza et al.，2019；Mansfield，1963）。首先，创新能力与资源获取能力密切相关，连锁股东的信息优势有助于企业获取外部资金和投资机会，提高企业的创新能力（Kaczmarek et al.，2014）。同时，连锁股东的信息优势还能降低企业的交易和认知成本，促进企业间资源的协调与互换（Wang and Sengupta，2016）。其次，企业风险承担水平与资源密切相关，连锁股东的资源优势会为企业带来潜在资源，在一定程度上提高了企业的风险承担水平。连锁股东的创新动机受到创新风险与收益的权衡影响，代理问题的存在使得连锁股东更加关注企业创新。连锁股东的治理优势有助于缓解代理问题，提高企业对创新机会的识别与反应能力，增强创新动机，提高创新投入（Hernández-Lara and Gonzales-Bustos，2019）。最后，连锁股东数量反映了企业在连锁股东网络中的位置，连锁股东数量也影响着企业的创新投入（Wang and Sengupta，2016）。连锁股东数量越多，企业越处于中心位置，资源获取渠道越多，对网络中的资源与信息的控制能力越强，从而越能发挥资源治理优势对企业创新投入的积极作用。基于以上分析，本章提出如下假设。

H2-1：连锁股东能够促进企业创新投资。

（二）冗余资源的调节作用

冗余资源指企业拥有超过其正常运营所需要的资源，包括财务资源、人力资源和技术资源等。这些资源可以为企业提供额外的保障，帮助企业在面临市场风险和不确定性时，更好地进行创新投资（Schiehll et al.，2018）。冗余资源的存在可以强化连锁股东对企业创新投资的促进作用。

第一，冗余资源为企业提供了额外的资金，用于研发投入、技术引进和人才培养等创新活动。当企业拥有额外的现金流或资本时，连锁股东更有可能支持企业的创新项目。企业可以投入更多的资金、人力和时间来加速创新进程，提高研发效率和创新产出，而不需要担心这些项目会对企业的日常经营造成不利影响，这提高了企业进行创新投资的灵活性（Barasa et al.，2017；Muller and Peres，2019）。第二，冗余资源降低了连锁股东的投资风险，使其更愿意对企业进行创新投资。由于创新通常伴随着不确定性，连锁股东往往会担心创新项目的风险（Mishra，2019）。如果拥有冗余资源，企业就可以利用其来降低创新项目的风险。例如，使用部分冗余资金来分散投资，同时保持足够的流动性来应对意外情况。第三，冗余资源能够为企业提供稳定的支持，使其更容易应对创新投资的风险和挑战，强化连锁股东在推动企业创新投资方面的促进作用（Wang et al.，2014）。连锁股东在拥有冗余资源的情况下更有信心和动力支持企业的创新投资，这有助于提高企业的竞争力、长期发展能力和价值创造能力。第四，拥有冗余资源的企业更有可能吸引其他外部投资者，为企业提供更多的融资渠道，进一步支持创新投资。丰富的冗余资源可以提高企业在市场上的信誉，彰显企业的稳健财务状况和承诺创新。这为企业创新投资创造了有利条件，同时也为企业提供了更多的融资渠道，进一步支持创新投资。综上，本章提出如下假设。

H2-2：冗余资源会强化连锁股东对企业创新投资的促进作用。

（三）环境丰富性的调节作用

环境丰富性是指企业在市场环境、产业环境、技术环境等多个方面均具有较高的多样性和较大的发展潜力（Chen et al.，2017a）。在这种环境下，连锁股东可能会更加积极地参与企业的创新投资，从而促进企业的发展。

首先，环境丰富性会提高企业的创新意愿和创新能力。在充满多样性和发展潜力的环境中，企业会面临更多的机会和挑战，这会激发企业的创新意愿。同时，环境丰富性也会提供更多的资源和技术支持，帮助企业提高创新能力（De Beule and Sels，2016）。因此，在环境丰富性较高的情况下，连锁股东可能会更愿意投资企业的创新项目，从而促进企业发展（Chen et al.，2014）。其次，环境丰富性可以降低创新投资的风险，帮助连锁董事从多样化的机会中获得潜在回报。在竞争激烈的市场中，创新可以帮助企业保持竞争力，连锁股东更愿意在这样的环境中提供创新支持。丰富的创新环境，使得企业有更多的机会选择投资方向，连锁股东会更灵活地支持不同类型的创新项目（Brunetta et al.，2020）。此外，连锁股东通常更注重企业的长期发展而非短期收益。在环境丰富的情况下，创新可以帮助企业实现长期价值，这让连锁股东更有动力支持企业长期发展的创新投资。最后，环境丰富性会提高连锁股东的投资回报率。在丰富的创新环境中，企业的创新项目更容易实现商业化，并且取得更高的收益。因此，连锁股东可能会更加愿意投资企业的创新项目，从而提高其投资回报率。综上，本章提出如下假设。

H2-3：环境丰富性会强化连锁股东对企业创新投资的促进作用。

（四）管理者能力的调节作用

高阶梯队理论认为，管理者能力塑造了其看待当前战略机遇和问题的视角。管理者能力代表着管理者利用组织资源评估潜在商业机会和投资项目，以及应对外部不确定性的能力（Gan and Park，2017）。拥有较强能力的管理者能够更好地应对风险，并能够与利益相关者建立起相互信任的关系（Gong et al.，2021）。有能力的管理者被认为拥有更先进的知识和技能（García-Sánchez and Martínez-Ferrero，2019），这种管理能力是促进公司业绩增长、实现高质量发展的关键驱动因素。管理者能力是指了解技术和行业趋势、管理企业资源、创造企业价值和有效控制成本等多方面的综合性能力（Lin et al.，2021b）。高能力的管理者能够在创新投资决策、资源配置、项目执行等方面发挥积极作用，从而增强股东对企业创新投资的信心和支持（Parrino and Sorescu，2014）。首先，管理者能力强的企业在面对创新投资项目时，能够更快速、准确地做出决策。这是因为管理者有能力收集、分析和处理大量信息，从而为决策提供有力支持。高效的决策有助于企业抓住市场机遇，实现创新投资的价值最大化。连锁股东看到管理者能够迅速把握市场机会，会更加信任和支持企业的创新投资。其次，管理者能力强的企业能够合理分配企业资源，使创新投资项目获得充足的支持，这有助于提高企业创新投资的效率和效果，从而增强连锁股东对企业创新投资的信心（Huang et al.，2016）。连锁股东相信企业能够有效地利用资源，实现创新投资的目标，进而更愿意支持企业的创新投资。此外，管理者能力强的企业在创新投资项目的实施过程中，能够更好地组织、协调和控制项目的进展。这有助于提高项目的成功率，实现创新投资的价值。连锁股东看到企业能够成功地实施创新投资项目，会更加支持企业的创新投资，从而形成良性循环（De Cleyn and Braet，2012）。最后，创新投资本身具有较高的风险性，企业在进行创新投资时需要加强对风险的识别和控制。管理者能力强的企业在风险控制方面表现更优，能够在创新投资过程中及时发现潜在风险，并采取有效措施进行防范。因此，管理者能力有助于降低企业创新投资的风险，提高投资回报，进而增强连锁股东对企业创新投资的信心。基于以上分析，本章提出如下假设。

H2-4：管理者能力会强化连锁股东对企业创新投资的促进作用。

第二节 连锁股东影响企业创新的研究设计

一 样本选择与数据来源

本章以2010~2022年沪深两市A股上市公司为研究样本。参考已有研究，进一步删除了以下样本：①ST、PT类上市公司；②金融保险业上市公司；③只有一个"公司—年度"观测点的样本。最终得到29234个"公司—年度"观测值。为了规避异常值对回归结果的影响，对所有连续变量进行了1%和99%水平上的缩尾处理。本章数据的主要来源是CSMAR数据库和Wind数据库。为了保证所获数据的准确性和可信度，利用两个数据库的相关数据进行对比，对于存在差异的数据，利用新浪财经、深圳证券交易所、上海证券交易所等的相关数据进行对比核实。

二 变量定义

（一）因变量

企业创新投资（R&D）。参考Gao等（2019）、Link（2021）的研究，本章以企业研发投入占营业收入的比例来衡量企业创新投资水平。

（二）自变量

连锁股东（CROSS）。参考He和Huang（2017）的研究，通过如下流程测度连锁股东指标。第一步，已有研究证实持股比例在 5% 以上的股东会对公司的治理和经营产生显著影响（Bharath et al.，2013），中国的监管部门也要求股东的持股比例达到 5% 时需要向市场进行公告，基于此，在季度层面保留持股比例不低于 5% 的股东。第二步，在每个季度，计算每家上市公司有多少名持股比例不低于 5% 的股东在其他公司的持股比例同样不低于 5%。第三步，对获得的每家公司季度层面的连锁股东数目，求其年度平均值，并加 1 取对数。

（三）调节变量

冗余资源（*SR*）。使用上市公司经过行业调整的现金和现金等价物与总资产的比值来测度冗余资源（Kim and Bettis，2014；George，2005）。

环境丰富性（*ER*）。使用销售收入来测度环境丰富性（Ghosh and Olsen，2009），具体而言，使用过去连续 5 年的行业总收入对时间回归，将回归系数标准误除以行业均值来表示环境丰富性。

管理者能力（*MA*）。采用 Demerjian 等（2012）提出的数据包络分析法测算管理者能力，具体的测算步骤如下。

第一步，基于公式（2.1），利用数据包络分析方法测算企业的生产效率（θ）。

$$\max \theta = \frac{SALES}{V_1 PPE + V_2 R\&D\_ INVESTMENT + V_3 GOODWILL + V_4 INTAN + V_5 COGS + V_6 SG\&A}$$

$$(2.1)$$

其中，上市公司的唯一输出变量为营业收入（*SALES*）；输入变量共有 6 个，分别为固定资产投入金额（*PPE*）、企业研发投入（*R&D_ INVESTMENT*）、企业商誉（*GOODWILL*）、无形资产（*INTAN*）、营业成本（*COGS*）和销售费用（*SG&A*）。

第二步，根据第一步测算的企业生产效率，再根据公式（2.2）进行分年度分行业回归，所得的残差即为管理者能力，并用其表征咨询需求，残差值越大，意味着管理者能力越强。

$$\theta = a_0 + a_1 SIZE + a_2 MARKETSHARE + a_3 CASH + a_4 AGE + a_5 D\_HHI + a_6 FC + \varepsilon$$

$$(2.2)$$

其中，等式左侧为上市公司企业生产效率（θ）；右侧为可能影响上市公司生产效率的因素，具体包括：公司规模（*SIZE*）、市场份额（*MARKETSHARE*）、现金流（*CASH*）、企业年龄（*AGE*）、业务多元化经营（*D_HHI*）和上市公司是否存在海外子公司（*FC*）。

（四）控制变量

参考已有研究，本章进一步控制了以下可能对上市公司创新投资产生影响的变量，主要包括：公司规模（*SIZE*）、资产负债率（*LEV*）、总资产净利润率（*ROA*）、现金流（*CASH*）、营业收入增长率（*GROWTH*）、托宾Q值（*Q*）、产权性质（*SOE*）、企业年龄（*AGE*）、第一大股东持股比例（*TOP*1）、董事会规模（*BOARD*）、独立董事比例（*INDEP*）、两职兼任（*DUAL*）。为避免估计结果受行业特性和宏观环境的干扰，进一步控制了行业和年份固定效应。变量定义具体如表2.1所示。

表 2.1 变量定义

变量	符号	定义
企业创新投资	*R&D*	研发投入金额占营业收入的比例
连锁股东	*CROSS*	在季度上，计算有多少名股东同时在本公司及同行业公司持股比例不低于5%，再求这一数据的年度均值，并加1取对数
冗余资源	*SR*	经过行业调整的现金和现金等价物与总资产的比值
环境丰富性	*ER*	5年内行业总收入回归系数标准误除以行业均值
管理者能力	*MA*	详见公式（2.1）和公式（2.2）
公司规模	*SIZE*	总资产取自然对数
资产负债率	*LEV*	总负债占总资产的比例
总资产净利润率	*ROA*	净利润占总资产的比例
现金流	*CASH*	经营活动产生的现金流量净额占总资产的比例
营业收入增长率	*GROWTH*	当期营业收入增长额占上一期营业收入的比例
托宾Q值	*Q*	总市值占总资产的比例
产权性质	*SOE*	企业属于国有企业时赋值为1，否则为0
企业年龄	*AGE*	企业上市年限取自然对数

续表

变量	符号	定义
第一大股东持股比例	TOP1	第一大股东持股数量占总股本的比例
董事会规模	BOARD	董事会人数取自然对数
独立董事比例	INDEP	独立董事人数占董事会人数的比例
两职兼任	DUAL	董事长兼任 CEO 时赋值为 1，否则为 0
年份固定效应	YEAR	年度虚拟变量
行业固定效应	INDUSTRY	行业虚拟变量

三　模型设定

为了检验 H2-1，即连锁股东对企业创新投资的影响，构建如下回归模型：

$$R\&D = \alpha_0 + \alpha_1 CROSS_{i,t} + Controls + \sum YEAR + \sum INDUSTRY + \varepsilon_{i,t} \quad (2.3)$$

其中，$R\&D$ 为公司 t 年的创新投资水平，$CROSS$ 为公司 t 年连锁股东数量，$Controls$ 表示公司 t 年的控制变量集合，ε 为误差项。预估模型（2.3）中 $CROSS$ 的回归系数 α_1 应该显著为正，即连锁股东会促进企业创新投资。

在此基础上，进一步检验连锁股东对企业创新投资影响的情境要素，以检验冗余资源、环境丰富性以及管理者能力对二者关系的作用效果。本章的所有模型均控制行业和年份固定效应。

为检验 H2-2、H2-3、H2-4，在模型（2.3）的基础上引入交互项，构建了模型（2.4）。

$$R\&D = \beta_0 + \beta_1 CROSS_{i,t} + \beta_2 M_{i,t} + \beta_3 CROSS_{i,t} \times M_{i,t} + Controls +$$
$$\sum YEAR + \sum INDUSTRY + \varepsilon_{i,t} \quad (2.4)$$

这里主要关注交互项 $CROSS \times M$ 的系数。其中，M 为调节变量，分别代表冗余资源（RS）、环境丰富性（ER）以及管理者能力（MA）。如果 H2-2、H2-3、H2-4 成立，则预期模型（2.4）中，交互项 $CROSS \times M$ 的回归系数应该显著为正，与连锁股东（$CROSS$）的回归系数符号保持一致。

第三节　连锁股东影响企业创新的实证结果分析

一　描述性统计、VIF 检验与相关性分析

表2.2 报告了主要变量的描述性统计结果，企业创新投资（R&D）的平均值、标准差分别为0.036、0.044，表明我国企业研发支出占年末总资产的比例平均为 3.6%，不同企业间创新投入水平差异较大。连锁股东数量（CROSS）的平均值为0.095，标准差为0.246，说明样本期内不同公司的连锁股东数量存在较大差异，从侧面验证了本章研究具有一定的价值。此外，整体变量相关系数较低，说明不存在严重的多重共线性问题。进一步进行 VIF 检验后发现，各变量的 VIF 都较小，且 VIF 最大值 = 2.528<10，验证了上述猜想。

二　多元回归

表2.3 报告了连锁股东与企业创新投资的回归结果，其中列（1）为使用企业创新投资（R&D）作为因变量的回归结果，连锁股东（CROSS）的系数为正，且在 1% 的水平下显著，说明在一定范围内，连锁股东数量越多，企业创新投资水平越高。这支持了假设 H2-1，初步验证了连锁股东资源配置及治理优势的存在，即连锁股东基于自身的所有权网络获取信息资源、优化企业治理，进而提升企业创新投资水平。进一步，本章对连锁股东资源治理这一影响机制进行更为细致的考察，并试图回答以下问题：在冗余资源、环境丰富性以及管理者能力存在差异的情况下，连锁股东对企业创新投资的影响是否会有异质性表现？

为验证这一猜想，首先，本章在列（1）的基础上加入冗余资源（SR），以及连锁股东（CROSS）与 SR 的交互项（CROSS×SR），考察冗余资源对连锁股东与企业创新投资之间关系的调节效应。表2.3 列（2）显示，冗余资源（SR）与连锁股东（CROSS）的交互项（CROSS×SR）显著为正，意味着企业资源冗余程度越高，连锁股东对企业创新投资的资源治理效应越明显。这在一定程度上说明，连锁股东的资源治理优势增强了企

表 2.2　描述性统计、VIF 检验与相关性分析

变量		平均值	标准差	VIF	(1)	(2)	(3)	(4)	(5)	(6)	(7)
R&D	(1)	0.036	0.044		1.000						
CROSS	(2)	0.095	0.246	1.163	0.035***	1.000					
SR	(3)	0.170	0.133	1.217	0.209***	-0.050***	1.000				
ER	(4)	0.119	0.160	1.490	0.005**	-0.020**	-0.001	1.000			
MA	(5)	2.500	1.118	1.176	0.188***	-0.045***	0.143***	0.145***	1.000		
SIZE	(6)	22.100	1.280	2.528	0.238***	0.274***	-0.265***	0.182***	-0.027***	1.000	
LEV	(7)	0.419	0.208	1.885	-0.344***	0.126***	-0.429***	0.074***	0.028***	0.514***	1.000
ROA	(8)	0.043	0.064	1.654	0.045***	-0.017	0.311***	0.293***	0.206***	-0.043***	-0.391***
CASH	(9)	0.047	0.069	1.205	-0.001	0.043	0.160***	0.062***	0.068***	0.045***	-0.163***
GROWTH	(10)	0.160	0.405	1.309	-0.038***	-0.017	-0.017	0.464***	0.099***	0.062***	0.052
Q	(11)	2.005	1.291	1.440	0.201***	-0.050***	0.134***	-0.065***	0.016	-0.365***	-0.247***
SOE	(12)	0.339	0.473	1.497	-0.267***	0.267***	-0.092***	-0.092***	0.051***	0.353***	0.304***
AGE	(13)	2.011	0.926	1.375	-0.277***	0.148***	-0.339***	-0.146***	-0.050***	0.420***	0.410***
TOP1	(14)	0.346	0.148	2.201	-0.169***	0.044	0.042***	0.045***	0.092***	0.194***	0.053***
BOARD	(15)	2.130	0.198	1.555	-0.136***	0.146***	-0.041***	0.019***	-0.006	0.251***	0.153***
INDEP	(16)	0.375	0.053	1.402	0.055***	-0.026**	0.005	-0.010	-0.010*	0.015***	-0.011**
DUAL	(17)	0.281	0.450	1.111	0.169***	-0.091***	0.088***	0.038***	-0.009	-0.182***	-0.157***

续表

变量		(8)	(9)	(10)	(11)	(12)	(13)	(14)	(15)	(16)	(17)
ROA	(8)	1.000									
CASH	(9)	0.376***	1.000								
GROWTH	(10)	0.213***	0.017***	1.000							
Q	(11)	0.154***	0.121***	0.020***	1.000						
SOE	(12)	-0.114***	0.000	-0.041***	-0.115***	1.000					
AGE	(13)	-0.291***	-0.017***	0.005	0.001	0.424***	1.000				
TOP1	(14)	0.139***	0.088***	0.006	-0.103***	0.218***	-0.091***	1.000			
BOARD	(15)	0.005	0.039***	-0.004	-0.114***	0.254***	0.129***	0.014**	1.000		
INDEP	(16)	-0.020***	-0.017***	-0.002	0.031***	-0.055***	-0.018***	0.041***	-0.530***	1.000	
DUAL	(17)	0.066***	-0.010*	0.010*	0.051***	-0.298***	-0.255***	-0.041***	-0.175***	0.108***	1.000

注：***、**、*分别表示在1%、5%、10%的水平下显著。

业的创新动机，进而提高了企业的创新投资水平。

其次，本章在列（1）的基础上加入环境丰富性（ER），以及连锁股东（CROSS）与ER的交互项（CROSS×ER），考察环境丰富性对连锁股东与企业创新投资之间关系的调节效应。表2.3列（3）显示，环境丰富性（ER）与连锁股东（CROSS）的交互项（CROSS×ER）显著为正，意味着企业环境丰富性越高，连锁股东对企业创新投资的促进作用越明显，进一步支持了连锁股东的资源治理效应。

最后，本章在列（1）的基础上加入管理者能力（MA），以及连锁股东（CROSS）与MA的交互项（CROSS×MA），考察管理者能力对连锁股东与企业创新投资之间关系的调节效应。表2.3列（4）显示，管理者能力（MA）与连锁股东（CROSS）的交互项（CROSS×MA）显著为正，意味着企业管理者能力强化了连锁股东对企业创新投资的促进作用。这一结果再次为连锁股东的资源治理效应提供了证据支持。

表2.3　多元回归结果

变量	（1）	（2）	（3）	（4）
	R&D	R&D	R&D	R&D
CROSS	0.008***	0.006***	0.007***	0.005**
	(9.626)	(4.211)	(6.267)	(2.517)
SR		0.024***		
		(12.848)		
CROSS×SR		0.015**		
		(2.252)		
ER			0.004**	
			(2.513)	
CROSS×ER			0.013**	
			(2.250)	
MA				0.007***
				(33.319)
CROSS×MA				0.001**
				(2.203)

续表

变量	（1）	（2）	（3）	（4）
	R&D	R&D	R&D	R&D
SIZE	0.003 ***	0.003 ***	0.003 ***	0.002 ***
	(10.812)	(11.251)	(9.270)	(6.776)
LEV	−0.039 ***	−0.034 ***	−0.030 ***	−0.034 ***
	(−28.893)	(−24.131)	(−19.847)	(−25.223)
ROA	−0.068 ***	−0.073 ***	−0.051 ***	−0.036 ***
	(−16.818)	(−18.062)	(−11.819)	(−8.914)
CASH	−0.017 ***	−0.021 ***	−0.019 ***	−0.017 ***
	(−5.306)	(−6.681)	(−5.431)	(−5.319)
GROWTH	−0.000	−0.000	−0.002 ***	0.001
	(−0.452)	(−0.032)	(−3.911)	(1.350)
Q	0.004 ***	0.004 ***	0.003 ***	0.004 ***
	(23.650)	(23.275)	(16.719)	(23.327)
SOE	−0.001 *	−0.002 ***	−0.000	−0.000
	(−1.652)	(−2.860)	(−0.653)	(−0.501)
AGE	−0.008 ***	−0.008 ***	−0.014 ***	−0.008 ***
	(−27.293)	(−24.959)	(−26.531)	(−27.867)
TOP1	−0.022 ***	−0.022 ***	−0.021 ***	−0.017 ***
	(−10.501)	(−10.790)	(−9.724)	(−8.514)
BOARD	−0.003 **	−0.003 **	−0.002 *	−0.004 ***
	(−2.263)	(−2.468)	(−1.798)	(−2.841)
INDEP	0.006	0.005	0.006	0.003
	(1.282)	(1.115)	(1.209)	(0.745)
DUAL	0.004 ***	0.004 ***	0.003 ***	0.004 ***
	(8.241)	(7.981)	(5.238)	(8.417)
常数项	−0.028 ***	−0.036 ***	−0.014 **	0.014 **
	(−4.517)	(−5.781)	(−2.068)	(2.307)
YEAR	Yes	Yes	Yes	Yes
INDUSTRY	Yes	Yes	Yes	Yes
N	29234	29234	20944	29234
R^2	0.399	0.403	0.401	0.423

注：括号内为 t 值，*** 、** 和 * 分别表示在 1%、5% 和 10% 的水平下显著。

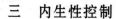

三　内生性控制

（一）工具变量回归

本章通过工具变量回归克服由遗漏变量引起的内生性问题对研究结论的影响，借鉴 Crane 等（2016）的研究，本章选取股票指数成分的变化作为工具变量。具体而言，资本市场上的基金倾向于按照某一指数的成分和权重来配置资产，当某只股票进入或退出某一股票指数时，基金也会相应地调整资产组合，因此，在控制了股票基本面因素后，股票在指数成分上的变化是投资者持股的一个良好工具变量。股票指数成分的变化会对股东的持股比例产生影响，符合工具变量的相关性要求；而且股票指数成分的变化不会对企业创新投资产生直接影响，符合工具变量的外生性要求。

基于前述分析，本章选取上市公司在沪深 300 指数中的变动作为工具变量，进行 2SLS 回归。具体地，若股票由非沪深 300 指数成分股进入沪深 300 指数成分股，将变量 IN300 赋值为 1，否则为 0。回归结果如表 2.4 列（1）和列（2）所示，其中，列（1）为第一阶段回归结果，IN300 的系数为负，意味着从非沪深 300 指数成分股进入沪深 300 指数成分股的股票在指数中权重的降低，减少了企业的连锁股东数量；列（2）为第二阶段回归结果，连锁股东（CROSS）的回归系数显著为正，表明在控制遗漏变量的潜在影响之后，连锁股东提高企业创新投资水平且主要表现为资源治理效应的结论依然成立，进一步支持了本章的 H2-1。

（二）Heckman 两阶段

考虑到投资者在买卖股票时往往存在一定的选股偏好，这可能导致同行业企业存在的某些共同特征是致使其连锁股东较多的一个重要因素，从而引起样本自选择问题。为了解决这个问题，本节采用 Heckman 两阶段回归模型进行内生性检验。具体来说：首先，将连锁股东作为被解释变量，将股票指数成分的变化（IN300）作为外生变量，并引入其他可能影响连锁股东的因素作为控制变量，构建 Probit 回归模型。其中，股票指数成分的变化可以满足变量的相关性和外生性要求，从而得到一个无偏估计的连锁股东概率。其次，在此基础上构建逆米尔斯比率（*IMR*），将其作为控制变量纳入基准回归模型中，以消除潜在的选择性偏差对研究结论的影响。回归结果如表 2.4 列（3）和列（4）所示，其中 *IMR* 的系数在 5% 的水平下显著，说明连锁股东样本的分布偏差确实存在，因而考虑这一样本自选择可能造成的估计偏误是有必要的。同时，连锁股东（*CROSS*）的回归系数在 1% 的水平下依然显著为正，与本章的基准回归结果保持一致，这说明在控制样本选择性偏差后，本章的研究结论依然稳健。

（三）倾向得分匹配（PSM）

在本章的 29234 个样本中，存在连锁股东的样本有 4123 个，不存在连锁股东的样本有 25111 个。基于此，首先，本节将存在连锁股东的样本设定为实验组，将 *CROSS_DUMMY* 赋值为 1；将不存在连锁股东的样本设定为对照组，将 *CROSS_DUMMY* 赋值为 0。其次，采用 Logit 回归模型计算倾向得分，根据上文选取的连锁股东相关变量以及公司特征变量作为匹配变量，选择最近邻匹配方法进行一对一得分匹配。最终配对成功的样本观测值为 7309。最后，将匹配后的样本数据再次进行回归检验，表 2.4 列（5）报告了匹配后样本数据代入主效应模型的回归检验结果。由列（5）可知，*CROSS* 的回归系数仍然显著为正，这说明在使用倾向得分匹配方法控制样本选择性偏差后，连锁股东能够促进企业创新投资这一结论是稳健的。

（四）熵平衡法

基于倾向得分匹配法在处理内生性问题的过程中因样本无法成功匹配而被剔除的情况，本章借鉴 Hainmueller（2012）提出的熵平衡法以克服匹配过程中的样本丢失问题对研究结论的影响。熵平衡法的核心思想是在将研究样本分为两组的基础上对变量进行赋权，使得不同分组之下各变量的平均值保持一致，实现均衡。基于此，首先根据连锁股东数量是否大于中位数将研究样本分为两组，然后对变量进行赋权处理。基于熵平衡法处理样本之后的检验结果如表 2.4 列（6）所示，连锁股东对企业创新投资的影响方向和显著性与前文保持一致，即连锁股东对企业创新投资的影响表现为资源治理效应。

表 2.4　内生性检验

变量	工具变量回归		Heckman 两阶段		PSM	熵平衡法
	(1)	(2)	(3)	(4)	(5)	(6)
	CROSS	R&D	CROSS_DUMMY	R&D	R&D	R&D
CROSS		0.038***		0.009***	0.008***	0.008***
		(2.590)		(9.894)	(7.258)	(9.517)
IN300	−0.049**		−0.566**			
	(−2.471)		(−2.213)			
IMR				−0.006**		
				(−2.388)		
SIZE	0.046***	0.002***	0.503***	0.000	0.003***	0.002***
	(26.283)	(2.578)	(22.626)	(0.363)	(7.324)	(6.718)
LEV	−0.025***	−0.039***	−0.055	−0.039***	−0.031***	−0.031***
	(−2.758)	(−28.135)	(−0.416)	(−28.822)	(−11.613)	(−13.339)
ROA	−0.069**	−0.066***	−0.393	−0.066***	−0.059***	−0.064***
	(−2.539)	(−16.117)	(−0.988)	(−16.128)	(−6.992)	(−7.867)
CASH	0.009	−0.017***	0.343	−0.019***	−0.026***	−0.035***
	(0.432)	(−5.378)	(1.089)	(−5.706)	(−4.052)	(−6.906)
GROWTH	−0.011***	0.000	−0.122**	0.000	0.001	0.002**
	(−3.171)	(0.068)	(−2.413)	(0.662)	(1.388)	(2.539)
Q	0.015***	0.004***	0.173***	0.004***	0.005***	0.005***
	(11.958)	(15.212)	(10.213)	(8.776)	(13.439)	(10.983)
SOE	0.113***	−0.004**	1.369***	−0.008***	0.001	−0.000
	(32.158)	(−2.421)	(28.340)	(−2.647)	(1.507)	(−0.361)
AGE	−0.001	−0.008***	0.063**	−0.009***	−0.010***	−0.010***
	(−0.466)	(−27.378)	(2.134)	(−25.444)	(−17.602)	(−18.726)
TOP1	0.109***	−0.025***	1.032***	−0.027***	−0.038***	−0.032***
	(7.852)	(−9.748)	(5.346)	(−8.995)	(−9.571)	(−10.953)
BOARD	0.048***	−0.004***	0.297***	−0.004***	−0.005**	−0.003
	(5.593)	(−2.844)	(2.616)	(−3.050)	(−2.067)	(−1.483)
INDEP	0.047	0.005	−0.493	0.009*	−0.016**	−0.005
	(1.569)	(1.133)	(−1.222)	(1.904)	(−2.041)	(−0.824)

变量	工具变量回归		Heckman 两阶段		PSM	熵平衡法
	（1）	（2）	（3）	（4）	（5）	（6）
	CROSS	*R&D*	*CROSS_DUMMY*	*R&D*	*R&D*	*R&D*
DUAL	0.003	0.004***	0.058	0.004***	0.005***	0.004***
	（1.043）	（8.041）	（1.195）	（7.403）	（4.913）	（4.399）
常数项	−1.246***	0.004	−17.040***	0.061	−0.017*	−0.008
	（−30.568）	（0.207）	（−30.129）	（1.613）	（−1.715）	（−0.894）
YEAR	Yes	Yes	Yes	Yes	Yes	Yes
INDUSTRY	Yes	Yes	Yes	Yes	Yes	Yes
N	29234	29234	29234	29234	7309	29234
R^2	0.160	0.397	0.176	0.399	0.414	0.403

注：括号内为 t 值，***、** 和 * 分别表示在 1%、5% 和 10% 的水平下显著。

四 稳健性检验

（一）重新测度自变量

通过设置虚拟变量（*CROSS_DUM*）测度连锁股东，当企业存在连锁股东时赋值为 1，否则为 0。回归结果如表 2.5 列（1）所示，*CROSS_DUM* 与企业创新投资的回归系数在 1% 的水平下显著为正。进一步地，延续 He 和 Huang（2017）的做法，使用连锁股东的持股比例（*CROSS_SHARE*）作为连锁股东的代理变量进行稳健性检验。回归结果如表 2.5 列（2）所示，*CROSS_SHARE* 与企业创新投资的回归系数在 1% 的水平下显著为正。由此可知，替换自变量进行回归后，研究结果依然成立。

（二）重新测度因变量

参照 Hernández-Lara 和 Gonzales-Bustos（2019）的研究，分别采用研发投入与企业总资产的比值（*RD_A*）以及研发投入加 1 取对数（ln*R&D*）作为企业创新投资的替代变量重新检验，结果见表 2.5 列（3）和列（4），连锁股东与企业创新投资的回归系数显著为正，与原结论保持一致。

（三）重新筛选样本

由于创新投入为 0 的样本可能会对结果产生偏差，剔除创新投入为 0

的样本能够减小分析中样本异质性带来的影响，从而提高模型的稳定性和可靠性。因此，本节在原有样本的基础上剔除了创新投入为0的样本，并将筛选后的样本重新回归，结果见表2.5列（5），连锁股东与企业创新投资在1%的水平下显著正相关，表明在剔除创新投入为0的无效样本后，连锁股东促进企业创新投资的作用依旧存在。

（四）更换回归模型

考虑到Tobit回归模型可以处理因变量中的观测误差和不完全观测数据问题，在分析具有选择性样本的数据时，Tobit回归模型能够有效地处理样本选择偏误。由于Tobit回归模型可以估计样本选择概率，所以可以更准确地评估因变量与自变量之间的关系。为此，本节更换回归模型，即使用Tobit模型进行回归，结果见表2.5的列（6），连锁股东与企业创新投资的回归系数依然显著为正。

表2.5　稳健性检验

变量	重新测度自变量		重新测度因变量		重新筛选样本	更换回归模型
	（1）	（2）	（3）	（4）	（5）	（6）
	$R\&D$	$R\&D$	RD_A	$\ln R\&D$	$R\&D$	$R\&D$
$CROSS$			0.005 ***	0.580 ***	0.010 ***	0.011 ***
			（12.312）	（4.343）	（9.678）	（9.371）
$CROSS\_DUM$	0.007 ***					
	（10.784）					
$CROSS\_SHARE$		0.017 ***				
		（9.170）				
$SIZE$	0.003 ***	0.003 ***	0.000 ***	1.420 ***	0.003 ***	0.005 ***
	（10.621）	（11.075）	（3.627）	（35.248）	（8.281）	（15.727）
LEV	−0.039 ***	−0.039 ***	0.001	−1.887 ***	−0.048 ***	−0.061 ***
	（−28.945）	（−28.837）	（1.378）	（−9.060）	（−28.751）	（−34.067）
ROA	−0.068 ***	−0.067 ***	0.015 ***	−0.134	−0.088 ***	−0.095 ***
	（−16.862）	（−16.664）	（8.380）	（−0.217）	（−18.397）	（−18.151）
$CASH$	−0.017 ***	−0.017 ***	0.010 ***	−0.581	−0.024 ***	−0.023 ***
	（−5.327）	（−5.253）	（6.801）	（−1.184）	（−5.940）	（−5.294）

变量	重新测度自变量		重新测度因变量		重新筛选样本	更换回归模型
	(1)	(2)	(3)	(4)	(5)	(6)
	R&D	R&D	RD_A	lnR&D	R&D	R&D
GROWTH	−0.000 (−0.464)	−0.000 (−0.569)	0.000** (2.086)	0.126 (1.604)	−0.001** (−2.119)	0.000 (0.639)
Q	0.004*** (23.580)	0.004*** (23.867)	0.002*** (20.177)	0.030 (1.055)	0.006*** (26.241)	0.006*** (26.094)
SOE	−0.001* (−1.831)	−0.001 (−1.535)	−0.000 (−0.137)	−0.514*** (−6.278)	−0.000 (−0.620)	−0.006*** (−8.068)
AGE	−0.008*** (−27.350)	−0.008*** (−27.380)	−0.003*** (−24.708)	−1.305*** (−28.063)	−0.007*** (−19.515)	−0.016*** (−39.389)
TOP1	−0.022*** (−10.471)	−0.023*** (−11.040)	−0.006*** (−6.177)	−1.765*** (−5.540)	−0.027*** (−10.637)	−0.055*** (−19.801)
BOARD	−0.003** (−2.166)	−0.003** (−2.040)	−0.001** (−2.484)	0.130 (0.666)	−0.003** (−2.002)	−0.001 (−0.660)
INDEP	0.006 (1.346)	0.006 (1.379)	−0.002 (−0.759)	−0.665 (−0.970)	0.010* (1.923)	0.018*** (3.099)
DUAL	0.004*** (8.211)	0.004*** (8.323)	0.001*** (4.271)	0.033 (0.461)	0.004*** (7.919)	0.004*** (7.144)
常数项	−0.027*** (−4.395)	−0.030*** (−4.838)	−0.006** (−2.095)	−21.747*** (−23.030)	−0.013* (−1.656)	−0.064*** (−8.071)
YEAR	Yes	Yes	Yes	Yes	Yes	Yes
INDUSTRY	Yes	Yes	Yes	Yes	Yes	Yes
N	29234	29234	29234	29234	23489	29234
R^2	0.399	0.399	0.375	0.483	0.347	0.173

注：括号内为 t 值，***、** 和 * 分别表示在 1%、5% 和 10% 的水平下显著。

第四节　连锁股东影响企业创新的进一步分析

由前文研究结果可知，连锁股东促进了企业创新投资，具有资源治理效应。根据国家统计局、科学技术部、财政部联合发布的《2022 年全国科

技经费投入统计公报》，2022 年中国研究与试验发展（R&D）经费突破 3
万亿元，高达 30782.9 亿元，R&D 经费投入强度比上年提高 0.11 个百分
点。R&D 经费保持高速增长态势为中国经济的高质量发展提供了重要的保
障。然而，企业在扩大创新投入规模的同时，也需要考虑如何优化研发经
费投入结构，提高创新投入的产出效率。为此，本节将从创新效率视角出
发，考察连锁股东的资源治理效应是否可以在增加企业创新投资的情况下
显著提高企业的创新效率。参考 Guo 等（2020）的研究，本节利用专利质
量和专利数量作为创新效率的替代变量，分别选取发明专利申请数量测度
专利质量，选取外观设计专利申请数量测度专利数量，从而探究连锁股东
与企业创新投资和创新效率的关系，结果如表 2.6 所示，在所有回归中，
企业创新投资（R&D）、连锁股东（CROSS）对企业创新产出中的专利质
量和专利数量的影响全部显著为正。

表 2.6 列（1）至列（4）以专利质量为因变量，列（1）显示，企业
创新投资（R&D）、连锁股东（CROSS）以及二者的交互项（R&D×
CROSS）对专利质量的影响系数均在 1% 的水平下显著为正，表明连锁股
东通过强化企业创新投资提升了企业创新质量。为进一步考察冗余资源
（SR）、环境丰富性（ER）和管理者能力（MA）对前述结论的影响，在回
归模型中分别将冗余资源（SR）、环境丰富性（ER）和管理者能力（MA）
与企业创新投资和连锁股东的交互项（R&D×CROSS）再次交乘。列（2）
至列（4）的结果显示，在三阶交互项中，只有 R&D×CROSS×ER 的回归系
数显著为正，这表明在环境丰富性高的情况下，连锁股东通过强化企业创
新投资进而提升企业创新质量的促进作用更明显。

表 2.6 列（5）至列（8）以专利数量为因变量，列（5）显示，企业
创新投资（R&D）、连锁股东（CROSS）以及二者的交互项（R&D×
CROSS）对专利数量的影响系数均在 1% 的水平下显著为正，表明连锁股
东通过强化企业创新投资提升了企业创新数量。为进一步考察冗余资源
（SR）、环境丰富性（ER）和管理者能力（MA）对前述结论的影响，在回
归模型中分别将冗余资源（SR）、环境丰富性（ER）和管理者能力（MA）
与企业创新投资和连锁股东的交互项（R&D×CROSS）再次交乘。列（6）
至列（8）的结果显示，在三阶交互项中，R&D×CROSS×SR、R&D×CROSS

×ER 和 $R\&D×CROSS×MA$ 的回归系数至少在 10%的水平下显著为正，这表明在冗余资源水平高、环境丰富性高或者管理者能力强的情况下，连锁股东通过强化企业创新投资进而提升企业创新数量的促进作用更明显。

表 2.6　进一步分析检验结果

变量	（1）	（2）	（3）	（4）	（5）	（6）	（7）	（8）
	专利质量				专利数量			
$R\&D$	7.042***	7.745***	5.973***	5.697***	1.096***	1.722***	1.095***	0.509*
	(36.040)	(26.190)	(21.487)	(15.764)	(7.259)	(7.550)	(5.302)	(1.823)
$CROSS$	0.109***	0.190***	0.083*	0.343***	0.088***	0.129***	0.125***	0.051*
	(3.145)	(3.502)	(1.811)	(4.307)	(3.294)	(3.294)	(3.640)	(1.836)
$R\&D×CROSS$	1.878***	2.256**	4.287***	1.075***	3.338***	4.341***	5.665***	6.069***
	(2.883)	(1.983)	(4.099)	(3.734)	(6.628)	(4.946)	(7.288)	(5.361)
SR		0.165**				0.624***		
		(2.204)				(10.767)		
$R\&D×SR$		3.135***				3.165***		
		(3.269)				(4.280)		
$CROSS×SR$		0.597**				0.265		
		(2.084)				(1.198)		
$R\&D×CROSS×SR$		0.001				5.866*		
		(0.000)				(1.702)		
ER			0.344***				0.243***	
			(5.019)				(4.766)	
$R\&D×ER$			7.199***				2.081**	
			(5.750)				(2.237)	
$CROSS×ER$			0.118				0.459***	
			(0.509)				(2.657)	
$R\&D×CROSS×ER$			21.231***				12.809***	
			(4.042)				(3.281)	
MA				0.038***				0.027***
				(4.635)				(4.225)
$R\&D×MA$				0.570***				0.208*
				(4.133)				(1.952)

续表

变量	(1)	(2)	(3)	(4)	(5)	(6)	(7)	(8)
	专利质量				专利数量			
CROSS×MA				0.095 ***				0.015
				(3.361)				(0.696)
R&D×CROSS×MA				0.188				1.374 ***
				(0.313)				(2.956)
常数项	−5.259 ***	−5.262 ***	−5.197 ***	−5.041 ***	−2.932 ***	−3.089 ***	−2.807 ***	−2.772 ***
	(−26.681)	(−26.570)	(−22.421)	(−25.081)	(−19.248)	(−20.219)	(−16.299)	(−17.838)
Controls	Yes	Yes	Yes	Yes	Yes	Yes	Yes	Yes
YEAR	Yes	Yes	Yes	Yes	Yes	Yes	Yes	Yes
INDUSTRY	Yes	Yes	Yes	Yes	Yes	Yes	Yes	Yes
N	29234	29234	20944	29234	29234	29234	20944	29234
R^2	0.244	0.245	0.259	0.246	0.087	0.091	0.096	0.088

注：括号内为 t 值，*** 、** 和 * 分别表示在 1%、5% 和 10% 的水平下显著。

第五节　本章小结

企业间通过连锁股东形成的经济关联在资本市场中尤为常见，但学术界关于连锁股东对企业创新活动的影响仍然存在"治理协同"和"竞争合谋"的意见分歧。本章以 2010~2022 年的 A 股上市公司为研究样本，结合社会网络理论，考察连锁股东对企业创新投资的影响及其作用机制。研究发现，在企业创新投资活动中，连锁股东能够显著促进企业创新投资水平提升，连锁股东数量越多，企业创新投资水平越高。此外，本章考察了在不同治理情境下，连锁股东对企业创新投资的资源协同效应的异质性表现，检验结果显示，冗余资源越多、环境丰富性越高、管理者能力越强的企业，连锁股东对企业创新投资的促进作用越显著。本章不仅丰富了连锁股东这一新兴学术前沿的学术认知，也为理解中国当前市场中企业创新投资活动提供了来自资源治理视角的新证据，对于决策部门有针对性地制定促进企业投资、提高市场资源配置效率的政策方案具有很高的参考价值。

本章的创新之处主要体现在以下几个方面。第一，拓展了连锁股东研究的新视角。传统的连锁股东研究主要关注其对公司治理的影响（Cai and Zhang，2015；Edmans and Holderness，2017），而本章则关注了连锁股东对企业创新投资的影响，从而丰富和拓展了连锁股东研究的新视角。第二，提出了连锁股东影响企业创新投资的新机制。结合社会网络理论，本章揭示了连锁股东通过资源协同效应影响企业创新投资的新机制，这对于理解连锁股东如何影响企业创新投资具有重要的理论意义（Pucheta-Martínez and García-Meca，2019；Stenbacka and Van Moer，2021）。第三，强调了企业创新投资活动中创新效率的重要性。本章进一步探究了连锁股东对企业创新投资效率的影响，强调了企业在进行创新投资活动时，不仅要追求创新数量，更要注重创新质量，这对于企业创新投资实践具有重要的指导意义（Parrino and Sorescu，2014）。第四，为企业创新投资政策制定提供了新的理论依据。本章揭示了连锁股东对企业创新投资的积极作用，以及在不同治理情境下连锁股东对企业创新投资资源协同效应的异质性，这为政策制定者有针对性地制定促进企业创新投资、提高市场资源配置效率的政策方案提供了新的理论依据。

本章有助于深刻理解中国上市公司的创新投资决策，提供了有关连锁股东与企业创新活动之间复杂关系的洞察。这为企业领导者、政策制定者以及学术界提供了有价值的见解，有助于更好地理解连锁股东与企业创新投资之间的关系，以及其对中国和全球经济的影响。

依据研究内容及结论，本章得到如下理论启示。

第一，扩展了学术界关于股东结构与企业创新投资关系的研究，为后续研究提供了新的视角。本章从连锁股东的角度出发，探讨了股东结构对企业创新投资的影响。相较于以往研究关注单一股东特征（Fama and Jensen，1983；McConnell and Servaes，1990），这一研究视角更具有综合性和独特性，为理解股东结构与企业创新投资之间的关系提供了新的思路，有助于更为深入地理解股东结构与创新投资之间的关系（Minetti et al.，2015；Cacciolatti et al.，2020），从而丰富了企业创新投资领域的理论体系。

第二，丰富了有关创新投资驱动因素的理论研究。相关研究指出，连锁股东、国有股东、外资股东等股东特征均会对企业创新投资产生影响

（Brachert and Dietrich，2017；Chen et al.，2020；Chen et al.，2021a），本章强调了连锁股东对企业创新投资的重要影响，连锁股东通过资源整合、市场拓展等途径，提高企业的创新投资水平。这一发现丰富了企业创新投资驱动因素的理论研究，为后续研究提供了新的研究方向。

第三，强化了对创新投资外部环境的理解。研究发现，在不同市场环境下，连锁股东对企业创新投资的影响可能存在差异。这一结论为创新投资外部环境的理论研究提供了新的启示（Yu et al.，2020），有助于更好地理解不同市场环境下企业创新投资的决策过程。

第四，拓展了企业创新投资策略的相关文献研究。本章以中国上市公司为研究对象，关注了中国特色企业制度下连锁股东与企业创新投资之间的关系，研究发现，企业可以通过优化股东结构、引入具有创新投资优势的股东，提高自身的创新投资能力。这为企业制定创新投资策略提供了新的理论指导，有助于提高企业创新投资效果。

第三章

独立董事地理距离与企业创新

创新是引领发展的第一动力，是建设现代化经济体系的战略支撑，也是影响企业核心竞争力的重要因素之一。中共中央、国务院印发的《国家创新驱动发展战略纲要》提出到 2030 年跻身创新型国家前列。与此同时，经过改革开放 40 余年的快速发展，我国已跃居世界第二大经济体。如何打破整体创新水平与经济发展之间的不平衡、变资源驱动为创新驱动，受到政府部门的持续关注。

企业作为创新的主体，如何提高其创新能力是学术界的一个热点研究问题。已有研究从法律保护（Cerqueiro et al.，2017）、经济与金融制度（Hsu et al.，2014）、经济发展周期（Nanda and Rhodes-Kropf，2013）、政府放权（江轩宇，2016）、官员晋升压力（王砾等，2018）、分析师与媒体关注（He and Tian，2013；杨道广等，2017）、管理层特征（Sunder et al.，2017）、CEO 继任（Cummings and Knott，2018）、股权结构（李文贵、余明桂，2015）和董事会（周建、李小青，2012）等视角探讨了企业创新的影响因素。但从独立董事这一视角探讨企业创新的文献还相对匮乏。目前，仅有少数学者直接考察了独立董事对企业创新活动的影响（胡元木，2012；叶志强、赵炎，2017；Faleye et al.，2011；Jiraporn et al.，2018；Balsmeier et al.，2017；Lu and Wang，2018）。令人遗憾的是，这些研究均未考虑独立董事的地理区位因素。基于高阶梯队理论和资源依赖理论的观点，独立董事所拥有的人力资本和社会资本会显著影响企业创新活动。但是，当独立董事所在地与任职公司所在地不同时，受出行便利程度、出行成本等因素的影响，独立董事的资源提供能力和咨询职能履行效果必然存在差异。基于此，本章认为地理距离是独立董事影响企业创新投资决策的重要因素之一。

交通设施的完善可以显著弱化地理区位因素对人们出行的客观限制。国家铁路局网站显示，自 2008 年中国第一条高速铁路京津城际铁路正式运行以来，截至 2023 年底，我国高铁运营里程已达 4.5 万公里，位居世界第一。目前，已有关于交通基础设施的研究主要集中于探讨交通基础设施对经济发展（Jia et al.，2017）、政府财政（Hernández and Jiménez，2014）、居民就业（Lin，2017）、产业集聚（Shao et al.，2017）等宏观和中观层面的影响，较少有文献关注交通基础设施的改善对微观企业的影响及具体的作用路径。高铁的开通可以促进高级人才的流动、改善信息环境、优化资源配置、提高市场竞争程度，这些因素均会影响企业的战略决策。此外，高铁的开通还可以优化原有交通网络，缩小城市之间的时空距离，改善异地独立董事（简称"异地独董"）的出行条件，降低出行成本，提高出行效率，进而影响异地独董履行职能。

基于前述分析，本章手工收集 2003~2017 年上市公司独立董事居住地（或工作地）信息和上市公司所在地高铁开通时间，构建独立董事地理距离指标，以企业创新测度独立董事的履职效果，理论分析并实证检验独立董事地理距离、高铁开通与企业创新之间的关系，以期回答如下问题：地理区位因素是否会影响独立董事的履职有效性？高铁的开通是否会改善异地独立董事的出行条件进而影响其履职效果？如果会影响，其内在作用机理是什么？高铁开通影响异地独董履职的作用边界在哪里？

第一节　独立董事地理距离影响企业创新的理论分析

一　独立董事地理距离影响企业创新的机理分析

独立董事制度作为公司治理中的一种重要机制，旨在为管理层提供战略咨询，监督管理层行为，进而有效缓解所有权和控制权分离带来的代理问题，提高企业的战略决策水平。已有文献围绕独立董事对企业绩效、代理成本、履职效率、CEO更替、CEO薪酬等方面的影响展开了大量研究，关于独立董事对企业创新的影响尚未得到充分检验，而且既有研究所得出的结论也不一致。胡元木（2012）的研究表明，聘请拥有技术背景的独立董事可以有效提升R&D产出效率。独立董事普遍具有专业性知识，可以为公司的战略决策提供咨询建议，降低创新活动的不确定性，促进研发投入（叶志强、赵炎，2017）。Faleye等（2011）发现，独立董事的监督强度与研发支出和专利被引量呈显著负相关。以塞班斯法案的出台作为外生冲击，Jiraporn等（2018）的研究表明，独立董事可以促进企业研发投入，但创新产出水平却表现不佳。然而，Balsmeier等（2017）发现，在塞班斯法案出台之后，美国上市公司的独立董事占比逐步提高，对应的专利产出也呈现同步增加的趋势，Lu和Wang（2018）的研究也支持该结论。

本章认为，造成已有研究结论不一致的原因可能是：上述研究忽略了独立董事所处地理区位的差异性。以往研究均在独立董事地理区位因素一致的隐含假设下展开，这与现实情况严重不符。在我国，上市公司聘请了大量的异地独立董事。独立董事所在城市与其任职公司之间的地理距离存在差异，不同的地理距离会影响独立董事的出行成本、精力分配和信息获取等，进而影响独立董事的履职情况。结合本章的研究，本章认为独立董事地理距离会从以下几个方面影响企业创新。

其一，信息获取。创新作为一项高投入、高复杂性、高风险和高不确定性的投资项目，需由管理层制订具体的计划并提交董事会审批。决策的制定以信息为基础，从管理层权力理论的角度看，管理层会选择性地与独立董事分享公司的特定信息，以增强对公司的控制，导致独立董事面临信息不足的困扰（Cai et al.，2015）。对于独立董事而言，获取任职公司足够丰富的信息是其履行职能的重要基础（Duchin et al.，2010）。同内部董事相比，独立董事在获取任职公司"软信息"方面存在天然的劣势。所谓"软信息"是指不能通过地理距离进行编码和传输的信息，这类信息只能通过观察或者面对面交流获取（Liberti and Petersen，2019）。地理距离的存在，将异地独立董事与任职公司的"软信息"网络隔离开来。因此，当独立董事居住地距离任职公司较远时，在决策过程中，他们将更多依赖公开信息，而非直接来自公司的"软信息"。此外，受到出行成本、时间成本、精力分配和地理距离等因素的影响，异地独董出席董事会会议的频率较低（Alam et al.，2014）。Min 和 Chizema（2018）同样指出地理距离是导致跨国董事缺席董事会会议的重要原因之一。

董事会会议是独立董事了解公司运营（Masulis et al.，2012）和管理决策（Adams and Ferreira，2012）的主要机制，是确保独立董事有效参与公司治理的重要途径。独立董事定期参与董事会会议对于提高公司治理效率非常重要，出席董事会会议代表了独立董事作为监督者和决策者对公司承诺的实现程度。在现实环境中，受到地理距离等客观条件的限制，异地独董缺席董事会会议的情况较为普遍。缺乏与其他董事会成员和高管团队面对面的深入沟通与讨论，使得异地独董无法全面获得企业创新投资项目的关键信息，信息的缺乏会降低异地独立董事向管理层提供战略咨询的能力，进而降低其职能履行的有效性，导致企业创新水平下降。

其二，人力资本和社会资本变现。创新作为高复杂性和高风险性的投资项目，要求企业拥有高价值的特定资源。资源依赖理论认为，单个企业通常不具备参与创新所需的所有资源，而具有专业知识的独立董事则通常被视为公司关键的外部资源。独立董事的参与，可以降低公司经营的不确定性程度（Hillman and Dalziel，2003）。基于新兴市场的研究也表明，独立董事作为上市公司重要的外部利益相关者，可以为企业的创新活动带来必要的资源（Johnson et al.，2013）。高阶梯队理论的相关研究表明，人力资本和社会资本是董事履行其监督和战略咨询职能的必要基础（Cavaco et al.，2017）。人力资本是指董事在决策过程中可为董事会带来的技能和经验，包括特定的技能、行业专长、知识、从业经历、职业背景及对公司的总体熟悉程度等；社会资本是指董事与任职公司外部之间建立的已有信誉和联系，包括与其他公司的联系和社会地位等（Oh et al.，2006）。良好的人力资本可以提高董事会的战略咨询职能，提高董事会的履职有效性（Salancik and Pfeffer，1978）。良好的社会资本可以协助董事会获得更及时的信息、多样性的想法和关键性的资源（Chen et al.，2016），代表了个人通过关系获取资源的能力。董事的人力资本和社会资本决定了其认知判断，并影响董事在公司管理层做决策时向其提供专业性建议和特定资源的能力。

本章认为，受地理区位因素的限制，异地独立董事的人力资本和社会资本在任职公司的变现能力相对较低，使其无法为公司提供足够有效的战略咨询及创新活动所需的特有资源。具体而言，地理距离的客观存在，在一定程度上使得异地独董缺席董事会或者董事会会议以线上方式召开。同面对面交流相比，借助电话、互联网等载体传播的信息容易失真，导致异地独董无法准确地将专业性的建议提供给任职公司。此外，独立董事已建立的社会网络多以居住地或者工作地为主，当距离任职公司较远时，在企业开展创新活动过程中，异地独董向公司管理层提供其掌握的隐性稀缺性资源和专有性资产的可能性降低。

其三，履职动机。公司层面的创新受到代理问题的制约，该问题源于公司管理层与股东对待风险的不同态度，表现为管理层的"保守主义"，职业经理人通常倾向于选择现金流波动较小的项目，规避风险系数较高的创新活动，以避免因项目失败而面临被解雇风险（Lu and Wang，2018）。在我国情境下，受传统社会"差序格局"的人际交往特征和"和为贵"儒家思想的影响，异地独立董事很难对管理层的决策发表反对意见，独立董事对管理层的监督出现失效（孙亮、刘春，2014），这在一定程度上强化了管理层在创新活动上的"保守主义"倾向。此外，同本地独立董事相比，异地独董与上市公司及其管理团队之间的社会关系网络较为薄弱，可获取的"隐性"福利较少，却面临着较高的被解雇风险。因此，为了避免因决策失误而导致董事席位的丧失，异地独董支持管理层开展高不确定性的创新项目的动机较弱。

企业创新作为高风险的投资项目，通常需要很长时间才可以看到实质性回报（Holmstrom，1989）。然而，2023 年，中国证监会发布《上市公司独立董事管理办法》，明确规定："独立董事每届任期与上市公司其他董事任期相同，任期届满，可以连选连任，但是连续任职不得超过六年。"因此，企业创新效果很难在独立董事的任期内得到完全体现。作为理性的经济个体，独立董事在参与公司治理的过程中会考虑成本与收益之间的效用函数，基于自我利益最大化的考虑，独立董事支持企业开展创新活动的动机不强。结合前文的分析，本章认为，受自然地理距离的限制，异地独立董事支持企业开展创新活动的动机较弱。基于此，本章提出如下假设。

H3-1：在其他条件相同的情况下，独立董事地理距离越远，企业创新水平越低。

二 高铁开通的调节效应

"要想富，先修路"，良好的交通基础设施是促进经济发展的重要保障。已有研究从社会成本、人口与劳动力、市场联入和空间溢出四个角度，分析了铁路发展对经济发展的影响（魏立佳、张彤彤，2018）。但是相关研究基本围绕宏观层面展开，较少有文献深入探讨交通基础设施对上市公司投资行为、战略决策等方面的影响及其微观作用机制。基于此，延续前文思路，本章拟分析高铁开通对异地独立董事战略决策有效性的影响，以弥补现有研究的不足。具体而言，本章认为高铁开通会通过以下三个方面影响独立董事地理距离对企业创新的影响。

第一，改善信息环境。上市公司所在城市在开通高铁之后，便于媒体、分析师、机构投资者等深入公司开展调研（杨青等，2019）。按照中国证监会要求，上市公司在接受媒体、分析师和特定对象调研之后，需要根据调研内容编制《投资者关系活动记录表》并及时对外披露，分析师在调研之后同样会针对目标企业经营状况撰写研究报告。这些外部治理因素的介入，可以有效促进信息的跨区域流动，为异地独董提供更多获取信息的渠道，提高其获取信息的能力，降低由地理距离引起的信息不对称程度（Giroud，2013），提高信息透明度，有效提升沟通效率（Hornung，2015），提升异地独立董事在战略咨询方面的履职效果。

第二，提高交通便捷性。知识是创新的核心驱动力，高附加值的创新往往依赖人与人之间的直接沟通，拥有专业知识和专业技能的高级人才是创新活动的主体和关键信息流动的重要载体（杜兴强、彭妙薇，2017），对企业创新活动的开展起着举足轻重的作用。高铁的开通，可以增加劳动力进入城市的机会，加强城市之间的经济联系，降低劳动力流动成本，扩大劳动力就业范围，促进劳动力等经济要素自由快速流动（Deng et al.，2019）。同传统的铁路和汽车等交通方式相比，高铁的运行速度更快、安全性更高；同飞机相比，高铁避免了长时间的候机和航班延误的风险。高铁的建设和投入运营，优化了原有交通网络。便捷的交通大大缩短了两地之间的时间距离，出现了"一城效应"。例如，"复兴号"在京沪高铁投入运营，使得从北京到上海的出行时间缩短至四个半小时，旅客可实现京沪之间日内往返。对于异地独立董事而言，高铁的开通可为其带来更大的时间优势和精力优势，为其到任职公司调研、参加董事会会议提供了便利的条件。董事之间以及董事与高管人员之间面对面交流频率和交流深度的提升，有利于增强异地独董对企业创新投资项目的战略咨询和资源提供能力，驱动知识传播和思想溢出，以激发企业创新（Dong et al.，2020）。

第三，提升监督水平。声誉机制是影响我国独立董事发挥治理作用的最重要的机制（黄海杰等，2016）。良好的声誉可以为独立董事带来经济效益，并确保其职业生涯的健康发展。声誉一旦受损，一方面会使得独立董事已有的社会声誉受到连带影响，另一方面也会损害其在劳动力市场上的就业前景（周建等，2016）。自我价值理论认为，个人价值在很大程度上取决于自身取得的成就（Covington，1984）。对于独立董事而言，积极履行自身的职责并为上市公司创造价值是提升自身价值的有效途径，追求自我价值实现的内在动机使得独立董事更加关注外界对其的评价。社会信息加工理论认为，个体的态度和行为会受到周围社会情境的影响，每一位个体都会将自身所面临的社会信息进行加工，进而不断调整自身的态度和行为（Salancik and Pfeffer，1978）。独立董事作为某一领域的专家，其行为更容易受到社会地位等声誉因素的约束。高铁开通之后，媒体和分析师等外部主体监督水平的提高，会对独立董事行为形成有效制约。为了避免声誉损失，包括异地独立董事在内的所有董事都会积极参与到企业的战略决策过程中，有效抑制管理层的短视行为（章永奎等，2019）。基于前述分析，本章提出如下假设。

H3-2：在其他条件相同的情况下，高铁的开通能够弱化独立董事地理距离对企业创新的抑制作用，即高铁开通可以促进异地独立董事履职。

至此，本章的研究模型如图 3.1 所示。

第二节　独立董事地理距离影响企业创新的研究设计

一　样本选取与数据来源

本章选取 2003~2017 年在沪深两市上市的所有 A 股公司作为研究样

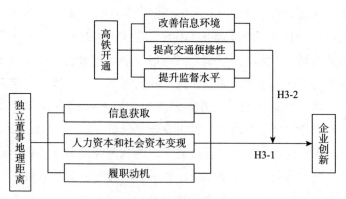

图 3.1　研究模型

本。根据中国证监会规定，在 2003 年 6 月 30 日之前，上市公司董事会中的独立董事占比应至少达到 1/3，因此，本章将研究起始年份设定为 2003 年。按照如下标准筛选样本：①剔除研究期内被 ST、*ST 以及退市的样本；②剔除金融保险业样本；③剔除上市时间不足一年的样本；④剔除财务数据缺失的样本；⑤剔除独立董事工作地或者居住地无法确定的样本；⑥剔除拥有海外独立董事的样本。最终共计得到 13510 个公司—年度观测值。相关数据来自 Wind 数据库和 CSMAR 数据库，其中，独立董事工作地或者居住地信息和上市公司所在城市高铁开通时间通过手工收集获取。为了控制异常值对研究结果的影响，对所有连续变量进行了 1% 和 99% 水平上的缩尾处理，相关数据的处理和分析通过 Stata 15.0 和 Excel 2016 进行。

二　变量测度

（一）因变量

企业创新。对企业创新的度量主要从创新投入和创新产出两个维度展开，同创新投入相比，创新产出更能体现开展创新活动所产生的效果。本章主要关注独立董事地理距离和高铁开通对企业创新产出的影响，因此，借鉴王砾等（2018）、Sunder 等（2017）、姚立杰和周颖（2018）的研究，采用专利数量度量企业创新。其中，专利申请数量为上市公司当年申请专利的总数量；考虑到专利授权的滞后性，专利授权数量采用上市公司当年申请并且在当年及未来三年被授权的数量总和来测度。同时，考虑到专利申请数量和授权数量是有偏的，本章对专利申请数量和专利授权数量分别加1并取自然对数，得到本章测度企业创新的两个指标——专利申请数量（ln-PATEN1）和专利授权数量（lnPATEN2）。

（二）自变量

独立董事地理距离（DISTANCE）。参考罗进辉等（2017）的方法，独立董事地理距离采用独立董事居住地或者工作所在地行政中心与上市公司所在地级城市的行政中心的经纬度距离（D）来测度，具体的计算公式如模型（3.1）所示。独立董事所在地信息系笔者结合 CSMAR 个人特征数据库，通过上市公司年报、深交所、上交所、新浪财经、东方财经、雪球财经和百度搜索等途径手工收集获取，按照前文的数据筛选标准，本章共计手工收集了 2003~2017 年 2310 家公司共计 8020 位独立董事的工作地或者居住地信息。

$$D = 6371.04 \times \text{acrcos}(C) \times \frac{\pi}{180}$$

$$C = \cos(latitude_i) \times \cos(longitude_i) \times \cos(latitude_j) \times \cos(longitude_j) + \cos(latitude_i) \times \sin(longitude_i) \times \cos(latitude_j) \times \sin(longitude_j) + \sin(latitude_i) \times \sin(latitude_j)$$

$$(3.1)$$

其中，6371.04 为地球半径，$latitude_i$ 和 $longitude_i$ 分别代表上市公司所在地级城市行政中心的纬度和经度，$longitude_j$ 和 $latitude_j$ 分别代表独立董事居住地或者工作所在地行政中心的经度和纬度。经纬度通过查询百度地图获得。计算独立董事地理距离时，将每位独立董事与其任职上市公司之间的距离求和并取平均值，若甲公司拥有 N 位独立董事，那么甲公司独立董事地理距离即为 $(D_1 + D_2 + \cdots + D_N)/N$。据此即可得到本章自变量 $DISTANCE = \ln[(D_1 + D_2 + \cdots + D_N)/N + 1]$。

（三）调节变量

高铁开通（AFTER×HSR）。与杨青等（2019）的研究保持一致，本章采用"是否开通高铁"（HSR）和"高铁开通前后"（AFTER）的交互项作为调节变量。按照样本期内上市公司所在地是否开通高铁将样本分为实验组和控制组，若在样本期内开通高铁，HSR 取值为 1，否则为 0。根据开通高铁的年份设置虚拟变量，对于高铁开通当年及之后的年份，*AFTER* 取值为 1，否则为 0。若实验组在样本期内开通了高铁，交互项取值为 1，否则为 0；对于控制组而言，该交互项的取值始终为 0。高铁开通数据来自国家铁路局网站，由笔者手工收集获得。

（四）控制变量

借鉴王砾等（2018）、Sunder 等（2017）、姚立杰和周颖（2018）的研究，本章还控制了企业规模（*SIZE*）、资产负债率（*LEV*）、成长能力（*GROWTH*）、机构持股（*INSHOLD*）、盈利能力（*ROA*）、资本支出（*PPE-TA*）、现金流（*CASH*）、股权集中度（*TOP*10）、产权性质（*SOE*）和企业年龄（*AGE*）。此外，本章还控制了年份（*YEAR*）和行业（*INDUS*）因素，各变量的具体定义见表 3.1。

表 3.1　变量定义

变量	符号	定义
专利申请数量	ln*PATEN*1	当年专利申请数量加 1 取自然对数
专利授权数量	ln*PATEN*2	当年及未来三年的专利授予数量之和加 1 取自然对数
独立董事地理距离	*DISTANCE*	详见自变量说明
高铁开通	*AFTER×HSR*	样本期内未开通高铁，取值为 0；已开通高铁，取值为 1
企业规模	*SIZE*	总资产取自然对数
资产负债率	*LEV*	总负债/总资产
成长能力	*GROWTH*	（当期营业收入-上期营业收入）/上期营业收入
机构持股	*INSHOLD*	机构持股数量/总股本
盈利能力	*ROA*	净利润/总资产
资本支出	*PPETA*	购建固定资产、无形资产和其他长期资产所支付的现金/总资产
现金流	*CASH*	经营活动产生的现金流量净额/总资产
股权集中度	*TOP*10	前十大股东持股数量之和/总股本
产权性质	*SOE*	国有上市公司取值为 1，否则为 0
企业年龄	*AGE*	公司上市年度到样本年度的时间
年份固定效应	*YEAR*	根据研究区间设置虚拟变量
行业固定效应	*INDUSTRY*	根据所属证监会行业设置虚拟变量

三 模型构建

针对本章的假设 H3-1，即独立董事地理距离会影响企业创新（*INNO-VATION*），本章构建了模型（3.2）。在该模型中，被解释变量为专利申请数量和专利授权数量，解释变量为独立董事地理距离，模型控制了公司规模等变量，还对行业固定效应和年份固定效应加以控制。本章重点关注系数 β_1 的正负和显著性，预期系数 β_1 为负。

$$INNOVATION_{i,t} = \beta_0 + \beta_1 DISTANCE_{i,t} + Controls + \sum YEAR + \sum INDUSTRY + \varepsilon_{i,t}$$

$$(3.2)$$

为了验证本章提出的假设 H3-2，即高铁开通可以促进异地独立董事履职，本章在模型（3.2）中同时纳入了 *DISTANCE* 和 *AFTER×HSR* 及它们的交互项 *DISTANCE×AFTER×HSR*。本章预期 *DISTANCE×AFTER×HSR* 对企业创新的影响显著为正。

$$INNOVATION_{i,t} = \beta_0 + \beta_1 DISTANCE_{i,t} + \beta_2 AFTER_{i,t} \times HSR_{i,t} +$$
$$\beta_3 DISTANCE_{i,t} \times AFTER_{i,t} \times HSR_{i,t} +$$
$$Controls + \sum YEAR + \sum INDUSTRY + \varepsilon_{i,t}$$

$$(3.3)$$

第三节 独立董事地理距离影响企业创新的实证结果分析

一 描述性统计

表 3.2 报告了各变量的描述性统计结果。上市公司的专利申请数量（ln*PATEN*1）和专利授权数量（ln*PATEN*2）的均值分别为 1.7928 和 1.3397，最大值分别为 6.0039 和 5.3799，标准差分别为 1.7053 和 1.5093，表明我国上市公司之间的创新水平存在较大差异。独立董事地理距离（*DISTANCE*）的中位数为 305.3720（$=e^{5.7248}-1$）公里，表明研究样本中，有超过一半的公司聘有异地独立董事，独立董事地理距离的最大值为 2108.6978（$=e^{7.6543}-1$）公里。整体而言，上市公司聘任异地独立董事的现象比较普遍，因此，探讨独立董事地理距离对企业创新的影响具有现实意义。高铁开通（*AFTER×*

HSR）的均值为 0.5503，表明在研究样本中，有超过 55% 的样本公司所在地开通了高铁。

表 3.2　描述性统计

变量	均值	标准差	最小值	中位数	最大值
ln*PATEN*1	1.7928	1.7053	0	1.6094	6.0039
ln*PATEN*2	1.3397	1.5093	0	0.6931	5.3799
DISTANCE	4.5942	2.6320	0	5.7248	7.6543
AFTER×HSR	0.5503	0.4975	0	1	1
SIZE	21.6087	1.1694	18.7758	21.5293	24.8646
LEV	0.4696	0.2502	0.0518	0.4578	1.5869
GROWTH	0.1833	0.4387	−0.6828	0.119	2.7446
INSHOLD	0.2935	0.2387	0	0.2626	0.8434
ROA	0.03770	0.0681	−0.2685	0.0355	0.2359
PPETA	0.0532	0.0536	0.0001	0.0364	0.2572
CASH	0.0421	0.0797	−0.2159	0.0418	0.2680
*TOP*10	0.5670	0.1514	0.2030	0.5772	0.8705
SOE	0.4517	0.4977	0	0	1
AGE	10.5978	6.2526	1	10	28

二　回归结果分析

按照前文研究设计进行回归分析，具体的结果列于表 3.3。由表可知，针对两个假设回归检验后的拟合优度（R^2）均超过了 34%，表明模型的整体拟合效果较好。

表 3.3 的列（1）和列（2）是基于假设 H3-1 的回归结果。独立董事地理距离（*DISTANCE*）对企业专利申请数量（ln*PATEN*1）和专利授权数量（ln*PATEN*2）的影响系数分别为−0.0317 和−0.0299，均在 1% 的水平下显著，说明独立董事地理距离会显著抑制企业创新水平，独立董事地理距离越远，企业创新水平越低，假设 H3-1 得到验证。独立董事地理距离对企业创新水平的抑制也具有显著的经济意义，具体而言，独立董事地理距

离每增加 1 个标准差，上市公司专利申请数量会减少 4.65%（ = -0.0317×2.6320/1.7928），专利授权数量也会减少 5.87%（ = -0.0299×2.6320/1.3397）。

为了检验假设 H3-2，即高铁开通能够弱化独立董事地理距离对企业创新的抑制作用，本章在回归模型中同时纳入了独立董事地理距离（*DISTANCE*）和是否开通高铁（*AFTER×HSR*）及二者的交互项（*DISTANCE×AFTER×HSR*），本章重点关注交互项系数的正负及显著性。具体的回归结果列于表 3.3 的列（3）和列（4），对于专利申请数量（ln*PATEN*1），*DISTANCE×AFTER×HSR* 的系数为 0.0289，通过了 1% 的显著性水平检验，*DISTANCE×AFTER×HSR* 对企业专利授权数量（ln*PATEN*2）的影响在 5% 的水平下显著为正，即上市公司所在地开通高铁可以弱化独立董事地理距离对企业创新的抑制作用，假设 H3-2 得证。此外，*DISTANCE* 的系数在 1% 的水平下依然显著为负，*AFTER×HSR* 的系数在 1% 的水平下显著为正，进一步证实独立董事地理距离会抑制企业创新。

从控制变量来看，企业规模（*SIZE*）对企业创新的影响在 1% 的水平下显著为正，说明企业规模越大，企业的专利申请数量和授权数量越多，与 Sunder 等（2017）、Balsmeier 等（2017）的研究结论保持一致。其内在原因在于规模大的企业有足够的实力开展更多的创新活动，同小规模企业相比，大规模企业拥有较强的抗风险能力，对创新活动失败的容忍度更高。作为重要的外部治理机制之一，机构持股（*INSHOLD*）可以显著提升企业创新水平，该结论与基于美国市场的研究保持一致（Aghion et al.，2013），说明经过多年的发展，机构投资者作为我国资本市场的重要参与者，积极参与上市公司治理，推动企业开展创新活动，本章为"机构积极主义"假说提供了新的证据。此外，企业盈利能力（*ROA*）的系数为正，并且通过了 1% 的显著性水平检验，盈利是企业永续经营的基础，良好的财务表现可以为创新活动的开展提供必要的资金支持。前十大股东持股比例（*TOP*10）则会抑制企业创新，股权的集中意味着决策权的集中，大股东为了攫取私有利益，对高风险、高不确定性的投资项目可能持"规避"态度。产权性质（*SOE*）会抑制企业创新，表明同非国有企业相比，国有企业缺乏创新活力。企业年龄（*AGE*）对企业创新的影响系数显著为负，与王砾等（2018）的研究结论保持一致。

表 3.3　多元回归结果

变量	假设 H3-1		假设 H3-2	
	（1）	（2）	（3）	（4）
	ln*PATEN*1	ln*PATEN*2	ln*PATEN*1	ln*PATEN*2
DISTANCE	-0.0317***	-0.0299***	-0.0252***	-0.0222***
	(-7.1777)	(-6.1682)	(-5.6020)	(-4.4146)
AFTER×HSR			0.3148***	0.2326***
			(9.1894)	(6.5032)
DISTANCE×AFTER×HSR			0.0289***	0.0192**
			(3.2360)	(1.9825)
SIZE	0.5134***	0.3939***	0.5105***	0.3922***
	(25.9374)	(17.3601)	(25.8499)	(17.3347)
LEV	-0.1459*	-0.0838	-0.1407	-0.0797
	(-1.6498)	(-0.9497)	(-1.5942)	(-0.9058)
GROWTH	-0.0294	-0.0431	-0.0293	-0.0433
	(-0.7100)	(-1.0070)	(-0.7061)	(-1.0112)
INSHOLD	0.3029***	0.3475***	0.2968***	0.3362***
	(2.8615)	(2.8438)	(2.8039)	(2.7498)
ROA	1.5402***	1.5416***	1.5445***	1.5420***
	(4.7431)	(4.6451)	(4.7575)	(4.6574)
PPETA	-0.2726	-0.4666	-0.2467	-0.4325
	(-0.7486)	(-1.2072)	(-0.6768)	(-1.1182)
CASH	-0.1312	-0.0526	-0.1208	-0.0521
	(-0.5568)	(-0.2143)	(-0.5119)	(-0.2123)
*TOP*10	-0.8365***	-0.6424***	-0.8390***	-0.6368***
	(-5.7679)	(-4.0118)	(-5.7830)	(-3.9793)
SOE	-0.2301***	-0.2090***	-0.2228***	-0.2040***
	(-5.2628)	(-4.4049)	(-5.0914)	(-4.2990)
AGE	-0.0393***	-0.0330***	-0.0388***	-0.0322***
	(-9.4506)	(-6.6297)	(-9.3077)	(-6.4512)
年份/行业	控制	控制	控制	控制

续表

变量	假设 H3-1		假设 H3-2	
	（1）	（2）	（3）	（4）
	ln*PATEN*1	ln*PATEN*2	ln*PATEN*1	ln*PATEN*2
常数项	−8.5606***	−6.4236***	−8.3667***	−6.2992***
	（−31.9403）	（−21.3601）	（−31.1961）	（−20.9120）
N	13510	9472	13510	9472
R^2	0.4023	0.3441	0.4068	0.3473

注：括号内为 t 值，***、**、* 分别表示在 1%、5%、10%的水平下显著。

三　内生性检验

（一）工具变量回归

为了进一步克服内生性问题，本章采用两阶段工具变量回归进行检验。参照罗进辉等（2017）的做法，本章选取上市公司所在省份的上市公司数量（*FIRMS*）、高校数量（*COLLEGES*）以及所在城市是否为省会或者金融中心（*MAIN_CITY*）三个变量作为独立董事地理距离的工具变量，并将 *FIRMS*、*COLLEGES* 和 *MAIN_CITY* 与 *DISTANCE* 进行回归，控制变量与前文保持一致，然后将得到的拟合值 *P_DISTANCE* 作为自变量，重新与企业创新指标进行回归，具体结果如表 3.4 的列（1）至列（5）所示。列（1）为第一阶段的回归结果，结果显示，*FIRMS*、*COLLEGES* 和 *MAIN_CITY* 均与 *DISTANCE* 在 1%的水平下呈显著负相关，说明上市公司和高等院校集中的城市以及处于金融中心或者省会城市的独立董事通常选择就近任职，该结果与罗进辉等（2017）的研究结果保持一致。列（2）至列（5）是对假设 H3-1 和假设 H3-2 采用工具变量回归的第二阶段结果，在列（2）和列（3）中 *P_DISTANCE* 的系数显著为负，在列（4）和列（5）中其与高铁开通交互项（*P_DISTANCE×AFTER×HSR*）的系数依然显著为正，表明在排除了内生性问题之后，独立董事地理距离依然会抑制企业创新，高铁的开通会弱化二者之间的关系，与前文研究结论保持一致。

（二）倾向得分匹配（PSM）

为解决由样本选择偏误造成的内生性问题，本章使用倾向得分匹配法进行检验。首先，建立上市公司是否聘任异地独立董事的 Logit 回归模型，选择的影响因素与前文主回归中的控制变量保持一致；其次，通过 Logit 回归计算每家公司的倾向得分，按照最近邻匹配法对无异地独立董事和拥有异地独立董事的样本进行 1∶1 配对，得到参与回归的样本；最后，使用匹配后的样本重新检验本章的研究假设。表 3.4 的列（6）至列（9）给出了 PSM 后的回归结果，关键变量的影响方向和系数显著性与前文保持一致，由此可见，在控制了样本选择偏差之后，本章的研究结论依然成立。

（三）熵平衡法

倾向得分匹配方法是实证研究中常用的处理选择性偏误的方法，但是，PSM 方法在对样本进行匹配的过程中自动删除了无法与实验组成功匹配的控制组样本，容易造成样本信息的损失。Hainmueller（2012）提出的熵平衡法很好地解决了 PSM 中的样本丢失问题。熵平衡法的核心思想是：第一阶段，为控制组的各变量赋权，使实验组和控制组的各变量均值一致，实现平衡；第二阶段，对赋权处理后的样本进行回归分析。表 3.5 中的 Panel A 是按照上市公司是否聘请异地独立董事和上市公司所在城市是否开通高铁两个维度对各控制变量进行熵平衡处理前后的差异性比较，从表中可以看出，无论是按照是否有异地独董还是按照是否开通高铁进行分组检验，各控制变量的均值至少在 10% 的水平下存在显著的差异［见列（3）和列（8）］；在经过熵平衡加权处理之后，不同维度分组下，各控制变量的均值保持一致［见列（4）和列（5）、列（9）和列（10）］，实现了实验组和控制组在样本特征上的均衡。按照加权处理后的样本重新检验本章的研究假设，具体结果列于表 3.5 Panel B，列（1）至列（4）展示了根据上市公司是否有异地独董进行熵平衡处理之后的回归结果，列（5）至列（8）展示了根据上市公司是否开通高铁进行熵平衡处理之后的回归结果，结果都支持独立董事地理距离会抑制企业创新，高铁开通会促进企业创新，且上市公司所在地开通高铁能够弱化独立董事地理距离对企业创新的抑制作用，本章的研究结论得到进一步证实。

表 3.4　内生性检验：工具变量回归和 PSM

变量	工具变量回归					PSM			
	第一阶段	第二阶段				假设 H3-1		假设 H3-2	
		假设 H3-1		假设 H3-2					
	(1)	(2)	(3)	(4)	(5)	(6)	(7)	(8)	(9)
	DISTANCE	lnPATEN1	lnPATEN2	lnPATEN1	lnPATEN2	lnPATEN1	lnPATEN2	lnPATEN1	lnPATEN2
P_DISTANCE		-0.2497*** (-16.9376)	-0.2162*** (-13.0843)	-0.2220*** (-14.1696)	-0.1716*** (-9.4170)				
DISTANCE						-0.0230*** (-3.8626)	-0.0266*** (-4.0670)	-0.0187*** (-3.0693)	-0.0258*** (-3.7290)
AFTER×HSR				0.1619*** (4.5372)	0.1301*** (3.4849)			0.1952*** (3.1344)	0.1058** (2.1362)
P_DISTANCE/ DISTANCE×AFTER×HSR				0.1472*** (5.8871)	0.1491*** (5.2622)			0.0108*** (2.0632)	0.0079* (1.7260)
FIRMS	-0.0007*** (-3.1926)								
COLLEGES	-0.0075*** (-9.1338)								
MAIN_CITY	-1.5989*** (-34.2788)								
Controls	控制	控制	控制	控制	控制	控制	控制	控制	控制

续表

变量	工具变量回归					PSM			
	第一阶段	第二阶段				假设 H3-1		假设 H3-2	
		假设 H3-1		假设 H3-2					
	(1)	(2)	(3)	(4)	(5)	(6)	(7)	(8)	(9)
	DISTANCE	lnPATEN1	lnPATEN2	lnPATEN1	lnPATEN2	lnPATEN1	lnPATEN2	lnPATEN1	lnPATEN2
年份/行业	控制	控制	控制	控制	控制	控制	控制	控制	控制
常数项	6.4607*** (12.9414)	-7.3935*** (-26.7683)	-5.4526*** (-17.5922)	-8.3650*** (-31.4207)	-6.2877*** (-21.0096)	-9.4302*** (-22.4908)	-7.0863*** (-15.0871)	-9.3512*** (-22.1401)	-7.0964*** (-15.0163)
N	13510	13510	9472	13510	9472	5311	3839	5311	3839
R²	0.1318	0.4125	0.3532	0.4152	0.3558	0.4410	0.3689	0.4421	0.3700

注：括号内为 t 值，***、**、* 分别表示在 1%、5%、10% 的水平下显著。

表 3.5　内生性检验：熵平衡法

Panel A　熵平衡处理前后变量的差异性

变量	是否聘有异地独董					是否开通高铁				
	加权前			加权后		加权前			加权后	
	(1)	(2)	(3)	(4)	(5)	(6)	(7)	(8)	(9)	(10)
	是	否	t 值	是	否	是	否	t 值	是	否
SIZE	21.590	21.660	−2.803***	21.590	21.590	21.86	21.31	28.003***	21.860	21.860
LEV	0.466	0.481	−2.811***	0.466	0.466	0.433	0.5144	−19.054***	0.433	0.433
GROWTH	0.190	0.161	3.214***	0.190	0.190	0.1726	0.1964	−3.315***	0.173	0.173
INSHOLD	0.291	0.303	−2.353**	0.291	0.291	0.3594	0.2129	37.262***	0.359	0.359
ROA	0.039	0.034	3.125***	0.039	0.039	0.0432	0.03095	10.441***	0.043	0.043
PPETA	0.054	0.049	4.893***	0.054	0.054	0.04844	0.059	−11.448***	0.048	0.048
CASH	0.043	0.040	1.805*	0.043	0.043	0.03934	0.04543	−4.426***	0.039	0.039
TOP10	0.570	0.558	3.720***	0.570	0.570	0.5717	0.5611	4.0442***	0.572	0.572
SOE	0.419	0.568	−14.580***	0.419	0.419	0.3559	0.5691	−25.347***	0.356	0.356
AGE	10.290	11.690	−10.915***	10.290	10.290	11.23	9.819	13.165***	11.230	11.230

Panel B　基于熵平衡处理后回归结果

变量	假设 H3-1		假设 H3-2		假设 H3-1		假设 H3-2	
	(1)	(2)	(3)	(4)	(5)	(6)	(7)	(8)
	ln$PATEN1$	ln$PATEN2$	ln$PATEN1$	ln$PATEN2$	ln$PATEN1$	ln$PATEN2$	ln$PATEN1$	ln$PATEN2$
DISTANCE	−0.0361***	−0.0328***	−0.0300***	−0.0261***	−0.0374***	−0.0231***	−0.0226***	−0.0143**
	(−7.8067)	(−6.3705)	(−6.4235)	(−4.7653)	(−5.6946)	(−3.2456)	(−3.2669)	(−2.0838)

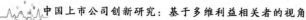

续表

Panel B 基于熵平衡处理后的回归结果

变量	是否聘有异地独董				是否开通高铁			
	假设 H3-1		假设 H3-2		假设 H3-1		假设 H3-2	
	(1)	(2)	(3)	(4)	(5)	(6)	(7)	(8)
	lnPATEN1	lnPATEN2	lnPATEN1	lnPATEN2	lnPATEN1	lnPATEN2	lnPATEN1	lnPATEN2
AFTER×HSR			0.3010*** (7.5895)	0.2330*** (5.5085)			0.3725*** (7.3807)	0.2600*** (5.8103)
DISTANCE×AFTER×HSR			0.0175* (1.9243)	0.0090* (1.8689)			0.0239* (1.8621)	0.0085* (1.7277)
Controls	控制	控制	控制	控制	控制	控制	控制	控制
年份/行业	控制	控制	控制	控制	控制	控制	控制	控制
常数项	-9.2997*** (-28.0740)	-7.1914*** (-19.3923)	-9.1874*** (-27.6254)	-7.1005*** (-19.0635)	-8.2596*** (-15.7258)	-6.6923*** (-14.5559)	-8.4900*** (-17.1146)	-6.8480*** (-15.1429)
N	13510	9472	13510	9472	13510	9472	13510	9472
R^2	0.4280	0.3722	0.4308	0.3745	0.3544	0.3297	0.3633	0.3342

注：括号内为 t 值，***、**、* 分别表示在 1%、5%、10% 的水平下显著。

（四） Heckman 两阶段

本章研究中独立董事地理距离与企业创新之间可能存在自选择问题，即创新能力强的上市公司更倾向于聘请距离公司所在地较远的独立董事。为解决该问题，本节拟通过 Heckman 两阶段模型加以克服。具体步骤如下：第一阶段，建立上市公司聘请异地独董的 Probit 模型，模型中的控制变量与前文保持一致；第二阶段，将第一阶段计算的逆米尔斯比率 *IMR* 作为控制变量分别加入模型（3.2）和模型（3.3）重新进行回归。Heckman 第二阶段的回归结果如表 3.6 的列（1）至列（4）所示。由表可知，在克服了自选择问题之后，独立董事地理距离依旧会抑制企业创新，而高铁开通依然会促进企业创新，与前文回归结果一致。

（五） 因变量提前

为了克服由反向因果关系引起的内生性问题，本节采用未来一期的企业创新指标作为因变量，对本章提出的研究假设进行重新检验，检验结果列于表 3.6 的列（5）至列（8）。从表中可以看出，关键变量 *DISTANCE* 和 *DISTANCE×AFTER×HSR* 的系数正负和显著性均与表 3.3 保持一致，说明在克服反向因果问题之后，本章研究结论依旧成立。此外，考虑到企业创新活动从资金投入到专利产出存在一定的时滞性，即专利产出可能是前期研发投入的结果，为了解决该问题，本节使用未来两期和三期的专利申请数量作为因变量进行回归分析〔结果列于列（9）至列（12）〕，所得结论与前文保持一致。

（六） 控制遗漏变量

变量遗漏是引起内生性问题的另一重要因素。基于此，本节在回归模型中进一步控制了独立董事年龄（*INDBOARD_AGE*）、独立董事中拥有硕士及以上学位的比例（*EDU*）、独立董事中的女性比例（*INDBOARD_FE-MALE*）、董事会规模（*BOARD*）、监事会规模（*SUP*）、年度董事会会议次数（*MEETINGS*）和独立董事比例（*INDBOARD*）共计 7 个变量，回归结果列于表 3.7。表 3.7 得到了与前文一致的结论，进一步说明本章研究结论具有稳健性。就新纳入的变量而言，独立董事中的女性比例和监事会规模会显著抑制企业创新，独立董事年龄和教育背景可以有效提升企业创新

表 3.6 内生性检验：Heckman 两阶段和因变量提前

变量	Heckman 第二阶段回归结果				因变量提前							
	假设 H3-1		假设 H3-2		未来一期				专利申请未来两期		专利申请未来三期	
					假设 H3-1		假设 H3-2		假设 H3-1	假设 H3-2	假设 H3-1	假设 H3-2
	(1)	(2)	(3)	(4)	(5)	(6)	(7)	(8)	(9)	(10)	(11)	(12)
	$\ln PATEN1$	$\ln PATEN2$	$\ln PATEN1$	$\ln PATEN2$	$\ln PATEN1_{t+1}$	$\ln PATEN2_{t+1}$	$\ln PATEN1_{t+1}$	$\ln PATEN2_{t+1}$	$\ln PATEN1_{t+2}$	$\ln PATEN1_{t+2}$	$\ln PATEN1_{t+3}$	$\ln PATEN1_{t+3}$
$DISTANCE$	-0.0299*** (-6.7225)	-0.0289*** (-5.9309)	-0.0236*** (-5.2234)	-0.0213*** (-4.2239)	-0.0264*** (-6.0905)	-0.0298*** (-5.7367)	-0.0206*** (-4.6578)	-0.0220*** (-3.9753)	-0.0295*** (-5.7083)	-0.0205*** (-3.9093)	-0.0293*** (-5.2724)	-0.0195*** (-3.3900)
$AFTER×HSR$			0.3102*** (9.0534)	0.2307*** (6.4487)			0.2792*** (8.3067)	0.2217*** (5.7965)		0.2874*** (7.4848)		0.2700*** (6.5869)
$DISTANCE×$ $AFTER×HSR$			0.0283*** (3.1756)	0.0192** (1.9807)			0.0243*** (2.7766)	0.0156** (1.9884)		0.0336*** (3.2847)		0.0301*** (2.7137)
IMR	4.2378*** (4.2310)	2.3081** (2.0521)	3.8401*** (3.8446)	2.1012* (1.8717)								
$Controls$	控制	控制	控制	控制	控制	控制	控制	控制	控制	控制	控制	控制
年份/行业	控制	控制	控制	控制	控制	控制	控制	控制	控制	控制	控制	控制
常数项	-10.0305*** (-22.8651)	-7.2204*** (-14.7022)	-9.6960*** (-22.1628)	-7.0224*** (-14.3340)	-12.1485*** (-242.0792)	-11.4024*** (-133.1367)	-11.7306*** (-232.1615)	-11.0284*** (-128.1967)	-7.9795*** (-25.2253)	-7.7897*** (-24.6040)	-7.4788*** (-21.6976)	-7.3035*** (-21.1593)
N	13510	9472	13510	9472	12170	8447	12170	8447	10734	10734	9472	9472
Adj. R^2	0.4031	0.3444	0.4074	0.3476	0.4398	0.3475	0.4432	0.3503	0.3910	0.3949	0.3813	0.3847

注：括号内为 t 值，***、**、*分别表示在 1%、5%、10%的水平下显著。

水平。在列（2）和列（4）中，独立董事比例（*INDBOARD*）对专利授权数量（ln*PATEN*2）的影响系数为负，但并未通过显著性检验，本章认为其中的原因有两点：一方面，中国证监会已对上市公司董事会中的独立董事占比做出强制性规定，各公司独立董事占比呈现"趋同性"；另一方面，探讨独立董事比例对公司治理的影响，本质上是在探讨独立董事个体因素对其履职效果的影响，包括认知水平、从业经历、社会联系和地理区位等因素。因此，在探讨独立董事治理有效性的研究中，应对影响独立董事认知和行为的因素进行深入挖掘，不应简单地聚焦于结构性变量层面。

表 3.7　内生性检验：控制遗漏变量

变量	假设 H3-1		假设 H3-2	
	（1）	（2）	（3）	（4）
	ln*PATEN*1	ln*PATEN*2	ln*PATEN*1	ln*PATEN*2
DISTANCE	-0.0283*** (-6.3721)	-0.0265*** (-5.4472)	-0.0220*** (-4.8641)	-0.0192*** (-3.8146)
AFTER×HSR			0.3088*** (9.0281)	0.2277*** (6.3748)
DISTANCE×AFTER×HSR			0.0263*** (2.9578)	0.0172* (1.7815)
INDBOARD_AGE	0.0131*** (6.0393)	0.0089*** (3.8166)	0.0125*** (5.7541)	0.0087*** (3.7383)
EDU	0.1441*** (4.2695)	0.1362*** (3.5908)	0.1376*** (4.0910)	0.1285*** (3.3934)
INDBOARD_FEMALE	-0.1390*** (-5.9645)	-0.1656*** (-6.3502)	-0.1407*** (-6.0598)	-0.1682*** (-6.4648)
BOARD	-0.0074 (-0.9909)	-0.0175** (-2.1783)	-0.0081 (-1.0865)	-0.0173** (-2.1603)
SUP	-0.0436*** (-3.6955)	-0.0400*** (-3.2151)	-0.0368*** (-3.1198)	-0.0356*** (-2.8660)
MEETINGS	0.0014 (0.4113)	0.0014 (0.3464)	0.0010 (0.2876)	0.0011 (0.2699)

续表

变量	假设 H3-1		假设 H3-2	
	（1）	（2）	（3）	（4）
	ln*PATEN*1	ln*PATEN*2	ln*PATEN*1	ln*PATEN*2
INDBOARD	−0.3374 *** (−3.5798)	−0.1339 (−1.2194)	−0.3592 *** (−3.8233)	−0.1483 (−1.3540)
Controls	控制	控制	控制	控制
年份/行业	控制	控制	控制	控制
常数项	−8.7523 *** (−30.8536)	−6.5667 *** (−20.7913)	−8.5245 *** (−30.0117)	−6.4223 *** (−20.2996)
N	13510	9472	13510	9472
R^2	0.4075	0.3502	0.4118	0.3532

注：括号内为 t 值，*** 、** 、* 分别表示在 1%、5%、10% 的水平下显著。

四 稳健性检验

（一）更换估计模型

专利数据是典型的计数型数据，借鉴 Sunder 等（2017）的做法，本章采用泊松（Poisson）回归重新进行实证检验。此外，为了克服"过度分散"问题，同时使用负二项（NBR）回归进行检验。具体的回归结果如表3.8所示，列（1）至列（4）是采用 Poisson 回归的检验结果，列（5）至列（8）是采用 NBR 回归的检验结果。整体而言，无论采用哪种估计模型，独立董事地理距离（*DISTANCE*）的系数均在 1% 的水平下显著为负；独立董事地理距离和高铁开通的交互项（*DISTANCE×AFTER×HSR*）则至少在 5% 的水平下显著为正，与前文研究结论一致，说明本章的研究结论是稳健的。

（二）重新测度自变量

本章在前述检验中采用上市公司独立董事地理距离的均值作为自变量。与罗进辉等（2017）的研究保持一致，本节使用上市公司在某一具体年度上所有独立董事离任职公司所在城市地理距离的中位数作为新的自变量，按照前文的研究思路，对本章的研究假设进行重新检验，表3.9的列（1）至

表 3.8 稳健性检验：更换估计模型

变量	泊松回归				负二项回归			
	假设 H3-1		假设 H3-2		假设 H3-1		假设 H3-2	
	(1)	(2)	(3)	(4)	(5)	(6)	(7)	(8)
	lnPATEN1	lnPATEN2	lnPATEN1	lnPATEN2	lnPATEN1	lnPATEN2	lnPATEN1	lnPATEN2
DISTANCE	-0.0418*** (-62.8898)	-0.0432*** (-39.9381)	-0.0359*** (-40.0971)	-0.0304*** (-25.6595)	-0.0395*** (-6.5713)	-0.0384*** (-4.8646)	-0.0329*** (-5.2879)	-0.0280*** (-3.4621)
AFTER×HSR			0.6128*** (104.1960)	0.4710*** (61.2139)			0.3556*** (7.7302)	0.3143*** (5.5350)
DISTANCE× AFTER×HSR			0.0336*** (17.6369)	0.0177*** (7.2637)			0.0276** (2.2199)	0.0255** (2.6334)
Controls	控制	控制	控制	控制	控制	控制	控制	控制
年份/行业	控制	控制	控制	控制	控制	控制	控制	控制
常数项	-12.3206*** (-249.8210)	-11.3330*** (-145.3842)	-11.9232*** (-239.9554)	-10.9715*** (-139.9328)	-12.8755*** (-33.2554)	-11.9769*** (-23.0754)	-12.5925*** (-32.2611)	-11.7181*** (-22.3987)
N	13510	9472	13510	9472	13510	9472	13510	9472
R²	0.4413	0.3934	0.4567	0.4049	0.0581	0.0582	0.0597	0.0589

注：括号内为 z 值，***、**分别表示在 1%、5%的水平下显著。

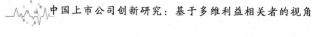

列（4）显示，在更换自变量的测度方法之后，本章研究结论依然未发生实质性的改变。

（三）重新筛选样本

现实中，多数上市公司的独立董事由异地独董和本地独董共同构成，受到本章自变量测度方法的影响，存在因异地独立董事的存在导致独立董事地理距离取值为 0 的情况。为了避免这种情况对本章研究结论的影响，本节对研究样本进行重新筛选，仅保留独立董事全部为本地独董和全部为异地独董的样本，检验结果见表 3.9 的列（5）至列（8），与前文研究结论保持一致。

（四）排除非线性影响

考虑到独立董事地理距离对企业创新的影响可能并不是线性的，即独立董事地理距离与企业创新之间可能呈现"U"形或者"倒 U"形曲线关系，本章在回归模型中引入了独立董事地理距离的平方项（$DISTANCE^2$），表 3.9 列（9）至列（12）的回归结果显示，在控制了独立董事地理距离的二次项之后，$DISTANCE$ 和 $DISTANCE \times AFTER \times HSR$ 回归系数的符号和显著性与前文一致，但二次项系数并未通过显著性检验，本章进一步排除了独立董事地理距离和企业创新之间的非线性关系。

第四节 独立董事地理距离影响企业创新的进一步分析

本章研究已经证明，地理距离的客观存在会降低异地独立董事的信息获取能力，降低异地独立董事人力资本和社会资本在任职公司的变现水平，弱化异地独董的履职动机，进而弱化异地独董的战略咨询能力，导致企业创新水平下降。而高铁的开通则可以通过改善信息环境、提高交通便捷性和提升监督水平弱化前述三个因素对异地独董履职的限制，进而提升异地独董的履职水平，即高铁的开通可以有效弱化独立董事地理距离对企业创新的抑制作用。基于前述逻辑，本章认为在不同的信息环境、咨询需求以及履职动机下，异地独立董事的履职效果存在差异。同时，考虑到异地独立董事在人数和比例等方面的配置差异也会影响履职效果，本章拟从

表 3.9　稳健性检验：重新测度自变量、重新筛选样本和排除非线性影响

变量	重新测度自变量				重新筛选样本				排除非线性影响			
	假设 H3-1		假设 H3-2		假设 H3-1		假设 H3-2		假设 H3-1		假设 H3-2	
	(1)	(2)	(3)	(4)	(5)	(6)	(7)	(8)	(9)	(10)	(11)	(12)
	lnPATEN1	lnPATEN2	lnPATEN1	lnPATEN2	lnPATEN1	lnPATEN2	lnPATEN1	lnPATEN2	lnPATEN1	lnPATEN2	lnPATEN1	lnPATEN2
$DISTANCE$	-0.0294***	-0.0293***	-0.0230***	-0.0221***	-0.0445***	-0.0400***	-0.0335***	-0.0275***	-0.0351***	-0.0309***	-0.0231**	-0.0198**
	(-8.0269)	(-7.1988)	(-6.1748)	(-5.1481)	(-9.0561)	(-7.4668)	(-6.5560)	(-4.7210)	(-4.4782)	(-3.5660)	(-2.9297)	(-2.2147)
$AFTER×HSR$			0.3094***	0.2251***			0.3405***	0.2681***			0.3153***	0.2330***
			(9.0174)	(6.2850)			(7.8088)	(5.6595)			(9.1946)	(6.5102)
$DISTANCE×$ $AFTER×HSR$			0.0214***	0.0159*			0.0272***	0.0252**			0.0292***	0.0195***
			(2.8982)	(1.9187)			(2.7759)	(2.3162)			(3.2519)	(2.0069)
$DISTANCE^2$									-0.0013	-0.0004	0.0008	0.0009
									(-0.5152)	(-0.1407)	(0.3230)	(0.3240)
$Controls$	控制	控制	控制	控制	控制	控制	控制	控制	控制	控制	控制	控制
年份/行业	控制	控制	控制	控制	控制	控制	控制	控制	控制	控制	控制	控制
常数项	-8.5705***	-6.3999***	-8.3468***	-6.2609***	-8.8268***	-6.5604***	-8.7340***	-6.5299***	-8.5308***	-6.4131***	-8.3751***	-6.3119***
	(-32.0293)	(-21.3021)	(-31.1301)	(-20.7941)	(-25.7576)	(-17.2163)	(-25.5496)	(-17.1957)	(-31.1119)	(-20.7032)	(-31.0811)	(-20.7781)
N	13510	9472	13510	9472	7866	5598	7866	5598	13510	9472	13510	9472
R^2	0.4015	0.3422	0.4054	0.3457	0.4188	0.3552	0.4246	0.3561	0.4023	0.3441	0.4068	0.3473

注：括号内为 t 值，***、**、* 分别表示在 1%、5%、10% 的水平下显著。

信息环境异质性、咨询需求异质性、履职动机异质性和异地独立董事配置异质性四个方面检验高铁开通对异地独立董事履职效果的影响。

一　高铁开通对异地独立董事履职的影响：信息环境异质性视角

异地独立董事在信息获取方面的天然劣势导致其在具体投资决策中履行战略咨询职能的能力下降，高铁的开通会降低由地理区位因素限制引起的信息不对称程度（Giroud，2013），拓宽异地独立董事获取信息的渠道，进而改善异地独立董事的履职效果。基于该逻辑，本章认为，同信息环境好的公司相比，在信息环境较差的公司中，高铁开通对异地独立董事履职效果的改善作用更明显。为了检验这一推论，本章按照新闻媒体报道水平的高低进行分组回归，新闻报道数量高于年度均值的公司信息环境良好，否则信息环境较差，具体的回归结果列于表 3.10 的列（1）至列（4）。由列示的结果可知，在信息环境较差的分组中，$DISTANCE \times AFTER \times HSR$ 对企业创新的影响在 1% 的水平下显著为正；在信息环境较好的分组中，$DIS\text{-}TANCE \times AFTER \times HSR$ 的系数并未通过显著性检验，表明在信息环境较差的情况下，高铁开通可以提升异地独立董事的履职效果。

二　高铁开通对异地独立董事履职的影响：咨询需求异质性视角

地理距离的客观限制会导致异地独立董事人力资本和社会资本在任职公司的变现水平降低，进而弱化独立董事对管理层的战略咨询能力，如若该逻辑成立，那么对于管理层咨询需求较低的公司，独立董事地理距离对企业创新的抑制作用更强，在这种情况下，高铁开通对前述二者关系的弱化作用则更明显。借鉴曹春方和林雁（2017）的研究，通过 CEO 的学历水平界定管理层咨询需求的高低，当 CEO 拥有本科及以上学历时，定义为低咨询需求，否则为高咨询需求，分组检验的结果列于表 3.10 的列（5）至列（8）。结果显示，只有在高咨询需求的情况下，$DISTANCE \times AFTER \times HSR$ 对专利申请数量和专利授权数量的影响系数为正，并且通过了 1% 的显著性水平检验，说明对于管理层咨询需求较高的公司，高铁的开通可以促进异地独立董事履职。

三　高铁开通对异地独立董事履职的影响：履职动机异质性视角

已有研究表明，声誉机制是影响独立董事发挥治理作用最重要的约束机制（黄海杰等，2016）。在高声誉激励的影响下，独立董事有较强的动机积极参与到公司的战略决策中，在这种情况下，高铁开通对异地独立董事履职效果的改善作用就会降低。借鉴李焰和秦义虎（2011）的研究，本章通过受教育水平的高低测度独立董事的声誉，当独立董事中拥有研究生学历的占比超过年度均值时，则定义为高声誉激励，这类独立董事的履职动机更强，低声誉激励则对应着较弱的履职动机，按照履职动机强弱的分组检验结果列于表 3.10 的列（9）至列（12）。由列示的内容可知，当因变量为专利申请数量时，在弱履职动机分组中，$DISTANCE \times AFTER \times HSR$ 的系数为 0.0335（t 值为 2.6901）；在强履职动机分组中，$DISTANCE \times AFTER \times HSR$ 的系数为 0.0229（t 值为 1.7851）。差异性检验显示，二者的系数差异在 1% 的水平下显著。当因变量为专利授权数量时，$DISTANCE \times AFTER \times HSR$ 的系数只有在弱履职动机分组中显著为正。整体而言，在独立董事履职动机较弱的情况下，高铁的开通可以改善异地独立董事的履职效果。

四　异地独立董事配置的异质性

现实中，不同上市公司的异地独立董事配置不尽相同。基于此，本章拟围绕异地独董人数、比例和地理距离三个方面，分析高铁开通对异地独立董事履职效果的影响。

（一）高铁开通对异地独董履职的影响：异地独董人数视角

本章研究样本中，无异地独董的样本数为 3006 个，拥有一位、两位和三位异地独董的样本数分别为 2367 个、2546 个和 3476 个，异地独董超过三位的样本数为 2115 个，说明异地独立董事在我国上市公司中是普遍存在的。关键多数理论认为，董事会中具有某种特征的董事人数达到一定的临界值时才会对董事会决策和公司经营产生实质性的影响。为了检验高铁开通对不同异地独立董事人数（NonLocal Number，NLN）下上市公司创新活

表3.10 高铁开通对异地独董履职的影响：基于信息环境、咨询需求和履职动机异质性

变量	信息环境异质性				咨询需求异质性				履职动机异质性			
	差	好	差	好	高	低	高	低	强	弱	强	弱
	lnPATEN1	lnPATEN1	lnPATEN2	lnPATEN2	lnPATEN1	lnPATEN1	lnPATEN2	lnPATEN2	lnPATEN1	lnPATEN1	lnPATEN2	lnPATEN2
	(1)	(2)	(3)	(4)	(5)	(6)	(7)	(8)	(9)	(10)	(11)	(12)
$DISTANCE$	-0.0160***	-0.0322***	-0.0156**	-0.0278***	-0.0277**	-0.0246***	-0.0116	-0.0231***	-0.0237***	-0.0249***	-0.0197***	-0.0230***
	(-2.6328)	(-4.8821)	(-2.3313)	(-3.7227)	(-2.0474)	(-4.4252)	(-0.7343)	(-3.7216)	(-3.7050)	(-3.9042)	(-2.7693)	(-3.2261)
$AFTER{\times}HSR$	0.2420***	0.3702***	0.1473***	0.2938***	0.2342**	0.3072***	0.2575***	0.2215***	0.2902***	0.3073***	0.2104***	0.2209***
	(5.3021)	(7.2956)	(3.1270)	(5.4790)	(2.4798)	(7.1766)	(2.5879)	(4.9279)	(5.8109)	(6.5000)	(4.0329)	(4.4523)
$DISTANCE{\times}$ $AFTER{\times}HSR$	0.0513***	0.0117	0.0339***	0.0084	0.0751***	0.0111	0.0857***	0.0015	0.0229*	0.0335***	0.0109	0.0241*
	(4.2909)	(0.8916)	(2.6451)	(0.5785)	(2.9077)	(1.0060)	(2.9435)	(0.1247)	(1.7851)	(2.6901)	(0.7827)	(1.7768)
Controls	控制	控制	控制	控制	控制	控制	控制	控制	控制	控制	控制	控制
年份/行业	控制	控制	控制	控制	控制	控制	控制	控制	控制	控制	控制	控制
常数项	-6.8057***	-8.8700***	-5.0865***	-6.5932***	-8.0097***	-7.6321***	-6.0841***	-5.4894***	-6.6631***	-9.7895***	-4.5874***	-7.8236***
	(-18.1104)	(-22.2485)	(-12.1304)	(-14.4605)	(-9.8107)	(-22.0517)	(-6.7381)	(-14.1384)	(-16.7198)	(-26.7761)	(-10.2538)	(-18.9966)
N	6751	6759	4732	4740	1709	9005	1261	6211	6759	6751	4740	4732
R^2	0.3762	0.4237	0.3207	0.3626	0.3909	0.4055	0.3510	0.3473	0.4032	0.4189	0.3463	0.3592

注：括号内为t值，***、**、*分别表示在1%、5%、10%的水平下显著。

动的影响，本章运用如下模型进行回归分析。

$$INNOVATION_{i,t} = \beta_0 + \beta_1 NLN_{i,t} + \beta_2 AFTER_{i,t} \times HSR_{i,t} + \beta_3 NLN_{i,t} \times AFTER_{i,t} \times HSR_{i,t} +$$

$$Controls + \sum YEAR + \sum INDUSTRY + \varepsilon_{i,t}$$

$$(3.4)$$

在模型（3.4）的回归过程中，本章先根据异地独董席位数量进行样本的划分并设置虚拟变量，然后进行回归检验。例如，当 $NLN = 1$ 时，回归样本中仅保留异地独立董事席位为 0 个和 1 个的样本；当 $NLN = 2$ 时，回归样本中仅保留异地独立董事席位为 0 个和 2 个的样本，其他情况依次类推，具体的结果见表 3.11。从检验结果可以看出，当因变量为专利申请数量（$\ln PATEN1$）时，在异地独立董事席位大于等于 2 个的情况下，$NLN \times AFTER \times HSR$ 的系数至少在 5% 的水平下显著为正，说明当异地独立董事席位大于等于 2 个时，高铁开通可以显著弱化异地独董对企业创新的抑制作用；当因变量为专利授权数量（$\ln PATEN2$）时，在异地独董席位等于或者大于 3 个的情况下，高铁的开通可以有效促进异地独董履职。

（二）高铁开通对异地独董履职的影响：异地独董比例视角

异地独立董事在战略决策过程中是否发挥作用，还取决于异地独立董事的占比。基于此，本章按照异地独立董事在所有独立董事中占比的四分位数对样本进行划分，并设置四个变量，按照如下模型进行检验。

$$INNOVATION_{i,t} = \beta_0 + \beta_1 0 < NLR \leqslant 0.25_{i,t} + \beta_2 0.25 < NLR \leqslant 0.5_{i,t} +$$

$$\beta_3 0.5 < NLR \leqslant 0.75_{i,t} + \beta_4 0.75 < NLR \leqslant 1_{i,t} + \beta_5 AFTER_{i,t} \times HSR_{i,t} +$$

$$\beta_6 0 < NLR \leqslant 0.25_{i,t} \times AFTER_{i,t} \times HSR_{i,t} + \beta_7 0.25 < NLR \leqslant 0.5_{i,t} \times AFTER_{i,t} \times HSR_{i,t} +$$

$$\beta_8 0.5 < NLR \leqslant 0.75_{i,t} \times AFTER_{i,t} \times HSR_{i,t} + \beta_9 0.75 < NLR \leqslant 1_{i,t} \times AFTER_{i,t} \times HSR_{i,t} +$$

$$Controls + \sum YEAR + \sum INDUSTRY + \varepsilon_{i,t}$$

$$(3.5)$$

在模型（3.5）中，根据异地独立董事占比（NonLocal Rate，NLR）设置四个变量，以探讨在异地独立董事占比不同的情况下，高铁开通对异地

表 3.11 高铁开通对异地独董履职的影响：异地独董人数视角

变量	lnPATEN1				lnPATEN2			
	(1)	(2)	(3)	(4)	(5)	(6)	(7)	(8)
	$NLN=1$	$NLN=2$	$NLN=3$	$NLN>3$	$NLN=1$	$NLN=2$	$NLN=3$	$NLN>3$
NLN	-0.0094	-0.1774***	-0.1860***	-0.3136***	0.0215	-0.2094***	-0.1412***	-0.2580***
	(-0.2555)	(-4.8481)	(-5.2795)	(-7.4364)	(0.5275)	(-5.1450)	(-3.5479)	(-5.2747)
AFTER×HSR	0.1454**	0.2732***	0.2735***	0.3711***	0.1031*	0.1987***	0.2398***	0.3030***
	(2.0460)	(4.2115)	(5.4289)	(6.1934)	(1.7596)	(3.0146)	(4.3848)	(4.5224)
NLN×AFTER×HSR	-0.0044	0.1835**	0.1757**	0.2386***	-0.0060	0.0670	0.1175*	0.1974**
	(-0.0589)	(2.5399)	(2.3594)	(2.9765)	(-0.0747)	(0.8587)	(1.9719)	(2.2087)
Controls	控制	控制	控制	控制	控制	控制	控制	控制
年份/行业	控制	控制	控制	控制	控制	控制	控制	控制
常数项	-8.4755***	-9.3612***	-9.1745***	-9.3893***	-6.5105***	-7.1627***	-7.2736***	-6.9110***
	(-19.6190)	(-22.7900)	(-23.8733)	(-21.7613)	(-13.4417)	(-15.5439)	(-17.0699)	(-13.9751)
N	5373	5552	6482	5121	3851	3965	4661	3571
R^2	0.4282	0.4434	0.4333	0.4229	0.3768	0.3782	0.3829	0.3663

注：括号内为 t 值，***、**、* 分别表示在 1%、5%、10%的水平下显著。

独董履职的影响。当 *NLR* 位于某区间时，取值即为异地独董的比例，否则为 0。以 0.25<*NLR*≤0.5 为例，当异地独董比例大于 0.25 并且小于等于 0.5 时，*NLR* 的取值为具体的比例，在此区间之外，取值为 0。具体的回归结果如表 3.12 所示，由列（1）和列（2）可知，当异地独董比例介于 0.5 和 1 之间时，会显著抑制企业创新，同 0.5<*NLR*≤0.75 的系数相比，0.75<*NLR*≤1 系数的绝对值更大，显著性更强，表明当上市公司中的异地独董比例超过 3/4 时，对企业创新的抑制作用更大。列（3）和列（4）的结果表明，在异地独董比例超过一半的情况下，高铁的开通会改善异地独董的履职情况，即高铁开通会缓解异地独董对企业创新的抑制作用。

表 3.12　高铁开通对异地独董履职的影响：异地独董比例视角

变量	（1）	（2）	（3）	（4）
	ln*PATEN*1	ln*PATEN*2	ln*PATEN*1	ln*PATEN*2
0<*NLR*≤0.25	-0.2526 (-1.0523)	-0.1451 (-0.5443)	-0.4169* (-1.6706)	-0.1573 (-0.5901)
0.25<*NLR*≤0.5	-0.0689 (-0.7559)	-0.0035 (-0.0350)	-0.0302 (-0.3279)	-0.0064 (-0.0623)
0.5<*NLR*≤0.75	-0.2226*** (-4.0555)	-0.2767*** (-4.5749)	-0.2016*** (-3.6439)	-0.2382*** (-3.8614)
0.75<*NLR*≤1	-0.3109*** (-10.0104)	-0.2893*** (-8.4772)	-0.2541*** (-7.9268)	-0.2201*** (-5.9717)
AFTER×*HSR*			0.2652*** (7.6025)	0.1913*** (5.2620)
0<*NLR*≤0.25×*AFTER*×*HSR*			1.2760 (1.4778)	1.1316 (1.1162)
0.25<*NLR*≤0.5×*AFTER*×*HSR*			-0.2002 (-1.0729)	-0.1604 (-0.7951)
0.5<*NLR*≤0.75×*AFTER*×*HSR*			0.1824*** (2.9056)	0.1496** (2.0505)
0.75<*NLR*≤1×*AFTER*×*HSR*			0.3312*** (2.9984)	0.1566** (2.2362)

续表

变量	(1)	(2)	(3)	(4)
	ln$PATEN$1	ln$PATEN$2	ln$PATEN$1	ln$PATEN$2
Controls	控制	控制	控制	控制
年份/行业	控制	控制	控制	控制
常数项	-8.5064***	-6.3148***	-8.5523***	-6.3886***
	(-31.8159)	(-21.0409)	(-32.1384)	(-21.3617)
N	13510	9472	13510	9472
R^2	0.4041	0.3462	0.4083	0.3485

注：括号内为 t 值，***、**、* 分别表示在 1%、5%、10%的水平下显著。

（三）高铁开通对异地独董履职的影响：独立董事地理距离视角

出行距离的远近，决定了出行方式的选择。在日常生活中，短距离出行时，乘客普遍会选择汽车，长距离出行的首选交通方式是飞机，相较而言，火车是中短距离出行的较优选择。那么，高铁开通对异地独董履职效果的作用是否会受到地理距离的影响呢？本章拟通过如下模型加以检验。

$$INNOVATION_{i,t} = \beta_0 + \beta_1 DISTANCE \leq 100_{i,t} + \beta_2 100 < DISTANCE \leq 600_{i,t} +$$

$$\beta_3 600 < DISTANCE \leq 1100_{i,t} + \beta_4 1100 < DISTANCE \leq 1600_{i,t} +$$

$$\beta_5 DISTANCE > 1600_{i,t} + \beta_6 AFTER_{i,t} \times HSR_{i,t} +$$

$$\beta_7 DISTANCE < 100_{i,t} \times AFTER_{i,t} \times HSR_{i,t} +$$

$$\beta_8 100 < DISTANCE \leq 600_{i,t} \times AFTER_{i,t} \times HSR_{i,t} +$$

$$\beta_9 600 < DISTANCE \leq 1100_{i,t} \times AFTER_{i,t} \times HSR_{i,t} +$$

$$\beta_{10} 1100 < DISTANCE \leq 1600_{i,t} \times AFTER_{i,t} \times HSR_{i,t} +$$

$$\beta_{11} DISTANCE > 1600_{i,t} \times AFTER_{i,t} \times HSR_{i,t} +$$

$$Controls + \sum YEAR + \sum INDUSTRTY + \varepsilon_{i,t}$$

(3.6)

按照独立董事地理距离的远近将样本分为五组，具体包括地理距离小于等于 100 公里、100~600 公里、600~1100 公里、1100~1600 公里和大于1600 公里 5 种情况，然后根据分组情况设置五个变量，当独立董事地理距离落在某个距离区间之外时，取值为 0，否则即为具体的距离。之所以按照 500 公里作为划分标准，主要是基于两个方面的考虑：其一，我国高铁的最低运行速度为每小时 250 公里；其二，本章的关键变量独立董事地理距离的分布较为分散，最远距离达到了 2108.7 公里（缩尾后），若按照间隔 250 公里进行划分，会导致某些区间内的样本量较少，影响检验结果的准确性。因此，本章按照每 500 公里的间隔对样本进行划分。划分结果显示，独立董事地理距离小于等于 100 公里的样本有 4365 个，100~600 公里的有 5262 个，600~1100 公里的有 2592 个，1100~1600 公里的有 806 个，大于 1600 公里的有 485 个。

在将样本进行划分之后，按照模型（3.6）进行检验，具体的检验结果见表 3.13。列（1）和列（2）显示，当独立董事地理距离大于等于 100 公里时，会抑制企业创新，且抑制作用随着距离的增加而逐步增大，进一步说明独立董事地理距离对企业创新的影响是线性的。列（3）和列（4）显示，交互项 $100<DISTANCE\leqslant600\times AFTER\times HSR$ 与 $600<DISTANCE\leqslant1100\times AFTER\times HSR$ 的系数分别为 0.0258、0.0264 与 0.0625、0.0882，均在 1% 的水平下显著，说明当独立董事地理距离介于 100 公里和 1100 公里之间时，高铁开通可以促进异地独董履职。

表 3.13 高铁开通对异地独董履职的影响：独立董事地理距离视角

变量	(1)	(2)	(3)	(4)
	lnPATEN1	lnPATEN2	lnPATEN1	lnPATEN2
$DISTANCE\leqslant100$	-0.0194 (-1.5828)	-0.0166 (-1.3594)	0.0455 (0.5991)	-0.0163 (-0.1878)
$100<DISTANCE\leqslant600$	-0.0263*** (-4.9565)	-0.0259*** (-4.4253)	-0.1705*** (-4.0980)	-0.1752*** (-3.8047)
$600<DISTANCE\leqslant1100$	-0.0271*** (-5.0536)	-0.0261*** (-4.4111)	-0.4400*** (-3.0432)	-0.6136*** (-3.8308)
$1100<DISTANCE\leqslant1600$	-0.0336*** (-4.5563)	-0.0322*** (-3.8798)	0.1900 (0.4275)	0.4060 (0.7878)
$DISTANCE>1600$	-0.0601*** (-6.9597)	-0.0475*** (-5.1473)	0.7007 (1.0798)	0.7959 (1.1619)

续表

变量	(1) ln*PATEN*1	(2) ln*PATEN*2	(3) ln*PATEN*1	(4) ln*PATEN*2
AFTER×HSR			0.3176*** (9.2866)	0.2293*** (6.3959)
DISTANCE ≤ 100×*AFTER×HSR*			−0.0175 (−0.9490)	−0.0001 (−0.0071)
100<*DISTANCE* ≤ 600× *AFTER×HSR*			0.0258*** (3.6628)	0.0264*** (3.3800)
600<*DISTANCE* ≤ 1100× *AFTER×HSR*			0.0625*** (2.8966)	0.0882*** (3.6933)
1100<*DISTANCE* ≤ 1600× *AFTER×HSR*			−0.0302 (−0.4875)	−0.0605 (−0.8424)
DISTANCE>1600×*AFTER×HSR*			−0.0994 (−1.1564)	−0.1110 (−1.2221)
Controls	控制	控制	控制	控制
年份/行业	控制	控制	控制	控制
常数项	−8.5521*** (−31.8888)	−6.4071*** (−21.2668)	−8.4542*** (−31.5999)	−6.3721*** (−21.1698)
N	13510	9472	13510	9472
R^2	0.4011	0.3426	0.4065	0.3469

注：括号内为 t 值，*** 表示在 1%的水平下显著。

综合前述回归结果可知，只有在异地独董人数大于等于 3 人，异地独董占比超过 50%，或者独立董事地理距离介于 100 公里和 1100 公里之间的情况下，高铁开通才会弱化异地独董对企业创新的影响，即在前述三种情况下，高铁开通可以促进异地独董履职。

第五节　本章小结

基于我国上市公司拥有大量异地独立董事以及全国各地大力建设高铁的现实背景，本章以 2003～2017 年在沪深两市上市的所有 A 股公司作为研究样本，手工收集独立董事主要工作地或居住地信息以及上市公司所在地高铁开通时间，检验独立董事地理距离、高铁开通与企业创新之间的关系。研究表明：第一，独立董事地理距离越远，企业创新水平越低，即独立董事地理距离会抑制企业创新。其原因在于受地理距离的客观限制，异地独立董事信息获取能力较差，对任职公司"软信息"掌握不足，人力资本和社会资本在任职公司所在城市的变现能力较差，履职动机较弱，进而导致异地独立董事在战略决策过程中为管理层提供战略咨询的能力下降，表现为企业创新水平的下降。第二，上市公司所在地开通高铁，可以改善异地独董的履职效果，即高铁开通可以弱化独立董事地理距离对企业创新的抑制作用。其内在机理为：高铁开通的各方面优势改善了信息环境，拓宽了异地独董获取信息的渠道；提高了交通便捷性，方便异地独董到任职公司调研，以及与管理层展开面对面的交流，在此过程中，异地独董所拥有的人力资本和社会资本顺利变现，提升了其战略咨询能力；外部治理机制的介入，提升了公司的外部监督水平，促使独立董事更为积极地参与企业的战略决策。第三，在使用工具变量法、倾向得分匹配、熵平衡和Heckman 两阶段等方法克服内生性问题，采用更换估计模型、重新测度自变量、重新筛选样本和排除非线性影响因素之后，本章的研究结论依然成立，独立董事地理距离会抑制企业创新，高铁的开通能够缓解二者之间的负相关关系，即高铁开通能够促进异地独立董事履职。第四，进一步研究发现，高铁开通对异地独立董事履职效果的影响受到信息环境、咨询需求、履职动机和异地独立董事配置的影响。具体而言，在信息环境较差、管理层咨询需求较高和独立董事履职动机较弱的公司，高铁开通可以有效改善异地独立董事的履职效果；在异地独立董事配置方面，当异地独立董事人数大于等于3 人、独立董事中的异地独董比例超过 50% 或者独立董事地理距离介于 100 公里和 1100 公里之间时，高铁开通可以弱化独立董事地理距离对企业创新的抑制作用，即改善异地独立董事的履职效果。

本章的研究有三个重要贡献。首先，拓展了独立董事履职有效性影响因素的研究。已有关于董事会的研究多从董事会成员的人口统计学特征、人力资本和社会资本三个视角展开（Johnson et al.，2013），从地理区位差异角度展开研究的较少。本章在手工收集独立董事主要工作地信息的基础上，利用经纬度对独立董事地理距离进行了更加科学的估计，为独立董事地理距离与企业创新之间关系的发现提供了度量基础，也为异地独立董事的界定提供了新方法，为系统分析董事会的治理有效性提供了一个新的研究思路和经验证据。

其次，实现了跨学科研究。将铁路经济学和管理学交叉融合，拓展了高铁开通影响微观企业经济活动的研究，为交通基础设施改善影响微观企业提供了新的经验证据，拓展了公司治理与战略管理的研究视角。Zhang等（2020c）证实高铁的建设能够通过缓解融资约束、加强人才流动来促进铁路沿线上市公司开展创新活动。本章是对这篇文章的有益补充，本章研究发现，高铁开通通过提高异地独立董事的履职效果提升企业的创新水平。本章的研究加深了对高铁开通促进企业创新影响机制的认识。

最后，增进了高铁开通对异地独立董事履职影响的认识。已有研究多集中于探讨独立董事对公司绩效和价值（Cavaco et al.，2017；Shi et al.，2018）、公司透明度（Armstrong et al.，2014）、CEO 薪酬（Wang et al.，2015）、信息披露（García-Sánchez and Martínez-Ferrero，2018）、企业并购（Masulis and Zhang，2019）、企业违规（Kong et al.，2019；Xiang and Zhu，2023）、投资效率（Rajkovic，2020）、股东掏空（Gong et al.，2021）等方面的影响，但并未考虑交通异质性和地理区位因素对独立董事履职有效性的影响，本章利用上市公司所在城市开通高铁这一外生事件，证实了高铁开通能够促进异地独立董事履职，但该影响受到信息环境异质性、咨询需求异质性、履职动机异质性和异地独立董事配置异质性的影响。

第四章

董事网络与企业创新

在当前企业间联系与合作日益密切、企业边界趋向模糊的背景下，作为社会资本的载体和非正式制度体现的社会网络在企业创新活动中的重要性逐渐凸显（Chang and Wu，2021；Zhao，2021）。一方面，由于中国是一个新兴市场，企业的正式制度仍然存在许多不完善的地方，所以非正式制度对于企业的投资决策仍然有十分重要的影响。另一方面，资源依赖理论认为，企业生存所需要的一切资源都只能从外部获取，即企业能否顺利开展创新活动在很大程度上取决于其能否获取或控制所需的外部资源。有鉴于此，在探究企业创新投资的影响因素时，应该将目光从企业自身和正式制度转移到企业的外部以及非正式制度上来。

由董事兼任行为形成的连锁董事网络是企业间网络关系中的一种重要表现形式，其作为社会资本和非正式制度的双重载体越来越受到学术界的关注（Zhao，2021）。据统计，我国上市公司中存在董事网络的比例高达80%以上，表明中国 A 股上市公司已经形成一个基于连锁董事的庞大网络，董事网络的广泛程度已远远超过美国等主要资本市场（陈仕华等，2013）。尽管现有文献研究了董事网络可能的经济后果，但忽略了嵌入董事网络的信息和资源对企业创新投资决策的影响。创新投资作为重要的公司行为，受到越来越多学者的关注，在资本投资和投资效率问题上取得了诸多成果，但鲜有文献从信息传递和资源提供的双重视角研究创新投资决策，特别是董事网络关系所带来的信息传递对不同公司之间投资行为的作用。基于此，本章从社会网络视角出发，研究董事连锁网络关系对企业创新投资行为的影响。一方面，连锁董事网络带来的外部资源和社会资本可以有效加强对企业创新投资的资源支持。另一方面，作为一种非正式制度，连锁董事网络能够使企业获得控制优势，降低企业创新决策中的信息不对称程度（Lu et al.，2021），提高企业创新决策质量，激发企业创新动力。有鉴于此，本章拟探究连锁董事网络对企业创新投资的影响及其可能的作用机制。

中国是检验社会网络的信息传递作用的绝佳情境。首先，在制度环境方面，中国长期受到儒家思想的影响，形成了独特的关系文化和根深蒂固的"关系社会"（Hwang et al.，2009）。关系文化作为一种重要的非正式制度，在中国经济和社会运行中发挥着重要作用（Ramasamy et al.，2006），这种基于人情关系的社会互动深深嵌入经济活动之中。由于关系文化的存在，蕴含在社会关系和社会结构中的董事网络对企业经济行为的影响在中国企业中比在美国企业中更为明显。网络关系的建立对于企业获得外部资源、确保公司的稳定运营、保持竞争优势非常重要（Hwang et al.，2009）。其次，中国经济正处于转型时期，市场发达程度不够高，资本市场制度仍需完善，公司需要更加依赖"关系"帮助企业获取其他途径难以获得的资源（Allen et al.，2005）。董事的社会资本渗透到各种关系中形成一个个复杂的关系网络，使得公司所在的网络具有重要资源配置的功能。通过社会联系和高管个人关系获取信息是提高决策效率和降低不确定性的重要方式（Li et al.，2019b）。因此，中国的市场结构为董事网络的研究提供了一个良好的研究样本。最后，中国资本市场的信息环境较差，企业面临着严重的信息不对称。与成熟的资本市场相比，中国上市公司董事获取信息的公共渠道更加狭窄，在此情况下则更依赖基于董事社会网络的非正式渠道，这就更突出了在中国制度背景下研究作为公司间信息传递桥梁的董事网络对公司行为影响的独特性和重要性（Li et al.，2019c）。

第一节　董事网络影响企业创新的理论分析

一　相关文献回顾

同时在两家或两家以上公司的董事会担任董事职务的董事被称为连锁董

事，董事网络则是基于连锁董事关系所建立的一种社会网络形态（Zhao，2021）。网络位置的类型有很多，其中，网络中心度和结构洞是影响企业战略决策最重要的两个因素（Chahine et al.，2019）。中心度代表了网络节点在多大程度上处于网络核心，结构洞代表了网络节点在多大程度上处于网络中介尤其是跨群体的中介（Zhao，2021）。董事网络中心度指标代表独立董事在连锁企业中兼职的程度，它包含同一个董事在不同公司兼职的公司数量以及担任内部董事或外部董事联结不同公司的程度。网络结构洞的关注点与网络中心度不同，网络中心度强调在网络中节点自身的网络联系情况，而网络结构洞更关注与网络节点所联系的其他节点间的关系模式。网络结构洞丰富度较高的节点在网络中充当了"桥"的角色，在信息扩散上极具价值（Tortoriello，2015）。

本章通过图 4.1 来说明董事的网络中心度和结构洞丰富度。假设 A、B、C、D 和 E 共计 5 位董事在 5 家上市公司任职，其中，董事 A 和 B 在公司 1 任职，董事 A 和 C 在公司 2 任职，董事 A 和 D 在公司 3 任职，董事 D 和 E 在公司 4 任职，董事 A 和 E 在公司 5 任职。由图 4.1 显示的董事网络可以看出，董事 A 将公司 1、公司 2、公司 3 和公司 5 连接起来，董事 D 将公司 3 和公司 4 连接起来，董事 E 将公司 4 和公司 5 连接起来。公司 3 与公司 2、公司 4、公司 5 相连，公司 2 与公司 1、公司 3 相连，公司 4 与公司 3、公司 5 相连，公司 5 与公司 3、公司 4 相连，公司 1 只与公司 2 相连。公司 3 与其他公司的关联最多，因此，公司 3 的董事网络中心度最高，其次是公司 2、公司 4 和公司 5，公司 1 的董事网络中心度最低。

公司 1 和公司 3 之间没有联系，公司 2 中的董事 A 将这两家公司连接起来，此时，公司 2 处于网络中的结构洞位置。延续这个逻辑，公司 2 和公司 5 之间相互分离，公司 3 中的董事 A 将公司 2 和公司 5 连接起来；公司 2 和公司 4 之间相互分离，公司 3 中的董事 A 和董事 D 将公司 2 和公司 4 连接起来；公司 1、公司 4 和公司 5 没有将其他相互分离的公司联系起来。因此，公司 3 的董事网络结构洞丰富度最高，其次是公司 2。

镶嵌在董事网络中的社会资本可以分为声誉、信息知识以及战略资源 3 种，它们都是公司成长的关键资源（Howard et al.，2017；Martin et al.，2015）。Freeman（1979）认为，如果董事居于整个上市公司董事网络的中心位置，他能获得更多关于治理行为的信息，且在董事会中具有更大的决策影响力，进而影响公司的发展。Larcker 等（2013）研究发现，连锁企业中董事可以通过其所处的位置为企业在签订契约时提供有效的战略信息，避免信息不对称，从而为企业提供更多的经济和政治利益。Haunschild 和 Beckman（1998）则发现，董事网络中心度能够通过在连锁企业之间进行创新活动来提高企业的价值。此外，其他研究表明，董事网络中心度高的公司，资本结构的调整速度更快（Li et al.，2019c），知情卖空水平更高（Cheng et al.，2019），财务报告质量更高（Omer et al.，2020）。然而，董事网络所携带的信息优势和资源优势如何影响企业的创新投资，还未充分得到关注，这为本章提供了研究契机。

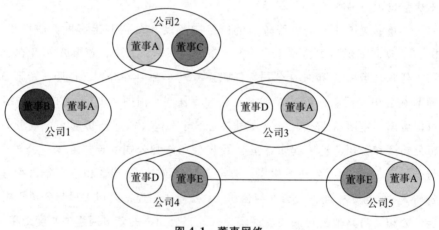

图 4.1　董事网络

创新投资作为企业一项重要的探索性战略行为，一直是学术界关注的热点问题。现有文献关于其影响因素的研究主要有两个视角。一个是从创新活动自身具有的高度不确定性的特点出发，更多地分析企业特征、行业特征、信息披露、金融发展、信贷供给、敌意收购、市场竞争程度、制度文化等因素对创新投入的影响（Kerr and Nanda，2015；Aghion et al.，2005；Acharya et al.，2013；Amore et al.，2013；Atanassov，2013；Hsu et al.，2014；Bernstein，2015；Bradley et al.，2017；Gu et al.，2018）。另一个则主要从创新决策制定的角度出发，分析公司的高管特征、治理机制、股权结构、社会网络等因素对企业创新投入的影响（Tortoriello，2015；Chang and Wu，2021；Manso，2011；Hsu et al.，2024；Balsmeier et al.，2017；Brav et al.，2018；Aghion et al.，2013；Custódio et al.，2019）。然而，企业创新投资不仅要求企业拥有差异化的信息和资源，而且要对激烈竞争的市场做出更准确的预测，识别市场中的潜在机会。因此，单独从上述两个角度其中之一研究已经不足以解释企业创新投入的内在驱动机制，需要综合这两个角度来探究企业创新投入的影响因素。

董事网络关系很好地综合了这两个研究角度。首先，董事网络作为一种稳定存在的社会关系，其所带来的外部资源和社会资本可以有效增加企业战略性创新资源的拥有量。其次，董事网络作为一种非正式制度，能够使企业获得信息优势地位，降低企业创新决策中的信息不对称程度，提高企业创新决策质量（Cheng et al.，2019；Larcker et al.，2013）。因此，从董事网络的角度探讨企业创新投入的内在驱动机制具有重要意义。相关文献虽然关注了董事网络对企业创新的影响路径研究，但大多集中于企业创新产出和创新绩效，缺乏对董事网络影响创新投资内在机制和路径的深入挖掘。企业的创新投资行为取决于其自身的风险偏好以及对创新投资活动中不确定性的接受程度。根据社会资本理论，董事网络作为企业与外部的互动联系渠道，成为企业获取稀缺资源的重要途径（Zhao，2021）。而创新投资的不确定性和资源依赖性较高，受到企业获取信息和资源能力的制约，董事网络成为研究风险承担影响因素的新视角，但相关研究尚未成熟且未形成统一结论，这就为研究董事网络影响企业创新投资的风险承担机制提供了空间。

二　研究假设

（一）网络中心度与企业创新投资

网络中心度反映的是连锁关系在"量"方面的特征（Cheng et al.，2019）。企业中的连锁董事拥有来自不同企业的知识、经验，能够为企业带来外部资源和信息，为企业进行创新投资提供支撑（Zhao，2021）。企业在连锁董事网络中的中心度越大，表示企业与其他企业之间建立了越多的连锁董事关系，彼此联系越紧密，从网络中收获新资源、新思想的可能性越高，对新机会进行探索的优势也就越大（Cheng et al.，2019；Larcker et al.，

2013)。同时，处于中心位置的企业在网络中具有较高的声望，地位优势明显，对网络伙伴的控制和影响力也更大。

从资源依赖的视角来看，企业的创新投资依赖于对外部资源的获取，而董事网络作为社会资本的载体，其中镶嵌着丰富的资源和信息，董事网络位置则通过影响企业拥有资源和信息的数量和质量，进而影响企业的风险承担和创新投资水平（Zhao，2021）。企业的网络中心度越高，其与外部直接联系的企业数量越多，能够获取的外部资源可能会越多（Li et al.，2019c）。如果在独立董事网络中处于更高的层级，那么意味着该独立董事拥有更多的社会资本，比如更多的信息传播渠道、专业知识，甚至可以获得重要的内部消息等，这些关键性的社会资源会影响到独立董事治理作用的发挥（Cohen et al.，2008）。根据资源依赖理论，董事网络是联结企业内外部资源的重要通道，有利于企业间资源共享、信息传递以及经验积累（Salancik and Pfeffer，1978）。处于网络中的董事，可以凭借其有利的战略位置、较高的活跃程度，更快、更准确地获取各类异质性资源（Larcker et al.，2013）。

从信息优势的视角来看，企业所处的网络中心度越高，其与外部直接联系的企业数量越多，能够获取的外部信息可能会越多。董事网络在不同公司之间的信息扩散过程中发挥着重要作用（Li et al.，2019c；Chiu et al.，2013）。董事可以利用他们所在的董事网络从其他公司董事手中获得有关行业趋势、市场状况和政策变化等方面的信息，促进信息在不同公司之间的流动，进而提高公司的战略决策质量（Larcker et al.，2013）。处于网络中心位置的董事更容易获取信息和资源，在做出战略决策时拥有一定的优势（Zhao，2021）。

从组织学习的视角来看，网络关系使董事能够接触到连锁公司的投资动态和实践，将其在各个公司所接触到的信息和事项转化为自身经验，进而影响其所在公司的投资决策。董事网络关系能带来各种信息传递桥梁，董事在做决策时会将他们所观察到的所有公司信息作为参照系，将其在各个公司所接触到的信息和事项转化为自身经验，进而影响其所在公司的各类决策（Omer et al.，2020）。具体到投资决策来说，公司投资高度保密，通过公开披露获得的可能性较小，但董事连锁网络使得董事会在投资决策的制定中可以利用连锁董事直接或间接的网络关系，获得更多关于投资决策的信息和专业知识（Cheng et al.，2019）。学习效应能够促使他们把这些有价值的知识和信息纳入创新投资决策中，从而提高投资效率。而且，中心的网络位置使得董事会对该行业的投资背景、执行要素以及执行后果等信息都有很好的了解，拥有董事连锁网络关系的公司更可能规避投资中的不利因素，从而做出更准确的评估和预测，对企业创新投资有更高的承诺。此外，该董事掌握的关于投资决策的信息将会通过网络关系在公司之间相互传递，这有利于董事监督与咨询职能的发挥（Zhao，2021；Harris and Shimizu，2004）。学习效应不仅可以帮助企业做出创新决策，还可以帮助企业学习有效的公司经营方案。

从声誉机制的视角来看，处于董事网络中心位置的独立董事往往具有较高的声誉和名望，声誉激励机制是促使独立董事勤勉尽职的重要动机（Fama and Jensen，1983；Chahine et al.，2019）。根据声誉激励理论，处于网络中的董事，由于对涉及治理行为的资源获取更加有效，因而能够形成积极的声誉和更高的声誉价值。出于对声誉资源的重视和维护，董事们倾向于通过更加勤勉和尽职尽责的工作来避免因自己监督不到位或决策失误而给公司带来不良后果（Cheng et al.，2019；Zhao，2021）。Freeman（1979）指出，社会网络是独立董事获取声誉资本的主要方式。但社会网络带来的声望具有对称性，若处在关系网络重要位置的独立董事履职失败，其声誉会遭到严重损害，并且该负面信息还会通过社会网络快速传播，给独立董事的职业生涯带来很大的负面影响（Cheng et al.，2019；Chahine et al.，2019）。同时，网络中心度高的独立董事会更加在乎其他精英对自己的认同，因而会更努力地加入公司治理。另外，网络中心度高的独立董事会受到更高程度的关注，促使其积极履行监督职能，避免未来职位获得的可能性降低，由此董事会更加注重投资决策的执行情况（Chahine et al.，2019）。基于此，本章提出如下假设。

H4-1：上市公司董事网络的中心度越高，企业创新投资水平越高。

（二）结构洞丰富度与企业创新投资

由于结构洞是信息流中形成的缺口，占据结构洞位置的企业将因此获得差异化信息，反映了连锁关系的"质"的特性（Burt，1992）。处于结构洞位置的企业将本无直接联系的企业联结起来，在其中发挥"桥梁"的作用，具有信息优势和控制优势（Mizruchi，1996）。一方面，结构洞位置能够向企业提供结构洞中固有的差异化信息和机会，帮助企业更好地利用其内部优势与外部资源（Tortoriello，2015）。另一方面，连锁董事网络中的"桥梁"结构洞在推进信息流的过程中发挥着关键作用，位于结构洞位置的"中介者"能够控制信息流为其自身服务（Burt，1992；Zhao，2021）。就此而言，拥有信息优势、控制优势以及网络效率优势的企业将更有动力及能力开展创新活动。

首先，结构洞赋予独立董事信息优势，使其有机会获得结构洞两端的异质性信息（Tortoriello，2015）。处于结构洞位置的独立董事更有机会了解不同行业、不同区位企业的特质，这种信息优势有助于他们获得更为全面的信息，进而拓宽所任职企业的信息范畴。各种异质性信息和观点在企业层面集中，能够使企业以较低成本确定新的投资方向（Chiu et al.，2013；Lu et al.，2021）。多方面的信息来源还能提高独立董事对未来市场需求预测的准确度，提高独立董事意见以及投资决策评估的准确性，降低创新投资的未知风险和不确定性（Srinivasan et al.，2018）。同时，占据结构洞位置的独立董事也有机会了解任职企业的合作伙伴及竞争对手的行动，从而帮助企业成为其他企业优先考虑的合作伙伴，亦即发挥结构洞的"举荐优势"（Lu et al.，2021；Larcker et al.，2013）。这种"举荐优势"可促进战略联盟的形成，有利于长远的战略投资。

其次，结构洞会带来控制优势，使独立董事掌握网络中信息传递的控制权（Burt，1992；Lu et al.，2021）。结构洞位置的占有者可以控制信息流以帮助自身收获利益。当董事掌握新的投资机会时，他可利用这一优势阻止信息在网络中继续传递，令焦点企业更早地利用这一信息进行投资活动，通过先发优势推动创新投资。进一步，当焦点企业以联盟方式实施战略投资时，在独立董事网络中占据结构洞位置的企业将扮演跨行业或跨地区的"桥梁"角色，因而相对于联盟伙伴具有更高的信息异质性，也拥有相对联盟伙伴更大的"网络权力"，为联盟有效运作和投资战略顺利实施提供了保障（Lu et al.，2021）。

最后，占据结构洞位置还会提高独立董事的网络效率，提升其战略决策咨询的有效性。独立董事网络的维系需要付出时间、精力等成本，"繁忙董事假说"提出，过于忙碌的董事将无法有效履行董事职责，导致董事会效率降低和公司价值贬值。而结构洞位置所带来的信息本质上是非冗余的，这就保证了处于该位置的董事能够将有限的注意力用在维持最有价值的联系上，也保证了其所服务的企业在创新投资这类重大战略行动中获得质量更高、更具针对性的咨询建议，实施更加科学的决策（Harris and Shimizu，2004）。基于此，本章提出如下假设。

H4-2：上市公司董事网络的结构洞越丰富，企业创新投资水平越高。

（三）环境动态性的影响

企业创新投资不仅要求企业能够拥有差异化的信息和资源，而且要对激烈竞争的市场做出更准确的预测，识别市场中的潜在机会。因此，外部环境的动态性是影响董事网络作用发挥的重要情境因素。具体来讲，当企业面临较高环境不确定性时，企业经营会出现较大波动，企业往往会致力于寻找新的市场投资机会（Martin et al.，2015）。而董事网络位置带来的控制优势和信息优势可以帮助决策者更好地降低未来的不确定性（Kim et al.，2019a），从而增强其风险偏好，提高风险承担的积极性。此外，创新活动对新知识的高要求导致其失败率高、风险大（Chang and Wu，2021）。在环境动态性高的情况下，企业创新投资的风险主要源于三个方面。一是创新投资项目的不确定性。市场上外部性的存在、市场前景预测等造成的市场不确定性，使企业的创新投资决策面临较大的风险。二是管理者难以突破惯性思维和范式认知，对新知识的抵制阻碍创新投资决策的做出。三是创新投资活动更依赖于对外部资源的获取。在此情况下，镶嵌在董事网络中的大量信息和资源，能够降低环境的不确定性，帮助企业寻找新的市场缺口，加速对现有知识的转化，协调和利用外部资源（Martin et al.，2015），进而促进企业创新投资。基于此，本章提出如下假设。

H4-3：在环境动态性高的情况下，上市公司董事网络中心度和结构洞丰富度对企业创新投资的促进作用更强。

（四）冗余资源的影响

尽管董事网络能够为企业协调和引入外部资源，但企业创新投资更大程度上会受到已有资源的制约，即冗余资源的制约。一方面，作为企业的一种内部资源存量，冗余资源可以为企业创新投资提供大量的资源支持，从而促进企业创新（Voss et al.，2008）。在企业占据丰富结构洞位置的情形下，企业能够获得更多异质性的隐性资源和信息，这些资源和信息能够增强企业开展创新活动的动力（Zhao，2021）。如果企业内部的组织冗余程度较高，企业内部丰富的财务资源能够与企业从外部获得的隐性资源和信息形成互补（Gruber et al.，2010），共同促进企业进行创新投入。具体来讲，作为企业创新投资的保障因素，独立董事通过其连锁兼任网络所获得的市场缺口、投资窗口等信息（Lu et al.，2021），只有在企业拥有冗余资源的条件下才能够发挥作用，亦即只有拥有较多冗余资源的企业才更有能力把握住这些机会，形成更多的创新投资。另一方面，作为创新投资决策的促进因素，冗余资源的存在会使企业放松对战略活动的控制，促进"冗余搜索"，因而会鼓励独立董事通过其连锁兼任网络更多地开展战略环境扫描，发现潜在的战略机遇和市场进入机会，以便为冗余资源的高价值运用寻求出路与机会（March，1991）。因此，作为"缓冲器"的冗余资源，既可充分利用企业独立董事网络嵌入所获取的信息来把握外部机会、开展项目试验，也可鼓励独立董事进行"超越"现状和短期收益的"冗余搜索"，从而放大企业嵌入独立董事网络对其创新投资的作用。此外，冗余资源的存在能够缓解企业内部各单元之间的目标冲突，从而减小企业创新投资在执行过程中的内部阻力。基于此，本章提出如下假设。

H4-4：在资源冗余程度高的情况下，上市公司董事网络中心度和结构洞丰富度对企业创新投资的促进作用更强。

第二节　董事网络影响企业创新的研究设计

一　样本选择与数据来源

本章选取 2010~2022 年的 A 股上市公司作为研究样本，在获得初始样本之后，按照如下标准进行样本的筛选：①剔除金融业样本；②剔除样本期内被 ST、*ST 以及退市的样本；③剔除上市年份不足一年的样本；④剔除数据存在缺失的样本。经过前述处理，本章共计得到 27969 个公司—年度观测值。为了克服极端值对研究结论的影响，本章对所有连续变量进行 1% 和 99% 水平上的缩尾处理，本章的相关数据来自 CSMAR 数据库。

二　变量定义

（一）因变量

企业创新投资（*R&D*），本章使用研发投入占营业收入的比例测度企业创新投资。

（二）自变量

网络中心度（*NC*）。董事兼职是公司之间关系的重要组成部分，如果上市公司的董事兼职于另一家上市公司的董事会，这两家上市公司就可以通过该董事联结在一起，从而形成网络关系。中心度是网络分析中的核心指标，主要包括程度中心度、接近中心度和中介中心度，本章通过平均值计算的中介中心度测度董事网络中心度，该指标通过 Pajek 软件计算得到。具体的计算公式为：

$$NC_i = \frac{\sum_{i<k} g_{jk(n_i)}/g_{jk}}{(g-1)(g-2)/2} \tag{4.1}$$

其中，g_{jk} 是公司 j 与公司 k 相联结必须经过的捷径数，$g_{jk(n_i)}$ 是公司 j 与公司 k 的捷径路径中有公司 i 的数量，$\sum_{i<k} g_{jk(n_i)}/g_{jk}$ 表示在整个董事网络的其他所有捷径中有公司 i 的程度，g 是上市公司当年董事网络中的人数，通过 $(g-1)(g-2)/2$ 消除不同年份上市公司董事网络的规模差异。

结构洞丰富度（*SHR*）。结构洞反映社会网络中两个行动者之间的非冗余联系（Burt，1992），测度指标包括有效规模、效率、限制度和等级度 4 种，其中，限制度的应用最广泛。参照 Martin 等（2015）的研究，本章采用如下公式测度结构洞丰富度：

$$SHR_i = 1 - \sum_j \left(P_{ij} + \sum_k P_{ik}P_{jk} \right)^2 \tag{4.2}$$

其中，$k \neq i, j$，P_{ij} 表示公司 i 到公司 j 的直接关系强度，$P_{ik}P_{jk}$ 表示公

司 i 通过公司 k 到公司 j 的间接关系强度；$\sum_k P_{ik}P_{jk}$ 表示公司 i 和公司 j 之间所有间接关系之和。SHR 的值越大，说明上市公司董事网络的结构洞丰富度越高。

（三）调节变量

环境动态性（ED）。采用行业总收入计算环境动态性，使用过去连续5年的行业总收入对时间回归，将回归系数标准误除以行业均值作为环境动态性的衡量指标（Ghosh and Olsen，2009），该指标越大说明企业面临的环境动态程度越高。

冗余资源（RR）。使用上市公司经过行业调整的现金和现金等价物与总资产的比值来测度冗余资源（Kim and Bettis，2014；George，2005）。

（四）控制变量

本章进一步控制了其他可能影响企业创新的因素，包括企业规模（$SIZE$）、资产负债率（LEV）、资产收益率（ROA）、现金持有（$CASH$）、营业收入增长率（$GROWTH$）、托宾Q值（Q）、产权性质（SOE）、企业年龄（AGE）、股权集中度（$TOP1$）、机构持股比例（$INSTI$）、董事会规模（$BOARD$）、独立董事占比（$INDEP$）和两职合一（$DUAL$）。此外，本章还对年份固定效应（$YEAR$）和行业固定效应（$INDUSTRY$）加以控制，以控制时间和行业对研究结论的影响。各变量的定义如表 4.1 所示。

表 4.1　变量定义

变量	符号	定义
企业创新投资	$R\&D$	研发投入占营业收入的比例
网络中心度	NC	详见式（4.1）
结构洞丰富度	SHR	详见式（4.2）
环境动态性	ED	5 年内行业总收入回归系数标准误除以行业均值
冗余资源	RR	经过行业调整的现金和现金等价物与总资产的比值
企业规模	$SIZE$	总资产取自然对数
资产负债率	LEV	总负债占总资产的比例

变量	符号	定义
资产收益率	ROA	净利润占总资产的比例
现金持有	CASH	经营活动产生的现金流量净额占总资产的比例
营业收入增长率	GROWTH	当期营业收入增长额占上一期营业收入的比例
托宾 Q 值	Q	总市值占总资产的比例
产权性质	SOE	企业属于国有企业时赋值为 1，否则为 0
企业年龄	AGE	企业上市年限取自然对数
股权集中度	TOP1	第一大股东持股数量占总股本的比例
机构持股比例	INSTI	机构投资者持股数量占总股本的比例
董事会规模	BOARD	董事会人数取自然对数
独立董事占比	INDEP	独立董事人数占董事会人数的比例
两职合一	DUAL	董事长兼任 CEO 时赋值为 1，否则为 0
年份固定效应	YEAR	根据研究区间设置虚拟变量
行业固定效应	INDUSTRY	根据企业所处行业设置虚拟变量

三　模型设定

为检验上市公司董事网络中心度和结构洞丰富度对企业创新投资的影响，本章设定如下待检验的模型：

$$R\&D_{it} = \alpha_0 + \alpha_1 NC_{it}/SHR_{it} + Controls + \sum YEAR + \sum INDUSTRY + \varepsilon_{it} \quad (4.3)$$

在模型（5.3）中，因变量为企业创新投资（R&D），自变量为网络中心度（NC）和结构洞丰富度（SHR）。Controls 为控制变量，本章重点关注系数 α_1 的正负和显著性，若系数 α_1 显著为正，则本章提出的研究假设 H4-1 和研究假设 H4-2 得到验证。

为了探究环境动态性和冗余资源对董事网络与企业创新投资之间关系的影响，本章设定如下待检验的模型：

$$R\&D_{it} = \beta_0 + \beta_1 NC_{it}/SHR_{it} + \beta_2 M_{it} + \beta_3 NC_{it}/SHR_{it} \times M_{it} +$$
$$Controls + \sum YEAR + \sum INDUSTRY + \varepsilon_{it} \quad (4.4)$$

在模型（4.4）中，M 为调节变量，分别使用环境动态性（ED）和冗余资源（*RR*）测度，其余变量与前文保持一致，不再赘述。本章重点关注交互项 β_3 的系数正负和显著性，若 β_3 显著为正，则环境动态性和冗余资源强化了董事网络与企业创新之间的关系，否则为弱化。

第三节　董事网络影响企业创新的实证结果分析

一　描述性统计

表 4.2 的描述性统计结果显示，企业创新投资（*R&D*）的平均值为 0.033，标准差为 0.042，最小值、中位数和最大值分别为 0.000、0.027 和 0.236，这表明我国上市公司企业创新投资存在较大差异。自变量网络中心度（*NC*）和结构洞丰富度（*SHR*）的平均值分别为 0.005 和 0.689，对应的标准差分别为 0.006 和 0.095。调节变量环境动态性（*ED*）和冗余资源（*RR*）的平均值分别为 0.056 和 0.000，对应的标准差分别为 0.055 和 0.133，中位数分别为 0.040 和 -0.038。控制变量的描述性统计结果与已有研究基本保持一致，本章不再赘述。

表 4.2　描述性统计

变量	平均值	标准差	最小值	25%分位数	中位数	75%分位数	最大值
R&D	0.033	0.042	0.000	0.000	0.027	0.045	0.236
NC	0.005	0.006	0.000	0.001	0.003	0.007	0.029
SHR	0.689	0.095	0.352	0.637	0.702	0.758	0.848
ED	0.056	0.055	0.005	0.023	0.040	0.069	0.318
RR	0.000	0.133	-0.190	-0.092	-0.038	0.052	0.462
SIZE	22.068	1.288	19.719	21.124	21.885	22.802	26.060
LEV	0.423	0.211	0.049	0.252	0.414	0.582	0.898
ROA	0.044	0.062	-0.232	0.016	0.041	0.074	0.215
CASH	0.044	0.071	-0.177	0.005	0.044	0.086	0.241
GROWTH	0.173	0.428	-0.561	-0.007	0.094	0.260	2.809
Q	2.006	1.316	0.000	1.241	1.610	2.304	8.520
SOE	0.359	0.480	0.000	0.000	0.000	1.000	1.000

续表

变量	平均值	标准差	最小值	25%分位数	中位数	75%分位数	最大值
AGE	2.010	0.927	0.000	1.386	2.197	2.773	3.401
$TOP1$	0.350	0.149	0.088	0.232	0.330	0.451	0.748
$INSTI$	0.373	0.238	0.000	0.165	0.376	0.560	0.877
$BOARD$	2.136	0.199	1.609	1.946	2.197	2.197	2.708
$INDEP$	0.374	0.053	0.333	0.333	0.333	0.429	0.571
$DUAL$	0.269	0.444	0.000	0.000	0.000	1.000	1.000

二 相关性分析与 VIF 检验

表 4.3 的检验结果显示，网络中心度（NC）和结构洞丰富度（SHR）与企业创新投资（$R\&D$）之间的相关系数分别为 0.072 和 0.098，并且均通过了 1% 的显著性水平检验，这表明在不控制其他因素的情况下，网络中心度、结构洞丰富度对企业创新投资有显著的促进作用，符合理论分析预期。就调节变量而言，环境动态性（ED）、冗余资源（RR）与企业创新投资（$R\&D$）之间的相关系数均在 1% 的水平下显著为正，这说明环境动态性水平越高、冗余资源越丰富，企业创新投资水平越高，符合经济常识。此外，为了排除多重共线性对研究结论的影响，对自变量、调节变量和控制变量进行方差膨胀因子检验，检验结果显示，VIF 的最大值为 2.043，远小于临界值 10，这表明本章的回归检验不存在严重的多重共线性问题。

三 多元回归检验

表 4.4 是对研究假设的多元回归结果，其中，列（1）是对董事网络中心度与企业创新投资之间关系的检验（H4-1），列（2）是对结构洞丰富度与企业创新投资之间关系的检验（H4-2），列（3）和列（4）是对环境动态性影响董事网络与企业创新投资之间关系的检验（H4-3），列（5）和（6）是对冗余资源影响董事网络与企业创新投资之间关系的检验（H4-4）。

表 4.3　相关性分析与 VIF 检验

变量		VIF	(1)	(2)	(3)	(4)	(5)	(6)	(7)	(8)	(9)
R&D	(1)		1								
NC	(2)	1.517	0.072***	1							
SHR	(3)	1.969	0.098***	0.536***	1						
ED	(4)	1.401	0.068***	-0.024***	-0.022***	1					
RR	(5)	1.167	0.116***	-0.007	-0.089***	-0.008	1				
SIZE	(6)	2.043	-0.236***	0.174***	0.286***	-0.062***	-0.228***	1			
LEV	(7)	1.662	-0.343***	0.119***	0.195***	0.073***	-0.392***	0.410***	1		
ROA	(8)	1.554	0.050***	0.025***	-0.075***	-0.091***	0.309***	-0.040***	-0.395***	1	
CASH	(9)	1.203	-0.009	0.031***	0.025***	-0.144***	0.148***	0.055***	-0.152***	0.358***	1
GROWTH	(10)	1.396	-0.037***	0.010*	0.003	0.447***	-0.024***	0.061***	0.051***	0.190***	0.001
Q	(11)	1.491	0.173***	-0.031***	-0.070***	0.049***	0.091***	-0.398***	-0.230***	0.107***	0.078***
SOE	(12)	1.462	-0.277***	0.119***	0.223***	-0.072***	-0.062***	0.357***	0.309***	-0.115***	0.024***
AGE	(13)	1.304	-0.279***	0.120***	0.237***	0.108***	-0.316***	0.397***	0.414***	-0.295***	-0.005
TOP1	(14)	1.449	-0.159***	0.051***	0.014**	0.008	0.069***	0.202***	0.055***	0.130***	0.090***
INSTI	(15)	1.662	-0.192***	0.139***	0.227***	-0.101***	-0.075***	0.451***	0.244***	0.028***	0.113***
BOARD	(16)	1.959	-0.140***	0.074***	0.493***	-0.072***	-0.023***	0.258**	0.157***	0.009	0.047***
INDEP	(17)	1.383	0.059***	0.030***	-0.184***	0.025***	-0.004	0.014***	-0.010	-0.026***	-0.021***
DUAL	(18)	1.112	0.174***	-0.061***	-0.112***	0.002	0.077***	-0.185***	-0.161***	0.066***	-0.019***

续表

变量		(10)	(11)	(12)	(13)	(14)	(15)	(16)	(17)	(18)
GROWTH	(10)	1								
Q	(11)	0.012**	1							
SOE	(12)	-0.048***	-0.116***	1						
AGE	(13)	0.020***	0.034***	0.417***	1					
TOP1	(14)	-0.002	-0.119***	0.229***	-0.093***	1				
INSTI	(15)	0.027***	0.053***	0.387***	0.413***	0.308***	1			
BOARD	(16)	-0.014**	-0.124***	0.258***	0.118***	0.019***	0.192***	1		
INDEP	(17)	0.003	0.035***	-0.055***	-0.016***	0.045***	-0.036***	-0.516***	1	
DUAL	(18)	0.010*	0.046***	-0.296***	-0.249***	-0.043***	-0.198***	-0.171***	0.103***	1

注：***、**、*分别表示在 1%、5%、10%的水平下显著。

列（1）显示，网络中心度（NC）对企业创新投资（R&D）的影响系数为0.167，并且通过了1%的显著性水平检验，表明董事网络中心度对企业创新投资有显著的促进作用，本章的研究假设H4-1得到验证。

列（2）显示，结构洞丰富度（SHR）对企业创新投资（R&D）的影响系数为0.006，对应的t值为3.598，表明上市公司结构洞丰富度能够在1%的水平下显著促进企业创新投资，本章的研究假设H4-2得到验证。

为了检验环境动态性对董事网络与企业创新投资之间关系的调节作用，在实证检验过程中，本章分别引入了网络中心度、结构洞丰富度与环境动态性的交互项，结果表明，网络中心度与环境动态性的交互项（NC×ED）对企业创新投资（R&D）的影响系数在5%的水平下显著为正，结构洞丰富度与环境动态性的交互项（SHR×ED）对企业创新投资（R&D）的影响系数也在5%的水平下显著为正，表明环境动态性强化了结构洞丰富度对企业创新投资的促进作用，研究假设H4-3得到验证。

为了检验冗余资源对董事网络与企业创新投资之间关系的调节作用，在实证检验过程中，本章分别引入了网络中心度、结构洞丰富度与冗余资源的交互项，结果表明，网络中心度与冗余资源的交互项（NC×RR）对企业创新投资（R&D）的影响系数在5%的水平下显著为正，结构洞丰富度与冗余资源的交互项（SHR×RR）对企业创新投资（R&D）的影响系数在10%的水平下显著为正，表明冗余资源强化了结构洞丰富度对企业创新投资的促进作用，研究假设H4-4得到验证。

表4.4　多元回归结果

变量	(1)	(2)	(3)	(4)	(5)	(6)
	H4-1	H4-2	H4-3		H4-4	
	R&D	R&D	R&D	R&D	R&D	R&D
NC	0.167 ***		0.111 **		0.163 ***	
	(4.759)		(2.120)		(4.662)	
SHR		0.006 ***		0.004 ***		0.006 **
		(3.598)		(2.991)		(2.505)

续表

变量	（1）	（2）	（3）	（4）	（5）	（6）
	H4-1	H4-2	H4-3		H4-4	
	R&D	*R&D*	*R&D*	*R&D*	*R&D*	*R&D*
ED			0.015**	0.068**		
			(2.568)	(2.442)		
NC×ED			0.799**			
			(2.203)			
SHR×ED				0.082**		
				(2.059)		
RR					0.022***	0.030***
					(10.767)	(2.952)
NC×RR					0.091**	
					(2.355)	
SHR×RR						0.011*
						(1.760)
SIZE	0.002***	0.002***	0.002***	0.002***	0.002***	0.002***
	(6.868)	(7.148)	(6.787)	(6.992)	(7.223)	(7.477)
LEV	-0.042***	-0.042***	-0.032***	-0.032***	-0.037***	-0.037***
	(-32.948)	(-32.890)	(-23.355)	(-23.369)	(-28.192)	(-28.136)
ROA	-0.052***	-0.051***	-0.036***	-0.035***	-0.057***	-0.056***
	(-13.254)	(-13.004)	(-8.468)	(-8.268)	(-14.388)	(-14.124)
CASH	-0.001	-0.001	-0.006*	-0.006*	-0.005	-0.005
	(-0.412)	(-0.386)	(-1.827)	(-1.862)	(-1.633)	(-1.604)
GROWTH	-0.001***	-0.001***	-0.002***	-0.002***	-0.001***	-0.001***
	(-3.064)	(-3.173)	(-3.473)	(-3.610)	(-2.620)	(-2.712)
Q	0.003***	0.003***	0.003***	0.003***	0.003***	0.003***
	(18.755)	(18.781)	(16.062)	(16.149)	(18.450)	(18.485)
SOE	-0.002***	-0.002***	-0.001*	-0.001*	-0.002***	-0.002***
	(-3.223)	(-3.291)	(-1.665)	(-1.765)	(-4.227)	(-4.295)
AGE	-0.007***	-0.007***	-0.012***	-0.012***	-0.006***	-0.006***
	(-23.721)	(-23.678)	(-23.920)	(-23.914)	(-21.196)	(-21.093)

113

续表

变量	(1)	(2)	(3)	(4)	(5)	(6)
	H4-1	H4-2	H4-3		H4-4	
	R&D	R&D	R&D	R&D	R&D	R&D
TOP1	-0.019***	-0.019***	-0.010***	-0.010***	-0.019***	-0.019***
	(-13.117)	(-13.094)	(-6.137)	(-6.109)	(-13.063)	(-13.031)
INSTI	0.004***	0.004***	-0.007***	-0.007***	0.003***	0.003***
	(3.360)	(3.398)	(-5.515)	(-5.472)	(2.922)	(2.966)
BOARD	-0.001	-0.002*	-0.000	-0.002	-0.001	-0.003*
	(-0.899)	(-1.811)	(-0.226)	(-1.434)	(-0.998)	(-1.865)
INDEP	0.014***	0.014***	0.015***	0.014***	0.013***	0.014***
	(3.246)	(3.321)	(3.153)	(3.125)	(3.114)	(3.173)
DUAL	0.004***	0.004***	0.002***	0.002***	0.004***	0.004***
	(8.203)	(8.136)	(4.181)	(4.083)	(7.874)	(7.809)
常数项	-0.011*	-0.013**	-0.005	-0.004	-0.015***	-0.017***
	(-1.898)	(-2.244)	(-0.767)	(-0.566)	(-2.627)	(-2.953)
YEAR	Yes	Yes	Yes	Yes	Yes	Yes
INDUSTRY	Yes	Yes	Yes	Yes	Yes	Yes
N	27969	27969	27969	27969	27969	27969
R^2	0.427	0.426	0.428	0.429	0.430	0.430

注：括号内为 t 值，***、**、* 分别表示在 1%、5%、10%的水平下显著。

四 内生性控制

(一) 工具变量回归

本章选择各省份的社会组织数量（NSO）作为董事网络中心度和结构洞丰富度的工具变量进行工具变量回归，企业所在省份的社会组织数量会影响董事网络中心度和结构洞丰富度，满足工具变量选取的相关性原则；而且，社会组织数量不会对企业创新投资产生直接影响，符合工具变量选取的外生性原则。基于工具变量回归的检验结果见表 4.5 的列（1）至列（4），工具变量回归的第一阶段结果显示，社会组织数量（NSO）对网络中心度（NC）和结构洞丰富度（SHR）的影响系数至少在 5%的水平下显著为正［见列（1）和列（3）］；第二阶段的检验结果显示，网络中心度（*NC*）和结构洞丰富度（*SHR*）对企业创新投资（*R&D*）的影响系数均在5%的水平下显著为正［见列（2）和列（4）］。工具变量回归的检验结果依然支持董事网络对企业创新投资具有促进作用。

（二）Heckman 两阶段

通过 Heckman 两阶段模型克服由样本自选择问题引起的内生性问题，选取的外生变量与工具变量回归中的工具变量保持一致。根据董事网络中心度和结构洞丰富度是否高于年度中位数分别设置虚拟变量。当网络中心度高于年度中位数时，将 *NC_DUMMY* 赋值为 1，否则为 0；当结构洞丰富度高于年度中位数时，将 *SHR_DUMMY* 赋值为 1，否则为 0。分别以 *NC_DUMMY* 和 *SHR_DUMMY* 为因变量，以社会组织数量（*NSO*）为自变量进行第一阶段回归，控制变量与前文保持一致，根据回归结果生成逆米尔斯比率（*IMR_NC/IMR_SHR*），并将其作为控制变量纳入回归模型进行第二阶段回归，具体的检验结果见表 4.5 的列（5）至列（8）。列（5）和列（7）的回归结果显示，社会组织数量（*NSO*）对 *NC_DUMMY* 和 *SHR_DUMMY* 的影响系数分别为 0.081 和 0.045，至少通过了 5% 的显著性水平检验，符合分析预期。列（6）和列（8）是在回归模型中纳入了逆米尔斯比率，结果表明，*IMR_NC* 和 *IMR_SHR* 的回归系数至少在 5% 的水平下显著为正，说明存在自选择问题，但网络中心度（*NC*）和结构洞丰富度（*SHR*）对企业创新投资（*R&D*）的影响系数依然显著为正，这表明在克服了样本自选择问题引起的内生性问题之后，研究结论依然成立。

（三）倾向得分匹配（PSM）

分年度将董事网络中心度和结构洞丰富度分别排序并进行五等分，选取最高的 1/5 样本设定为实验组，剩下的 4/5 样本设定为对照组，采用 1∶1 近邻匹配法进行样本匹配，匹配变量与控制变量一致。基于倾向得分匹配样本的检验结果列于表 4.5 的列（9）和列（10），结果显示，网络中心度（*NC*）和结构洞丰富度（*SHR*）对企业创新投资（*R&D*）的影响系数分别为 0.130 和 0.013，均通过了 1% 的显著性水平检验，基于倾向得分匹配样本的检验结果再次验证了董事网络对企业创新投资的促进作用。

（四）熵平衡

在使用倾向得分匹配法处理样本的过程中，可能因无法成功匹配而将部分样本自动剔除，造成样本丢失。为了缓解该问题对研究结论的影响，本节采用 Hainmueller（2012）提出的熵平衡法重新处理样本。该方法的思想核心是将样本分为实验组和对照组，然后为对照组中的变量进行赋权，从而保证不同分组的变量均值一致。分别按照董事网络中心度和结构洞丰富度的年度中位数将研究样本分为两组，高于年度中位数的为实验组，低于年度中位数的为控制组，然后使用熵平衡法对样本进行赋权处理，基于熵平衡法处理样本的检验结果列于表 4.5 的列（11）和列（12）。结果显示，网络中心度（NC）和结构洞丰富度（SHR）对企业创新投资（R&D）的影响系数均通过了 1% 的显著性水平检验，董事网络对企业创新投资的促进作用再次得到验证。

五　稳健性检验

（一）更换因变量

使用研发投入金额加 1 取自然对数重新测度企业创新投资（lnR&D），表 4.6 中的列（1）和列（2）显示，网络中心度（NC）和结构洞丰富度（SHR）对企业创新投资（lnR&D）的影响系数均在 1% 的水平下显著为正，再次证实董事网络对企业创新投资的促进作用。

（二）更换研究对象

聚焦于独立董事，以独立董事为样本按照式（4.1）和式（4.2）计算董事网络中心度和结构洞丰富度。表 4.6 中的列（3）和列（4）显示，基于独立董事重新测度的网络中心度（NC）和结构洞丰富度（SHR）对企业创新投资（R&D）的影响系数均在 1% 的水平下显著为正，董事网络对企业创新投资的促进作用再次得到验证。

（三）重新筛选样本

为了排除极端值对研究结论的影响，剔除研发投入为 0 的样本后重新检验董事网络对企业创新投资的影响，表 4.6 列（5）和列（6）的结果表

表 4.5　内生性检验结果

变量	工具变量回归				Heckman 两阶段				PSM		熵平衡	
	(1) NC	(2) R&D	(3) SHR	(4) R&D	(5) NC_DUMMY	(6) R&D	(7) SHR_DUMMY	(8) R&D	(9) R&D	(10) R&D	(11) R&D	(12) R&D
NC		3.132** (2.491)				0.168*** (4.779)			0.130*** (2.993)		0.168*** (5.419)	
SHR				0.433** (2.491)				0.006** (2.542)		0.013*** (3.003)		0.015*** (5.379)
NSO	0.000*** (4.667)		0.002** (2.369)		0.081*** (4.712)		0.045** (2.425)					
IMR_NC						0.005*** (3.177)						
IMR_SHR								0.001** (2.550)				
SIZE	0.001*** (16.216)	0.004*** (4.448)	0.007*** (12.134)	0.005*** (3.864)	0.181*** (11.862)	0.002*** (4.377)	0.140*** (8.428)	0.002*** (6.853)	0.001*** (3.992)	0.001*** (2.988)	0.001*** (5.391)	0.001*** (3.179)
LEV	0.001** (2.428)	-0.040*** (-27.431)	0.004 (1.392)	-0.040*** (-26.487)	0.174** (2.141)	-0.041*** (-29.942)	0.116 (1.333)	-0.042*** (-32.848)	-0.038*** (-18.177)	-0.032*** (-15.794)	-0.038*** (-27.766)	-0.034*** (-21.152)
ROA	0.004*** (5.460)	-0.040*** (-6.491)	-0.054*** (-5.666)	-0.075*** (-7.394)	0.648** (2.561)	-0.050*** (-11.489)	-1.027*** (-3.771)	-0.051*** (-12.814)	-0.045*** (-6.919)	-0.040*** (-6.487)	-0.048*** (-9.277)	-0.039*** (-6.279)
CASH	0.001** (2.084)	0.003 (0.777)	0.017** (2.374)	0.007 (1.557)	0.466** (2.417)	0.000 (0.094)	0.553*** (2.661)	-0.001 (-0.446)	-0.008* (-1.688)	-0.005 (-1.017)	-0.004 (-1.313)	-0.005* (-1.661)

续表

变量	工具变量回归				Heckman 两阶段				PSM		熵平衡	
	(1) NC	(2) R&D	(3) SHR	(4) R&D	(5) NC_DUMMY	(6) R&D	(7) SHR_DUMMY	(8) R&D	(9) R&D	(10) R&D	(11) R&D	(12) R&D
GROWTH	-0.000** (-2.256)	-0.002*** (-3.906)	0.003*** (2.938)	-0.000 (-0.036)	-0.003 (-0.095)	-0.001*** (-3.070)	0.086*** (2.670)	-0.002*** (-3.217)	-0.001 (-1.595)	-0.001 (-1.483)	-0.001*** (-2.757)	-0.001*** (-2.909)
Q	0.000** (2.330)	0.004*** (18.195)	0.001* (1.914)	0.004*** (16.514)	-0.007 (-0.560)	0.003*** (18.167)	0.001 (0.076)	0.003*** (18.787)	0.004*** (13.621)	0.004*** (12.606)	0.004*** (14.680)	0.003*** (12.042)
SOE	0.000 (0.882)	-0.002*** (-3.102)	0.006*** (5.208)	0.001 (0.848)	0.065** (1.975)	-0.002*** (-2.938)	0.226*** (6.462)	-0.002*** (-3.334)	-0.001 (-1.037)	-0.002*** (-2.910)	-0.002*** (-3.384)	-0.002*** (-3.315)
AGE	0.000*** (6.558)	-0.006*** (-11.931)	0.009*** (12.331)	-0.003** (-2.031)	0.098*** (5.292)	-0.007*** (-16.322)	0.203*** (10.155)	-0.007*** (-21.599)	-0.008*** (-15.807)	-0.007*** (-15.007)	-0.007*** (-23.540)	-0.007*** (-17.763)
TOP1	-0.000 (-1.092)	-0.020*** (-13.363)	-0.011*** (-3.150)	-0.024*** (-9.871)	-0.196** (-2.070)	-0.020*** (-12.752)	-0.433*** (-4.219)	-0.019*** (-12.794)	-0.018*** (-7.809)	-0.018*** (-7.737)	-0.019*** (-14.082)	-0.015*** (-9.658)
INSTI	0.001*** (5.069)	0.007*** (4.203)	0.017*** (6.782)	0.011*** (3.505)	0.357*** (5.297)	0.005*** (3.278)	0.368*** (5.079)	0.003*** (3.182)	0.002 (0.922)	0.001 (0.461)	0.003*** (2.801)	0.001 (1.121)
BOARD	0.001*** (4.244)	0.002 (1.073)	0.232*** (78.463)	0.100*** (2.466)	0.557*** (7.048)	0.000 (0.262)	4.979*** (44.354)	-0.004 (-1.304)	-0.003 (-1.589)	-0.001 (-0.637)	-0.001 (-0.974)	-0.007*** (-3.972)
INDEP	0.007*** (8.889)	0.035*** (3.845)	0.115*** (10.979)	0.064*** (3.177)	1.985*** (7.121)	0.019*** (3.084)	4.756*** (14.518)	0.013*** (2.884)	-0.001 (-0.168)	0.002 (0.376)	0.012*** (3.098)	0.009* (1.842)
DUAL	-0.000 (-0.260)	0.004*** (8.080)	0.004*** (3.646)	0.006*** (6.533)	0.017 (0.583)	0.004*** (8.279)	0.061* (1.920)	0.004*** (8.070)	0.003*** (4.477)	0.003*** (3.432)	0.004*** (7.725)	0.002*** (4.496)

续表

变量	工具变量回归					Heckman 两阶段			PSM		熵平衡	
	(1)	(2)	(3)	(4)	(5)	(6)	(7)	(8)	(9)	(10)	(11)	(12)
	NC	R&D	SHR	R&D	NC_DUMMY	R&D	SHR_DUMMY	R&D	R&D	R&D	R&D	R&D
常数项	-0.017***	-0.058***	-0.089***	-0.045***	-7.535***	-0.034*	-17.165***	-0.008	0.004	0.006	-0.002	0.008
	(-15.315)	(-3.075)	(-5.750)	(-3.228)	(-18.050)	(-1.661)	(-34.378)	(-0.691)	(0.408)	(0.647)	(-0.449)	(1.200)
YEAR	Yes	Yes	Yes	Yes	Yes	Yes	Yes	Yes	Yes	Yes	Yes	Yes
INDUSTRY	Yes	Yes	Yes	Yes	Yes	Yes	Yes	Yes	Yes	Yes	Yes	Yes
N	27969	27969	27969	27969	27965	27969	27965	27969	10107	9556	27969	27969
R^2	0.073	0.426	0.337	0.426	0.0308	0.427	0.143	0.426	0.435	0.412	0.431	0.423

注：括号内为 t 值，***、**、* 分别表示在 1%、5%、10% 的水平下显著。

明，基于重新筛选样本的检验结果再次证明了网络中心度和结构洞丰富度对企业创新投资的促进作用。

（四）更换回归模型

由于因变量的取值为非负数，所以使用 Tobit 模型再次检验董事网络对企业创新投资的影响，表 4.6 列（7）和列（8）的结果显示，网络中心度（NC）和结构洞丰富度（SHR）对企业创新投资（$R\&D$）的影响系数分别为 0.241 和 0.013，且通过了 1% 的显著性水平检验，基于 Tobit 模型的检验结果再次证实了董事网络对企业创新投资的促进作用。

（五）使用专利度量企业创新

使用发明、实用新型、外观设计三类专利申请数量之和加 1 取自然对数测度企业创新（ln$PATENT$），再次检验董事网络对企业创新的影响，表4.6 中的列（9）和列（10）显示，网络中心度（NC）和结构洞丰富度（SHR）对企业创新（ln$PATENT$）的影响系数至少在 5% 的水平下显著为正，说明在更换企业创新的测度方法之后，董事网络对企业创新的促进作用稳健成立。

第四节　本章小结

创新投资是企业可持续发展和建立竞争优势的关键，如何提高企业创新投资效率日益受到学界的关注。本章从信息优势、控制优势和资源优势的视角研究了董事网络对企业创新投资的影响，结果发现，董事网络位置（网络中心度和结构洞丰富度）能够提高企业的创新投资水平，说明董事网络能够给企业带来信息和资源优势，从而促进企业创新投资。环境动态性正向调节了董事网络与创新投资的关系，表明嵌入董事网络的信息和资源优势在环境动态性高时发挥了更高的价值；冗余资源正向调节了董事网络与创新投资的关系，说明内部自有资源是支持企业创新投资的重要因素，内外部资源的互补更有助于企业创新投资。本章通过提供中国上市公司的证据，丰富和补充了董事网络和创新投资的相关研究，具有重要的实践价值和管理启示。

表 4.6　稳健性检验

变量	更换因变量		更换研究对象		重新筛选样本		更换回归模型		因变量为专利	
	(1)	(2)	(3)	(4)	(5)	(6)	(7)	(8)	(9)	(10)
	lnR&D	lnR&D	R&D	R&D	R&D	R&D	R&D	R&D	lnPATENT	lnPATENT
NC	23.858***		0.062***		0.194***		0.241***		7.740***	
	(4.014)		(4.338)		(4.263)		(5.402)		(5.332)	
SHR		2.461***		0.006***		0.004**		0.013***		0.238**
		(5.895)		(3.251)		(2.437)		(4.129)		(2.330)
SIZE	1.197***	1.195***	0.002***	0.002***	0.001***	0.001***	0.004***	0.004***	0.217***	0.220***
	(29.973)	(30.002)	(6.972)	(7.150)	(4.712)	(4.963)	(11.978)	(12.183)	(22.258)	(22.635)
LEV	-2.356***	-2.354***	-0.042***	-0.042***	-0.053***	-0.053***	-0.052***	-0.052***	0.028	0.032
	(-10.966)	(-10.960)	(-32.947)	(-32.909)	(-32.676)	(-32.593)	(-32.923)	(-32.849)	(0.538)	(0.600)
ROA	0.957	1.179*	-0.052***	-0.051***	-0.073***	-0.072***	-0.061***	-0.060***	1.719***	1.761***
	(1.431)	(1.763)	(-13.206)	(-13.030)	(-15.064)	(-14.851)	(-12.713)	(-12.368)	(10.528)	(10.780)
CASH	0.195	0.179	-0.001	-0.001	-0.006	-0.005	-0.007*	-0.007*	0.734***	0.739***
	(0.384)	(0.351)	(-0.399)	(-0.380)	(-1.435)	(-1.389)	(-1.815)	(-1.794)	(5.912)	(5.947)
GROWTH	-0.015	-0.028	-0.001***	-0.001***	-0.003***	-0.003***	-0.002***	-0.002***	-0.094***	-0.096***
	(-0.194)	(-0.352)	(-3.093)	(-3.171)	(-4.193)	(-4.262)	(-3.586)	(-3.718)	(-4.885)	(-4.996)
Q	-0.066**	-0.067**	0.003***	0.003***	0.006***	0.006***	0.004***	0.004***	0.008	0.008
	(-2.143)	(-2.157)	(18.754)	(18.801)	(23.734)	(23.789)	(16.988)	(16.997)	(1.049)	(1.090)

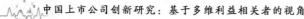

续表

变量	更换因变量		更换研究对象		重新筛选样本		更换回归模型		因变量为专利	
	(1)	(2)	(3)	(4)	(5)	(6)	(7)	(8)	(9)	(10)
	lnR&D	lnR&D	R&D	R&D	R&D	R&D	R&D	R&D	lnPATENT	lnPATENT
SOE	-0.579***	-0.593***	-0.002***	-0.002***	-0.001	-0.001	-0.003***	-0.003***	0.007	0.006
	(-6.751)	(-6.919)	(-3.241)	(-3.249)	(-1.467)	(-1.561)	(-4.336)	(-4.484)	(0.344)	(0.282)
AGE	-1.383***	-1.396***	-0.007***	-0.007***	-0.006***	-0.005***	-0.010***	-0.010***	-0.333***	-0.333***
	(-28.224)	(-28.456)	(-23.686)	(-23.725)	(-15.198)	(-15.056)	(-28.349)	(-28.367)	(-27.859)	(-27.761)
TOP1	-1.033***	-1.012***	-0.019***	-0.019***	-0.026***	-0.026***	-0.024***	-0.024***	-0.290***	-0.289***
	(-4.149)	(-4.065)	(-13.173)	(-13.134)	(-13.967)	(-13.982)	(-13.111)	(-13.064)	(-4.765)	(-4.754)
INSTI	1.044***	1.023***	0.004***	0.004***	0.004***	0.004***	0.007***	0.007***	0.240***	0.243***
	(5.849)	(5.732)	(3.422)	(3.408)	(2.719)	(2.814)	(5.354)	(5.376)	(5.510)	(5.574)
BOARD	0.160	-0.390*	-0.001	-0.002	-0.001	-0.002	0.000	-0.003	0.191***	0.143**
	(0.775)	(-1.712)	(-0.840)	(-1.593)	(-0.571)	(-1.004)	(0.002)	(-1.590)	(3.796)	(2.566)
INDEP	-0.202	-0.329	0.015***	0.015***	0.020***	0.021***	0.016***	0.016***	0.103	0.125
	(-0.278)	(-0.452)	(3.572)	(3.481)	(3.818)	(3.940)	(2.991)	(3.016)	(0.576)	(0.702)
DUAL	0.041	0.031	0.004***	0.004***	0.004***	0.004***	0.004***	0.004***	-0.009	-0.011
	(0.530)	(0.396)	(8.227)	(8.136)	(7.936)	(7.872)	(7.486)	(7.371)	(-0.494)	(-0.552)
常数项	-17.842***	-18.006***	-0.012**	-0.014**	0.001	-0.001	-0.076***	-0.078***	-4.240***	-4.334***
	(-18.460)	(-18.700)	(-2.088)	(-2.416)	(0.093)	(-0.178)	(-10.478)	(-10.833)	(-17.961)	(-18.414)
YEAR	Yes	Yes	Yes	Yes	Yes	Yes	Yes	Yes	Yes	Yes

续表

变量	更换因变量		更换研究对象		重新筛选样本		更换回归模型		因变量为专利	
	(1)	(2)	(3)	(4)	(5)	(6)	(7)	(8)	(9)	(10)
	ln*R&D*	ln*R&D*	*R&D*	*R&D*	*R&D*	*R&D*	*R&D*	*R&D*	ln*PATENT*	ln*PATENT*
INDUSTRY	Yes	Yes	Yes	Yes	Yes	Yes	Yes	Yes	Yes	Yes
N	27969	27969	27969	27969	21373	21373	27969	27969	27969	27969
R^2	0.498	0.498	0.426	0.426	0.376	0.376	-0.349	-0.349	0.299	0.298

注：括号内为 t 值，***、**、* 分别表示在 1%、5%、10%的水平下显著。

本章的贡献主要体现在以下几个方面。首先，本章的研究丰富了有关社会网络的文献，提供了基于中国市场的有关董事网络新的研究。在新兴资本市场，董事网络被认为是正式制度安排的一种替代机制（Li et al.，2019c）。其次，本章拓展了企业创新投资的研究。创新投资具有高度不确定性，回报周期长，高度依赖于企业可获得的外部资源。本章从信息传递和资源提供的双重视角研究了董事网络对创新投资的作用，补充了创新投资影响因素的研究文献。最后，本章通过验证冗余资源和环境动态性的调节作用丰富了董事网络对企业创新投资的影响机制研究。尽管董事网络能够带来一定的信息和资源优势，但董事网络的作用发挥依然受制于企业所处的外部环境和自身所储备的资源。环境动态性会影响董事会对投资决策的判断，而冗余资源会影响董事会对投资决策的持续承诺。对企业面临的外部环境和内部资源储备的分析，有助于学者更加清晰地认识董事网络影响企业创新投资的边界条件。

本章的理论启示体现在如下两方面。

第一，社会网络理论认为，企业行为不是内在产生的完全独立自主的选择，而是通过各种正式的和非正式的、直接的和间接的关联关系互相影响和传播。公司的投资决策也并非完全由公司自身的信息集独立产生，而是会借鉴其他公司类似政策信息，公司间的信息传递能降低公司决策的风险和不确定性，其中一个重要渠道便是基于连锁董事的董事连锁网络。处于董事连锁网络中的个体能获得镶嵌在网络中的与公司决策相关的信息资本，比如公司经营战略、市场环境、投融资机会和政策变化等公司运营层面的信息以及会计处理政策、薪酬制定方案、信息披露政策等董事会治理层面的信息。因此，从社会网络的视角研究企业的投资决策是对现有文献的一个有益补充。

第二，资源依赖理论认为，持续、丰富的内外部资源保障是企业创新的关键。单个企业依靠自身积累获得资源进而实现创新需要耗费较高的成本，因此，企业已经开始通过战略联盟和技术合作等方式形成企业间的关系网络来获取资源，从而突破创新瓶颈（Westphal and Zajac，2013）。从资源依赖的视角来看，企业的网络中心度越高，其与外部直接联系的企业数量越多，能够获取的外部资源和信息可能会越多。结构洞越多代表企业在连锁董事网络中的连锁企业数量越多、类型越多样。企业在连锁网络中扮演中介的角色，为网络中没有直接联系的企业充当联系的桥梁，控制资源流动，进而获得收益。因此，占据结构洞位置为企业提供了挖掘潜在消费者需求、探索新市场、开发新颖产品和服务所需要的信息和资源优势以及先发优势。

第五章

CEO 权力与企业创新

创新作为促进经济增长和提升企业竞争力的核心动力，深入推动创新驱动发展战略，实现企业和经济的高质量发展，受到政府部门、实务界和学术界的重点关注。探究影响技术创新的因素，寻找国家宏观层面、行业中观层面和企业微观层面提高技术创新水平的有效路径，成为学术界持续追踪的热点研究课题。对该课题展开深入研究，具有重要的理论价值和现实指导意义。

已有研究从交通设施建设（Zhang et al.，2020c）等宏观层面对企业创新展开研究，中观层面影响企业创新的因素包括产业组织（解维敏、魏化倩，2016）、环境不确定性（Cui et al.，2021）等。更多研究着眼于企业微观层面，包括股权结构（Luong et al.，2017）、财务松弛（Zhang et al.，2021）、融资约束（Zhang and Zheng，2020）、政治关联（Krammer and Jimenez，2020）、家族管理（Migliori et al.，2020）等视角。前述文献从不同维度验证了企业创新的影响因素，但企业创新战略的制定与执行、技术创新活动的开展，最终是通过以 CEO 为首的高管团队完成的。CEO 作为战略领导的核心力量（张燕，2021），是公司中最有权力的人之一，在战略决策过程中发挥着重要作用（Crossland et al.，2014），通常被视为公司长期战略的主要规划者（Sheikh，2019）。CEO 做出的战略决策会影响公司的风险和价值，CEO 影响公司战略决策的能力取决于其相对于董事会和其他高管团队成员所拥有的权力。由此可见，CEO 权力是影响企业创新投资的重要因素。

　　行为代理理论认为，CEO 的风险偏好会因其所处的环境不同而存在差异，既有研究证实了 CEO 权力会促进企业创新投资（Tan et al.，2001；Eggers and Kaplan，2009；王楠等，2017；Sariol and Abebe，2017；Sheikh，2018），但令人遗憾的是，这些研究并未考虑外部环境，尤其是新闻媒体环境的影响。信息经济时代，新闻媒体对公司战略领导的作用日渐凸显（朱琦，2021），新闻媒体报道对包括 CEO 在内的各个资本市场参与者的决策产生影响是必然的（Graf-Vlachy et al.，2020）。目前，国内已有研究对媒体的公司治理功能及其引发的经济后果展开分析，但此类研究存在可进一步拓展与完善的空间。其一，研究数据来源于中国科技经济新闻数据库、中国重要报纸全文数据库等数据库收录的纸质报刊，同互联网媒体相比，报纸等传统新闻媒体的受众面较小，新闻信息的传播速度较慢、传播面较窄，在此条件下得到的研究结论有待商榷。其二，过度关注媒体报道数量的影响，鲜有文献对媒体报道质量（内容），尤其是互联网新闻媒体报道质量（内容）对上市公司战略决策的影响展开研究。显而易见，同新闻媒体报道数量相比，新闻媒体报道内容的情感和态度倾向对市场参与者的影响更为直接。新的数据来源带来了新的研究机会（张燕，2021），数据挖掘和语义分析技术的不断成熟，为学者探究新闻媒体报道情感倾向对上市公司投资决策的影响提供了技术层面和数据层面的支持。

　　基于前述分析，本章利用优矿金融量化平台提供的互联网新闻媒体数据，将 CEO 权力和新闻媒体情感纳入同一研究框架，探讨二者及其相互调节作用（协同效应）对上市公司创新投资的影响，并进一步对不同治理水平下（内部和外部）协同效应的差异性展开研究。此外，本章还实证检验了新闻媒体情感影响企业创新投资的路径及经济后果。实证结果表明，CEO 权力和新闻媒体情感均会显著促进企业创新投资；CEO 权力和新闻媒体情感对企业创新投资的影响存在协同效应，该效应对创新水平高的公司影响更大。进一步研究发现，协同效应只对公司治理水平较低和产品市场竞争程度低的公司产生影响；新闻媒体情感通过提高投资者认知水平和改善融资环境促进企业创新投资，而企业创新投资是 CEO 权力和新闻媒体情感提升企业价值的中介渠道。

第一节 CEO 权力影响企业创新的理论分析

一 CEO 权力与企业创新投资

技术创新是提升企业核心竞争力的重要举措之一，它不同于一般的经营性投资活动，具有风险高、回报周期长等特点（Li and Tang，2010；Hirshleifer et al.，2012）。作为企业战略的执行者，高管团队在此过程中起着至关重要的作用，CEO 作为高管团队的核心，其个人意志和权力对企业创新投资活动的影响不容忽视。CEO 权力是 CEO 可以按照自身决策偏好进行战略决策的程度（Haynes and Hillman，2010）。

代理理论认为，CEO 具有风险规避性，有动机通过放弃增值的高风险项目，将公司资源转为私人利益，这种转移资源的能力随着 CEO 权力的提升而增强。从代理理论的视角来看，CEO 权力会降低公司承担创新投资等高风险项目的能力。然而，代理理论只关注了 CEO 规避风险的情况，忽略了权力如何影响 CEO 的心理和决策（Lewellyn and Muller-Kahle，2012）。前景理论提出，个体的风险偏好表现出可变性，个体会根据参照点的不同规避或者寻求风险。具体而言，决策者将决策效果设定为收益时表现出规避风险的偏好，将决策效果设定为损失时表现出需求风险的偏好（Zona，2012）。类似地，社会心理学研究表明，强权 CEO 对其决策的内在收益更为乐观，并容易忽略决策所伴随的潜在风险（Anderson and Galinsky，2006），导致过度自信和更大的风险承担，表现为增加对风险项目的投资（Hirshleifer et al.，2012）。前景理论和社会心理学研究均表明，强权 CEO 会提升公司的风险承担水平。

CEO 权力越大的公司，其企业战略风格越趋向于风险型（周建等，2015）。强权 CEO 往往拥有更为丰富的资源和强大的影响力，可以稳定其在企业创新投资中的角色（Eggers and Kaplan，2009）。权力大的 CEO 往往具有强烈的"管家精神"，拥有强大的资源调配能力和信息处理能力，有助于提高公司的战略灵活性，从而提高创新投资的意愿和能力（Chen，2014；王楠等，2017；Humphery-Jenner et al.，2022）。同时，高阶梯队理论认为，高层管理人员会对其所面临的情境和选择做出高度个性化的诠释，并以此为基础采取行动，即高层管理人员在行为中注入了大量自身所具有的经验、性格和价值观等特征。强权 CEO 可以充分发挥其自身的积极性和主动性，有利于企业适应瞬息万变的市场环境，降低战略执行过程中面临的不确定性风险，提高创新自由度，促进企业创新投资。

基于前述分析，本章提出如下研究假设。

H5-1：CEO 权力与企业创新投资正相关。

二　新闻媒体情感与企业创新投资

作为资本市场的信息中介，新闻媒体收集、分析和报告关于公司和市场的信息，是投资者等利益相关者的重要信息来源，并能够影响市场参与者的投资决策（Graf-Vlachy et al.，2020）。媒体治理作为公司外部治理的一种重要机制，通过传统监督机制、声誉机制等渠道发挥公司治理作用（Nguyen，2015；田高良等，2016）。

本章认为新闻媒体报道至少可以通过以下两方面影响企业创新投资。其一，提高投资者认知度。Merton 于 1987 年提出了"投资者认知假说"。该假说认为，受时间、精力和经验等方面的限制，投资者更倾向于投资自己关注和了解的证券。新闻媒体作为一种外部治理机制，通过验证、比较、评估和整合来自多个数据源的信息，可以生成具有巨大经济价值的信息，缓解信息摩擦，降低公司内外部的信息不对称程度（Tetlock，2010），提高投资者对证券的认可度和评估水平（Gao et al.，2020）。积极的媒体报道会引导投资者保持乐观态度（Li et al.，2019d）。作为资本市场中的重要信息中介，新闻媒体为投资者提供了了解上市公司的渠道。互联网媒体对上市公司积极乐观的报道，向外界展示该公司经营状况良好（Li et al.，2019d），会吸引更多的投资者关注并买入该公司股票（Bajo and Raimondo，2017）。股东数量的增加，可以加强对管理层的监督，防止管理层"自利"行为的发生，进而提升公司竞争力及价值。

其二，改善融资环境。长久以来，融资约束被认为是制约企业开展创新活动的一个重要因素（Zhang and Zheng，2020）。媒体报道的增加，使得上市公司受到银行、债权人、供应商及投资者等利益相关者的关注，此时，若新闻媒体报道内容积极乐观，可以有效提升上市公司在资本市场的声誉及社会形象，提高利益相关者对公司的信心，提升商业信誉，从而有效缓解其所面临的融资问题（夏楸、郑建明，2015）。新闻媒体报道通过缓解信息摩擦，可以有效降低公司的债务成本（Gao et al.，2020），优化债务结构，降低财务负担（江轩宇等，2021），使得企业拥有更多的资金用于创新投资。

基于上述分析，本章提出如下假设。

H5-2：新闻媒体情感与企业创新投资正相关。

三　CEO 权力、新闻媒体情感对企业创新投资的协同影响

在前文的理论推演中，本章认为 CEO 权力和新闻媒体情感均会促进企业创新投资，同时，本章亦认为两者的交互作用会共同影响企业创新投资，具体包括以下两个方面。

其一，媒体报道通过影响管理者声誉资本的价值促使管理者采取相应的决策行为（Dyck et al.，2008），并能够塑造利益相关者对 CEO 的态度，进而影响 CEO 在公司中的地位。积极的新闻媒体报道在增加 CEO 社会曝光度的同时提高了其在公司中的地位（Huang et al.，2022），进一步提升了 CEO 在战略决策中的话语权。媒体在新闻报道过程中，倾向于将公司的良好行为和结果归因于 CEO，这种归因偏向会诱发 CEO 的过度自信（Ji et al.，2021）。新闻媒体的正面报道会加剧 CEO 个体的自私归因程度，当一家公司享有积极的新闻媒体报道时，CEO 更倾向于将媒体报道所反映的积极事件与其卓越的领导力和专业知识联系起来，导致 CEO 高估自己的能力，过度自信。"理性迎合渠道"（Polk and Sapienza，2009）认为，管理者在投资决策过程中会迎合市场情绪，当市场情绪高涨时，管理者会选择追加投资难以准确估值的项目，具有高风险性的创新项目成为管理者普遍选择的投资项目（肖虹、曲晓辉，2012）。当新闻媒体报道趋于积极乐观时，CEO 倾向于进行创新投资等高风险的投资项目（Huang et al.，2018），也就是新闻媒体报道的乐观倾向会强化 CEO 权力与企业创新投资之间的关系。

其二，CEO 是公司的"代言人"，也是媒体的重点关注对象，新闻媒体

通常将公司战略决策和决策效果归因于 CEO 的决策和领导能力（Love et al.，2017）。在企业实践过程中，CEO 享有更高的社会声誉和社会地位，媒体曝光度也显著高于其他管理人员，CEO 会通过增加媒体曝光度来维护自身及公司在社会公众心目中的良好形象（Chen et al.，2021b）。在"大众创业，万众创新"的政策背景下，通过创新驱动企业的高质量发展，在契合政策导向的同时，也符合利益相关者对公司发展方向的期望，可以进一步提升 CEO 和公司的声誉。正面的新闻媒体报道是公司的宝贵资源（Love et al.，2017），可以降低公司所处外部环境的不确定性风险，增强利益相关者对公司发展的信心，改善融资环境。强权 CEO 拥有更强的资源调配能力和资源整合能力，而积极的新闻媒体报道会拓宽企业可利用资源的范围和提高使用成本（例如融资成本）。出于维护声誉的动机，强权 CEO 有更强的能力和意愿参与符合大众预期的创新投资项目，即 CEO 权力会强化新闻媒体情感对企业创新投资的促进作用。

基于此，本章提出如下假设。

H5-3：CEO 权力和新闻媒体情感的彼此调节可增强各自对企业创新投资的作用，即 CEO 权力和新闻媒体情感对企业创新投资存在协同影响效应。

四 CEO 权力与新闻媒体情感协同影响的差异性

公司治理是通过一整套正式与非正式、内部和外部的机制来协调公司与各利益相关者之间关系的制度安排，分为内部治理和外部治理。内部治理包括董事会治理、监事会治理、管理层激励等，外部治理包括产品市场竞争、媒体治理等。作为新兴资本市场，产品市场竞争在我国发挥着重要的外部治理作用。企业的战略决策及决策效果是多种治理机制联合作用的结果（Oh et al.，2018）。因此，本章尝试探讨在不同的治理结构之下，CEO 权力和新闻媒体情感对企业创新投资协同影响的差异性。

随着权力的增大，CEO 会对公司资源享有更大的决定权，更有可能通过放弃高风险投资项目，将公司资源用于私人利益。良好的公司治理提高了监督质量，减少了管理者的机会主义行为和寻租行为，促使强权 CEO 不会将公司资源用于个人利益而放弃能够提升公司可持续竞争能力的高风险投资项目（John et al.，2008）。高质量的公司治理会限制管理者的自由裁量权，促使CEO积极行使权力，做出风险较大但有利于提高价值的决策（Sheikh，2019）。既有研究也表明，在治理水平较高的情况下，积极的新闻媒体报道对CEO权力的影响更小（Huang et al.，2018）。从这一角度看，公司治理水平会在一定程度上抑制CEO权力和新闻媒体情感对企业创新投资的协同促进作用。

　　企业的成功依赖于在竞争市场中快速和及时的战略决策（Li et al.，2019d）。市场竞争通过增加失败的概率和使公司成为更有吸引力的收购目标而对CEO施加外部约束，也增加了企业破产风险以及CEO因业绩下滑而被解雇的可能性（Dasgupta et al.，2018）。基于前景理论的观点，失败、被接管的风险以及失业的风险提高了CEO的损失厌恶程度，会促使CEO做出具有风险性的决策，接受高风险项目。也就是说，激烈的市场竞争会促使管理者进行有风险但价值增加的投资，以保持公司的竞争力并保住其工作岗位（Sheikh，2019）。高度复杂性和竞争性的环境要求管理者做出快速响应。面对激烈的市场竞争环境，公司倾向于赋予CEO更大的权力（Li et al.，2019b），以提高决策效率（Han et al.，2016），及时抓住提升企业竞争力及促进企业发展的机会。高度竞争的市场给予CEO犯错的机会和空间较小（Sheikh，2018），使得管理决策更具有挑战性。在市场竞争激烈的情况下，CEO必须不断进行创新，才可确保企业能够生存下来。从这一角度看，在产品市场竞争程度高的情况下，CEO权力对企业创新投资的促进作用更大。

　　每种公司治理机制都不是独立运作的，不同的治理机制在影响组织经济后果方面可以相互补充，也可以相互替代（Oh et al.，2018）。也就是说，在本章的研究框架中，公司治理、产品市场竞争与新闻媒体报道之间的关系可能是互补关系，也可能是替代关系。相关研究表明，公司内部治理与媒体报道之间存在互补效应（Gao et al.，2020），产品市场竞争与媒体报道之间则存在替代效应。在产品市场竞争程度较高的情况下，媒体的治理效应较弱（罗进辉等，2018）。在不同的内部治理和外部治理水平下，CEO权力、新闻媒体情感对企业创新投资的协同影响是一个待检验的实证问题。基于此，本章提出如下对立性假设。

H5-4a：相对于治理水平高的公司，在治理水平低的公司中，CEO 权力和新闻媒体情感对企业创新投资的协同影响效应更显著。

H5-4b：相对于治理水平低的公司，在治理水平高的公司中，CEO 权力和新闻媒体情感对企业创新投资的协同影响效应更显著。

H5-5a：相对于产品市场竞争程度高的公司，在产品市场竞争程度低的公司中，CEO 权力和新闻媒体情感对企业创新投资的协同影响效应更显著。

H5-5b：相对于产品市场竞争程度低的公司，在产品市场竞争程度高的公司中，CEO 权力和新闻媒体情感对企业创新投资的协同影响效应更显著。

第二节　CEO 权力影响企业创新的研究设计

一　样本选择与数据来源

本章选取 2014~2020 年在我国沪深两市上市的所有 A 股公司作为研究样本，并按照如下标准进行筛选：①剔除金融业上市公司；②剔除上市时间不足一年的公司；③剔除样本期内被 ST、＊ST 以及退市的公司；④剔除相关数据存在缺失的样本。最终共计得到 12986 个公司—年度观测值。为避免极端值对研究结果的影响，本章对所有连续变量进行了 1% 和 99% 水平上的缩尾处理。同时，为控制可能存在的内生性问题，本章所有自变量和控制变量均滞后一期，时间为 2014~2019 年，被解释变量为 2015~2020 年。本章数据来源于 CSMAR 和 Wind 数据库以及优矿金融量化平台（https://uqer.datayes.com/）。相关数据的处理与分析，通过 Excel 2016 和 Stata 15.0 完成。

二　变量定义

（一）被解释变量

创新投资（R&D）。已有研究多采用企业研发投入金额与主营业务收入或总资产的比值来度量，考虑到主营业务收入容易被"操纵"，故本章选取研发投入金额与总资产的比值来度量创新投资。

（二）解释变量

CEO权力（*CEOP*）。根据Finkelstein（1992）对高管权力的划分维度并借鉴周建等（2015）的研究，本章从领导权结构、任期、执行董事比例和所有权四个维度构建CEO权力综合指标。①领导权结构，若董事长和总经理两职合一，记为1，否则为0；②任期，若CEO的任期超过样本年度所有公司的均值，记为1，否则为0；③执行董事比例，类似于任期的度量，若执行董事占董事会规模的比例超过样本年度所有公司的均值，记为1，否则为0；④所有权，若CEO当年持有公司股票，记为1，否则为0。将四个指标进行加总，得到CEO权力综合指标，取值为0~4，取值越大，代表CEO权力越大。

新闻媒体情感（*NEWSSENT*）。优矿金融量化平台不仅可以提供股票行情数据，还可以提供媒体热议度和新闻情感指数等非结构化数据。优矿的新闻数据来源于东方财富网、新浪财经、雪球财经等80家国内主流财经网站，获取新闻资料后，利用人工智能算法计算出新闻情感指数，即新闻媒体报道上市公司的情感倾向均值，该数据为日数据。为与本章研究数据的频率保持一致，本章分年度分公司将新闻情感指数进行加总，得到年度新闻情感值。该指标为正向指标，值越大，代表新闻媒体对上市公司的报道倾向越积极乐观。

（三）分组变量

公司治理水平（*CG*）。借鉴方红星和金玉娜（2013）的做法，选取第一大股东持股比例、第二至第五大股东持股比例之和、独立董事占比、机构投资者持股比例、董事会和监事会规模、董事会和监事会年度开会次数8个监督变量，董监高的各自持股比例、领取薪酬的监事和董事比例以及前三名高管的薪酬总额（取自然对数）6个激励变量，共计14个公司治理变量，采用主成分分析法，提取第一主成分测度公司治理水平。若样本公司的治理水平大于当年所有公司治理水平的中位数，定义该公司为高治理水平公司，否则为低治理水平公司。

产品市场竞争（*HHI*）。采用赫芬达尔指数测度公司所面临的产品市场竞争程度，具体计算公式为：

$$HHI = \sum (X_i/X)^2 \tag{5.1}$$

其中，X_i 为公司主营业务收入，X 为当年行业内所有公司的主营业务收入总和。该指标为负向指标，值越小，代表产品市场竞争程度越高。定义 HHI 值小于中位数的为高产品市场竞争公司，否则为低产品市场竞争公司。

（四）控制变量

参考已有研究，本章对其他影响企业创新投资的变量加以控制，包括公司规模（$SIZE$）、盈利能力（ROA）、负债水平（LEV）、成长能力（$GROWTH$）、现金水平（$CASH$）、资本支出（$CAPEXPT$）、公司年龄（AGE）、年份（$YEAR$）和行业（$INDUSTRY$）固定效应。各变量定义如表5.1所示。

表 5.1　变量定义

类型	名称	符号	定义
被解释变量	创新投资	$R\&D$	研发投入/总资产
解释变量	CEO权力	$CEOP$	详见前文
	新闻媒体情感	$NEWSSENT$	详见前文
分组变量	公司治理水平	CG	详见前文
	产品市场竞争	HHI	详见式（5.1）
控制变量	公司规模	$SIZE$	总资产取自然对数
	盈利能力	ROA	净利润/总资产
	负债水平	LEV	总负债/总资产
	成长能力	$GROWTH$	主营业务收入增长率
	现金水平	$CASH$	经营活动产生的现金流量净额/总资产
	资本支出	$CAPEXPT$	购买固定资产、无形资产和其他长期资产支付的现金/总资产
	公司年龄	AGE	上市年份到样本年份的时间
	年份固定效应	$YEAR$	根据研究区间设置虚拟变量
	行业固定效应	$INDUSTRY$	根据研究样本所属证监会行业设置虚拟变量

三 模型设计

为了检验上述研究假设，本章构建了如下回归模型：

$$模型一：R\&D = \beta_0 + \beta_1 CEOP + Controls + \sum YEAR + \sum INDUSTRY + \varepsilon \quad (5.2)$$

$$模型二：R\&D = \beta_0 + \beta_1 NEWSSENT + Controls + \sum YEAR + \sum INDUSTRY + \varepsilon \quad (5.3)$$

$$模型三：\begin{aligned} R\&D = {} & \beta_0 + \beta_1 CEOP + \beta_2 NEWSSENT + \beta_3 CEOP \times NEWSSENT + \\ & Controls + \sum YEAR + \sum INDUSTRY + \varepsilon \end{aligned} \quad (5.4)$$

模型一主要用于检验 CEO 权力对企业创新投资的影响（假设 H5-1），模型二主要考察新闻媒体情感对企业创新投资的影响（假设 H5-2），模型三用来考察 CEO 权力和新闻媒体情感的协同效应对企业创新投资的影响（假设 H5-3）。假设 H5-4 和 H5-5 的检验，按照公司治理水平和产品市场竞争程度的高低，将样本分为两个子样本，分别使用模型三重新回归分析。此外，为了深入研究 CEO 权力和新闻媒体情感对不同创新能力企业创新投资的影响，本章在检验假设 H5-1、假设 H5-2 和假设 H5-3 时，在估计方法上同时使用分位数回归，用以检验不同创新投资水平下，CEO 权力和新闻媒体情感对企业创新投资的影响。

第三节　CEO 权力影响企业创新的实证结果分析

一 描述性统计与相关性分析

表 5.2 的统计结果显示，我国上市公司的研发投入占总资产比例的平均值为 1.62%，整体投入水平不是很高。CEO 权力的取值介于 0 和 4 之间，均值为 1.2045，中位数为 1，表明我国上市公司 CEO 权力普遍较小。新闻媒体情感（$NEWSSENT$）最小值为 -10.5649，最大值为 39.7371，标准差达到了 10.9982，新闻媒体对上市公司的报道存在较大差异，这些差异的存在为本章探讨 CEO 权力和新闻媒体情感对企业创新投资的影响奠定

了基础。在相关系数方面，CEO 权力（*CEOP*）和新闻媒体情感（*NEWS-SENT*）与企业创新投资（*R&D*）之间的相关系数分别为 0.1955 和 0.2175，且均在 1% 的水平下显著。整体而言，CEO 权力和新闻媒体情感均与企业创新之间保持同步性，即 CEO 权力越大，或者新闻媒体情感越积极的公司，其创新投资水平越高，初步支持了假设 H5-1 和假设 H5-2。与此同时，CEO 权力（*CEOP*）和新闻媒体情感（*NEWSSENT*）之间也在 1% 的水平下显著正相关。结合前述分析，本章认为，CEO 权力和新闻媒体情感的交互作用会对企业创新投资产生促进作用，在一定程度上证实了假设 H5-3。此外，本章选取的控制变量公司规模（*SIZE*）、盈利能力（*ROA*）、负债水平（*LEV*）、成长能力（*GROWTH*）、现金水平（*CASH*）、资本支出（*CAPEXPT*）和公司年龄（*AGE*）均与本章的被解释变量企业创新投资（*R&D*）在 1% 的水平下显著相关，表明本章后续的实证分析较好地控制了影响企业创新投资的因素，在一定程度上避免了由遗漏变量引起的内生性问题。各变量之间相关系数的绝对值大部分小于 0.5，说明本章研究不存在明显的多重共线性问题。

二 单因素分析

在进行回归分析之前，本章按照 CEO 权力和新闻媒体情感的中位数，将样本细分为高 CEO 权力（高媒体情感）和低 CEO 权力（低媒体情感），然后交叉分组进行均值和中位数的差异性检验。从表 5.3 的单因素分析结果可以看出，无论是在高新闻媒体情感还是在低新闻媒体情感分组中，CEO 权力高的公司，其创新投资的均值和中位数均在 1% 的水平下显著高于 CEO 权力较低的公司，即 CEO 权力与企业创新投资之间存在正相关关系。在高 CEO 权力分组下，高新闻媒体情感分组的企业创新投资均值和中位数分别为 2.3192 和 2.0056，低新闻媒体情感分组的均值和中位数分别为 1.5394 和 1.3255，两者的均值差异达到 0.7798，中位数差异为 0.6801，均在 1% 的水平下显著。在 CEO 权力水平低的分组中，也得到了类似的结果，即新闻媒体报道越积极，企业创新投资水平越高，所得结论与假设 H5-1 和假设 H5-2 一致。进一步，在 2×2 分组中，高 CEO 权力和高新闻媒体情感下的企业创新投资的均值和中位数，均显著高于高 CEO 权力和低新闻

表 5.2 描述性统计和相关性分析

变量	均值	标准差	最小值	中位数	最大值	R&D	CEOP	NEWSSENT	SIZE	ROA	LEV	GROWTH	CASH	CAPEXPT	AGE
R&D	1.6244	1.6982	0.0000	1.2935	8.3791	1									
CEOP	1.2045	0.9695	0.0000	1.0000	4.0000	0.1955***	1								
NEWSSENT	10.2479	10.9982	-10.5649	8.4215	39.7371	0.2175***	0.1163***	1							
SIZE	22.3642	1.2542	19.9965	22.1994	26.1355	-0.2138***	-0.0700***	0.2440***	1						
ROA	5.9592	5.3289	-9.5376	5.1267	24.5760	0.1260***	0.0892***	0.2433***	0.0034	1					
LEV	42.7235	20.3506	5.7281	41.5478	87.6357	-0.2424***	-0.1371***	0.0215*	0.5481***	-0.2698***	1				
GROWTH	16.2920	38.1383	-52.1787	9.0567	207.4720	0.0634***	0.0809***	0.1008***	0.0161*	0.1985***	0.0149*	1			
CASH	4.8515	6.8297	-15.2317	4.6447	24.9457	0.0710***	0.0127	0.0577***	0.0204**	0.4163***	-0.1588***	-0.0608***	1		
CAPEXPT	4.2665	4.1397	0.0141	2.9864	19.9448	0.0862***	0.0864***	0.1093***	-0.0267**	0.1450***	-0.0650***	0.0265***	0.1629***	1	
AGE	12.5743	7.0513	1.0000	12.0000	29.0000	-0.2714***	-0.2614***	-0.0429***	0.3242***	-0.1303***	0.3394***	-0.0758***	-0.0271***	-0.2006***	1

注：***、**、* 分别表示在 1%、5%、10%的水平下显著。

媒体情感、低 CEO 权力和高新闻媒体情感、低 CEO 权力和低新闻媒体情感分组下创新投资的均值和中位数，佐证了假设 H5-3，即 CEO 权力和新闻媒体情感对企业创新投资具有协同促进效应。

表 5.3　单因素分析

分组	均值检验			中位数检验		
	高媒体情感	低媒体情感	差异	高媒体情感	低媒体情感	差异
高 CEO 权力	2.3192	1.5394	0.7798 ***	2.0056	1.3255	0.6801 ***
低 CEO 权力	1.6165	1.2350	0.3815 ***	1.2730	0.7328	0.5402 ***
差异	0.7027 ***	0.3044 ***	1.0842 ***	0.7326 ***	0.5927 ***	1.2728 ***

注：均值检验为独立样本 t 检验，中位数检验为 Wilcoxon 秩和检验；*** 表示在 1%的水平下显著。

三　多元回归分析

（一）CEO 权力对企业创新投资的影响

使用模型一检验本章假设 H5-1。表 5.4 的列（1）显示，CEO 权力（*CEOP*）对企业创新投资（*R&D*）的影响系数为 0.0985，t 值达到了 7.3609，表明 CEO 权力的提升可以促进企业创新投资，即 CEO 的权力越大，企业创新投资水平越高，假设 H5-1 得到证实。对于控制变量的影响，本章发现，盈利能力和成长能力强、现金流充足、资本支出较多的公司，其创新投资更多；相对于公司规模较大、负债率较高和成立时间较长的公司，新成立的小规模、低负债公司的创新投资水平更高。为了进一步检验 CEO 权力对不同分位数上企业创新投资的影响，本章利用分位数回归重新进行全样本的估计，设定分位数为 10%、20%、30%、40%、50%、60%、70%、80% 和 90%（即 QR_10 至 QR_90），具体的检验结果见表 5.4 列（2）。分位数回归结果显示，在控制了其他因素之后，在不同的分位数上，CEO 权力对企业创新投资（*R&D*）都存在促进作用，且均通过了 1% 的显著性水平检验，与 OLS 检验结果保持一致。

表 5.4 CEO 权力对企业创新投资的影响

变量	OLS (1)	分位数回归 (2)								
		QR_10	QR_20	QR_30	QR_40	QR_50	QR_60	QR_70	QR_80	QR_90
CEOP	0.0985***	0.0555***	0.0609***	0.0365***	0.0333***	0.0381***	0.0367***	0.0527***	0.0619***	0.1117***
	(7.3609)	(7.9294)	(7.0967)	(5.3187)	(5.2884)	(7.8308)	(5.6943)	(6.1185)	(4.7910)	(3.3523)
SIZE	-0.0544***	-0.0108***	-0.0216***	-0.0198***	-0.0211***	-0.0242***	-0.0306***	-0.0489***	-0.0472***	-0.1073***
	(-4.3388)	(-2.7099)	(-3.6671)	(-3.5901)	(-3.3066)	(-3.1294)	(-4.1441)	(-5.8473)	(-3.6742)	(-4.3873)
ROA	0.0213***	0.0019*	0.0042***	0.0092***	0.0145***	0.0150***	0.0190***	0.0192***	0.0206***	0.0264***
	(7.7793)	(1.7287)	(5.0566)	(7.8751)	(9.6618)	(8.6127)	(10.4648)	(11.6740)	(6.5214)	(3.5166)
LEV	-0.0014*	-0.0018***	-0.0015***	-0.0003	-0.0006*	-0.0008*	-0.0003	-0.0004	-0.0009	-0.0008
	(-1.6976)	(-7.6371)	(-5.6552)	(-0.9293)	(-1.7446)	(-1.7446)	(-0.6060)	(-0.5959)	(-0.6759)	(-0.3668)
GROWTH	0.0007*	0.0004***	0.0003***	0.0002	0.0002*	0.0001	0.0003***	0.0007***	0.0007***	0.0021***
	(1.9443)	(2.6104)	(2.4017)	(1.3561)	(1.6765)	(1.1848)	(2.7136)	(3.7484)	(3.3950)	(2.5637)
CASH	0.0081***	-0.0005	0.0005	0.0016***	0.0027***	0.0030***	0.0042***	0.0046***	0.0036***	0.0082***
	(3.9995)	(-0.8709)	(0.4430)	(2.6626)	(4.1330)	(4.9988)	(5.8711)	(5.3400)	(2.6055)	(2.0563)
CAPEXPT	0.0092***	0.0035***	0.0030	0.0027**	0.0055***	0.0052***	0.0046***	0.0070***	0.0106***	0.0060
	(2.8969)	(3.6363)	(1.5930)	(2.1228)	(3.4647)	(3.6457)	(3.4251)	(2.6712)	(2.7033)	(0.9305)
AGE	-0.0163***	-0.0099***	-0.0113***	-0.0130***	-0.0146***	-0.0143***	-0.0133***	-0.0126***	-0.0113***	-0.0026
	(-7.8905)	(-8.5858)	(-9.2650)	(-13.5719)	(-14.4965)	(-10.4656)	(-8.6769)	(-6.8325)	(-4.9530)	(-0.6693)
常数项	1.5800***	0.2391**	0.5503***	0.5352***	0.6077***	0.7358***	0.9199***	1.3901***	1.9908***	3.9989***
	(5.7648)	(2.3973)	(4.3583)	(4.9216)	(4.8907)	(4.5947)	(6.5097)	(6.4607)	(5.9324)	(7.0081)

续表

变量	OLS（1）	分位数回归（2）								
		QR_10	QR_20	QR_30	QR_40	QR_50	QR_60	QR_70	QR_80	QR_90
YEAR/INDUSTRY	Yes	Yes	Yes	Yes	Yes	Yes	Yes	Yes	Yes	Yes
N	12986	12986	12986	12986	12986	12986	12986	12986	12986	12986
R^2	0.3308	0.0605	0.1547	0.2322	0.267	0.2776	0.2757	0.2648	0.2564	0.2646

注：括号内为 t 值，***、**、* 分别表示在 1%、5%、10% 的水平下显著。

（二）新闻媒体情感对企业创新投资的影响

使用模型二检验本章假设 H5-2。表 5.5 列（1）结果显示，在控制了公司规模（*SIZE*）、盈利能力（*ROA*）、负债水平（*LEV*）、成长能力（*GROWTH*）、现金水平（*CASH*）、资本支出（*CAPEXPT*）、公司年龄（*AGE*）、年份固定效应（*YEAR*）和行业固定效应（*INDUSTRY*）之后，新闻媒体情感（*NEWSSENT*）对企业创新投资（*R&D*）存在显著的促进作用（系数为 0.0321，t 值为 26.7270）。这表明，新闻媒体报道越积极，企业创新投资水平越高，假设 H5-2 得到证实。在分位数回归检验中，在各个分位数上，新闻媒体情感（*NEWSSENT*）的系数介于 0.0087 和 0.0391 之间，且均在 1% 的水平下表现显著，说明对于创新投资水平不同的企业，新闻媒体情感均可以促进企业创新投资。结合表 5.4 的结果，本章发现，在 90% 分位数上，CEO 权力（*CEOP*）和新闻媒体情感（*NEWSSENT*）的影响系数均达到了最大值，表明相对于创新投资水平较低的公司，CEO 权力和新闻媒体情感对创新投资水平高的公司的促进作用更大。

（三）CEO 权力、新闻媒体情感对企业创新投资的协同影响

为了检验 CEO 权力和新闻媒体情感对企业创新投资影响的协同效应，本章在模型三中同时纳入了 CEO 权力（*CEOP*）和新闻媒体情感（*NEWSSENT*）及其交互项，通过普通最小二乘回归和分位数回归两种方法检验 CEO 权力和新闻媒体情感对企业创新投资影响的协同效应，具体的回归结果见表 5.6。从表 5.6 列（1）可以看出，CEO 权力（*CEOP*）和新闻媒体情感（*NEWSSENT*）的系数均在 1% 的水平下正向显著，交互项系数为 0.0029，通过了 5% 的显著性检验。这表明，CEO 权力和新闻媒体情感产生了积极的协同效应，共同促进了企业创新投资，检验结果验证了假设 H5-3。表 5.6 列（2）报告了 CEO 权力和新闻媒体情感的协同效应对不同创新投资水平企业的回归结果。结果显示，在各个分位数水平上，CEO 权力（*CEOP*）和新闻媒体情感（*NEWSSENT*）的影响系数均在 1% 的水平下显著为正，表明 CEO 权力越大（新闻媒体报道越积极），企业的创新投资水平越高，进一步证实了本章假设 H5-1 和假设 H5-2。交互项（*CEOP*×

表 5.5　新闻媒体情感对企业创新投资的影响

变量	OLS (1)	分位数回归 (2)								
		QR_10	QR_20	QR_30	QR_40	QR_50	QR_60	QR_70	QR_80	QR_90
NEWSSENT	0.0321***	0.0087***	0.0147***	0.0143***	0.0156***	0.0146***	0.0147***	0.0199***	0.0284***	0.0391***
	(26.7270)	(12.8599)	(12.9592)	(12.6159)	(10.7058)	(13.4671)	(13.4279)	(11.4820)	(10.5806)	(8.5318)
SIZE	-0.1444***	-0.0322***	-0.0563***	-0.0541***	-0.0666***	-0.0738***	-0.0700***	-0.0841***	-0.1088***	-0.1708***
	(-11.3429)	(-6.1563)	(-7.3955)	(-9.0053)	(-12.6190)	(-13.1534)	(-10.2574)	(-10.3478)	(-8.9217)	(-8.7784)
ROA	0.0071***	0.0014	0.0008	0.0057***	0.0098***	0.0099***	0.0102***	0.0081***	0.0026	0.0140***
	(2.5995)	(1.2048)	(0.4478)	(3.3023)	(4.1991)	(5.1530)	(4.6671)	(3.7681)	(0.5838)	(2.9764)
LEV	-0.0009	-0.0015***	-0.0018***	-0.0003	-0.0000	-0.0002	0.0001	-0.0003	0.0002	-0.0014
	(-1.1900)	(-3.7154)	(-3.5827)	(-0.8587)	(-0.0359)	(-0.3700)	(0.2354)	(-0.4302)	(0.1699)	(-1.2132)
GROWTH	0.0005	0.0005***	0.0005**	0.0004***	0.0001	0.0004*	0.0005**	0.0005***	0.0006**	0.0004
	(1.3741)	(6.2701)	(2.5350)	(2.9728)	(0.4956)	(1.7589)	(2.1740)	(3.0148)	(2.4793)	(0.5057)
CASH	0.0111***	-0.0001	0.0028**	0.0030***	0.0052***	0.0056***	0.0060***	0.0062***	0.0098***	0.0096***
	(5.5917)	(-0.1814)	(2.1218)	(3.1457)	(5.9482)	(5.0868)	(6.9983)	(5.2069)	(4.1508)	(2.9873)
CAPEXPT	0.0056*	0.0035**	0.0044**	0.0045**	0.0052**	0.0047**	0.0053**	0.0055*	0.0047	0.0064
	(1.8206)	(2.4970)	(2.3292)	(2.5137)	(2.2758)	(2.3075)	(2.0438)	(1.7095)	(1.1898)	(0.9615)
AGE	-0.0172***	-0.0130***	-0.0178***	-0.0156***	-0.0167***	-0.0165***	-0.0175***	-0.0142***	-0.0118***	-0.0052
	(-8.6689)	(-12.0357)	(-12.3745)	(-12.8409)	(-12.2893)	(-12.7533)	(-12.9111)	(-8.4570)	(-4.1981)	(-1.0739)
常数项	3.4348***	0.7977***	1.3339***	1.2506***	1.4927***	1.7433***	1.6972***	2.0048***	2.9253***	4.9706***
	(12.4393)	(7.5928)	(8.1080)	(9.6809)	(12.1315)	(14.4907)	(11.3746)	(10.4013)	(6.3401)	(11.0597)

续表

变量	OLS（1）	分位数回归（2）								
		QR_10	QR_20	QR_30	QR_40	QR_50	QR_60	QR_70	QR_80	QR_90
YEAR/INDUSTRY	Yes	Yes	Yes	Yes	Yes	Yes	Yes	Yes	Yes	Yes
N	12986	12986	12986	12986	12986	12986	12986	12986	12986	12986
R^2	0.3631	0.0666	0.1646	0.242	0.2754	0.2853	0.2824	0.2732	0.2698	0.2813

注：括号内为 t 值，***、**、* 分别表示在 1%、5%、10% 的水平下显著。

NEWSSENT）系数全部为正，除在 10%分位数上未通过显著性检验之外，在其他分位数上，交互项系数至少通过了 5%的显著性水平检验。这说明在创新投资特别低的样本中，CEO 权力和新闻媒体情感两者对企业创新投资的影响不存在显著的协同效应。其中的原因可能是，该类企业创新战略的选择本身就趋向于稳健保守，该战略并不会因为 CEO 权力的高低和新闻媒体报道情感倾向发生较大改变。此外，观察 20%、30%、40%、50%、60%、70%、80%和 90%分位数上的交互项，其系数呈现单调递增趋势。这表明，对于不同创新投资水平的企业，CEO 权力和新闻媒体情感对企业创新投资影响的边际效应不同，企业创新投资水平越高，CEO 权力和新闻媒体情感对企业创新投资的协同促进作用越大。

（四）CEO 权力、新闻媒体情感对企业创新投资协同影响的差异性

依据前文研究假设及研究设计，按照公司治理水平和产品市场竞争程度的高低，分别将样本分为两组，并按照模型三重新进行回归分析，具体检验结果如表 5.7 所示。在列（1）至列（4）中，CEO 权力（*CEOP*）和新闻媒体情感（*NEWSSENT*）的系数均显著为正，证明在不同的分组情况下，本章的假设 H5-1 和假设 H5-2 依旧成立。本部分重点关注交互项（*CEOP×NEWSSENT*）的系数大小和显著性，从表中可以看出，在不同的分组中，*CEOP×NEWSSENT* 的系数全部为正值，但是只有在低公司治理水平分组和低产品市场竞争分组下才通过了显著性检验，假设 H5-4a 和假设 H5-5a 得到验证，说明 CEO 权力和新闻媒体情感对企业创新投资的协同效应只对公司治理水平较低和产品市场竞争程度较低的公司存在影响，即公司治理和产品市场竞争会弱化 CEO 权力与新闻媒体情感对企业创新投资的协同促进作用。此外，本章发现，在低公司治理水平和低产品市场竞争分组下，CEO 权力（*CEOP*）对企业创新投资（*R&D*）的影响系数更大，显著性更高［见列（2）和列（4）］，表明高水平的内外部治理机制可以在一定程度上抑制 CEO 的投资决策行为，与前文理论分析一致。

表 5.6　CEO 权力和新闻媒体情感对企业创新投资的协同影响

变量	OLS (1)	分位数回归 (2)								
		QR_10	QR_20	QR_30	QR_40	QR_50	QR_60	QR_70	QR_80	QR_90
CEOP	0.0693*** (5.2922)	0.0540*** (6.8969)	0.0835*** (7.5138)	0.0491*** (4.4306)	0.0520*** (4.4115)	0.0571*** (4.9400)	0.0536*** (4.8774)	0.0751*** (5.8966)	0.0984*** (4.8995)	0.1274*** (3.8676)
NEWSSENT	0.0314*** (26.0848)	0.0083*** (11.0085)	0.0144*** (20.0302)	0.0155*** (16.8245)	0.0164*** (19.1906)	0.0148*** (17.0114)	0.0148*** (17.3868)	0.0188*** (16.2895)	0.0271*** (13.9020)	0.0396*** (13.4335)
CEOP×NEWSSENT	0.0029** (2.4877)	0.0003 (0.3970)	0.0016** (2.0437)	0.0046*** (6.1152)	0.0057*** (10.4253)	0.0070*** (8.7483)	0.0072*** (7.8279)	0.0094*** (8.3662)	0.0104*** (3.5339)	0.0111*** (6.8522)
SIZE	-0.1467*** (-11.5166)	-0.0416*** (-6.2726)	-0.0549*** (-9.0098)	-0.0534*** (-7.0957)	-0.0614*** (-9.7956)	-0.0610*** (-9.8748)	-0.0645*** (-10.4561)	-0.0756*** (-10.1586)	-0.1092*** (-11.8625)	-0.1760*** (-8.7195)
ROA	0.0067** (2.4468)	0.0016 (1.1034)	0.0013 (0.7695)	0.0064*** (3.3848)	0.0085*** (3.8544)	0.0095*** (4.3986)	0.0097*** (4.0093)	0.0084*** (2.6926)	0.0040 (0.9667)	0.0133* (1.7783)
LEV	-0.0008 (-0.9736)	-0.0016*** (-4.2640)	-0.0023*** (-4.2631)	-0.0003 (-0.6316)	-0.0002 (-0.3817)	0.0000 (0.1168)	0.0000 (0.0089)	-0.0001 (-0.2104)	-0.0001 (-0.1513)	-0.0001 (-0.0435)
GROWTH	0.0004 (1.1845)	0.0005*** (4.5313)	0.0003* (1.7271)	0.0002 (0.9873)	0.0000 (0.1912)	0.0002 (0.9360)	0.0004** (2.0967)	0.0005** (2.2205)	0.0005* (1.8287)	0.0005 (0.8434)
CASH	0.0112*** (5.6757)	-0.0011 (-1.2281)	0.0015 (1.1652)	0.0033*** (2.7334)	0.0036*** (3.4881)	0.0035*** (4.0184)	0.0048*** (6.0970)	0.0059*** (6.2912)	0.0097*** (6.8070)	0.0121*** (2.8531)
CAPEXPT	0.0050 (1.6042)	0.0030** (2.2273)	0.0031* (1.7440)	0.0032 (1.5426)	0.0052** (2.4539)	0.0052** (2.5286)	0.0040** (1.9716)	0.0049** (1.9577)	0.0058 (1.4181)	0.0073 (1.4228)

续表

变量	OLS（1）	分位数回归（2）								
		QR_10	QR_20	QR_30	QR_40	QR_50	QR_60	QR_70	QR_80	QR_90
AGE	-0.0151***	-0.0123***	-0.0152***	-0.0134***	-0.0150***	-0.0153***	-0.0172***	-0.0132***	-0.0114***	-0.0008
	（-7.4703）	（-14.8266）	（-12.8742）	（-10.9088）	（-8.6075）	（-10.2016）	（-8.9830）	（-6.1995）	（-4.0348）	（-0.2265）
常数项	3.3769***	0.9354***	1.2084***	1.1543***	1.3412***	1.3530***	1.5619***	1.7915***	2.8839***	4.7797***
	（12.2361）	（6.8399）	（9.4119）	（7.3421）	（9.6849）	（10.4999）	（11.1795）	（10.4344）	（11.2672）	（10.4823）
YEAR/INDUSTRY	Yes	Yes	Yes	Yes	Yes	Yes	Yes	Yes	Yes	Yes
N	12986	12986	12986	12986	12986	12986	12986	12986	12986	12986
R^2	0.3648	0.0704	0.1684	0.2439	0.2777	0.2880	0.2851	0.2767	0.273	0.2843

注：括号内为 t 值，***、**、* 分别表示在 1%、5%、10% 的水平下显著。

表 5.7　CEO 权力和新闻媒体情感对企业创新投资协同影响的差异性检验

变量	（1）	（2）	（3）	（4）
	公司治理水平		产品市场竞争	
	高公司治理水平	低公司治理水平	高产品竞争	低产品竞争
CEOP	0.0704 ***	0.1179 ***	0.0449 ***	0.1363 ***
	（3.6166）	（6.0030）	（2.9217）	（5.4464）
NEWSSENT	0.0309 ***	0.0327 ***	0.0362 ***	0.0169 ***
	（15.5828）	（19.3744）	（25.5972）	（7.2308）
CEOP×NEWSSENT	0.0018	0.0053 ***	0.0008	0.0085 ***
	（0.9898）	（3.0804）	（0.5652）	（3.6627）
SIZE	−0.2059 ***	−0.1238 ***	−0.1630 ***	−0.1058 ***
	（−9.1198）	（−7.9497）	（−10.2754）	（−4.9217）
ROA	0.0135 ***	−0.0017	0.0039	0.0078
	（3.4876）	（−0.4228）	（1.1523）	（1.6341）
LEV	−0.0013	−0.0011	−0.0005	−0.0026 *
	（−1.1137）	（−1.0122）	（−0.5755）	（−1.8068）
GROWTH	−0.0007	0.0028 ***	0.0014 ***	−0.0011 **
	（−1.4476）	（5.4113）	（3.0693）	（−2.1577）
CASH	0.0163 ***	0.0042	0.0134 ***	0.0093 ***
	（5.4330）	（1.6001）	（5.3022）	（2.9110）
CAPEXPT	0.0091 **	−0.0001	0.0061	0.0028
	（2.0701）	（−0.0243）	（1.6194）	（0.5089）
AGE	−0.0095 ***	−0.0229 ***	−0.0139 ***	−0.0149 ***
	（−2.8147）	（−8.5228）	（−5.7237）	（−3.9486）
常数项	4.5577 ***	2.9495 ***	5.2299 ***	2.6480 ***
	（9.4539）	（8.6226）	（16.0936）	（5.8937）
YEAR/INDUSTRY	Yes	Yes	Yes	Yes
N	6519	6467	9311	3675
R^2	0.2977	0.4116	0.2443	0.5279

注：括号内为 t 值，*** 、** 、* 分别表示在 1%、5%、10%的水平下显著。

四　内生性控制与稳健性检验

为了确保研究结论的稳健性，本章通过以下几个方面进行内生性控制和稳健性检验。

（一）Heckman 两阶段

为解决 CEO 权力和新闻媒体情感与企业创新投资之间潜在的自选择问题，本章使用 Heckman 两阶段模型进行稳健性检验。具体的做法是：①其一，建立 CEO 权力的虚拟变量（CEOP_01），当 CEO 权力值大于等于 2 时，定义为高权力 CEO，CEOP_01 取值为 1，否则为 0；其二，根据新闻媒体情感是否高于年度中位数，将样本划分为两类，大于中位数时，NEWSSENT_01 取值为 1，否则为 0。②分别建立一个企业是否拥有高权力 CEO（CEOP_01）、是否面临高新闻媒体情感（NEWSSENT_01）的 Probit 模型，控制变量与前文保持一致，回归并计算逆米尔斯比率（IMR）。③将第一阶段计算的逆米尔斯比率作为控制变量纳入回归模型进行第二阶段回归。具体的回归结果见表 5.8。在表 5.8 中，列（1）至列（3）分别是加入 IMR 后，CEO 权力、新闻媒体情感以及二者交互项与企业创新投资的回归结果。与前文一致，CEO 权力（CEOP）、新闻媒体情感（NEWSSENT）以及交互项（CEOP×NEWSSENT）的系数均在 1% 的水平下正向显著，假设 H5-1、H5-2 和 H5-3 依然成立。列（4）至列（7）是加入 IMR 后，分别按照公司治理水平和产品市场竞争程度高低进行分组的差异性检验结果。结果显示，在低公司治理水平分组和低产品市场竞争分组中，CEOP×NEWSSENT 的系数依然在 1% 的水平下显著为正，与前文保持一致，假设 H5-4a 和假设 H5-5a 再次得到验证。

表 5.8　Heckman 两阶段回归结果（第二阶段）

变量	(1) 假设 H5-1	(2) 假设 H5-2	(3) 假设 H5-3	(4) 假设 H5-4 高公司治理水平	(5) 假设 H5-4 低公司治理水平	(6) 假设 H5-5 高产品市场竞争	(7) 假设 H5-5 低产品市场竞争
CEOP	0.0993 *** (7.4268)		0.0697 *** (5.3208)	0.0645 *** (3.3107)	0.1173 *** (5.9681)	0.0445 *** (2.8926)	0.1357 *** (5.4116)
NEWSSENT		0.0320 *** (26.5875)	0.0312 *** (25.8514)	0.0305 *** (15.3373)	0.0327 *** (19.3710)	0.0357 *** (25.0111)	0.0170 *** (7.2636)

续表

变量	(1)	(2)	(3)	(4)	(5)	(6)	(7)
	假设 H5-1	假设 H5-2	假设 H5-3	假设 H5-4		假设 H5-5	
				高公司治理水平	低公司治理水平	高产品市场竞争	低产品市场竞争
CEOP×NEWSSENT			0.0032 ***	0.0020	0.0054 ***	0.0011	0.0086 ***
			(2.6871)	(1.0585)	(3.1403)	(0.8070)	(3.6891)
IMR_CEOP	-3.8890 ***		-3.1565 ***	-5.7551 ***	-0.1361	-4.9301 ***	-1.9111 *
	(-4.6252)		(-3.8184)	(-4.3236)	(-0.1132)	(-3.6702)	(-1.7215)
IMR_NEWSSENT		-0.6286 **	-0.4936 *	-0.2673	-0.6517 *	-0.0743	-0.6245
		(-2.2553)	(-1.7604)	(-0.5895)	(-1.8287)	(-0.1848)	(-1.5760)
Controls	Yes	Yes	Yes	Yes	Yes	Yes	Yes
YEAR/INDUSTRY	Yes	Yes	Yes	Yes	Yes	Yes	Yes
N	12986	12986	12986	6519	6467	9311	3675
R^2	0.3319	0.3633	0.3658	0.3000	0.4119	0.2454	0.5288

注：括号内为 t 值，*** 、** 、* 分别表示在 1%、5%、10%的水平下显著。

（二）倾向得分匹配（PSM）

为了进一步克服潜在的内生性问题，本章采用倾向得分匹配法进行检验。具体方法是，将样本分年度分别按照 CEO 权力大小和新闻媒体情感的高低分别降序排列，取前 20%的样本作为目标公司，然后按照 1∶1 的比例对目标公司进行样本匹配，匹配的影响因素与前文保持一致，包括公司规模、盈利能力、负债水平、成长能力、现金水平、资本支出、公司年龄、年份固定效应和行业固定效应。由于匹配过程中存在最大距离限制，所以并非所有目标公司都能匹配成功。最终，按照 CEO 权力大小前 20%确定目标公司进行匹配，得到 5108 个样本；按照新闻媒体情感高低前 20%确定目标公司进行匹配，得到 4530 个样本。表 5.9 给出了 PSM 后的回归结果，结果表明，无论采用前 20%的 CEO 权力还是新闻媒体情感进行匹配，本章的结论依然成立，即 CEO 权力和新闻媒体情感均可以显著促进企业创新投资，二者对企业创新投资的协同促进作用会受到公司治理水平和产品市场竞争的影响。

表 5.9　倾向得分匹配回归结果

变量	(1)	(2)	(3)	(4)	(5)	(6)	(7)
	假设 H5-1	假设 H5-2	假设 H5-3	假设 H5-4		假设 H5-5	
				高公司治理水平	低公司治理水平	高产品市场竞争	低产品市场竞争
Panel A 基于 CEO 权力的匹配结果							
CEOP	0.0809 ***		0.0503 **	0.1446 ***	0.0084	0.0275	0.1046 ***
	(3.7755)		(2.3911)	(4.6485)	(0.2658)	(1.1110)	(2.5952)
NEWSSENT		0.0287 ***	0.0240 ***	0.0296 ***	0.0180 ***	0.0290 ***	0.0100 **
		(15.2345)	(10.1530)	(7.8103)	(5.7672)	(10.1347)	(2.3548)
CEOP×NEWSSENT			0.0061 ***	0.0010	0.0154 ***	0.0049 **	0.0073 *
			(2.9517)	(0.3224)	(5.0636)	(1.9955)	(1.9093)
Controls	Yes	Yes	Yes	Yes	Yes	Yes	Yes
YEAR/INDUSTRY	Yes	Yes	Yes	Yes	Yes	Yes	Yes
N	5108	5108	5108	3137	1971	3748	1360
R^2	0.3476	0.3743	0.3761	0.3127	0.4665	0.2410	0.5663
Panel B 基于新闻媒体情感的匹配结果							
CEOP	0.1137 ***		0.0394	0.0488	0.0464	0.0254	0.0877 *
	(4.5645)		(1.3088)	(1.0459)	(1.0422)	(0.6718)	(1.8194)
NEWSSENT		0.0346 ***	0.0339 ***	0.0375 ***	0.0356 ***	0.0366 ***	0.0249 ***
		(17.8668)	(17.4189)	(11.2807)	(13.1369)	(15.6023)	(7.0996)
CEOP×NEWSSENT			0.0038 *	−0.0019	0.0093 ***	−0.0002	0.0202 ***
			(1.8023)	(−0.5488)	(3.0967)	(−0.0873)	(5.3550)
Controls	Yes	Yes	Yes	Yes	Yes	Yes	Yes
YEAR/INDUSTRY	Yes	Yes	Yes	Yes	Yes	Yes	Yes
N	4530	4530	4530	2066	2464	3221	1309
R^2	0.3298	0.3713	0.3729	0.3132	0.4134	0.2401	0.5703

注：括号内为 t 值，*** 、 ** 、 * 分别表示在 1%、5%、10%的水平下显著。

（三）熵平衡

为了缓解样本选择偏差引起的内生性问题，本章借鉴 Hainmueller（2012）提出的熵平衡法对研究样本进行处理，并重新检验本章的研究假设。具体而言，按照 CEO 权力是否大于中位数将样本分为两组，然后对变量进行赋权处理，使得两组样本间的控制变量实现均衡，最后按照赋权处理后的样本重新进行检验分析，结果如表 5.10 Panel A 所示。在排除变量测量误差可能引发的潜在内生性问题后，回归结果依然与前文保持一致。同样，本章也根据新闻媒体情感是否高于年度中位数将样本分为两组，并进行熵平衡检验，回归结果如表 5.10 Panel B 所示，相关假设同样得到了验证。

表 5.10　熵平衡检验结果

变量	(1) 假设 H5-1	(2) 假设 H5-2	(3) 假设 H5-3	(4) 假设 H5-4	(5)	(6) 假设 H5-5	(7)
				高公司 治理水平	低公司 治理水平	高产品 市场竞争	低产品 市场竞争
Panel A 基于 CEO 权力的熵平衡检验结果							
CEOP	0.1092 ***		0.0734 ***	0.0897 ***	0.1201 ***	0.0472 ***	0.1424 ***
	(6.9436)		(4.8056)	(4.0093)	(5.7339)	(2.6938)	(4.7348)
NEWSSENT		0.0337 ***	0.0321 ***	0.0293 ***	0.0347 ***	0.0362 ***	0.0191 ***
		(22.9305)	(21.9145)	(12.9510)	(15.9869)	(21.2386)	(6.5129)
CEOP×NEWSSENT			0.0039 **	0.0047 **	0.0059 ***	0.0022	0.0074 **
			(2.5079)	(2.0511)	(2.5785)	(1.2926)	(2.1372)
Controls	Yes	Yes	Yes	Yes	Yes	Yes	Yes
YEAR/INDUSTRY	Yes	Yes	Yes	Yes	Yes	Yes	Yes
N	12986	12986	12986	6519	6467	9311	3675
R^2	0.3029	0.3384	0.3406	0.2896	0.4046	0.2189	0.5110
Panel B 基于新闻媒体情感的熵平衡检验结果							
CEOP	0.1029 ***		0.0696 ***	0.0589 **	0.1236 ***	0.0566 ***	0.1082 ***
	(6.7689)		(4.6595)	(2.4903)	(6.2904)	(3.4026)	(3.8864)
NEWSSENT		0.0309 ***	0.0300 ***	0.0299 ***	0.0321 ***	0.0366 ***	0.0142 ***
		(22.0182)	(21.5719)	(12.5454)	(16.5835)	(23.6242)	(5.0655)
CEOP×NEWSSENT			0.0037 **	0.0034	0.0056 ***	0.0008	0.0111 ***
			(2.3433)	(1.2739)	(2.6736)	(0.4644)	(3.2174)
Controls	Yes	Yes	Yes	Yes	Yes	Yes	Yes
YEAR/INDUSTRY	Yes	Yes	Yes	Yes	Yes	Yes	Yes
N	12986	12986	12986	6519	6467	9311	3675
R^2	0.3547	0.3869	0.3888	0.3249	0.4295	0.2581	0.5477

注：括号内为 t 值，*** 、** 分别表示在 1%、5%的水平下显著。

（四）固定效应回归

为了控制公司层面不随时间变化的因素对研究结论的影响，本章加入公司固定效应（*FIRM*）替代行业固定效应对主要回归重新进行实证检验，回归结果如表 5.11 所示，在控制公司固定效应后，CEO 权力、新闻媒体情感以及二者交互项与企业创新投资之间依然存在正向且显著的关系，且分组回归结果同样与前文保持一致，说明本章结论依旧稳健。

表 5.11　固定效应回归

变量	（1）	（2）	（3）	（4）	（5）	（6）	（7）
				假设 H5-4		假设 H5-5	
	假设 H5-1	假设 H5-2	假设 H5-3	高公司治理水平	低公司治理水平	高产品市场竞争	低产品市场竞争
CEOP	0.0751***		0.0470***	0.0502**	0.0831***	0.0232	0.1302***
	（5.2998）		（3.4067）	（2.3280）	（4.4781）	（1.4447）	（4.8753）
NEWSSENT		0.0300***	0.0295***	0.0284***	0.0326***	0.0336***	0.0176***
		（22.9193）	（22.4570）	（12.2238）	（17.7811）	（21.9089）	（6.6442）
CEOP×NEWSSENT			0.0030**	0.0000	0.0062***	0.0009	0.0087***
			（2.1514）	（0.0016）	（3.0929）	（0.5852）	（2.9082）
Controls	Yes	Yes	Yes	Yes	Yes	Yes	Yes
YEAR/FIRM	Yes	Yes	Yes	Yes	Yes	Yes	Yes
N	12986	12986	12986	6519	6467	9311	3675
R^2	0.3614	0.3900	0.3910	0.3405	0.4384	0.2880	0.5448

注：括号内为 t 值，***、** 分别表示在 1%、5%的水平下显著。

（五）重新拟合 CEO 权力综合指标

前文测度 CEO 权力综合指标时，采用为子指标赋值并加总的方法，本部分采用主成分分析的方法，选取累计方差贡献率大于 85% 的因子重新构建 CEO 权力综合指标，按照前文思路进行回归检验，具体结果见表 5.12。结果显示，在改变 CEO 权力衡量方式后，主要回归结果并未发生变化，本章假设仍然得到支持。

表 5.12 CEO 权力、新闻媒体情感对企业创新投资的影响（重新拟合 *CEOP*）

变量	（1）假设 H5-1	（2）假设 H5-3	（3）假设 H5-4 高公司治理水平	（4）假设 H5-4 低公司治理水平	（5）假设 H5-5 高产品市场竞争	（6）假设 H5-5 低产品市场竞争
CEOP	0.1684 ***	0.1012 ***	0.1015 ***	0.1512 ***	0.0492 *	0.2361 ***
	(7.3769)	(4.5113)	(2.9121)	(4.9446)	(1.8518)	(5.6333)
NEWSSENT		0.0313 ***	0.0308 ***	0.0324 ***	0.0362 ***	0.0164 ***
		(25.9403)	(15.7629)	(19.6510)	(25.5181)	(7.0073)
CEOP×NEWSSENT		0.0052 ***	0.0039	0.0078 ***	0.0035	0.0091 **
		(2.7664)	(1.3003)	(3.0928)	(1.6007)	(2.4952)
Controls	Yes	Yes	Yes	Yes	Yes	Yes
YEAR/INDUSTRY	Yes	Yes	Yes	Yes	Yes	Yes
N	12986	12986	6519	6467	9311	3675
R^2	0.3308	0.3645	0.2973	0.4104	0.2441	0.5273

注：括号内为 t 值，***、**、* 分别表示在 1%、5%、10%的水平下显著。

（六）稳健标准误

本章的研究样本存在横截面较多、时间序列较短的情况，为了修正模型可能面临的异方差问题，本章在进行稳健性检验时采用了稳健标准误，结果如表 5.13 所示，核心变量 CEO 权力、新闻媒体情感及其交互项系数的正负性及显著性并未发生改变，表明本章研究结论依然成立。

表 5.13 CEO 权力、新闻媒体情感对企业创新投资的影响（稳健标准误）

变量	（1）假设 H5-1	（2）假设 H5-2	（3）假设 H5-3	（4）假设 H5-4 高公司治理水平	（5）假设 H5-4 低公司治理水平	（6）假设 H5-5 高产品市场竞争	（7）假设 H5-5 低产品市场竞争
CEOP	0.0985 ***		0.0693 ***	0.0704 ***	0.1179 ***	0.0449 ***	0.1363 ***
	(6.7403)		(4.9031)	(3.1873)	(6.1711)	(2.6851)	(5.1724)
NEWSSENT		0.0321 ***	0.0314 ***	0.0309 ***	0.0327 ***	0.0362 ***	0.0169 ***
		(23.9168)	(23.3508)	(12.9522)	(17.0868)	(23.0478)	(6.3595)
CEOP×NEWSSENT			0.0029 **	0.0018	0.0053 ***	0.0008	0.0085 ***
			(2.0861)	(0.7736)	(2.6273)	(0.4859)	(2.8449)

变量	（1）	（2）	（3）	（4）	（5）	（6）	（7）
	假设 H5-1	假设 H5-2	假设 H5-3	假设 H5-4		假设 H5-5	
				高公司治理水平	低公司治理水平	高产品市场竞争	低产品市场竞争
Controls	Yes	Yes	Yes	Yes	Yes	Yes	Yes
YEAR/INDUSTRY	Yes	Yes	Yes	Yes	Yes	Yes	Yes
N	12986	12986	12986	6519	6467	9，311	3675
R²	0.3308	0.3631	0.3648	0.2977	0.4116	0.2443	0.5279

注：括号内为 t 值，***、** 分别表示在 1%、5% 的水平下显著。

（七）重新缩尾

为了进一步控制极端值对检验结果造成的误差，本章重新对所有连续变量进行了 2% 和 98% 水平上的缩尾处理，回归结果与前文保持一致（见表 5.14）。此外，本章亦进行了 5% 和 95% 水平上的缩尾处理，回归结果并无实质性变化。

表 5.14　CEO 权力、新闻媒体情感对企业创新投资的影响（上下 2% 缩尾）

变量	（1）	（2）	（3）	（4）	（5）	（6）	（7）
	假设 H5-1	假设 H5-2	假设 H5-3	假设 H5-4		假设 H5-5	
				高公司治理水平	低公司治理水平	高产品市场竞争	低产品市场竞争
CEOP	0.0944*** （7.0056）		0.0658*** （4.9876）	0.0646*** （3.2826）	0.1182*** （6.0125）	0.0397** （2.5649）	0.1376*** （5.4632）
NEWSSENT		0.0326*** （26.6563）	0.0320*** （26.0630）	0.0315*** （15.6503）	0.0331*** （19.2539）	0.0368*** （25.4638）	0.0176*** （7.4372）
CEOP×NEWSSENT			0.0034*** （2.7505）	0.0023 （1.1670）	0.0057*** （3.1279）	0.0012 （0.8101）	0.0089*** （3.6505）
Controls	Yes	Yes	Yes	Yes	Yes	Yes	Yes
YEAR/INDUSTRY	Yes	Yes	Yes	Yes	Yes	Yes	Yes
N	12986	12986	12986	6519	6467	9311	3675
R²	0.3312	0.3635	0.3652	0.2985	0.4114	0.2448	0.5282

注：括号内为 t 值，***、** 分别表示在 1%、5% 的水平下显著。

第四节 CEO 权力影响企业创新的进一步分析

本章研究已经证明，CEO 权力和新闻媒体情感均会显著促进企业创新投资。那么，创新投资增加会给企业带来怎样的经济效益？是否会提升企业价值？若企业创新投资会影响企业价值，那么企业创新投资是否在 CEO 权力、新闻媒体情感与企业价值之间发挥中介作用？对于上述问题，本章拟通过以下模型加以检验。

$$Q = \beta_0 + \beta_1 CEOP/NEWSSENT + Controls + \sum YEAR + \sum INDUSTRY + \varepsilon \tag{5.5}$$

$$R\&D = \beta_0 + \beta_1 CEOP/NEWSSENT + Controls + \sum YEAR + \sum INDUSTRY + \varepsilon \tag{5.6}$$

$$Q = \beta_0 + \beta_1 CEOP/NEWSSENT + \beta_2 R\&D + Controls + \sum YEAR + \sum INDUSTRY + \varepsilon \tag{5.7}$$

式（5.5）和式（5.7）中的 Q 代表企业价值，通过市场价值与负债账面价值之和除以资产账面价值度量，其余变量已在前文做出说明。具体的回归检验结果见表 5.15。由表可知，在列（1）和列（4）中，CEO 权力（$CEOP$）和新闻媒体情感（$NEWSSENT$）对企业价值（Q）的影响系数分别为 0.0303 和 0.0054，均通过了 1% 的显著性水平检验，表明 CEO 权力越大，或者新闻媒体情感越积极，企业价值越高。在列（3）和列（6）中，中介变量企业创新投资（$R\&D$）的提高可以显著提升企业价值，此时，CEO 权力对企业价值的影响系数由 0.0303 降低为 0.0221，新闻媒体情感对企业价值的影响系数由 0.0054 降低为 0.0029，但系数依然在 1% 的水平下表现显著，说明中介效应显著，即较大的 CEO 权力、积极的新闻媒体报道可以促进企业创新投资，进而提升企业价值。在此思路下，本章还对 CEO 权力和新闻媒体情感的交互项（$CEOP\times NEWSSENT$）对企业价值的影响进行重新检验，得到了一致结论。

表 5.15　CEO 权力、新闻媒体情感影响企业创新投资引发的经济后果

变量	CEO 权力			新闻媒体情感		
	（1）	（2）	（3）	（4）	（5）	（6）
	Q	R&D	Q	Q	R&D	Q
CEOP	0.0303***	0.0985***	0.0221***			
	（4.0148）	（7.3609）	（2.9616）			
NEWSSENT				0.0054***	0.0321***	0.0029***
				（7.7859）	（26.7270）	（4.0583）
R&D			0.0826***			0.0789***
			（16.8667）			（15.7181）
SIZE	−0.3819***	−0.0544***	−0.3774***	−0.3960***	−0.1444***	−0.3847***
	（−54.0502）	（−4.3388）	（−53.9562）	（−53.9728）	（−11.3429）	（−52.6557）
ROA	0.0098***	0.0213***	0.0080***	0.0075***	0.0071***	0.0069***
	（6.3226）	（7.7793）	（5.2264）	（4.7361）	（2.5995）	（4.4208）
LEV	0.0018***	−0.0014*	0.0019***	0.0018***	−0.0009	0.0019***
	（3.9283）	（−1.6976）	（4.2222）	（4.0025）	（−1.1900）	（4.2045）
GROWTH	0.0005**	0.0007*	0.0004**	0.0004**	0.0005	0.0004**
	（2.4292）	（1.9443）	（2.1672）	（2.3290）	（1.3741）	（2.1611）
CASH	0.0013	0.0081***	0.0006	0.0018	0.0111***	0.0009
	（1.1450）	（3.9995）	（0.5644）	（1.5535）	（5.5917）	（0.7951）
CAPEXPT	−0.0002	0.0092***	−0.0009	−0.0006	0.0056*	−0.0011
	（−0.0955）	（2.8969）	（−0.5257）	（−0.3432）	（1.8206）	（−0.5978）
AGE	0.0222***	−0.0163***	0.0235***	0.0216***	−0.0172***	0.0230***
	（19.0237）	（−7.8905）	（20.3511）	（18.9334）	（−8.6689）	（20.2508）
常数项	10.0272***	1.5800***	9.8967***	10.3402***	3.4348***	10.0693***
	（64.9339）	（5.7648）	（64.7033）	（64.9483）	（12.4393）	（63.4665）
YEAR/INDUSTRY	Yes	Yes	Yes	Yes	Yes	Yes
N	12986	12986	12986	12986	12986	12986
R^2	0.3067	0.3308	0.3216	0.3091	0.3631	0.3220

注：括号内为 t 值，***、**、*分别表示在 1%、5%、10%的水平下显著。

第五节　本章小结

CEO 作为企业科层结构最顶端的高管人员，在企业创新投资中起着举足轻重的作用，其决策行为也会受到新闻报道等外部情境的影响。基于此，本章以 2014～2020 年在沪深两市上市的所有 A 股公司作为研究样本，考察 CEO 权力、新闻媒体情感对企业创新投资的协同影响。研究结果表明：CEO 权力和新闻媒体情感均能显著促进企业创新投资，二者之间具有显著的协同效应。分位数回归显示，对于创新能力强的公司，协同效应的影响更大，该效应在公司治理水平较低和产品市场竞争程度较低的情况下更显著。进一步研究发现，新闻媒体情感通过提高投资者认知和公司的商业信用促进企业创新投资。创新投资越多，企业价值越高，企业创新投资在 CEO 权力、新闻媒体情感与企业价值之间发挥中介作用。本章深化了创新驱动高质量发展背景下对企业创新影响因素的研究，具有一定的现实指导意义。

本章的创新之处体现在以下三个方面。第一，行为金融学及行为代理理论认为，人是有限理性的，任何投资决策都会受到自身价值观及外部环境的影响。因此，本章在探究 CEO 权力对企业创新投资的影响时，考虑新闻媒体情感的作用，发现 CEO 权力和新闻媒体情感对企业创新投资存在显著的协同效应，并分析了内部和外部不同公司治理水平下协同效应的差异性。第二，对于新闻媒体报道内容（态度或情感倾向）对上市公司治理的影响，目前鲜有文献涉及，本章深入探讨了互联网新闻媒体报道情感倾向对上市公司创新投资的影响，揭示了新闻媒体情感影响企业创新投资的作用机制，丰富了新闻媒体治理效应与企业创新投资的研究成果。第三，明确了 CEO 权力和新闻媒体情感对企业创新影响的最终经济后果，即二者通过促进企业创新投资进而提升企业价值，丰富了 CEO 权力和媒体治理（互联网新闻媒体报道）方面的研究。

第六章

新闻媒体情绪与企业创新

企业作为技术创新的主体，在推动创新驱动发展战略过程中发挥着重要作用。探究影响企业技术创新的因素，寻找提升企业创新水平的有效路径，长期以来都是学术界持续追踪的热点研究问题。

不同于一般的经营性投资，创新投资具有高风险、长周期、多阶段、系统性和复杂性等特点。企业创新投资决策的制定，在受到公司特征、管理层特质等内部治理因素影响的同时，还会受到包括新闻媒体在内的各类外部治理因素的影响（He and Tian，2018）。信息经济时代，媒体在创造和传播信息方面发挥着重要作用，通过验证和整合不同数据源的信息，新闻媒体报道可以生成具有经济价值的信息，缓解资本市场中的信息摩擦，通过提高投资者、监管机构等利益相关者对上市公司的认知水平，影响公司战略决策行为，并可对市场效率、股票流动性和资产定价等产生深刻影响（Gao et al.，2020）。有关媒体治理效应的研究成果已经较为丰富，但是围绕新闻媒体情绪倾向对企业行为影响的研究尚未得到充分探讨。那么，新闻媒体情绪是否会影响企业创新投资决策？具体的影响机制是什么？

第一节　新闻媒体情绪影响企业创新的理论分析

一　相关文献回顾

现有关于媒体治理效应的研究多从公司行为和资本市场两个角度展

开。Graf-Vlachy 等（2020）从战略决策、公司治理和危机管理三个角度对媒体报道影响企业行为的相关研究成果进行了系统梳理，其中，战略决策领域的研究主题包括战略类型选择、公司并购、广告投入等，公司治理领域的研究主题包括董事会治理、高管薪酬和就业前景、企业社会责任等，危机管理领域的研究主题涵盖企业违规、腐败、法律诉讼、印象管理等。整体而言，媒体报道主要通过降低信息不对称程度、促进监管部门介入、提升外部治理水平和提高股票流动性等渠道对公司行为产生影响。媒体报道影响资本市场的相关研究表明，媒体主要通过降低信息不对称程度和提升投资者认知水平对资本市场产生影响，新闻媒体报道可以解释上市公司股票横截面收益和 IPO 定价（Fang and Peress，2009），影响企业战略选择（纪炀等，2020），提高股票流动性（Bushee et al.，2010），降低股价崩盘风险（刘维奇、李建莹，2019），提升资本市场效率（Peress，2014），但也会诱发内部交易（Rogers et al.，2016）。

二　研究假设推导

基于信号理论，新闻媒体作为资本市场上重要的信息传播载体，能够通过广泛收集、核实和整合有关上市公司的信息，生成具有经济价值的信息，缓解信息摩擦，为投资者、求职者等信号接收者提供增量信息。社会信息加工理论则认为，个体的态度和行为在很大程度上受到周围社会环境的影响，个体通过对特定社会信息进行加工和解读，继而塑造其决策行为。从这一角度看，新闻媒体作为个体所处社会环境中重要的社会信息来源，其报道内容的情感倾向是影响投资者、求职者等信息需求者进行信息加工，进而影响其态度和行为的重要因素。结合信号理论、社会信息加工理论及已有相关研究，本章认为新闻媒体情绪会通过诱发管理者过度自信、吸引高级人才流动、扩大企业融资和提高股票流动性四个渠道影响企业创新投资。特别地，本章定义新闻媒体情绪为新闻媒体对上市公司报道内容的态度与情感倾向，情绪越积极，意味着新闻媒体通过报道向外界传递出乐观的态度与情感倾向，反之为悲观的态度与情感倾向。

第一，管理者过度自信。创新投资是与管理层对风险和不确定性态度最相关的企业战略决策之一。鉴于企业创新活动的不确定性，行为金融学和高阶梯队理论均认为，管理者在制定创新投资决策时常常依赖自身拥有的个人特质及其对自身特质的看法，容易受到过度自信等行为偏见的影响（Zavertiaeva et al.，2018）。媒体对公司的正面报道会导致管理者的过度自信（Chatterjee and Hambrick，2011）。所谓过度自信是个体倾向于认为自身在能力、判断力等方面的表现要比实际情况更好。过度自信能够提高风险偏好水平，弱化管理者的风险厌恶，过度自信的管理者系统性地高估了其战略决策产生良好经济后果的概率，低估了失败的可能性，因此，其追求内在风险和不确定性程度高的创新项目的可能性更大。既有研究也证明过度自信的管理者在企业创新方面的投入更多（Zavertiaeva et al.，2018；Hirshleifer et al.，2012）。此外，群体心理学认为，个人信念会受到他人信念的影响，信念之间具有传染性。在此基础上，Dang 和 Xu（2018）提出市场情绪对企业家信念具有溢出效应，高市场情绪通过对管理者情绪的溢出效应刺激公司进行更多的研发投资。基于此，可以预期，高新闻媒体情绪可以对管理者的乐观信念产生溢出效应，当新闻媒体对上市公司的报道情绪积极乐观时，管理者对创新投资的未来收益更加乐观，对项目失败的接受程度提高，进而提升上市公司在企业创新方面的投资力度。

第二，高级人才流动。知识是创新的核心驱动力，高附加值的创新往往依赖人与人之间的直接沟通，拥有专业知识和专业技能的高级人才（包括管理者和普通员工）是创新活动的主体和关键信息流动的重要载体（杜兴强、彭妙薇，2017），对企业创新活动的开展起着举足轻重的作用。当新闻媒体对上市公司的报道情绪偏向乐观时，新闻媒体报道可以充分发挥广告效应，向劳动力市场释放出积极信号，吸引包括拥有博士学位的高级管理人才、拥有专业知识和技能的研发人员等在内的新聘员工进入公司任职。基于资源依赖的观点，企业创新得益于具有不同背景管理者所拥有的战略资源。高学历人才进入管理层，可以为管理层带来多样性的知识、观点，有助于管理层产生新的想法，识别更多的创新机会（An et al.，2021）。Chemmanur 等（2019）通过拥有博士学位的管理者占比等指标度量高层管理团队质量，发现高质量的管理团队能够很好地管理企业创新资源，将更多的企业资源投入创新活动中。此外，企业创新战略的实施离不开人力资源的支持，科研人员作为企业重要的人力资本，对企业创新具有显著的促进作用（段军山、庄旭东，2020）。因此，可以预期，积极的新闻媒体情绪通过信号传递吸引拥有高学历的人才进入公司管理层，优化管理层人力资本配置，提高管理团队质量，吸引科学研究人员到企业任职，优化员工结构，增强员工团队整体的探索能力和创造能力，促使企业积极开展创新等长期投资项目。

第三，企业融资。融资约束是制约企业开展创新活动的重要因素之一（Amore et al.，2013），积极的新闻媒体报道可以有效提升上市公司在资本市场上的声誉和社会形象，增强银行、债权人、供应商、投资者等各类资本市场利益相关者对公司的信心，降低其对上市公司进行评估所需承担的成本，有效改善上市公司面临的融资环境，缓解融资约束（夏楸、郑建明，2015）。媒体报道能够通过降低信息不对称程度、提升公司治理水平和提高股票流动性等渠道降低公司融资成本（Gao et al.，2020），融资成本降低意味着同等条件下上市公司可以筹集到更多的资金。企业创新作为一项资金密集型的投资活动，需要大量资金支持。现有相关研究也表明，股票市场和信贷市场的发展可以推动企业创新活动的开展（Hsu et al.，2014；胡杰、杜曼，2019）。因此，可以预期，新闻媒体对上市公司报道情绪的积极性，在某种程度上代表资本市场对上市公司的认可度，在此情况下，上市公司更容易获得股权融资、债券融资、债务融资和商业信用融资等，推动企业创新投资。

第四，股票流动性。"投资者认知假说"认为注意力是一种稀缺性资源，受时间、经历和经验等方面的限制，投资者更倾向于投资自身关注和了解的证券。在金融市场，新闻媒体通过向市场参与者提供信息来缓解信息不对称程度（纪炀等，2020），提高各类投资者对标的股票的认知度（Gao et al.，2020），并吸引其买入该股票，有效提升股票流动性。股票流动性的提高降低了上市公司在资本市场的融资成本，使得企业更容易为创新活动的开展提供资金支持。流动性的改善能够吸引证券公司、基金公司、养老基金等专业性机构投资者，外部监督水平的提升可以减少管理层的短视行为，并监督管理层积极开展企业创新活动。相关研究也证实了股票流动性越高，企业创新投入力度越大（董竹等，2020；闫红蕾、赵胜民，2018）、创新绩效越好（闫红蕾等，2020）。因此，本章预期，上市公司新闻媒体情绪积极乐观时，向资本市场传递出一个信号：该公司股票为优质投资标的。吸引各类投资者积极持有该公司股票，伴随成交量的提升，股票流动性提升。在此过程中，积极的战略投资者介入企业战略决策过程，充分发挥股东积极主义，有效抑制管理层短视行为，提高战略决策质量，督促管理层积极开展企业创新活动，以获得可持续竞争优势，促进企业的长远可持续发展。

基于上述分析，本章提出如下假设。

H6-1：新闻媒体情绪越积极，企业创新投资水平越高。

至此，本章的研究逻辑框架如图 6.1 所示。

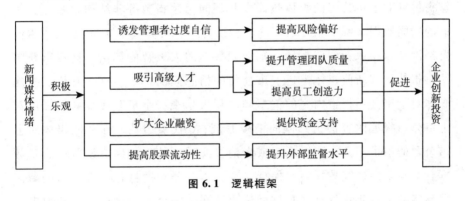

图 6.1 逻辑框架

第二节 新闻媒体情绪影响企业创新的研究设计

一 样本选择与数据来源

本章选取了 2014~2018 年在我国沪深两市上市的所有 A 股公司作为研究样本，并按照如下标准进行筛选：①剔除金融业上市公司；②剔除上市时间不足一年的公司；③剔除样本期内被 ST、*ST 以及退市的公司；④剔除相关数据存在缺失的样本。最终共计得到 8874 个公司—年度观测值。为避免极端值对研究结果的影响，本章对所有连续变量进行了 1% 和 99% 水平上的缩尾处理。同时，为了控制可能存在的内生性问题，本章所有自变量和控制变量均滞后一期，时间为 2014~2017 年，因变量时间为 2015~2018 年。本章研究数据来源于 CSMAR 和 Wind 数据库以及优矿金融量化平台。相关数据的处理与分析，通过 Excel 2016 和 Stata 15.0 完成。

二 变量定义

（一）因变量

企业创新投资（$R\&D_{t+1}$）。借鉴戴静等（2019）的研究，本章采用企业研发投入金额与营业收入的比值来度量企业创新投资。

（二）自变量

新闻媒体情绪（News Media Sentiment，NMS）。优矿金融量化平台能够提供针对上市公司的媒体热议度和新闻情感指数等非结构化数据。优矿的新闻数据来源于东方财富网、新浪财经、雪球财经等 80 家国内主流财经网站。获取新闻资料后，基于大数据的人工智能算法，计算出新闻情感指数，即新闻媒体报道上市公司的情感倾向均值，大于 0 代表新闻媒体对上市公司报道内容的情感倾向积极乐观；小于 0 代表新闻媒体对上市公司报道内容的情感倾向消极悲观；0 代表中性，即新闻媒体对上市公司的报道不存在积极乐观或者消极悲观的情感倾向。该数据为日数据，为与本章研究数据频率保持一致，本章分年度将各上市公司的新闻情感指数进行年化处理。具体做法为，在每一会计年度内，在获取上市公司新闻情感指数的日数据之后，根据被报道的天数计算平均值。该值越大，意味着新闻媒体对上市公司报道内容的态度与情感倾向越积极乐观。

（三）控制变量

参考已有研究，本章对公司特征和管理层特征加以控制。其中，公司特征包括公司规模、资产负债率、机构持股比例、盈利能力、现金流、托宾 Q 值、资本支出、股权集中度、公司年龄和产权性质，管理层特征包括两职合一、董事会规模、独立董事比例、董事薪酬、高管薪酬、董事持股和高管持股。此外，本章还对年份固定效应和行业固定效应加以控制。各变量的定义如表 6.1 所示。

表 6.1　变量定义

类型		名称	符号	定义
因变量		企业创新投资	$R\&D_{t+1}$	研发投入/营业收入
自变量		新闻媒体情绪	NMS	按年度将日新闻情感指数进行年化处理
控制变量	公司特征	公司规模	SIZE	总资产取自然对数
		资产负债率	LEV	总负债/总资产
		机构持股比例	INSHOLD	机构持股数量/公司总股数
		盈利能力	ROA	净利润/总资产
		现金流	CASH	经营活动产生的现金流量净额/总资产
		托宾 Q 值	Q	（市场价值+负债账面价值）/资产账面价值
		资本支出	CAPEXPT	购买固定资产、无形资产和其他长期资产支付的现金/总资产
		股权集中度	TOP10	前十大股东持股数量/公司总股数
		公司年龄	AGE	样本年份减去上市年份
		产权性质	SOE	国有上市公司赋值为 1，否则为 0
	管理层特征	两职合一	DUAL	董事长兼任 CEO 赋值为 1，否则为 0
		董事会规模	BOARDSIZE	董事会成员数量
		独立董事比例	INDEP	独立董事人数/董事会成员数量
		董事薪酬	BOARDSALARY_3	金额最高的前三名董事薪酬取自然对数
		高管薪酬	EXECUTIVESALARY_3	金额最高的前三名高管薪酬取自然对数
		董事持股	BOARDSHARE	董事会成员持股数量/公司总股数
		高管持股	EXECUTIVESHARE	高级管理人员持股数量/公司总股数
		年份固定效应	YEAR	根据研究区间设置虚拟变量
		行业固定效应	INDUSTRY	根据所属证监会行业分类设置虚拟变量

三　模型设定

为检验新闻媒体情绪对企业创新投资的影响，本章设定如下模型：

$$R\&D_{i,t+1} = \alpha_0 + \alpha_1 NMS_{i,t} + \alpha_2 SIZE_{i,t} + \alpha_3 LEV_{i,t} + \alpha_4 INSHOLD_{i,t} +$$

$$\alpha_5 ROA_{i,t} + \alpha_6 CASH_{i,t} + \alpha_7 Q_{i,t} + \alpha_8 CAPEXPT_{i,t} + \alpha_9 TOP10_{i,t} + \alpha_{10} AGE_{i,t} +$$

$$\alpha_{11} SOE_{i,t} + \alpha_{12} DUAL_{i,t} + \alpha_{13} BOARDSIZE_{i,t} + \alpha_{14} INDEP_{i,t} +$$

$$\alpha_{15} BOARDSALARY\_3_{i,t} + \alpha_{16} EXECUTIVESALARY\_3_{i,t} +$$

$$\alpha_{17} BOARDSHARE_{i,t} + \alpha_{18} EXECUTIVESHARE_{i,t} +$$

$$\sum YEAR + \sum INDUSTRY + \varepsilon_{i,t}$$

(6.1)

本章重点关注 α_1 的系数大小、正负性和显著性，并预期系数 α_1 显著为正。

第三节　新闻媒体情绪影响企业创新的实证结果分析

一　描述性统计及差异性检验

表 6.2 报告了描述性统计及分组差异性检验结果。由列示的内容可知，整体而言，研发投入占营业收入的比例（$R\&D_{t+1}$）平均值为 3.429，最小值为 0，最大值为 23.59。新闻媒体情绪（NMS）的平均值、最小值、最大值和标准差分别为 8.796、-10.961、38.857 和 10.565，表明上市公司所面临的新闻媒体情绪存在差异。分年度按照新闻媒体情绪的中位数将样本划分为两组进行差异性检验，结果表明，在新闻媒体情绪高的分组中，企业创新的平均值和中位数分别为 3.915 和 3.135；在新闻媒体情绪低的分组中，企业创新的平均值和中位数分别为 2.944 和 2.250。不同分组下平均值和中位数的差值分别为 0.971 和 0.885，并且在 1% 的水平下显著，说明高新闻媒体情绪分组中的企业创新投资水平显著高于低新闻媒体情绪分组，本章的研究假设得到初步验证。此外，不同分组下公司规模（$SIZE$）、资产负债率（LEV）、机构持股比例（$IN-SHOLD$）、盈利能力（ROA）、现金流（$CASH$）等变量均存在显著性差异，说明本章在探究新闻媒体情绪对企业创新影响时对这些变量加以控制是必要的。

表 6.2　描述性统计与差异性检验

变量	全样本					高新闻媒体情绪		低新闻媒体情绪		均值检验	中位数检验
	平均值	标准差	最小值	中位数	最大值	平均值	中位数	平均值	中位数		
$R\&D_{t+1}$	3.429	4.128	0	2.796	23.59	3.915	3.135	2.944	2.250	0.971***	0.885***
NMS	8.796	10.565	-10.961	6.513	38.857	17.001	15.357	0.588	0.817	16.414***	14.540***
SIZE	22.35	1.272	19.909	22.19	26.179	22.659	22.445	22.041	21.877	0.618***	0.568***
LEV	43.334	20.329	6.023	42.556	88.587	44.048	43.4	42.62	41.393	1.428***	2.007***
INSHOLD	41.327	22.596	0.467	42.295	88.412	44.466	45.932	38.186	38.325	6.280***	7.607***
ROA	4.257	5.031	-12.613	3.677	20.777	5.297	4.525	3.216	2.725	2.081**	1.800***
CASH	4.359	6.817	-15.792	4.242	23.828	4.852	4.633	3.866	3.886	0.987***	0.747***
Q	2.906	2.115	0.919	2.232	13.038	2.751	2.187	3.061	2.292	-0.311***	-0.105***
CAPEXPT	4.346	4.187	0.016	3.077	20.164	4.727	3.483	3.965	2.699	0.762***	0.784***
TOP10	57.628	15.049	23.55	58.295	90.26	58.072	58.45	57.183	57.925	0.890***	0.525
AGE	11.655	7.004	1	11	27	11.548	10	11.762	11	-0.214	-1.000**
SOE	0.383	0.486	0	0	1	0.425	0	0.342	0	0.083***	0
DUAL	0.251	0.434	0	0	1	0.241	0	0.262	0	-0.021***	0
BOARDSIZE	9.13	2.152	5	9	16	9.294	9	8.967	9	0.327***	0
INDEP	36.955	6.77	16.667	33.333	60	36.91	33.333	37	35.714	-0.090	-2.381
BOARDSALARY_3	14.004	1.889	0	14.194	16.286	14.1	14.31	13.907	14.07	0.193***	0.240***
EXECUTIVESALARY_3	14.364	0.676	12.743	14.334	16.328	14.493	14.464	14.235	14.199	0.258***	0.266***
BOARDSHARE	10.231	17.117	0	0.084	64.557	10.369	0.121	10.092	0.05	0.277	0.071***
EXECUTIVESHARE	5.646	12.457	0	0.032	60.345	5.676	0.073	5.615	0.017	0.061	0.057**

注：***、**分别表示在1%、5%的水平下显著。

二 相关性分析

由表6.3的相关性分析结果可知，新闻媒体情绪（*NMS*）与企业创新投资（$R\&D_{t+1}$）之间的相关系数为0.129，并且通过了1%的显著性水平检验，说明在不控制其他条件的情况下，新闻媒体情绪越积极，企业创新投资水平越高，二者之间具有显著的正相关关系，本章的研究假设得到进一步证实。与此同时，各变量之间相关系数的绝对值大多小于0.5，说明本章研究中各变量之间不存在明显的共线性问题。

三 多元回归

新闻媒体情绪对企业创新投资影响的多元回归结果列于表6.4，其中，列（1）仅在回归模型中加入自变量，列（2）是在列（1）的基础上控制了公司特征，列（3）同时控制了公司特征和管理层特征，所有回归均对年份固定效应（*YEAR*）和行业固定效应（*INDUSTRY*）加以控制。由列（1）至列（3）所示的结果可知，新闻媒体情绪（*NMS*）对企业创新投资（$R\&D_{t+1}$）的影响系数分别为0.046、0.062和0.057，对应的t值分别为12.803、16.296和14.965，即所有回归系数均通过了1%的显著性水平检验，说明新闻媒体情绪对企业创新投资具有促进作用，本章的研究假设得到验证。以列（3）为例，新闻媒体情绪对企业创新投资的影响系数为0.057，就其具体的经济意义而言，新闻媒体情绪每提高一个标准差，企业创新投资将增加17.562%（＝0.057×10.565/3.429）。

就控制变量而言［以列（3）为例］，资产负债率（*LEV*）、盈利能力（*ROA*）、现金流（*CASH*）、股权集中度（*TOP*10）、公司年龄（*AGE*）、董事会规模（*BOARDSIZE*）和董事薪酬（*BOARDSALARY*_3）对企业创新投资的影响显著为负，托宾Q值（*Q*）、资本支出（*CAPEXPT*）、两职合一（*DUAL*）、独立董事比例（*INDEP*）、高管薪酬（*EXECUTIVESALARY*_3）、董事持股（*BOARDSHARE*）和高管持股（*EXECUTIVESHARE*）对企业创新投资的影响至少在10%的水平下显著为正，与已有研究结论基本保持一致。

表 6.3　相关性分析

变量	(1)	(2)	(3)	(4)	(5)	(6)	(7)	(8)	(9)	(10)
(1) $R\&D_{t+1}$	1									
(2) NMS	0.129***	1								
(3) SIZE	-0.257***	0.273***	1							
(4) LEV	-0.321***	0.033***	0.425***	1						
(5) INSHOLD	-0.224***	0.173***	0.420***	0.211***	1					
(6) ROA	0.099***	0.251***	-0.023**	-0.366***	0.039***	1				
(7) CASH	-0.015	0.102**	0.029**	-0.177***	0.114***	0.399***	1			
(8) Q	0.290***	-0.043***	-0.382***	-0.386***	-0.183***	0.226***	0.076***	1		
(9) CAPEXPT	0.087***	0.105***	-0.026**	-0.067***	-0.032***	0.129***	0.182***	0.039***	1	
(10) TOP10	-0.068***	0.028***	0.189***	-0.051***	0.408***	0.232***	0.137***	0.026**	0.081***	1
(11) AGE	-0.302***	-0.024**	0.313***	0.336***	0.284***	-0.173***	-0.047***	-0.219***	-0.200***	-0.271***
(12) SOE	-0.245***	0.094***	0.340***	0.274***	0.392***	-0.149***	0.018*	-0.280***	-0.090***	0.006
(13) DUAL	0.144***	-0.036***	-0.150***	-0.112***	-0.185***	0.068***	-0.006	0.128***	0.078***	0.018*
(14) BOARDSIZE	-0.112***	0.089***	0.247***	0.140***	0.172***	-0.012	0.041***	-0.141***	0.008	0.01
(15) INDEP	0.032***	0.016	0.003	0.003	-0.019*	-0.023**	0.001	0.080***	0.005	0.020*
(16) BOARDSALARY_3	0.038***	0.061***	0.080***	-0.011	-0.036***	0.105***	0.027**	-0.039***	0.058***	0.004
(17) EXECUTIVESALARY_3	0.039***	0.207***	0.423***	0.133***	0.188***	0.211***	0.104***	-0.149***	0.030***	0.096***
(18) BOARDSHARE	0.268***	0.007	-0.300***	-0.280***	-0.498***	0.196***	0.007	0.239***	0.114***	0.158***
(19) EXECUTIVESHARE	0.243***	-0.005	-0.244***	-0.227***	-0.377***	0.175***	0.009	0.217***	0.103***	0.144***

续表

变量	(10)	(11)	(12)	(13)	(14)	(15)	(16)	(17)	(18)	(19)
(10) TOP10	1									
(11) AGE	-0.271***	1								
(12) SOE	0.006	0.446***	1							
(13) DUAL	0.018*	-0.207***	-0.272***	1						
(14) BOARDSIZE	0.01	0.158***	0.244***	-0.157***	1					
(15) INDEP	0.020*	-0.023	-0.029*	0.079***	-0.203***	1				
(16) BOARDSALARY_3	0.004	-0.047	-0.124***	0.050**	0.045**	-0.048**	1			
(17) EXECUTIVESALARY_3	0.096***	0.112***	0.028	-0.006	0.117***	-0.021*	0.365***	1		
(18) BOARDSHARE	0.158***	-0.528***	-0.454***	0.238***	-0.163***	0.048**	0.068***	-0.096***	1	
(19) EXECUTIVESHARE	0.144***	-0.405***	-0.341***	0.428***	-0.138***	0.069***	0.043**	-0.060***	0.766***	1

注：***、**和*分别表示在1%、5%和10%的水平下显著。

表 6.4　新闻媒体情绪对企业创新投资的回归结果

变量	(1) $R\&D_{t+1}$	(2) $R\&D_{t+1}$	(3) $R\&D_{t+1}$
NMS	0.046 *** (12.803)	0.062 *** (16.296)	0.057 *** (14.965)
SIZE		0.114 ** (2.531)	-0.050 (-1.045)
LEV		-0.033 *** (-14.162)	-0.032 *** (-14.022)
INSHOLD		-0.005 ** (-2.446)	-0.001 (-0.266)
ROA		-0.055 *** (-6.259)	-0.072 *** (-8.205)
CASH		-0.029 *** (-5.063)	-0.031 *** (-5.473)
Q		0.294 *** (12.921)	0.267 *** (11.776)
CAPEXPT		0.041 *** (4.651)	0.034 *** (3.806)
TOP10		-0.020 *** (-6.551)	-0.023 *** (-7.497)
AGE		-0.077 *** (-11.506)	-0.071 *** (-10.416)
SOE		-0.104 (-1.179)	0.075 (0.826)
DUAL			0.175 * (1.915)
BOARDSIZE			-0.034 * (-1.953)
INDEP			0.010 * (1.852)
BOARDSALARY_3			-0.049 ** (-2.444)

续表

变量	(1) $R\&D_{t+1}$	(2) $R\&D_{t+1}$	(3) $R\&D_{t+1}$
EXECUTIVESALARY_3			0.763*** (11.921)
BOARDSHARE			0.007* (1.802)
EXECUTIVESHARE			0.012*** (2.637)
常数项	0.759** (2.399)	0.888 (0.917)	-5.583*** (-5.108)
YEAR	Yes	Yes	Yes
INDUSTRY	Yes	Yes	Yes
N	8874	8874	8874
R²	0.304	0.379	0.393

注：括号内为 t 值，***、** 和 * 分别表示在 1%、5% 和 10% 的水平下显著。

四　内生性控制

为了克服可能存在的内生性问题对研究结论的影响，本章采用双重差分模型、工具变量回归、Heckman 两阶段、熵平衡、变量滞后和倾向得分匹配 6 种方法对内生性问题加以控制。

（一）双重差分模型

创新投资水平高的企业，可能更容易受到媒体关注并且得到积极正面的报道。为缓解这种潜在的内生性问题对研究结论的影响，本章采用双重差分模型进行检验。若本章的研究逻辑成立，那么，当新闻媒体对上市公司的报道情绪由低变高时，上市公司的创新投资水平会提升。根据新闻媒体情绪的年度中位数，将样本分为高新闻媒体情绪和低新闻媒体情绪两组，在本章研究区间内，共有 571 家上市公司的新闻媒体情绪高低状态发生变化，其中，有 283 家上市公司（1132 个公司—年度观测值）的新闻媒体情绪由低变高，有 288 家上市公司（1152 个公司—年度观测值）的新闻媒体情绪由高变低。本章将新闻媒体情绪发生由低到高变化的样本定义为处理组，将新闻媒体情绪由高到低变化的样本定义为对照组。当样本属于处理组时，将 *TREAT* 赋值为 1，否则为 0。引入时间虚拟变量 *AFTER*，在上市公司新闻媒体情绪发生变化（由低到高或由高到低）当年及之后赋值为 1，否则为 0。特别地，在该部分检验中，本章剔除了在研究期内新闻媒体情绪发生多次变化的样本，仅保留新闻媒体情绪发生一次变化的样本。基于双重差分法的回归模型如式（6.2）所示。本章重点关注交互项系数 φ_3 的正负性和显著性。

$$R\&D_{i,t+1} = \varphi_0 + \varphi_1 TREAT + \varphi_2 AFTER + \varphi_3 TREAT \times AFTER +$$
$$Controls + \sum YEAR + \sum INDUSTRY + \varepsilon_{i,t} \tag{6.2}$$

基于双重差分模型的检验结果如表 6.5 列（1）所示，*TREAT×AFTER* 的系数显著为正，说明上市公司新闻媒体情绪由低到高的变化能够促进创新投资，支持本章研究结论。

（二）工具变量回归

借鉴杨道广等（2017）的研究，本章选取上市公司非流通股比例作为新闻媒体情绪的工具变量。第一阶段，以新闻媒体情绪作为因变量，以非流通股比例作为自变量进行多元回归，并计算非流通股比例对新闻媒体情绪影响的拟合值（*NMS_P*）。第二阶段，将拟合值（*NMS_P*）作为自变量与企业创新投资进行回归，在此过程中，控制变量与前文研究保持一致。由表 6.5 的列（2）可知，拟合值（*NMS_P*）对企业创新投资的影响显著为正。

（三）Heckman 两阶段

第一阶段建立基于上市公司新闻媒体情绪高低的 Probit 模型，采用非流通股比例作为工具变量，控制变量与前文保持一致，根据回归结果计算逆米尔斯比率（*IMR*）。第二阶段是将逆米尔斯比率（*IMR*）作为控制变量纳入回归模型（6.1），进行回归检验。基于 Heckman 两阶段模型的第二阶段回归结果列于表 6.5 的列（3）。由表可知，在控制了样本自选择问题之后，新闻媒体情绪对企业创新投资的影响依然显著为正。

（四）熵平衡

本章根据 Hainmueller（2012）提出的熵平衡法对样本进行处理，其核心思想是将样本分为两组，然后对其中一组的控制变量进行赋权处理，使得两组控制变量实现均衡，即各变量的平均值保持一致。本章在差异性检验的基础上，对低新闻媒体情绪分组下的控制变量进行赋权处理，使其与高新闻媒体情绪中的各控制变量的平均值分别保持一致。采用经过熵平衡处理之后的样本重新进行回归检验，具体的检验结果列于表6.5的列（4）。由表中列示的内容可知，在对不同分组下的控制变量差异进行控制之后，新闻媒体情绪对企业创新投资的促进作用依然成立。

（五）变量滞后

在前文的实证中，为克服内生性问题，本章将自变量和控制变量进行了滞后一期处理。为进一步缓解反向因果可能引起的内生性问题，本部分检验当期的新闻媒体情绪对未来二期和三期企业创新投资的影响。表6.5的列（5）和列（6）表明，新闻媒体情绪（NMS）对未来二期企业创新投资（$R\&D_{t+2}$）和未来三期企业创新投资（$R\&D_{t+3}$）的影响系数全部在1%的水平下显著为正，即新闻媒体情绪能够促进企业创新投资。

表6.5　内生性控制：双重差分模型、工具变量回归、Heckman两阶段、熵平衡和变量滞后

变量	双重差分模型	工具变量回归	Heckman两阶段	熵平衡	变量滞后	
	（1）	（2）	（3）	（4）	（5）	（6）
	$R\&D_{t+1}$	$R\&D_{t+1}$	$R\&D_{t+1}$	$R\&D_{t+1}$	$R\&D_{t+2}$	$R\&D_{t+3}$
NMS			0.056*** (14.775)	0.050*** (8.574)	0.066*** (14.688)	0.065*** (12.610)
TREAT	0.542*** (3.111)					
AFTER	0.375 (1.518)					
TREAT×AFTER	0.423* (1.939)					
NMS_P		0.159*** (4.075)				
IMR			-1.574*** (-3.581)			

续表

变量	双重差分模型	工具变量回归	Heckman两阶段	熵平衡	变量滞后	
	(1)	(2)	(3)	(4)	(5)	(6)
	$R\&D_{t+1}$	$R\&D_{t+1}$	$R\&D_{t+1}$	$R\&D_{t+1}$	$R\&D_{t+2}$	$R\&D_{t+3}$
公司特征	Yes	Yes	Yes	Yes	Yes	Yes
管理层特征	Yes	Yes	Yes	Yes	Yes	Yes
常数项	-9.105*** (-4.512)	0.876 (0.319)	4.027 (1.389)	-6.537*** (-4.018)	-5.505*** (-4.083)	-6.408*** (-4.044)
YEAR	Yes	Yes	Yes	Yes	Yes	Yes
INDUSTRY	Yes	Yes	Yes	Yes	Yes	Yes
N	2284	8874	8874	8874	7459	5327
R^2	0.442	0.379	0.394	0.417	0.333	0.338

注：括号内为 t 值，***、* 分别表示在 1%、10% 的水平下显著。

（六）倾向得分匹配

为了最大限度地克服可能存在的内生性问题，本章也采用倾向得分匹配法进行检验。定义每个会计年度新闻媒体情绪最高的 1/5 为实验组，为实验组匹配新闻媒体情绪较低的对照组样本，以评估实验组对上市公司创新投资的"处理效应"。本章按照一对一匹配、邻近匹配、卡尺匹配、半径匹配、核匹配和局部线性回归匹配 6 种方法为实验组样本进行匹配，匹配后的估计结果列于表 6.6。本章重点关注 ATT。由表 6.6 列示的结果可知，不同匹配方法下，ATT 全部在 1% 的水平下显著，说明同对照组相比，实验组的企业创新投资更多，即新闻媒体情绪更高的公司创新投资水平更高，本章的研究结论得到进一步支持。

表 6.6 内生性控制：倾向得分匹配

	一对一匹配	邻近匹配	卡尺匹配	半径匹配	核匹配	局部线性回归匹配
ATT	0.616*** (6.830)	0.629*** (7.261)	0.626*** (7.665)	0.629*** (8.598)	0.639*** (9.062)	0.649*** (10.523)

续表

	一对一匹配	邻近匹配	卡尺匹配	半径匹配	核匹配	局部线性回归匹配
ATU	0.437 ***	0.487 ***	0.485 ***	0.451 ***	0.461 ***	0.409 ***
	(4.216)	(5.575)	(5.094)	(5.396)	(5.860)	(5.373)
ATE	0.482 ***	0.523 ***	0.521 ***	0.496 ***	0.506 ***	0.469 ***
	(5.816)	(7.336)	(6.542)	(6.874)	(7.382)	(7.179)

注：括号内为 t 值，*** 表示在 1% 的水平下显著。ATT 为处理组的平均处理效应，ATU 为未处理组的平均处理效应，ATE 为平均处理效应。

五 稳健性检验

为了进一步确保本章研究结论的稳健性，本部分通过更换因变量、更换自变量、分年度回归和重新筛选样本四种方法进行稳健性检验。

(一) 更换因变量

在相关研究中，部分学者采用研发投入占总资产的比例测度企业创新投资。此外，考虑到企业创新投资的行业差异性，本章使用企业创新投资（$R\&D_{t+1}$）的行业均值调整各公司的创新投资，具体做法为：每个年度内，使用各公司的创新投资（$R\&D_{t+1}$）减去公司所在行业创新投资的平均值。基于此，本章分别使用研发投入占总资产的比例和经过行业均值调整的 $R\&D_{t+1}$ 测度企业创新投资。由表 6.7 的列（1）和列（2）可知，新闻媒体情绪对企业创新投资的影响均在 1% 的水平下显著为正，说明本章的研究结论不会受到企业创新投资代理变量测度方法的影响。

(二) 更换自变量

基于中国研究数据服务平台（CNRDS）中的财经新闻数据库（CFND），重新构建新闻媒体情绪指标。该数据库分别基于报刊财经和网络财经统计了每一会计年度内有关上市公司的新闻报道情况，并根据报道内容的情感倾向将新闻报道分为正面报道、负面报道和中性报道三类。利用该数据，本章重新构建新闻媒体情绪的代理指标 $NMS1$ 和 $NMS2$。其中，$NMS1$ 为报刊财经新闻报道中有关上市公司正面报道的数量占该公司所有报道的比例，$NMS2$ 为网络财经新闻报道中有关上市公司正面报道的数量占该公司所有报道的比例。表 6.7 的列（3）和列（4）显示，*NMS*1 和 *NMS*2 对企业创新投资的影响系数全部为正，并且均通过了 1% 的显著性水平检验，本章的研究结论再次得到验证，即新闻媒体情绪能够促进企业创新投资。

表 6.7 稳健性检验：更换因变量和更换自变量

变量	更换因变量		更换自变量	
	研发投入占总资产比例	经过行业均值调整的 $R\&D_{t+1}$	$R\&D_{t+1}$	$R\&D_{t+1}$
	（1）	（2）	（3）	（4）
NMS	0.026 *** (16.320)	0.057 *** (15.087)		
*NMS*1			0.013 *** (3.450)	
*NMS*2				0.031 *** (5.947)
公司特征	Yes	Yes	Yes	Yes
管理层特征	Yes	Yes	Yes	Yes
常数项	−1.345 *** (−2.881)	−6.801 *** (−6.230)	−9.320 *** (−8.666)	−9.965 *** (−9.249)
YEAR	Yes	Yes	Yes	Yes
INDUSTRY	Yes	Yes	Yes	Yes
N	8874	8874	8874	8874
R^2	0.390	0.145	0.378	0.380

注：括号内为 t 值，*** 表示在 1% 的水平下显著。

（三）分年度回归

根据本章的研究区间进行横截面上的分年度回归检验，因变量分别为 2015~2018 年各年度的企业创新投资（$R\&D_{t+1}$），自变量分别为 2014~2017 年各年度的新闻媒体情绪（*NMS*），具体的回归结果见表 6.8 的列（1）至列（4）。结果表明，2014~2017 年，新闻媒体情绪对企业创新投资的影响系数分别为 0.069、0.044、0.060 和 0.062，对应的 t 值分别为 8.296、6.083、8.933 和 7.159，说明在横截面上，新闻媒体情绪对企业创新投资同样具有促进作用，证实本章的研究结论具有稳健性。

（四）重新筛选样本

本章共有 1562 个样本的企业创新投资为 0，为了排除这些极端样本对回归结果的影响，本部分对这些样本予以剔除并重新进行回归检验。由表6.8 列（5）的结果可知，新闻媒体情绪对企业创新投资的影响系数在 1%的水平下显著为正，说明新闻媒体情绪对企业创新投资的促进作用不会受到企业创新投资为 0 样本的影响。

表 6.8　稳健性检验：分年度回归和重新筛选样本

变量	分年度回归				重新筛选样本
	(1)	(2)	(3)	(4)	(5)
	2015 年 $R\&D_{t+1}$	2016 年 $R\&D_{t+1}$	2017 年 $R\&D_{t+1}$	2018 年 $R\&D_{t+1}$	$R\&D_{t+1}$
NMS	0.069 ***	0.044 ***	0.060 ***	0.062 ***	0.063 ***
	(8.296)	(6.083)	(8.933)	(7.159)	(14.539)
公司特征	Yes	Yes	Yes	Yes	Yes
管理层特征	Yes	Yes	Yes	Yes	Yes
常数项	-3.066	-9.470 ***	-7.623 ***	-4.466 *	-4.838 ***
	(-1.456)	(-4.114)	(-3.486)	(-1.919)	(-3.714)
YEAR	Yes	Yes	Yes	Yes	Yes
INDUSTRY	Yes	Yes	Yes	Yes	Yes
N	1896	2057	2352	2569	7312
R^2	0.417	0.409	0.396	0.377	0.350

注：括号内为 t 值，*** 、* 分别表示在 1%、10%的水平下显著。

第四节　新闻媒体情绪影响企业创新的机制检验

本章已经证实新闻媒体情绪能够促进企业创新投资，并在逻辑框架中指出其内在传导机制包括管理者过度自信、高级人才流动、企业融资和股票流动性。为检验新闻媒体情绪是否会通过前述四个渠道对企业创新投资产生影响，本章采用温忠麟和叶宝娟（2014）提出的中介效应模型加以检验，待检验模型为：

$$Me_{i,t} = \beta_0 + \beta_1 NMS_{i,t} + Controls + \sum YEAR + \sum INDUSTRY + \varepsilon_{i,t} \quad (6.3)$$

$$R\&D_{i,t+1} = \gamma_0 + \gamma_1 Me_{i,t} + \gamma_2 NMS_{i,t} + Controls + \sum YEAR + \sum INDUSTRY + \varepsilon_{i,t}$$

$$(6.4)$$

利用模型（6.3）检验新闻媒体情绪对中介变量（Me）的影响，模型（6.4）是在控制中介变量的情况下检验新闻媒体情绪对企业创新投资的影响，以确定中介效应是否成立。本章重点关注系数 β_1、γ_1 和 γ_2 的显著性，若系数 β_1 和 γ_2 均显著，则存在显著的中介效应，此时，若 γ_1 不显著，则存在完全中介效应。Me 为中介变量，分别代表管理者过度自信、高级人才流动、企业融资和股票流动性。第一，管理者过度自信（Manager Overconfidence，MO），CEO 作为企业科层结构最顶端的高级管理人员，其个人特质会对企业创新投资决策产生显著影响，结合本章研究，通过 CEO 的过度自信测度管理者过度自信。借鉴已有关于管理者过度自信的研究，本章从性别、年龄、两职合一、学历和专业背景五个维度进行指标的构建。对于上市公司 CEO 而言，当性别为男性时，赋值为 1，否则为 0；当年龄小于高管团队的平均年龄时，赋值为 1，否则为 0；当兼任董事长时，赋值为 1，否则为 0；当拥有本科及以上学历时，赋值为 1，否则为 0；当不具有经营专业（经济学、财务学、管理学、会计学、金融学）背景时，赋值为 1，否则为 0。将五个维度的虚拟变量加总，当数值大于 3 时，认为 CEO 存在过度自信，将 MO 赋值为 1，否则为 0。第二，高级人才流动，借鉴杜兴强和彭妙薇（2017）的研究，使用管理层中拥有博士学位的人数加 1 并取自然对数（PHD）来度量高级管理人才流动，通过研发人员数量占员工总数的比重（$R\&D\_P$）来度量拥有专业知识和技能的研发人员流动。第三，企业融资，通过股权融资（Equity Financing，EF）、债券融资（Bond Financing，BF）、债务融资（Debt Financing，DF）和商业信用融资（Trade Credit Financing，TCF）测度，分别使用吸收权益性投资收到的现金、发行债券收到的现金、从银行或其他金融机构取得借款收到的现金占企业总资产的比例测度股权融资、债券融资和债务融资，使用应付账款、应付票据和预收账款之和占总资产的比重测度商业信用融资。第四，股票流动性，使用 Amihud 等（2015）提出的非流动性指标测度股票流动性，具体计算方法如式（6.5）所示。其中，N 为一年内的交易天数，r_i 为第 i 个交易日的股票收益率，V_i 为第 i 个交易日的股票成交量。该指标为负向指标，为了便于理解，将计算所得指标进行取相反数处理，并记为 $AMIHUD$。

$$AMIHUD = \frac{1}{N} \sum_{i=1}^{N} \frac{|r_i|}{V_i}$$（6.5）

新闻媒体情绪对企业创新投资影响机制的检验结果列于表 6.9，列（1）、列（3）、列（5）、列（7）、列（9）、列（11）、列（12）和列（13）是利用模型（6.3）进行检验的结果。由表中显示的内容可知，新闻媒体情绪（NMS）对管理者过度自信（MO）、高级管理人才流动（PHD）、研发人员流动（$R\&D\_P$）和股票流动性（$AMIHUD$）的影响系数分别为 0.002、0.002、0.153 和 0.039，并且至少通过了 5% 的显著性水平检验，说明积极的新闻媒体情绪，可以诱发管理者过度自信，吸引高级管理人才和研发人员流入，提高股票流动性。在新闻媒体情绪对企业融资影响的检验中，本章发现新闻媒体情绪对股权融资（EF）和商业信用融资（TCF）的影响均显著为正，表明积极的新闻媒体情绪能够促进企业获得更多的股权融资和商业信用融资。新闻媒体情绪对债券融资（BF）和债务融资（DF）的影响均显著为负，即新闻媒体情绪越积极，上市公司获得的债券融资和债务融资的比例越低。这也从侧面说明，当新闻媒体情绪积极乐观时，上市公司倾向于在股权融资、债券融资和债务融资三种资本市场融资方式中选取股权融资，整体而言，新闻媒体情绪提高了上市公司的股权融资比例和商业信用融资比例。

本章在检验模型（6.4）时，分别在模型（6.1）的基础上添加了管理者过度自信（MO）、高级管理人才流动（PHD）、研发人员流动（$R\&D\_P$）、股权融资（EF）、商业信用融资（TCF）和股票流动性（$AMIHUD$）等中介变量。由表 6.9 的列（2）、列（4）、列（6）、列（8）、列（10）和列（14）可知，新闻媒体情绪对企业创新投资的影响全部在 1% 的水平下显著为正，而管理者过度自信（MO）、高级管理人才流动（PHD）、研发人员流动（$R\&D\_P$）和股票流动性（$AMIHUD$）对企业创新投资的影响系数分别为 0.443、0.490、0.171 和 0.019，对应的 t 值分别为 5.775、8.824、58.021 和 2.025，说明管理者过度自信、高级管理人才和研发人员流动、股票流动性是新闻媒体情绪影响企业创新投资的中介渠道。结合列（7）和列（9）可知，在股权融资（*EF*）和商业信用融资（*TCF*）这两种融资方式中，新闻媒体情绪通过获得更多的股权融资促进企业创新投资。

为进一步确认管理者过度自信、高级人才流动（高级管理人才流动和研发人员流动）、股权融资和股票流动性是否具备新闻媒体情绪促进企业创新投资的中介效应，本章进行 Sobel 中介效应检验。表 6.9 的检验结果表明，当中介变量为管理者过度自信（*MO*）、高级管理人才流动（*PHD*）、研发人员流动（*R&D_P*）和股票流动性（*AMIHUD*）时，Sobel、Goodman1 和 Goodman2 至少通过了 5% 的显著性水平检验；当中介变量为股权融资（*EF*）和商业信用融资（*TCF*）时，Sobel、Goodman1 和 Goodman2 未通过显著性检验。[①] 这说明管理者过度自信、高级管理人员流动、研发人员流动和股票流动性是新闻媒体情绪促进企业创新投资的中介，对应的中介效应比例分别为 1.76%、1.52%、46.02% 和 1.29%。

综上所述，本章认为新闻媒体情绪通过诱发管理者过度自信、吸引高级人才（包括拥有博士学位的高级管理人员、拥有专业知识和技能的研发人员）和提高股票流动性三个渠道促进企业创新投资。

第五节　新闻媒体情绪影响企业创新的进一步分析

一　新闻媒体情绪对企业创新投资影响机制的进一步分析

前一小节已经证实了新闻媒体情绪通过诱发管理过度自信、吸引高级人才和提高股票流动性三个渠道促进企业创新，为了进一步验证本章所寻找影响机制的稳健性，本节进行分组检验，具体做法是根据管理层女性占比的高低、管理层咨询需求的高低和是否为融资融券标的分别将样本分为

---

① 企业融资除融资规模之外还包括融资成本，因此，本章进一步检验了股权融资成本和商业信用成本是否为新闻媒体情绪促进企业创新投资的中介渠道。结果显示，新闻媒体情绪能够显著降低股权融资成本和商业信用融资成本，但二者未通过 Sobel 中介效应检验，相关结果留存备索。

表6.9 新闻媒体情绪对企业创新投资影响的机制检验

变量	管理者过度自信		高级人才流动				企业融资				股票流动性			
	(1)	(2)	(3)	(4)	(5)	(6)	(7)	(8)	(9)	(10)	(11)	(12)	(13)	(14)
	MO	$R\&D_{t+1}$	PHD	$R\&D_{t+1}$	$R\&D\_P$	$R\&D_{t+1}$	EF	$R\&D_{t+1}$	TCF	$R\&D_{t+1}$	BF	DF	$AMIHUD$	$R\&D_{t+1}$
NMS	0.002***	0.056***	0.002**	0.056***	0.153***	0.031***	0.049***	0.057***	0.132***	0.057***	-0.006*	-0.091***	0.039***	0.056***
	(4.299)	(14.713)	(2.431)	(14.797)	(13.111)	(9.402)	(5.891)	(14.911)	(12.161)	(14.818)	(-1.756)	(-4.435)	(8.993)	(14.707)
MO		0.443***												
		(5.775)												
PHD				0.490***										
				(8.824)										
$R\&D\_P$						0.171***								
						(58.021)								
EF								0.002**						
								(2.396)						
TCF										0.001				
										(0.176)				
$AMIHUD$														0.019**
														(2.025)
公司特征	Yes	Yes	Yes	Yes	Yes	Yes	Yes	Yes	Yes	Yes	Yes	Yes	Yes	Yes
管理层特征	Yes	Yes	Yes	Yes	Yes	Yes	Yes	Yes	Yes	Yes	Yes	Yes	Yes	Yes

续表

变量	管理者过度自信		高级人才流动				企业融资						股票流动性	
	(1)	(2)	(3)	(4)	(5)	(6)	(7)	(8)	(9)	(10)	(11)	(12)	(13)	(14)
	MO	$R\&D_{t+1}$	PHD	$R\&D_{t+1}$	$R\&D\_P$	$R\&D_{t+1}$	EF	$R\&D_{t+1}$	TCF	$R\&D_{t+1}$	BF	DF	$AMIHUD$	$R\&D_{t+1}$
常数项	1.194***	-6.111***	-2.597***	-4.310***	-5.223	-4.691***	13.365***	-5.609***	23.099***	-5.598***	-13.173***	-4.369	-43.217***	-4.777***
	(7.890)	(-5.582)	(-12.462)	(-3.926)	(-1.553)	(-5.043)	(5.623)	(-5.122)	(7.387)	(-5.106)	(-13.257)	(-0.737)	(-34.219)	(-4.108)
$YEAR$	Yes	Yes	Yes	Yes	Yes	Yes	Yes	Yes	Yes	Yes	Yes	Yes	Yes	Yes
$INDUSTRY$	Yes	Yes	Yes	Yes	Yes	Yes	Yes	Yes	Yes	Yes	Yes	Yes	Yes	Yes
N	8874	8874	8874	8874	8874	8874	8874	8874	8874	8874	8874	8874	8874	8874
R^2	0.184	0.395	0.077	0.398	0.402	0.560	0.097	0.393	0.371	0.393	0.083	0.238	0.354	0.393
Sobel	0.0010*** [3.448]		0.0086** [2.344]		0.02611*** [12.782]		0.0001 [0.3951]		0.0001 [0.1758]				0.0007** [1.976]	
Goodman1	0.0010*** [3.415]		0.0086** [2.330]		0.02611*** [12.779]		0.0001 [0.3895]		0.0001 [0.1752]				0.0007** [1.964]	
Goodman2	0.0010*** [3.482]		0.0086** [2.358]		0.02611*** [12.799]		0.0001 [0.4008]		0.0001 [0.1764]				0.0007** [1.987]	
中介效应比例（%）		1.76		1.52		46.02		0.17		0.15				1.29

注：小括号内为 t 值，中括号内为 z 值，***、** 和 * 分别表示在 1%、5% 和 10% 的水平下显著。

两组，然后利用子样本进行回归检验。其中，管理层女性占比通过管理层中女性所占比例度量。同男性相比，女性更加厌恶风险，出现过度自信的可能性更低（Cumming et al.，2015）。管理层咨询需求通过 CEO 的学历度量，当 CEO 拥有本科及以上学历时，咨询需求较低，反之咨询需求较高（曹春方、林雁，2017），较高的咨询需求意味着企业引入高级人才较为迫切。是否为融资融券通过上市公司在 2014～2017 年是否被沪深交易所纳入融资融券标的股范围识别，上市公司股票被纳入融资融券标的股范围之后，股票流动性得到显著提升（谢黎旭等，2018）。若新闻媒体情绪确实是通过诱发管理者过度自信、吸引高级人才和提高股票流动性促进企业创新投资，那么本章预期，在管理层女性占比低、管理层咨询需求高和非融资融券标的的情况下，新闻媒体情绪对企业创新投资的促进作用更大。具体的回归结果列于表 6.10。

列（1）和列（2）是基于管理者过度自信视角，根据管理层女性占比的高低进行分组检验。结果表明，在管理层女性占比高的分组中，新闻媒体情绪对企业创新投资的影响系数为 0.050，通过了 1% 的显著性水平检验；在女性占比低的情况下，新闻媒体情绪的系数也显著为正（系数为 0.065，$t=11.593$）。系数差异性检验表明，不同分组下，新闻媒体情绪系数差异在 10% 的水平下显著（$p=0.074$），说明管理层女性占比越低，新闻媒体情绪对企业创新投资的促进作用越大。

列（3）和列（4）是基于高级人才流动视角，按照管理层咨询需求高低进行分组检验的结果。从表中可以看出，在不同的管理层咨询需求下，新闻媒体情绪对企业创新投资的影响均在 1% 的水平下显著为正。但是，在高管理层咨询需求分组下，新闻媒体情绪对企业创新投资影响系数的大小和对应的 t 值均要大于低管理层咨询需求分组，系数差异性检验也显示二者在 5% 的水平下具有显著性差异（$p=0.028$）。

列（5）和列（6）是基于股票流动性视角，根据上市公司股票是否为融资融券标的进行分组检验。结果表明，不同分组下，新闻媒体情绪对企业创新投资的影响全部在 1% 的水平下显著为正。影响系数大小及分组差异性检验表明，同融资融券标的的分组相比，在非融资融券标的的分组中，新闻媒体情绪对企业创新投资的影响更大。

整体而言，本章的预期得到验证，即在管理层女性占比较低、管理层咨询需求高和非融资融券标的的情况下，新闻媒体情绪对企业创新投资的影响更大。这进一步说明，新闻媒体情绪确实是通过管理者过度自信、高级人才流动和股票流动性三个渠道对企业创新投资产生影响。

表 6.10　新闻媒体情绪对企业创新投资影响机制的进一步分析

变量	管理者过度自信		高级人才流动		股票流动性	
	(1)	(2)	(3)	(4)	(5)	(6)
	管理层女性占比		管理层咨询需求		是否为融资融券标的	
	高	低	高	低	是	否
	$R\&D_{t+1}$	$R\&D_{t+1}$	$R\&D_{t+1}$	$R\&D_{t+1}$	$R\&D_{t+1}$	$R\&D_{t+1}$
NMS	0.050 ***	0.065 ***	0.062 ***	0.044 ***	0.047 ***	0.060 ***
	(9.576)	(11.593)	(12.287)	(8.056)	(8.172)	(11.893)
公司特征	Yes	Yes	Yes	Yes	Yes	Yes
管理层特征	Yes	Yes	Yes	Yes	Yes	Yes
常数项	−7.172 ***	−3.157 *	−6.420 ***	−1.712	−5.632 ***	−3.120 *
	(−4.681)	(−1.939)	(−4.421)	(−1.069)	(−3.116)	(−1.785)
YEAR	Yes	Yes	Yes	Yes	Yes	Yes
INDUSTRY	Yes	Yes	Yes	Yes	Yes	Yes
p 值	0.074 *		0.028 **		0.048 **	
N	4438	4436	3341	5533	3223	5651
R^2	0.416	0.375	0.332	0.419	0.456	0.365

注：括号内为 t 值，***、** 和 * 分别表示在 1%、5% 和 10% 的水平下显著。

二　新闻媒体情绪对企业创新投资影响的截面异质性分析

已有研究表明，创新活动会受到企业产权属性、高新技术行业属性和创新环境的影响（陈晓东、刘佳，2020；严苏艳，2019）。那么，不同的产权属性、行业属性和创新环境之下，新闻媒体情绪对企业创新投资的影响是否存在差异性？本部分拟通过模型（6.6）对该问题予以解答。

$$R\&D_{i,t+1} = \eta_0 + \eta_1 NMS_{i,t} + \eta_2 Mo_{i,t} + \eta_3 NMS_{i,t} \times Mo_{i,t} +$$
$$Controls + \sum YEAR + \sum INDUSTRY + \varepsilon_{i,t} \tag{6.6}$$

模型（6.6）中，Mo 为调节变量，其他各变量与前文保持一致。截面异质性分析中的调节变量共有 3 个。其一，产权性质（SOE），当上市公司属于国有企业时，将 SOE 赋值为 1，否则为 0；其二，高新技术行业属性（High-tech Industry，HI），当上市公司所属的证监会行业二位数代码为 C26、C27、C34、C35、C37、C38、C39 和 C40 时，定义该上市公司属于高新技术行业，将 HI 赋值为 1，否则为 0；其三，创新环境（Innovation Environment，IE），根据中国科学技术发展战略研究院发布的《中国区域科技创新评价报告》，当上市公司所在省（区、市）的科技创新环境指数大于当年全国科技创新环境指数时，定义该公司所在地的创新环境水平较高，将 IE 赋值为 1，否则为 0。表 6.11 报告了企业产权性质、高新技术行业属性和企业所在地创新环境对新闻媒体情绪与企业创新投资之间关系的影响，为了确保研究结论的稳健性，本章在引入调节变量与自变量交互项的基础上，进一步进行分组检验。

列（1）至列（3）是基于企业产权性质的异质性分析。结果表明，新闻媒体情绪与企业产权性质的交互项（$NMS \times SOE$）对企业创新投资的影响系数在 1% 的水平下显著为负，说明企业的国有产权属性弱化了新闻媒体情绪对企业创新投资的促进作用。列（2）和列（3）的分组检验表明，对于国有企业和非国有企业，新闻媒体情绪均能显著提升企业创新投资水平，但新闻媒体情绪对非国有企业创新投资的影响系数大于对国有企业创新投资的影响系数，二者之间的差异性通过了 1% 的显著性水平检验（p = 0.000）。这进一步说明，国有产权属性会弱化新闻媒体情绪与企业创新投资之间的关系。

列（4）至列（6）是基于高新技术行业的异质性分析。结果表明，新闻媒体情绪与高新技术行业的交互项（$NMS \times HI$）对企业创新投资具有显著的正向影响（$\eta_3 = 0.030$，t = 4.669）。分组检验表明，新闻媒体情绪对高新技术行业企业创新投资的影响系数为 0.072，对非高新技术行业企业创新投资的影响系数为 0.027，并且均通过了 1% 的显著性水平检验。组间系数差异性检验显示，不同分组下，新闻媒体情绪对企业创新投资的影响系数存在显著差异（p = 0.000）。检验结果说明，同非高新技术行业企业相比，新闻媒体情绪对高新技术行业企业创新投资的影响更大，即高新技术行业属性强化了新闻媒体情绪对企业创新投资的促进作用。

列（7）至列（9）是基于企业所在地创新环境的异质性分析。结果显示，新闻媒体情绪与企业所在地创新环境的交互项（$NMS×IE$）对企业创新投资的影响系数虽然为正，但未通过显著性检验。在不同创新环境水平分组下，新闻媒体情绪对企业创新投资的影响系数虽然全部在1%的水平下显著为正，但系数之间不存在统计学上的差异性（p=0.402），说明新闻媒体情绪对企业创新投资的影响不会受到企业所在地创新环境的显著影响。

综上所述，企业产权属性会弱化新闻媒体情绪对企业创新投资的促进作用，企业的高新技术行业属性会强化新闻媒体情绪对企业创新投资的正向影响，但是，企业所在地的创新环境不会对新闻媒体情绪与企业创新投资之间的关系产生显著影响。

第六节　本章小结

企业作为一个开放的微观组织系统，其战略决策行为不仅会受到企业发展状况、管理者性格特质和董事会等内部治理机制的影响，还会受到媒体等外部治理机制的影响。本章以2014~2018年在沪深交易所上市的所有A股公司作为研究样本，基于信号理论和社会信息加工理论，打开了新闻媒体情绪影响企业创新投资决策的"黑箱"。研究发现：第一，新闻媒体情绪与企业创新投资之间具有显著的正相关关系，新闻媒体情绪越积极，企业创新投资水平越高，在采用双重差分模型、工具变量回归、Heckman两阶段、熵平衡、变量滞后和倾向得分匹配等方法克服内生性问题，并使用更换因变量、更换自变量、分年度回归和重新筛选样本进行稳健性检验之后，本章的研究结论依然稳健成立。第二，影响机制检验表明，新闻媒体情绪通过管理者过度自信、高级人才流动和股票流动性三个渠道促进企业创新投资，新闻媒体情绪越积极，管理者过度自信水平越高，管理层中的高级人才流入越多，股票流动性越高，企业创新投资水平越高。第三，为进一步检验新闻媒体情绪影响企业创新投资的作用机制，本章进行了分组检验。结果表明，同管理层女性占比较高、管理层咨询需求低和融资融

表 6.11 新闻媒体情绪对企业创新投资影响的截面异质性分析

变量	(1) $R\&D_{t+1}$	(2) $R\&D_{t+1}$	(3) $R\&D_{t+1}$	(4) $R\&D_{t+1}$	(5) $R\&D_{t+1}$	(6) $R\&D_{t+1}$	(7) $R\&D_{t+1}$	(8) $R\&D_{t+1}$	(9) $R\&D_{t+1}$
		产权性质			高新技术行业属性			企业所在地创新环境	
	$Mo=SOE$	是否国有		$Mo=HI$	是否属高新技术行业		$Mo=IE$	创新环境水平高低	
		是	否		是	否		高	低
NMS	0.056*** (14.869)	0.037*** (8.036)	0.073*** (13.526)	0.045*** (11.931)	0.072*** (11.479)	0.027*** (5.986)	0.056*** (14.824)	0.059*** (11.898)	0.052*** (8.766)
Mo	0.082 (0.901)			2.004*** (22.503)			0.166** (2.244)		
NMS×Mo	-0.033*** (-4.764)			0.030*** (4.669)			0.004 (0.636)		
公司特征	Yes	Yes	Yes	Yes	Yes	Yes	Yes	Yes	Yes
管理层特征	Yes	Yes	Yes	Yes	Yes	Yes	Yes	Yes	Yes
常数项	-5.751*** (-5.265)	-2.672** (-2.099)	-5.332*** (-3.116)	-5.434*** (-5.116)	-5.298*** (-2.608)	-3.544*** (-3.012)	-5.417*** (-4.947)	-4.000*** (-2.684)	-8.336*** (-4.920)
YEAR	Yes	Yes	Yes	Yes	Yes	Yes	Yes	Yes	Yes
INDUSTRY	Yes	Yes	Yes	Yes	Yes	Yes	Yes	Yes	Yes
p值	—	0.000***		—	0.000***		—	0.402	
N	8874	3399	5475	8874	3324	5550	8874	5427	3447
R²	0.394	0.390	0.370	0.427	0.215	0.475	0.393	0.400	0.370

注：括号内为 t 值，***、** 分别表示在 1%、5% 的水平下显著。

券标的分组相比，在管理层女性占比较低、管理层咨询需求高和非融资融券标的的情况下，新闻媒体情绪对企业创新投资的促进作用更大，进一步说明管理者过度自信、高级人才流动和股票流动性是新闻媒体情绪影响企业创新投资的中介路径。第四，截面异质性检验显示，企业的国有产权属性会弱化新闻媒体情绪对企业创新投资的促进作用，高新技术行业属性会强化新闻媒体情绪对企业创新投资的促进作用，企业所在地的创新环境不会对新闻媒体情绪与企业创新投资之间的关系产生显著影响。

同已有研究相比，本章的研究贡献体现在以下几个方面。第一，本章丰富了信号理论和社会信息加工理论在中国情境下的适用性研究，打开了外部信息环境影响企业内部战略决策行为的"黑箱"。第二，本章拓展了媒体治理领域的研究视角，既往研究多聚焦于探讨新闻媒体报道数量和媒体关注程度对资本市场和企业行为的影响（Ahern and Sosyura，2015），对新闻媒体报道语言特征的研究尚不充分（Graf-Vlachy et al.，2020），本章以新闻媒体情绪作为研究切入点，丰富了媒体治理领域的研究。第三，本章采用多种方法克服内生性问题并进行稳健性检验，系统分析了新闻媒体情绪对企业创新投资的影响，并厘清了具体的影响机制及边界条件，为探究企业创新投资的驱动因素提供了新的经验证据。第四，现有相关研究多探讨传统纸质媒体报道对企业创新的影响，本章以互联网新闻媒体报道作为数据来源，并证实了互联网新闻媒体报道内容所包含的积极乐观情绪对企业创新投资具有促进作用，是对"媒体治理与企业创新"研究领域的有益补充。

第七章

年报语调与企业创新

　　创新被认为是实现可持续发展不可或缺的先决条件，是新兴国家企业获取可持续竞争优势的重要源泉（Chen et al.，2022b；Yuan et al.，2022）。创新投资作为企业层面创新和技术升级的直接推动力量，是决定企业生存和发展能力的重要战略决策，因此，探究影响企业创新的因素受到了政府部门和学术界的长期关注。不同于一般的经营性投资，创新投资具有高风险、长周期、多阶段、系统性和复杂性等特点。企业创新投资决策的制定，在受到人工智能（Lee et al.，2022）、内部控制（Li et al.，2019a）、机构投资者（Mishra，2022）、公司治理（Muhammad et al.，2022）、环境政策（Brown et al.，2022）、经济政策不确定性（Cui et al.，2021）、政府补助（Wu et al.，2022）等因素影响的同时，还会受到企业信息披露的影响（Huang et al.，2021）。

　　已有对企业信息披露内容的研究多聚焦于对财务数据的分析，而财务数据仅占年度报告篇幅的 10%，文本表达占 80% 的篇幅（Lo et al.，2017）。与数字信息相比，文本信息具有丰富和容易理解的特点。文本信息为投资者提供了关于公司经营和财务状况的进一步解释，可以提供有关上市公司未来业绩的增量型文本信息（Yang et al.，2022），有助于投资者了解公司收益、流动性和融资需求的变化，以及公司所面临的市场风险，影响信息透明度、融资约束和投资决策（Wang，2021）。年报通过向资本市场参与者提供可靠和及时的会计信息，在促进资本分配决策中发挥着关键作用（Huang et al.，2021），可以减少逆向选择、流动性风险和信息风险，显著影响企业的投资决策（Park，2018）。

从语言心理学角度看，语言作为一种信息传递方式，恰好能反映出传递主体的认知及习得，而传递主体又借此来表达思想。作为企业战略制定者的管理层，其语言信息对外披露的重要途径为年度报告，其中不仅回顾了企业报告期内的财务状况、经营成果，更展望了企业经营计划、发展战略及面临的行业格局与趋势。这些语言信息所流露出的主观感情色彩，正是管理层对企业及行业现状和未来发展的认知，特别是隐含其中的语调更是强烈地表达了管理者的情感倾向（Xin et al.，2022；Yuan et al.，2022；Wu et al.，2021）。年报语调是财务数据来源的重要解释和补充，是信息披露中文本叙述的情感表达，可以对利益相关者理解企业管理特征和未来决策起到重要作用（Wang et al.，2021；Bicudo de Castro et al.，2019；Berns et al.，2022）。除此之外，年报语调还会影响信息媒介的判断，如分析师等（Muslu et al.，2019）。无论是从直接角度还是从间接角度看，年报语调都会在整个信息传递过程中影响其接收者（例如媒体、投资者等）的行为。因此，蕴含上市公司管理层认知倾向的年报语调，理应对包括企业创新在内的企业决策行为具有一定的预测作用。

语调是指定性的文本语言信息中所包含的积极或者消极情绪（Yuan et al.，2022），是文本信息的重要组成部分，体现了企业管理层在披露公司经营状况和未来发展趋势过程中的情感倾向或者态度。已有研究主要结合年报、管理层讨论与分析、盈余公告、媒体报道等文本信息，考察文本信息语调导致的经济后果，其中，围绕管理层讨论与分析和年报的研究最多。近几年，基于管理层讨论与分析视角，相关研究显示，积极的 MD&A 语调能够促进资本结构的动态调整（Wang et al.，2021），预测公司未来业绩（Tailab and Burak，2021），提升公司价值（Wu et al.，2021），强化风险信息披露对企业投资效率的促进作用（Li et al.，2019e）。MD&A 语调的横截面变化能够预测公司的资本投资和并购行为（Berns et al.，2022）。MD&A 中关于客户信息的语调越积极，供应商的库存率越高（Xin et al.，2022），关于风险信息的语调与信用违约互换显著相关（Wang，2021），同行企业的 MD&A 语调对焦点企业的投资效率有显著的溢出效应（Durnev and Mangen，2020）。围绕年度报告，已有研究表明，积极的年报语调与较低的审计费用相关（Bicudo de Castro et al.，2019），能够降低公司受到监管问询的概率（Yang et al.，2022），预测新兴市场公司的未来业绩（Tran et al.，2023）。此外，客户年度报告积极的语调能够提升供应商的创新水平（Xin et al.，2022），同行企业积极的年报语调也能够显著促进焦点企业的创新投资（Yuan et al.，2022）。

在已有探究企业创新投资驱动机制的研究中，学者们多关注独立的中介机制对企业创新投资的影响（Miroshnychenko and De Massis，2020），忽略了企业创新的系统性，即企业创新是多种机制共同作用的结果，且不同的机制之间还会存在传导效应。基于此，本章构建链式多重中介模型，检验媒体关注、股票流动性、融资约束及它们的链式中介在年报语调影响企业创新投资过程中的作用。基于上述分析，本章以来自中国的上市公司作为研究对象，聚焦年度报告的语调属性，分析年报语调对企业创新投资的影响，并检验媒体关注、股票流动性、融资约束的独立中介及它们之间的链式中介在年报语调影响企业创新投资过程中的作用，并通过倾向得分匹配、熵平衡和更换变量测度方法来确保研究结论的稳健性。

第一节　年报语调影响企业创新的理论分析

一　年报语调与企业创新投资

年报语调反映了管理层对公司业绩的预期（Yuan et al.，2022；Tailab and Burak，2021；Wu et al.，2021）。年度报告中的文本信息与公司业绩密切相关，当公司的经营业绩表现良好时，管理层在披露相关内容时使用积极词汇的比例将会增加（Lee and Park，2019）。管理者作为内部人员，掌握了更多有关公司、行业、客户、供应商等方面的"软信息"，信息优势会促使管理团队对公司的经营业绩产生更积极的预期，在年报披露中更多地使用积极词汇。因此，语调可以传递出未包含在财务报表数据中的关于公司未来业绩预期的私有信息。既有研究也表明，文本信息语调提供了能够预测公司业绩的"隐性"信息（Berns et al.，2022），语调越积极，公司未来业绩表现越好（Li，2010；Loughran and McDonald，2011），即年报语调中的增量信息预示着公司未来业绩。业绩发展水平越高，公司能够将更多的冗余资源投入企业创新领域（Zhang et al.，2021）。因此，本章认为年报语调越积极，上市公司就拥有足够的能力和资源开展企业创新活动。

在当前经济社会中，仅靠会计数据难以全面反映企业整体价值，为了降低信息不对称性，引导媒体、债权人和投资者等外部利益相关者对企业价值做出正确判断，管理者会更多地通过语调表达与企业基本面相关的真实信息，对定量信息形成有力的解释和补充（Yuan et al.，2022）。基于信号传递理论，在资本市场中信息的供给方会向信息的需求方传递信号，以缓解信息不对称，促进市场交易环境的改善（Baginski et al.，2000）。作为资本市场的重要媒介，公司年报是从管理层视角向外界传递公司经营状况及战略规划等信息的途径，年报语调能够显著影响公司的股价表现和决策行为（Bicudo de Castro et al.，2019；Tran et al.，2023）。年报语调这一文本信息能够向资本市场传递管理层的增量信息，进一步畅通信息需求方和供给方之间的沟通渠道，降低资本误定价和企业风险的发生概率，有利于企业的存续和发展（Li，2010）。

从信息经济学的角度来看，信息是行动者决策的关键因素。信息的数量、可靠性和及时性直接影响决策的效率和准确性。从信息供给方的视角来看，企业年报具有内容多样化的特点，管理层不仅要陈述公司过去的商业环境和经营业绩，还要向外界传递战略方向和未来规划。在撰写并披露年报的过程中，如果管理层关于企业发展的态度和认知能够采用积极的语调来表达，那么这些乐观情绪就可以通过融资成本、经营风险、企业形象等途径转化为资本市场上有价值的增量信息。从信息需求方的视角来看，非财务信息可以向外界传递公司运营、管理等方面的情况，在一定程度上弥补财务信息的不足，有利于改善信息需求方的信息环境。

管理层作为信息的优势方，了解公司的经营状况、财务业绩和潜在风险因素，而外部利益相关者尤其是投资者无法观察和直接参与公司的日常经营活动和管理层行为。因此，当管理层对企业未来发展前景充满信心时，其会积极使用大量的乐观词汇，使文本呈现乐观语调，当语调较为积极时，表示管理层对企业经营、战略规划及行业发展充满信心（Yuan et al.，

2022；Bicudo de Castro et al.，2019），这能够提高媒体、投资者等利益相关者对上市公司的关注程度，提升股票流动性，降低信息不对称程度，提高利益相关者对公司发展前景的预期，优化企业战略决策的信息环境，创造良好的企业创新环境。基于信号理论，文本信息语调传达了管理者对公司期望的信号，并能够对市场产生长期影响（Wu et al.，2021）。当管理层对企业前景有信心时，其会尽力在报表中呈现企业的业绩和战略规划，并将该信息传递给各利益相关者，积极开展与创新相关的活动。

年报语调越积极，意味着上市公司业绩表现越好，拥有足够的能力去开展企业创新活动。积极的年报语调，会吸引媒体等外部质量机制的介入，降低信息不对称程度和交易成本，提高利益相关者对上市公司的关注程度，改善企业的决策环境。积极语调对未来良好绩效的预测意味着上市公司及其管理者有开展企业创新的资源保障。由年报语调引起的利益相关者关注程度的提升，则会改善企业创新环境，提高上市公司开展创新活动的意愿。

此外，既有研究表明，文本信息语调的披露还会受到管理者性格特质的影响（Buchholz et al.，2018），自信程度高的管理者在描述公司业绩时语调更加积极乐观（DeBoskey et al.，2019）。因此，积极的年报语调反映了管理层良好的经营业绩和对公司的乐观业务预期，这可能增强管理层承担风险的信心（Fedorova et al.，2022）。鉴于企业创新活动的不确定性，行为金融学和高阶梯队理论均认为，管理者在制定创新投资决策时常常依赖自身拥有的个人特质及其对自身特质的看法，容易受到过度自信等行为偏好的影响（Zavertiaeva et al.，2018）。过度自信能够提高风险偏好水平，弱化管理者的风险厌恶。过度自信的管理者系统性地高估了其战略决策产生良好经济后果的概率，低估了失败的可能性，因此，追求内在风险和不确定性程度高的创新项目的可能性更大，在企业创新方面的投入更多（Hirshleifer et al.，2012）。基于此，本章提出如下假设。

H7-1：年报语调越积极，企业创新投资水平越高。

二　媒体关注的中介作用

非财务信息描述了关于公司治理、管理与运营环境等方面的事实，弥补了财务信息的不足，显著改善了信息使用者的信息环境（Li，2010）。文本信息作为一种有价值的信息载体，可以在管理层和信息使用者之间发挥信号作用（Fedorova et al.，2022）。基于信号理论，年报语调是管理层（发送者）向资本市场参与者（接收者）传递的信号，积极的语调也会引起媒体等外部治理机制的介入。

媒体是市场参与者收集、理解和传播信息的主要中介（Bushee et al.，2010）。通过充当公司和外部人士之间的信息中介，媒体使投资者能够获得有关公司目前状况和未来前景的信息（Gao et al.，2021）。媒体作为公司重要的外部监督机制，通过捕捉和分析公司信息发现管理机会主义和违规行为，并向公众曝光，这有利于公司提升治理水平，缓解代理冲突（Graf-Vlachy et al.，2020）。媒体报道后的公众关注可能会引发管理层过度自信（Gao et al.，2021），提升管理者对企业创新活动探索的积极性，提高对企业创新失败风险的容忍度。此外，媒体的关注会给管理者带来压力，促使他们努力工作以避免声誉受损。为了避免个人财富和声誉的损害，管理者不太愿意将公司资源用于私人利益，从而可以有效缓解与风险相关的代理冲突（Gao et al.，2022）。当管理者更关心他们的财富和声誉资本的未来价值时，新闻报道对企业风险承担的积极作用就会增强。基于此，本章提出如下假设。

H7-2：媒体关注度在年报语调与企业创新投资的关系中起到中介作用。

三　股票流动性的中介作用

在资本市场上，投资者依赖公司披露的特定信息进行投资决策，信息披露能够改善公司的信息环境和股票流动性（Wang et al.，2022a）。年度报告是资本市场中投资者获取上市公司信息的重要来源（Tailab and Burak，2021）。基于信号理论，当年度报告采用一种积极语调的方式向投资者传递企业内部积极信号时，可以优化上市公司信息环境，降低不确定性，对投资者的投资行为产生影响，从而影响股票流动性。从信息披露的信息增量观可知，积极的年报语调可以为投资者提供企业的额外信息，并揭示企业未来更多的内外部投资活动，缓解信息不对称程度（Yuan et al.，2022），提高各类投资者对标的股票的认知度，并吸引其买入该股票，有效提升股票流动性。股票流动性的提高降低了上市公司在资本市场上的融资成本（Quah et al.，2021），使得企业更容易为创新活动的开展提供资金支持。流动性的改善能够吸引证券公司、基金公司、养老基金等专业性机构投资者，外部监督水平的提升可以减少管理层的短视行为，并监督管理层积极开展企业创新活动。

信息披露在资本市场的运作中发挥着至关重要的作用，高质量的信息披露可以降低信息不对称程度，提高公司股票的流动性（Boubaker et al.，2019）。年报语调传递了增量信息，有洞察力的市场参与者会修正其对公司基本价值的评估，进而改变投资决策（Yekini et al.，2016）。积极的语调能够提供积极的信息，并使信息快速传递给投资者（Wang et al.，2021）。与消极的信息相比，积极的信息能够在更大程度上促进股票流动性的提升（Cho and Kim，2021）。股票流动性能够降低投资者的交易成本，有利于活跃股票买卖、增加市场信息供给，能够降低股东监督企业管理层的成本、中小股东约束大股东的成本，显著抑制管理层的道德风险和逆向选择问题产生，提高企业战略决策质量，促使管理者做出符合投资者预期的战略决策（Quah et al.，2021），积极开展企业创新活动。基于此，本章提出如下假设。

H7-3：股票流动性在年报语调与企业创新投资的关系中起到中介作用。

四　融资约束的中介作用

企业进行创新活动通常需要较长时间才可获得创新产出，在此过程中企业需要持续的资金支持，因此，融资约束是制约企业开展创新活动的重要因素之一（Amore et al.，2013）。积极的年报语调可以有效提升上市公司在资本市场上的声誉和社会形象，增强银行、债权人、供应商、投资者等各类资本市场利益相关者对公司的信心，改善企业的资本市场信息环境，降低利益相关者对上市公司进行评估所需承担的成本，有效改善上市公司面临的融资环境，降低权益成本（Kothari et al.，2009），缓解融资约束。

高质量的信息披露可以减少逆向选择、流动性风险和信息风险（Amin et al.，2023）。高信息透明度可以降低外部利益相关者的信息成本，从而降低杠杆调整成本，加快企业资本结构调整速度（Wang et al.，2021）。与其他资本投资相比，企业创新投资对信息更加敏感，更加依赖外部融资（Brown and Martinsson，2019）。融资约束是抑制企业创新投资的重要因素（Lin et al.，2017；Chen et al.，2022b）。对于高度依赖外部融资的公司，提高信息披露水平可以增强其创新能力（Simpson and Tamayo，2020）。

年度报告作为企业文本信息的首要和最正式的载体，为投资者的决策行为提供了最直接且相关的信息。积极的年报语调不仅会显示公司的历史经营业绩，还会通过文本信息提供管理层对公司经营状况的评估和对未来的展望，发挥信息增量的作用（Yuan et al.，2022），有利于缓解信息不对称，增强投资者对企业发展的信心，减少其融资约束，加快资本结构调整速度（Wang et al.，2021）。拥有高质量信息的公司可以通过较低的借贷成本和较高的发债水平享受较低的信贷市场准入标准（Amin et al.，2023），更透明的披露可以通过缓解内部与外部资本提供者之间的信息不对称，从而增加外部融资的可获得性并降低其成本（Rjiba et al.，2021），促进企业创新（Simpson and Tamayo，2020）。基于此，本章提出如下假设。

H7-4：融资约束在年报语调与企业创新投资的关系中起到中介作用。

五　媒体关注与股票流动性的链式中介作用

媒体的信息获取能力和信息质量决定了市场参与者的决策效率（Bushman et al.，2004）。媒体作为重要的资本市场信息中介，是影响公司信息环境的重要因素，能够有效解读上市公司在年度报告中所传递出的语调信息，为投资者投资决策提供相应的信息支持。由于媒体具有广泛整合、包装和传播信息的能力，媒体已经成为越来越重要的信息整合者、价值创造者和传播者（Graf-Vlachy et al.，2020）。媒体通过向利益相关者传播信息，在提高投资者认知度和减少信息不对称方面发挥着关键作用，从而对股市表现产生重大影响。媒体在缓解资本市场的信息摩擦方面发挥着重要作用，通过及时产生信息并向广泛的投资者传播公司信息。媒体改善了公司的信息环境和投资者认知，媒体报道引起的信息传播可以有效缓解信息不对称，提高证券对投资者的吸引力，产生更为广泛的交易活动，从而提高股票流动性（Gao et al.，2020）。既有研究也表明，公司的信息披露是投资者获取消息的重要渠道，媒体关注与较高的股票流动性之间呈显著正相关（Gorman et al.，2021），新闻媒体对上市公司积极消息和消极消息的报道均能够显著提升股票流动性（Aman and Moriyasu，2022）。

媒体关注在一定程度上是股票流动性的"增强器"。积极年报语调引起的媒体正面报道，在一定程度上能够形成良好的市场预期，提高特定股票的估值潜力。在高股票流动性的作用下，市场投资者会积极买入这类股票，从而使得股票流动性增强并提升股价。在这种良好的发展环境下，企业会逐步提升自身的创新需求并开展具体的创新投资活动。基于此，本章构建"年报语调→媒体关注→股票流动性→企业创新投资"的影响路径，并提出如下假设。

H7-5：媒体关注、股票流动性在年报语调与企业创新投资之间起到链式多重中介作用。

六　媒体关注与融资约束的链式中介作用

信息不对称是造成企业融资受阻的重要原因（Diamond and Verrecchia，1991）。管理者与外部投资者之间通过信息中介进行有效沟通，可以降低信息不对称程度，提高公司知名度，从而缓解融资约束（Dai et al.，2021）。媒体作为沟通企业和外部市场的桥梁，是上市公司和利益相关者之间的重要沟通渠道，对公众获取企业信息起到了举足轻重的作用（Graf-Vlachy et al.，2020），可以在保障信息质量的同时提升信息的流通速度，发挥"信息传递"效能，也可以保障良好的信息传播环境（Dyck et al.，2008），对缓解融资压力发挥重要作用。

媒体报道可以向市场传递信息，同时保障信息传递效率及信息的可靠性。媒体作为信息的供给者而非生产者，负责收集、核实、整理、发布企业的各类信息。基于信号理论，上市公司是信息供给方，年报语调是信号，媒体是信号接收者，将上市公司年报的相关信息向外界传递，可以缓解资本市场间的信息摩擦。媒体通过自身的信息传播功能，将获取的年报语调等信息通过媒介进行传播，这在无形中就帮助银行等金融机构更好地了解上市公司的真实生产经营状况，提高了上市公司的信息透明度，降低了上市公司和债权人之间的信息不对称程度，有利于帮助企业缓解融资约束。

媒体在向投资者传播信息方面发挥着关键作用，可以生成具有重大经济价值的信息，缓解信息摩擦，并提高投资者对公司的认知水平。通过向公众传播高质量的信息，媒体可以改善企业的信息环境，缓解信息不对称，从而降低信息风险溢价和资本成本（Gao et al.，2020）。媒体作为内部人与外部人之间的信息桥梁，对上市公司的关注会对年报形成"放大效应"，改善上市公司信息环境，进一步拓宽投资者获取上市公司相关信息的渠道，降低获取信息的成本，为缓解由信息不对称引起的融资约束提供一个潜在的应对措施，并能够提高管理者的知名度和可信度，这能够拓展企业获得融资的途径，降低融资成本，促进企业创新（Dai et al.，2021）。基于此，本章构建"年报语调→媒体关注→融资约束→企业创新投资"的影响路径，并提出如下假设。

H7-6：媒体关注、融资约束在年报语调与企业创新投资之间起到链式多重中介作用。

七 股票流动性与融资约束的链式中介作用

股票流动性可以通过交易成本机制降低资本成本，缓解融资约束（Amihud and Mendelson，1987）。流动性越高的股票的权益资本成本和交易成本越低，这有利于企业进行权益融资，降低融资约束程度，从而能够影响企业的创新投资。

较高的股价信息含量能够缓解公司内外部人的信息不对称，帮助投资者和债权人更好地评估其承担的信息风险，从而为企业获取外部资金提供契机，降低其对内部资金的依赖。年报语调越积极，预期企业未来业绩越好，越能够吸引更多的外部投资者投资，增加市场对企业证券的需求，提高股票流动性。股票流动性可以通过降低资本成本、提高资本配置效率进而缓解融资约束（Quah et al.，2021）。积极的语调可以缓解不同投资者之间的信息不对称，提升股票流动性，从而降低交易成本和融资成本。有利的文本语调信息可以降低企业的融资成本（Kothari et al.，2009），为企业创新投资提供资金。

相较于有形资产或短期资产的投资，研发投资的风险更大、周期更长、收益不确定性更高，因此面临着更严重的融资约束。股票流动性能够有效缓解公司面临的融资约束（Chatterjee et al.，2021）。股票流动性高的公司在债务期限结构中更倾向于选择长期债务（Marks and Shang，2021），这可以确保创新投资过程中资金的持续支持。综合以上分析，本章构建"年报语调→股票流动性→融资约束→企业创新投资"的影响路径，并提出如下假设。

H7-7：股票流动性、融资约束在年报语调与企业创新投资之间起到链式多重中介作用。

八　媒体关注、股票流动性与融资约束的链式中介作用

基于前述研究假设的分析，本章认为年报语调能够促进企业创新投资，媒体关注、股票流动性和融资约束可能都是年报语调在影响企业创新投资过程中的中介变量。三个中介变量会单独产生中介作用，不同的中介变量之间还会因存在顺序性的关联影响组合而形成中介链，产生链式多重中介作用。此外，相关研究也证实媒体关注产生的信息提高了股票的流动性，降低了企业违约风险，从而降低了债务资本成本（Gao et al.，2020），缓解了企业在创新投资过程中面临的融资约束。据此，本章构建了"年报语调→媒体关注→股票流动性→融资约束→企业创新投资"的影响路径，并提出如下假设。

H7-8：媒体关注、股票流动性、融资约束在年报语调与企业创新投资之间起到链式多重中介作用。

基于上述理论分析，本章研究的逻辑框架如图 7.1 所示。其中，路径 $c + a_1b_1 + a_2b_2 + a_3b_3 + a_1d_1b_2 + a_1d_2b_3 + a_2d_3b_3 + a_1d_1d_3b_3$ 为假设 H7-1，路径 a_1b_1 为假设 H7-2，路径 a_2b_2 为假设 H7-3，路径 a_3b_3 为假设 H7-4，路径 $a_1d_1b_2$ 为假设 H7-5，路径 $a_1d_2b_3$ 为假设 H7-6，路径 $a_2d_3b_3$ 为假设 H7-7，路径 $a_1d_1d_3b_3$ 为假设 H7-8。

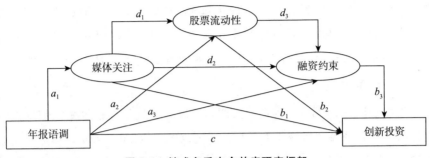

图 7.1 链式多重中介效应研究框架

第二节 年报语调影响企业创新的研究设计

一 研究样本及数据来源

本章以 2008~2021 年在中国上海证券交易所和深圳证券交易所上市的公司作为研究对象，研究年报语调与企业创新投资之间的关系。本章关于年报语调的数据来自 CNRDS，有关媒体关注的数据来自百度新闻，剩下的数据来自 CSMAR 数据库。在获得初始样本之后，本章剔除如下观测样本：①金融、保险类样本，该类公司的资产负债结构具有特殊性；②样本期内被 ST、*ST 以及退市的样本，异常的财务状况可能会影响研究结果；③上市不足一年的公司，以排除 IPO 的影响；④相关数据存在缺失的样本；⑤创新投入为 0 的样本。经过上述筛选，本章最终得到 20719 个公司—年度观测值。为了克服可能存在的内生性问题，并考虑到年报公布的滞后性（例如，当年报公布时，同年度的股票流动性已经发生），本章将解释变量和控制变量滞后一期，也就是在本章的实证检验过程中，被解释变量和中介变量为 $t+1$ 期的取值，解释变量和控制变量为 t 期的取值，这种处理方法已经在探讨影响企业创新因素的研究中得到广泛使用（Ding and Wei，2022）。为减小异常数值对回归结果的影响，本章对所有连续变量进行上下 1% 的缩尾处理。

二 变量定义

（一）被解释变量

创新投资（*R&D*）。本章通过企业的研发强度测度企业的创新投资水平。延续已有研究的测度方法（Yuan et al.，2022），本章通过研发支出占营业收入的比例测度企业创新投资水平（*R&D*）。在稳健性检验中，通过企业研发支出占总资产的比例来表征企业创新投资（*R&D*1）。

（二）解释变量

年报语调（*TONE*）。管理层语调是管理层通过年度报告文字信息披露表达积极或者消极的情绪。参考相关研究（Yuan et al.，2022；Xin et al.，2022），使用积极词汇数量与消极词汇数量之差占年报总词汇数量的比例测度年报语调（*TONE*），比例越大，代表上市公司年报语调越积极。在稳健性检验中，通过年度报告中积极词汇数量与消极词汇数量之差占积极词汇数量和消极词汇数量之和的比例刻画年报语调（*TONE*1）。

（三）中介变量

媒体关注（*MEDIA*）。参考相关研究（Qiao and Su，2020），对于每家上市公司，通过百度新闻搜索对标题中含有该公司股票名称的新闻报道进行分年度检索，通过手工整理得到搜索引擎输出的新闻报道数量并加 1 然后取自然对数，以此来衡量公司年度媒体关注的代理指标（*MEDIA*）。

股票流动性（*AMIHUD*）。选取 Amihud 和 Noh（2021）提出的非流动性指标（Illiquidity）来刻画样本公司股票的年度流动性。参考 Chen 等（2019a）的做法，本章对指标取负值，使其取值越大时表明股票的流动性越强，记作 *AMIHUD*。在稳健性检验中，采用买卖价差测度股票流动性（Goyenko et al.，2009），记作 *RES*。具体的计算公式为：

$$AMIHUD_{i,y} = -10^8 \times 1/D_{i,y} \sum_{t=1}^{D_{i,y}} |R_{i,y,d}| / VOLD_{i,v,y,d} \qquad (7.1)$$

$$RES_{i,y} = -\frac{1}{D_{i,y}} \sum_{d=1}^{D_{i,y}} \sum_{k=1}^{K_{i,d,y}} \frac{2 \times |P_{i,d,k,y} - M_{i,d,k,y}|}{M_{i,d,k,y}} \qquad (7.2)$$

其中，$D_{i,y}$ 为股票 i 在一年内的有效交易天数，$R_{i,y,d}$ 为股票 i 在一年内第 d 天考虑现金红利再投资的日收益率，$VOLD_{i,v,y,d}$ 为股票 i 在一年内第 d 天的日成交额（单位为百万元），$K_{i,d,y}$ 是股票 i 在第 d 天的成交笔数，$P_{i,d,k,y}$ 是该笔股票成交的价格，$M_{i,d,k,y}$ 是买卖价格的中间价格。本章认为年报语调会通过股票流动性影响企业创新投资，中国证监会要求上市公司在每年的 4 月 30 日之前披露年度报告。基于此，本章将计算股票流动性的周期确定为从 t 年的 5 月 1 日到 $t+1$ 年的 4 月 30 日。

融资约束（SA）。参照 Hadlock 和 Pierce（2010）的研究，本章通过企业规模和企业年龄两个变量构建 SA 指数，用以测度企业的融资约束水平。SA 指数的取值越大，企业融资约束水平越低，SA 指数目前已经被大量的学者认可并应用于学术研究（Ding and Wei，2022）。在稳健性检验中，使用 WW 指数测度企业融资约束（Whited and Wu，2006）。融资约束的计算公式为：

$$SA = -0.737 \times SIZE + 0.043 \times SIZE^2 - 0.04 \times AGE \tag{7.3}$$

$$WW = -0.091 \times CASH - 0.062 \times DIVPOS + 0.021 \times LEV + \\ 0.102 \times IGROWTH - 0.035 \times GROWTH \tag{7.4}$$

其中，$SIZE$ 为企业总资产取自然对数；AGE 为企业成立年限；$CASH$ 为经营活动产生的现金流量净额占总资产的比例；$DIVPOS$ 为现金股利支付哑变量，当上市公司在当年派发现金股利时，赋值为 1，否则为 0；LEV 为总负债占总资产的比例；$IGROWTH$ 为行业平均营业收入增长率；$GROWTH$ 为营业收入增长额占上一期营业收入总额的比例。

（四）控制变量

参考探究企业创新投资影响因素的研究（Yuan et al.，2022；Lee et al.，2022；Zhang et al.，2021），本章在回归模型中控制了如下变量：$SIZE$（总资产取自然对数）、LEV（总负债占总资产的比例）、ROA（净利润占总资产的比例）、$CASH$（经营活动产生的现金流量净额占总资产的比例）、$CAPEXPT$（购买固定资产、无形资产和其他长期资产支付的现金占总资产的比例）、Q（市场价值与债务账面价值之和占资产账面价值的比例）、$GROWTH$（营业收入增长额占上一期营业收入总额的比例）、$TOP10$（前十大股东持股数量占总股本的比例）、SOE（国有上市公司赋值为 1，否则为 0）、$INDEP$（独立董事人数占董事会总人数的比例）、$DUAL$（董事长兼任 CEO 时，取值为 1，否则为 0）、$MSIZE$（管理层总人数取自然对数）、$MAGE$（管理层成员的平均年龄）、$MGENDER$（管理层中的男性占比）。此外，本章还在回归中对年份固定效应（$YEAR$）和行业固定效应（$INDUS$-

TRY）进行控制。表 7.1 展示了各变量的定义。

表 7.1　变量定义

类型	变量	符号	定义
被解释变量	创新投资	*R&D*	研发支出占营业收入的比例
解释变量	年报语调	*TONE*	积极词汇数量与消极词汇数量之差占年报总词汇数量的比例
中介变量	媒体关注	*MEDIA*	新闻报道数量加 1 取自然对数
	股票流动性	*AMIHUD*	通过式（7.1）计算
	融资约束	*SA*	通过式（7.3）计算
控制变量	公司规模	*SIZE*	总资产取自然对数
	资产负债率	*LEV*	总负债占总资产的比例
	盈利能力	*ROA*	净利润占总资产的比例
	现金流	*CASH*	经营活动产生的现金流量净额占总资产的比例
	资本支出	*CAPEXPT*	购买固定资产、无形资产和其他长期资产支付的现金占总资产的比例
	托宾 Q 值	*Q*	市场价值与债务账面价值之和占资产账面价值的比例
	成长能力	*GROWTH*	营业收入增长额占上一期营业收入总额的比例
	股权集中度	*TOP*10	前十大股东持股数量占总股本的比例
	产权性质	*SOE*	国有上市公司赋值为 1，否则为 0
	独立董事比例	*INDEP*	独立董事人数占董事会总人数的比例
	两职合一	*DUAL*	董事长兼任 CEO 时，取值为 1，否则为 0
	管理层规模	*MSIZE*	管理层总人数取自然对数
	管理层年龄	*MAGE*	管理层成员的平均年龄
	管理层性别比	*MGENDER*	管理层中的男性占比
	年份固定效应	*YEAR*	根据研究区间设置虚拟变量
	行业固定效应	*INDUSTRY*	根据公司所属证监会行业分类设置虚拟变量

三　模型设计

为了检验年报语调对企业创新投资的影响，并确定媒体关注、股票流动性和融资约束是否为年报语调影响企业创新投资的中介机制。根据提出的研究假设，本章参考已有研究（Chen et al.，2022b），构建链式多重中介效应模型。借鉴 Ding 和 Wei（2022）的研究，将被解释变量和中介变量

设定为 $t+1$ 期的取值，将解释变量和控制变量设定为 t 期的取值。具体的模型为：

$$R\&D_{i,t+1} = \alpha_0 + \alpha_1 TONE_{i,t} + Controls + \sum YEAR + \sum INDUSTRY + \varepsilon_{i,t} \quad (7.5)$$

$$MEDIA_{i,t+1} = \beta_0 + \beta_1 TONE_{i,t} + Controls + \sum YEAR + \sum INDUSTRY + \varepsilon_{i,t} \quad (7.6)$$

$$AMIHUD_{i,t+1} = \lambda_0 + \lambda_1 TONE_{i,t} + Controls + \sum YEAR + \sum INDUSTRY + \varepsilon_{i,t}$$
$$(7.7)$$

$$SA_{i,t+1} = \phi_0 + \phi_1 TONE_{i,t} + Controls + \sum YEAR + \sum INDUSTRY + \varepsilon_{i,t} \quad (7.8)$$

$$R\&D_{i,t+1} = \varphi_0 + \varphi_1 TONE_{i,t} + \varphi_2 MEDIA_{i,t+1} + Controls +$$
$$\sum YEAR + \sum INDUSTRY + \varepsilon_{i,t} \quad (7.9)$$

$$R\&D_{i,t+1} = \gamma_0 + \gamma_1 TONE_{i,t} + \gamma_2 AMIHUD_{i,t+1} +$$
$$Controls + \sum YEAR + \sum INDUSTRY + \varepsilon_{i,t} \quad (7.10)$$

$$R\&D_{i,t+1} = \eta_0 + \eta_1 TONE_{i,t} + \eta_2 SA_{i,t+1} + Controls +$$
$$\sum YEAR + \sum INDUSTRY + \varepsilon_{i,t} \quad (7.11)$$

$$R\&D_{i,t+1} = \kappa_0 + \kappa_1 TONE_{i,t} + \kappa_2 MEDIA_{i,t+1} + \kappa_3 AMIHUD_{i,t+1} +$$
$$Controls + \sum YEAR + \sum INDUSTRY + \varepsilon_{i,t} \quad (7.12)$$

$$R\&D_{i,t+1} = \mu_0 + \mu_1 TONE_{i,t} + \mu_2 MEDIA_{i,t+1} + \mu_3 SA_{i,t+1} +$$
$$Controls + \sum YEAR + \sum INDUSTRY + \varepsilon_{i,t} \quad (7.13)$$

$$R\&D_{i,t+1} = \nu_0 + \nu_1 TONE_{i,t} + \nu_2 AMIHUD_{i,t+1} + \nu_3 SA_{i,t+1} +$$
$$Controls + \sum YEAR + \sum INDUSTRY + \varepsilon_{i,t} \quad (7.14)$$

$$R\&D_{i,t+1} = \theta_0 + \theta_1 TONE_{i,t} + \theta_2 MEDIA_{i,t+1} + \theta_3 AMIHUD_{i,t+1} + \theta_4 SA_{i,t+1} +$$
$$Controls + \sum YEAR + \sum INDUSTRY + \varepsilon_{i,t} \quad (7.15)$$

在上述公式中，式（7.5）用于检验假设 H7-1，式（7.5）、式（7.6）和式（7.9）联合用于检验假设 H7-2，式（7.5）、式（7.7）和式（7.10）联合用于检验假设 H7-3，式（7.5）、式（7.8）和式（7.11）联合用于检验 H7-4，式（7.12）、式（7.13）、式（7.14）和式（7.15）分别用于检验假设 H7-5、假设 H7-6、假设 H7-7 和假设 H7-8。此外，本章还采用 Bootstrap 法进行多重中介效应分析。

第三节　年报语调影响企业创新的实证结果分析

一　描述性统计

表 7.2 报告了各变量的描述性统计结果。由列示的内容可知，整体而言，研发支出占营业收入的比例（$R\&D_{t+1}$）为 4.5325，最小值为 0.0300，最大值为 23.5900，标准差为 4.4322，这表明中国上市公司的创新投资水平较低，不同公司之间的创新投资水平存在较大差异。年报语调（$TONE$）的平均值为 0.0026，这与 Yuan 等（2022）、Xin 等（2022）的统计结果相近。新闻媒体对上市公司关注（$MEDIA_{t+1}$）的平均值、标准差、最小值和最大值分别为 3.3118、1.4762、0.0000 和 7.5501，这意味着在中国，媒体对上市公司的关注程度存在很大差异。股票流动性（$AMIHUD_{t+1}$）的平均值和中位数分别为 -0.0557 和 -0.0357。融资约束（SA_{t+1}）的平均值为 -3.4594，与 Ding 和 Wei（2022）的统计结果基本一致。控制变量的统计结果与已有研究（Yuan et al., 2022）基本一致，本章不再赘述。

表 7.2　描述性统计

变量	样本量	平均值	标准差	最小值	中位数	最大值
$R\&D_{t+1}$	20719	4.5325	4.4322	0.0300	3.5500	25.7300
$TONE$	20719	0.0026	0.0129	-0.0036	0.0023	0.0512
$MEDIA_{t+1}$	20719	3.3118	1.4762	0.0000	3.5264	7.5501
$AMIHUD_{t+1}$	20719	-0.0557	0.0633	-0.4085	-0.0357	-0.0027
SA_{t+1}	20719	-3.4594	0.2942	-4.1385	-3.4050	-2.9438
$SIZE$	20719	21.9771	1.2544	19.8756	21.7826	25.9540
LEV	20719	40.4206	19.8848	5.1418	39.4051	87.5291
ROA	20719	3.7188	6.3601	-28.4764	3.7342	19.1587
$CASH$	20719	5.2505	7.6891	-16.9492	5.0210	28.4153
$CAPEXPT$	20719	6.1244	5.9610	0.1034	4.2249	30.8544

续表

变量	样本量	平均值	标准差	最小值	中位数	最大值
Q	20719	2.0722	1.2510	0.8789	1.6698	7.9971
$GROWTH$	20719	17.7472	38.9882	-59.7581	9.4211	148.1257
$TOP10$	20719	57.9899	16.0854	0.6476	59.5100	89.6400
SOE	20719	0.3455	0.4755	0.0000	0.0000	1.0000
$INDEP$	20719	0.4248	0.1315	0.3333	0.4000	1.0000
$DUAL$	20719	0.3744	0.4840	0.0000	0.0000	1.0000
$MSIZE$	20719	2.8141	0.2283	2.3026	2.7726	3.4340
$MAGE$	20719	3.8653	0.0701	3.6889	3.8712	4.0254
$MGENDER$	20719	0.8159	0.1129	0.5000	0.8333	1.0000

二　单变量分析

根据年报语调是否大于 0，将研究样本分为高年报语调和低年报语调两组并进行变量差异性检验，具体的检验结果如表 7.3 所示。由表 7.3 展示的内容可以看出，年报语调大于 0 的样本有 11659 个，占样本总量的 56.27%；年报语调小于 0 的样本有 9060 个，占样本总量的 43.73%，这表明中国上市公司的年报语调较为积极，倾向于向其他信息使用者传递企业和行业未来发展前景向好的信号。在年报语调高的分组中，企业创新投资（$R\&D_{t+1}$）的平均值和中位数分别为 5.2334 和 3.9500；在年报语调低的分组中，企业创新投资（$R\&D_{t+1}$）的平均值和中位数分别为 3.6304 和 3.0600。不同分组之下企业创新投资平均值和中位数的差值分别为 1.6030 和 0.8900，并且均通过了 1% 的显著性水平检验，说明与低年报语调分组相比，高年报语调分组中的企业创新投资水平更高，本章的基准研究假设得到初步验证。对于中介变量而言，高年报语调分组与低年报语调分组中媒体关注（$MEDIA_{t+1}$）、股票流动性（$AMIHUD_{t+1}$）和融资约束（SA_{t+1}）的平均值差值分别为 0.3348、0.0092 和 0.1930，中位数差值分别为 0.3814、0.0063 和 0.2124，不同分组下中介变量的平均值和中位数差异均在 1% 的水平下显著，这意味着年报语调越积极，媒体对上市公司的关注度越高，上市公司股票流动性越强，融资约束水平越低，符合本章在研究假设部分的分析。此外，不同年报语调分组下控制变量的平均值和中位数差异均在1%的水平下显著，说明本章在分析年报语调对企业创新投资影响的过程中对这些变量进行控制是有必要的。

表 7.3　单变量分析

变量	高年报语调			低年报语调			均值差异	中位数差异
	样本量	平均值	中位数	样本量	平均值	中位数		
$R\&D_{t+1}$	11659	5.2334	3.9500	9060	3.6304	3.0600	1.6030 ***	0.8900 ***
$MEDIA_{t+1}$	11659	3.5002	3.7136	9060	3.1654	3.3322	0.3348 ***	0.3814 ***
$AMIHUD_{t+1}$	11659	−0.0505	−0.0322	9060	−0.0597	−0.0385	0.0092 ***	0.0063 ***
SA_{t+1}	11659	−3.3750	−3.3255	9060	−3.5680	−3.5379	0.1930 ***	0.2124 ***
$SIZE$	11659	21.7345	21.5523	9060	22.2893	22.1326	−0.5548 ***	−0.5803 ***
LEV	11659	36.6311	34.9037	9060	45.2973	44.8203	−8.6662 ***	−9.9166 ***
ROA	11659	4.8096	4.5907	9060	2.3151	2.7412	2.4945 ***	1.8495 ***
$CASH$	11659	5.6135	5.3805	9060	4.7832	4.5994	0.8303 ***	0.7811 ***
$CAPEXPT$	11659	6.9434	4.9906	9060	5.0704	3.4193	1.8730 ***	1.5713 ***
Q	11659	2.1585	1.7757	9060	1.9612	1.5345	0.1973 ***	0.2412 ***
$GROWTH$	11659	20.3886	11.7699	9060	14.3480	6.8479	6.0406 ***	4.9220 ***
$TOP10$	11659	59.2844	61.2100	9060	56.3241	57.2600	2.9603 ***	3.9500 ***
SOE	11659	0.2597	0.0000	9060	0.4560	0.0000	−0.1963 ***	0.0000 ***
$INDEP$	11659	0.4311	0.4286	9060	0.4166	0.4000	0.0145 ***	0.0286 ***
$DUAL$	11659	0.4108	0.0000	9060	0.3276	0.0000	0.0832 ***	0.0000 ***
$MSIZE$	11659	2.7938	2.7726	9060	2.8402	2.8332	−0.0464 ***	−0.0606 ***
$MAGE$	11659	3.8567	3.8501	9060	3.8764	3.8918	−0.0197 ***	−0.0417 ***
$MGENDER$	11659	0.8116	0.8235	9060	0.8215	0.8400	−0.0099 ***	−0.0165 ***

注：*** 表示在1%的水平下显著。

三　相关性分析

各变量的相关性分析结果如表 7.4 所示。年报语调（$TONE$）与企业创新投资（$R\&D_{t+1}$）的相关系数为 0.2090，在 1% 的水平下显著，表明在不控制其他因素的情况下，年报语调越积极，企业创新投资水平越高，符合本章的推断。媒体关注（$MEDIA_{t+1}$）、股票流动性（$AMIHUD_{t+1}$）和融资约束（SA_{t+1}）与企业创新投资（$R\&D_{t+1}$）之间的相关系数分别为0.0516、0.0007和0.2061，全部通过了1%的显著性水平检验，说明媒体关注和股票流动性能够提升企业创新投资水平，融资约束（反向指标）会抑制企业创新。年报语调（$TONE$）与媒体关注（$MEDIA_{t+1}$）、股票流动性（$AMIHUD_{t+1}$）和融资约束（SA_{t+1}）之间的相关系数全部通过了1%的显著性水平检验，对应的相关系数分别为0.1383、0.0999和0.3862，意味着年报语调越积极，媒体关注程度越高，股票流动性越高，企业融资约束水平越低，符合本章的推断。此外，控制变量之间相关系数的绝对值均小于0.5，说明本章研究不存在明显的多重共线性问题。

四 多元回归检验

基于本章提出的研究假设，采用多元回归检验对研究假设进行实证分析。在所有回归中，本章对影响企业创新投资的其他因素、年份固定效应和行业固定效应加以控制，具体的检验结果列于表7.5。本节针对不同假设的检验结果分别进行阐述，具体如下。

年报语调与企业创新投资（H7-1）。式（7.5）用于检验假设H7-1。从表7.5中的列（1）可以看出，在控制了企业规模、资产负债率、盈利能力等因素之后，年报语调（$TONE$）对企业创新投资（$R\&D_{t+1}$）的影响系数为12.3225，并且通过了1%的显著性水平检验，表明年报语调越积极，企业创新投资水平越高，本章的假设H7-1通过验证。

媒体关注的中介作用（H7-2）。联合式（7.5）、式（7.6）和式（7.9）进行媒体关注的中介效应检验，结果如表7.5的列（1）、列（2）和列（3）所示。表7.5中的列（1）显示，年报语调（$TONE$）能够在1%的水平下显著促进企业创新投资（$R\&D_{t+1}$）（系数为12.3225，t值为23.8006）；列（2）显示，年报语调（$TONE$）对媒体关注（$MEDIA_{t+1}$）的影响系数在1%的水平下显著为正（系数为1.9574，t值为14.7473），这表明年报语调越积极，媒体关注度越高，与本章的分析一致；列（3）显示，以企业创新投资为被解释变量，以年报语调为解释变量，以媒体关注为中介变量进行回归检验，年报语调（$TONE$）和媒体关注（$MEDIA_{t+1}$）对企业创新投资（$R\&D_{t+1}$）的影响系数分别为11.6473（t值为22.4468）

表 7.4 相关性分析

变量	$R\&D_{t+1}$	TONE	$MEDIA_{t+1}$	$AMIHUD_{t+1}$	SA_{t+1}	SIZE	LEV	ROA	CASH	CAPEXPT
$R\&D_{t+1}$	1									
TONE	0.2090***	1								
$MEDIA_{t+1}$	0.0516***	0.1383***	1							
$AMIHUD_{t+1}$	0.0007	0.0999***	0.3256***	1						
SA_{t+1}	0.2061***	0.3862***	0.1817***	0.2628***	1					
SIZE	-0.2665***	-0.2581***	0.4091***	0.4057***	-0.4094***	1				
LEV	-0.3115***	-0.2571***	0.1472***	0.1279***	-0.3177***	0.4315***	1			
ROA	-0.0122	0.2386***	-0.0006	0.0741***	0.1520***	-0.0774***	-0.3617***	1		
CASH	-0.0196***	0.0513***	0.0891***	0.0779***	0.0257	0.0436***	-0.1625***	0.4101***	1	
CAPEXPT	0.0147*	0.1932***	-0.0901***	-0.0716***	0.2501***	-0.1240***	-0.0515***	0.1702***	0.1708***	1
Q	0.2545***	0.0911***	-0.0580***	0.0759***	0.0818***	-0.3823***	-0.2840***	0.1546***	0.1239***	-0.0156**
GROWTH	-0.0066	0.0867***	0.0684***	0.0597***	0.0324***	0.0078	0.0218***	0.1580***	0.0326***	0.0829***
TOP10	-0.0553***	0.1242***	-0.0279***	-0.1645***	0.3625***	0.0191**	-0.1028***	0.1893***	0.1100***	0.1397***
SOE	-0.1863***	-0.2284***	0.0517***	0.1211***	-0.4117***	0.3828***	0.2786***	-0.0878***	-0.0224***	-0.1404***
INDEP	0.0699***	0.0728***	0.0370**	0.0021	0.1017***	-0.0248***	-0.0311***	0.0113	0.0085	0.0311***
DUAL	0.0990***	0.1096***	-0.0176	-0.0367***	0.1754***	-0.1560***	-0.1240***	0.0337***	0.0131*	0.0723***
MSIZE	-0.1328***	-0.1056***	0.0687***	0.1262***	-0.2489***	0.4303***	0.2966***	-0.0346***	-0.0103	-0.0595***
MAGE	-0.1609***	-0.1667***	0.1605***	0.1609***	-0.2774***	0.3731***	0.1533***	0.0150**	0.0612***	-0.1161***
MGENDER	-0.0693***	-0.0421***	-0.0641***	0.0257***	-0.0881***	0.1901***	0.1496***	-0.0238***	-0.0220***	-0.0007

续表

变量	Q	GROWTH	TOP10	SOE	INDEP	DUAL	MSIZE	MAGE	MGENDER
Q	1								
GROWTH	0.0181**	1							
TOP10	-0.0785***	0.0358***	1						
SOE	-0.1010***	-0.0794***	-0.0610***	1					
INDEP	0.0432***	0.0037	0.0472***	-0.1082***	1				
DUAL	0.0352***	0.0291***	0.0315***	-0.2403***	0.4550***	1			
MSIZE	-0.1283***	-0.0336***	-0.0260***	0.4177***	-0.0935***	-0.2139***	1		
MAGE	-0.1090***	-0.0801***	-0.0311***	0.3768***	-0.0394***	-0.1682***	0.2561***	1	
MGENDER	-0.1078***	-0.0285***	-0.0082	0.2258***	-0.0794***	-0.1234***	0.2481***	0.2555***	1

注：***、**和*分别表示在1%、5%和10%的水平下显著。

和 0.3449（t 值为 11.8080），均在 1% 的水平下显著，说明媒体关注在年报语调与企业创新投资之间发挥着中介作用，与假设 H7-2 的预期一致，影响路径"年报语调→媒体关注→企业创新投资"得到验证。

股票流动性的中介作用（H7-3）。使用式（7.5）、式（7.7）和式（7.10）检验股票流动性是否为年报语调影响企业创新投资的中介渠道，检验结果如表 7.5 的列（1）、列（4）和列（5）所示。表 7.5 中的列（1）显示，年报语调与企业创新投资之间存在显著的正相关关系；列（4）显示，在 1% 的水平下，年报语调（$TONE$）对股票流动性（$AMIHUD_{t+1}$）有显著的促进作用（系数为 0.0433，t 值为 6.9253），表明上市公司年报语调越积极，股票流动性水平越高；列（5）显示，以股票流动性为中介变量进行回归分析，年报语调（$TONE$）和股票流动性（$AMIHUD_{t+1}$）对企业创新投资（$R\&D_{t+1}$）的影响系数分别为 12.1316 和 4.4060，对应的 t 值分别为 23.4327 和 7.0930，表明年报语调和股票流动性对企业创新投资有显著的促进作用。与列（1）相比，年报语调对企业创新投资的影响系数降低了 0.1909，这意味着股票流动性在年报语调与企业创新投资之间发挥着中介作用，支持了研究假设 H7-3，影响路径"年报语调→股票流动性→企业创新投资"得到验证。

融资约束的中介作用（H7-4）。通过式（7.5）、式（7.8）和式（7.11）检验融资约束在年报语调影响企业创新投资过程中的中介效应，检验结果列于表 7.5 的列（1）、列（6）和列（7）。表 7.5 中列（1）的结果证实了年报语调对企业创新投资在 1% 的水平下有显著的促进作用；列（6）的结果显示，年报语调（$TONE$）对融资约束（SA_{t+1}）的影响系数为 0.7874，对应的 t 值为 27.2060，由于 SA 指数是一个反向指标，这意味着年报语调越积极，企业融资约束水平越低，与分析一致；列（7）表明，以融资约束作为中介变量，融资约束（SA_{t+1}）对企业创新投资（$R\&D_{t+1}$）的影响系数在 1% 的水平下显著为正（系数为 1.7695，t 值为 13.2207），表明融资约束水平越低，企业创新投资水平越高，年报语调（$TONE$）对企业创新投资（$R\&D_{t+1}$）的影响系数由 12.3225 下降到 10.9292，表明融资约束是年报语调影响企业创新投资的中介渠道，支持了研究假设 H7-4，影响路径"年报语调→融资约束→企业创新投资"得到验证。

"媒体关注→股票流动性"的链式中介作用（H7-5）。通过式（7.12）检验"媒体关注→股票流动性"在年报语调影响企业创新投资中的链式中介效应。根据本章的研究逻辑，首先检验了媒体关注对股票流动性的影响，表 7.5 中的列（8）显示，媒体关注（$MEDIA_{t+1}$）对股票流动性（$AMIHUD_{t+1}$）有显著的促进作用（系数为 0.0022，t 值为 6.3491），与本章的分析一致。表 7.5 中的列（9）显示，年报语调对企业创新投资的影响依然在 1% 的水平下显著为正（系数为 11.4855，t 值为 22.1371），中介变量媒体关注（$MEDIA_{t+1}$）和股票流动性（$AMIHUD_{t+1}$）对企业创新投资（$R\&D_{t+1}$）的影响系数全部在 1% 的水平下显著为正。结合表 7.5 中列（1）、列（2）和列（4）的回归结果可知，年报语调会通过吸引媒体关注、提高股票流动性，进而促进企业创新投资，研究假设 H7-5 得到支持，也就是影响路径"年报语调→媒体关注→股票流动性→企业创新投资"得到验证。

"媒体关注→融资约束"的链式中介作用（H7-6）。使用式（7.13）检验"媒体关注→融资约束"在年报语调影响企业创新投资过程中的链式中介效应。表 7.5 中的列（10）显示，媒体关注（$MEDIA_{t+1}$）对融资约束（SA_{t+1}）的影响系数为 0.0170，对应的 t 值为 10.2415。由于 SA 指数为反向指标，所以媒体关注的提升能够有效缓解企业融资约束。在表 7.5 的列（11）中，以企业创新投资为被解释变量，以年报语调为解释变量，以媒体关注和融资约束为中介变量，检验结果显示，年报语调、媒体关注和融资约束对企业创新投资的影响系数全部在 1% 的水平下显著为正。结合表 7.5 的列（1）、列（2）和列（6）的检验结果可知，年报语调能够提升企业的媒体关注度，进而缓解企业面临的融资约束，促进企业创新投资，本章的研究假设 H7-6 得到实证支持，也就是影响路径"年报语调→媒体关注→融资约束→企业创新投资"得到验证。

"股票流动性→融资约束"的链式中介作用（H7-7）。利用式（7.14）检验"股票流动性→融资约束"的链式中介效应。表 7.5 中的列（12）显示，股票流动性（$AMIHUD_{t+1}$）对融资约束（SA_{t+1}）的影响系数在 1% 的水平下显著为正（系数为 0.1355，t 值为 3.8235），说明股票流动性的提升能够缓解企业面临的融资约束，与本章的分析一致。列（13）表明，年报语调（*TONE*）、股票流动性（*AMIHUD*$_{t+1}$）和融资约束（*SA*$_{t+1}$）对企业创新投资（*R&D*$_{t+1}$）的影响系数全部通过了1%的显著性水平检验，且均为正值。结合列（1）、列（4）和列（6）的检验结果，本章认为年报语调可以提升股票流动性、缓解企业面临的融资约束，进而促进企业创新投资，研究假设H7-7得到证实，也就是影响路径"年报语调→股票流动性→融资约束→企业创新投资"得到验证。

"媒体关注→股票流动性→融资约束"的链式中介作用（H7-8）。表7.5中的列（14）显示，以企业创新投资为被解释变量，以年报语调为解释变量，以媒体关注、股票流动性和融资约束为中介变量进行回归检验，发现年报语调（*TONE*）、媒体关注（*MEDIA*$_{t+1}$）、股票流动性（*AMIHUD*$_{t+1}$）和融资约束（*SA*$_{t+1}$）对企业创新投资（*R&D*$_{t+1}$）的影响系数全部在1%的水平下显著为正。结合列（1）至列（13）的检验结果，本章认为年报语调能够提高媒体关注程度、提升股票流动性、缓解融资约束，从而促进企业创新投资，与本章的预期保持一致。影响路径"年报语调→媒体关注→股票流动性→融资约束→企业创新投资"得到验证，即研究假设H7-8得到实证结果的支持。

五　稳健性检验

本章采用如下方法进行稳健性检验，以确保本章研究结论的稳健性。第一，倾向得分匹配。借鉴 Yuan 等（2022）的研究，分年度将年报语调进行降序排列，将最高的1/5定义为实验组，剩下的4/5定义为对照组，采用1∶1邻近匹配法进行样本匹配，选取的匹配变量与控制变量保持一致，经过匹配共获得7402个样本。表7.6中的 Panel A 列示了基于倾向得分匹配样本对研究假设的检验结果。第二，熵平衡。采用 Hainmueller（2012）提出的熵平衡法对样本进行处理，以克服可能存在的内生性问题。该方法的核心是，将样本分为两组，然后对各组的变量进行赋权处理，使得各组变量的平均值保持一致，实现均衡。本章根据年报语调是否大于0将样本分为两组，然后对各组中的控制变量进行赋权处理，使得两组中控制变量的均值保持一致，以控制变量差异对研究结论的影响。采用经过熵平衡处理之后的样本重新检验研究假设，具体的检验结果如表7.6中的 Panel B

表 7.5　多元回归结果

变量	(1)	(2)	(3)	(4)	(5)	(6)	(7)	(8)	(9)	(10)	(11)	(12)	(13)	(14)
	H7-1	H7-2	H7-2	H7-3	H7-3	H7-4	H7-4	H7-5	H7-5	H7-6	H7-6	H7-7	H7-7	H7-8
	$R\&D_{t+1}$	$MEDIA_{t+1}$	$R\&D_{t+1}$	$AMIHUD_{t+1}$	$R\&D_{t+1}$	SA_{t+1}	$R\&D_{t+1}$	$AMIHUD_{t+1}$	$R\&D_{t+1}$	SA_{t+1}	$R\&D_{t+1}$	SA_{t+1}	$R\&D_{t+1}$	$R\&D_{t+1}$
$TONE$	12.3225*** (23.8006)	1.9574*** (14.7473)	11.6473*** (22.4468)	0.0433*** (6.9253)	12.1316*** (23.4327)	0.7874*** (27.2060)	10.9292*** (20.7827)		11.4855*** (22.1371)		10.3602*** (19.6757)		10.6915*** (20.3283)	10.1538*** (19.2827)
$MEDIA_{t+1}$			0.3449*** (11.8080)					0.0022*** (6.3491)	0.3368*** (11.5317)	0.0170*** (10.2415)	0.3243*** (11.1332)			0.3149*** (10.8168)
$AMIHUD_{t+1}$					4.4060*** (7.0930)				4.1041*** (6.6257)			0.1355*** (3.8235)	4.7411*** (7.6655)	4.4433*** (7.2003)
SA_{t+1}							1.7695*** (13.2207)				1.6860*** (12.6203)		1.8105*** (13.5384)	1.7268*** (12.9330)
$SIZE$	-0.0179 (-0.5109)	0.4660*** (51.7698)	-0.1787*** (-4.7609)	0.0242*** (56.9734)	-0.1245*** (-3.2631)	-0.0474*** (-24.1374)	0.0659* (1.8555)	0.0230*** (50.6912)	-0.2741*** (-6.8258)	-0.0579*** (-27.1025)	-0.0892** (-2.3452)	-0.0468*** (-21.5389)	-0.0468 (-1.2193)	-0.1903*** (-4.7005)
LEV	-0.0587*** (-29.7776)	-0.0015** (-2.9148)	-0.0582*** (-29.6280)	-0.0002*** (-8.4367)	-0.0578*** (-29.3102)	-0.0010*** (-8.7727)	-0.0570*** (-28.9885)	-0.0002*** (-8.9288)	-0.0573*** (-29.1924)	-0.0012*** (-10.8930)	-0.0566*** (-28.8817)	-0.0013*** (-11.4385)	-0.0560*** (-28.4681)	-0.0556*** (-28.3932)
ROA	-0.1053*** (-18.3866)	0.0036** (2.4592)	-0.1066*** (-18.6735)	0.0008*** (11.8115)	-0.1089*** (-18.9674)	-0.0008** (-2.4811)	-0.1039*** (-18.2269)	0.0009*** (12.6057)	-0.1099*** (-19.2054)	0.0002 (0.7216)	-0.1051*** (-18.5044)	0.0005 (1.4193)	-0.1077*** (-18.8590)	-0.1087*** (-19.0870)
$CASH$	-0.0195*** (-4.4389)	0.0020* (1.7739)	-0.0202*** (-4.6133)	-0.0000 (-0.7980)	-0.0193*** (-4.4025)	-0.0009*** (-3.8172)	-0.0178*** (-4.0796)	-0.0001 (-1.0802)	-0.0200*** (-4.5753)	-0.0012*** (-4.7019)	-0.0185*** (-4.2599)	-0.0012*** (-4.6196)	-0.0176*** (-4.0313)	-0.0183*** (-4.2095)

续表

变量	(1)	(2)	(3)	(4)	(5)	(6)	(7)	(8)	(9)	(10)	(11)	(12)	(13)	(14)
	H7-1	H7-2		H7-3		H7-4		H7-5		H7-6		H7-7		H7-8
	$R\&D_{t+1}$	$MEDIA_{t+1}$	$R\&D_{t+1}$	$AMIHUD_{t+1}$	$R\&D_{t+1}$	SA_{t+1}	$R\&D_{t+1}$	$AMIHUD_{t+1}$	$R\&D_{t+1}$	SA_{t+1}	$R\&D_{t+1}$	SA_{t+1}	$R\&D_{t+1}$	$R\&D_{t+1}$
CAPEXPT	0.0095 * (1.7850)	0.0087 *** (6.3522)	0.0065 (1.2267)	0.0005 *** (7.8406)	0.0073 (1.3670)	0.0045 *** (14.9914)	0.0016 (0.3017)	0.0005 *** (8.0215)	0.0045 (0.8497)	0.0049 *** (16.2131)	-0.0008 (-0.1561)	0.0052 *** (16.9767)	-0.0010 (-0.1812)	-0.0032 (-0.5965)
Q	0.7858 *** (27.1144)	0.1703 *** (22.9189)	0.7271 *** (24.8199)	0.0084 *** (23.8852)	0.7489 *** (25.4710)	-0.0062 *** (-3.8233)	0.7967 *** (27.6159)	0.0080 *** (22.3770)	0.6941 *** (23.3886)	-0.0098 *** (-5.8368)	0.7410 *** (25.3910)	-0.0058 *** (-3.4364)	0.7573 *** (25.8836)	0.7057 *** (23.8791)
GROWTH	-0.0011 (-1.4523)	0.0005 ** (2.2554)	-0.0013 * (-1.6579)	0.0000 *** (4.4332)	-0.0013 * (-1.6898)	-0.0001 ** (-2.5102)	-0.0009 (-1.2097)	0.0000 *** (4.7002)	-0.0015 * (-1.8752)	-0.0001 (-1.1269)	-0.0011 (-1.4145)	-0.0000 (-0.7454)	-0.0011 (-1.4607)	-0.0013 (-1.6448)
TOP10	-0.0159 *** (-8.2089)	-0.0014 ** (-2.7791)	-0.0154 *** (-7.9925)	-0.0006 *** (-26.4865)	-0.0131 *** (-6.6768)	0.0055 *** (51.1707)	-0.0256 *** (-12.4461)	-0.0006 *** (-26.1085)	-0.0129 *** (-6.5599)	0.0057 *** (51.6007)	-0.0247 *** (-12.0375)	0.0056 *** (49.6062)	-0.0229 *** (-10.9901)	-0.0222 *** (-10.6785)
SOE	-0.4430 *** (-5.8051)	-0.0387 * (-1.9803)	-0.4296 *** (-5.6514)	0.0009 (0.9596)	-0.4469 *** (-5.8642)	-0.1416 *** (-33.1867)	-0.1925 ** (-2.4595)	0.0002 (0.2336)	-0.4335 *** (-5.7100)	-0.1556 *** (-36.1393)	-0.1917 ** (-2.4585)	-0.1569 *** (-36.3644)	-0.1909 ** (-2.4429)	-0.1903 ** (-2.4429)
INDEP	1.2049 *** (4.7102)	0.1417 ** (2.1610)	1.1561 *** (4.5361)	-0.0052 * (-1.6884)	1.2280 *** (4.8064)	0.0762 *** (5.3301)	1.0701 *** (4.2001)	-0.0046 (-1.4966)	1.1786 *** (4.6299)	0.0915 *** (6.2926)	1.0305 *** (4.0583)	0.0941 *** (6.4572)	1.0917 *** (4.2917)	1.0519 *** (4.1483)
DUAL	0.1503 ** (2.1052)	0.0142 (0.7768)	0.1454 ** (2.0445)	0.0024 *** (2.7491)	0.1398 ** (1.9611)	0.0152 *** (3.8015)	0.1234 * (1.7370)	0.0024 *** (2.8147)	0.1358 * (1.9111)	0.0166 *** (4.0994)	0.1201 * (1.6958)	0.0173 *** (4.2482)	0.1116 (1.5722)	0.1091 (1.5419)
MSIZE	0.8994 *** (5.7142)	0.1430 *** (3.5437)	0.8501 *** (5.4200)	0.0005 (0.2779)	0.8971 *** (5.7073)	-0.0147 * (-1.6683)	0.9254 *** (5.9076)	0.0004 (0.2269)	0.8491 *** (5.4202)	-0.0128 (-1.4276)	0.8778 *** (5.6210)	-0.0101 (-1.1210)	0.9235 *** (5.9050)	0.8774 *** (5.6265)

续表

变量	(1)	(2)	(3)	(4)	(5)	(6)	(7)	(8)	(9)	(10)	(11)	(12)	(13)	(14)
	H7-1	H7-2	H7-2	H7-3	H7-3	H7-4	H7-4	H7-5	H7-5	H7-6	H7-6	H7-7	H7-7	H7-8
	$R\&D_{t+1}$	$MEDIA_{t+1}$	$R\&D_{t+1}$	$AMIHUD_{t+1}$	$R\&D_{t+1}$	SA_{t+1}	$R\&D_{t+1}$	$AMIHUD_{t+1}$	$R\&D_{t+1}$	SA_{t+1}	$R\&D_{t+1}$	SA_{t+1}	$R\&D_{t+1}$	$R\&D_{t+1}$
$MAGE$	-5.2523*** (-10.6275)	-0.6683*** (-5.2744)	-5.0217*** (-10.1927)	-0.0162*** (-2.7172)	-5.1807*** (-10.4952)	-0.1586*** (-5.7397)	-4.9717*** (-10.0996)	-0.0151** (-2.5213)	-4.9606*** (-10.0790)	-0.1538*** (-5.4658)	-4.7682*** (-9.7131)	-0.1677*** (-5.9478)	-4.8882*** (-9.9438)	-4.6959*** (-9.5775)
$MGENDER$	1.7070*** (6.0239)	-0.3392*** (-4.6699)	1.8240*** (6.4581)	-0.0001 (-0.0192)	1.7073*** (6.0333)	0.0626*** (3.9533)	1.5962*** (5.6580)	0.0005 (0.1543)	1.8215*** (6.4570)	0.0652*** (4.0419)	1.7114*** (6.0834)	0.0593*** (3.6670)	1.5939*** (5.6592)	1.7060*** (6.0728)
常数项	23.9106*** (12.6754)	-3.8090*** (-7.8764)	25.2245*** (13.4006)	-0.4931*** (-21.6292)	26.0834*** (13.6669)	-2.1181*** (-20.0871)	27.6586*** (14.5689)	-0.4815*** (-21.0840)	27.2173*** (14.2950)	-1.9923*** (-18.5401)	28.7170*** (15.1597)	-2.1206*** (-19.4639)	30.0836*** (15.6555)	30.9591*** (16.1494)
年份	Yes	Yes	Yes	Yes	Yes	Yes	Yes	Yes	Yes	Yes	Yes	Yes	Yes	Yes
行业	Yes	Yes	Yes	Yes	Yes	Yes	Yes	Yes	Yes	Yes	Yes	Yes	Yes	Yes
R^2	0.2093	0.5316	0.2155	0.4336	0.2116	0.4393	0.2171	0.4334	0.2175	0.4193	0.2225	0.4163	0.2197	0.2248
N	20719	20719	20719	20719	20719	20719	20719	20719	20719	20719	20719	20719	20719	20719

注：括号内为 t 值，***、** 和 * 分别表示在 1%、5% 和 10% 的水平下显著。

所示。第三，更换变量测度方法。如本章在变量定义部分所阐述的，在稳健性检验中，本章使用研发支出占总资产的比例表征企业创新投资（$R\&D1$），使用年度报告中积极词汇数量与消极词汇数量之差占积极词汇数量和消极词汇数量之和的比例刻画年报语调（$TONE1$），采用买卖价差（RES）测度股票流动性，使用 WW 指数测度融资约束。基于更换变量测度方法对研究假设重新检验的结果列于表 7.6 中的 Panel C。表 7.6 的稳健性检验结果表明，在使用各种方法进行稳健性检验之后，年报语调、媒体关注、股票流动性和融资约束对企业创新投资的影响方向和显著性均未发生显著改变，本章的研究假设 H7-1 至假设 H7-8 得到再次验证，表明本章的研究结论是稳健的。

六　链式中介效应检验

与 Chen 等（2022b）的研究保持一致，本章采用 Bootstrap 法分析多重中介效应，以确定总效应、直接效应和中介效应。链式多重中介效应的检验包括如下步骤：第一，在控制其他间接效应的前提下，考察年报语调对企业创新投资影响的直接效应 c；第二，在控制其他中介变量的前提下，考察特定路径的中介效应，即 a_1b_1、a_2b_2、a_3b_3、$a_1d_1b_2$、$a_1d_2b_3$、$a_2d_3b_3$、$a_1d_1d_3b_3$；第三，考察总的中介效应，即 $a_1b_1+a_2b_2+a_3b_3+a_1d_1b_2+a_1d_2b_3+a_2d_3b_3+a_1d_1d_3b_3$；第四，考察年报语调对企业创新投资影响的总效应，即直接效应与中介效应之和。

本章将样本量设置为 5000，通过置信区间检验法进行检验，以 95% 置信区间内是否包含 0 作为效应是否成立的判断标准，效应分析结果如表 7.7 所示。按照前述四个步骤，本部分对检验结果的分析如下。

第一，年报语调对企业创新投资影响的直接效应 c 为 10.1245，占总效应的比例为 82.1627%，95% 置信区间不包含 0，说明直接效应显著。

第二，年报语调通过媒体关注影响企业创新投资的中介效应 a_1b_1 为 0.6165，占总效应的比例为 5.0030%，95% 置信区间不包含 0，说明媒体关注的中介效应成立，研究假设 H7-2 得到验证。年报语调通过股票流动性影响企业创新投资的中介效应 a_2b_2 为 0.1752，占总效应的比例为 1.4218%，95% 置信区间不包含 0，说明股票流动性的中介效应成立，研究

表 7.6　稳健性检验

Panel A　基于倾向得分匹配的回归检验结果

变量	(1)	(2)	(3)	(4)	(5)	(6)	(7)	(8)	(9)	(10)	(11)	(12)	(13)	(14)
	H7-1	H7-2	H7-2	H7-3	H7-3	H7-4	H7-4	H7-5	H7-5	H7-6	H7-6	H7-7	H7-7	H7-8
	$R\&D_{t+1}$	$MEDIA_{t+1}$	$R\&D_{t+1}$	$AMIHUD_{t+1}$	$R\&D_{t+1}$	SA_{t+1}	$R\&D_{t+1}$	$AMIHUD_{t+1}$	$R\&D_{t+1}$	SA_{t+1}	$R\&D_{t+1}$	SA_{t+1}	$R\&D_{t+1}$	$R\&D_{t+1}$
$TONE$	9.5009*** (10.4519)	1.9350*** (9.5527)	8.4725*** (9.3186)	0.0403*** (3.9436)	9.2720*** (10.2075)	0.7169*** (16.5894)	8.1651*** (8.8264)	0.0031*** (4.9770)	8.2956*** (9.1302)	0.0241*** (8.8934)	7.3479*** (7.9526)	0.1700*** (3.1327)	7.8670*** (8.5089)	7.1070*** (7.6955)
$MEDIA_{t+1}$			0.5315*** (9.4674)						0.5168*** (9.2054)		0.4999*** (8.8968)			0.4827*** (8.5891)
$AMIHUD_{t+1}$					5.6743*** (5.0792)				5.0897*** (4.5786)				6.0891*** (5.4663)	5.4983*** (4.9548)
SA_{t+1}							1.8632*** (7.0594)				1.6537*** (6.2791)		1.9363*** (7.3436)	1.7270*** (6.5590)
常数项	30.0794*** (8.9562)	-3.9776*** (-5.3149)	32.1934*** (9.6312)	-0.4474*** (-11.8368)	32.6179*** (9.6247)	-1.9607*** (-12.2797)	33.7327*** (9.9643)	-0.4341*** (-11.4707)	34.4120*** (10.2043)	-1.8506*** (-11.3916)	35.3104*** (10.4803)	-2.0214*** (-12.2668)	36.6002*** (10.7077)	37.8452*** (11.1256)
Controls	Yes	Yes	Yes	Yes	Yes	Yes	Yes	Yes	Yes	Yes	Yes	Yes	Yes	Yes
年份/行业	Yes	Yes	Yes	Yes	Yes	Yes	Yes	Yes	Yes	Yes	Yes	Yes	Yes	Yes
R^2	0.2217	0.4450	0.2326	0.5567	0.2278	0.3939	0.2248	0.4458	0.2351	0.3753	0.2373	0.3684	0.2314	0.2403
N	7402	7402	7402	7402	7402	7402	7402	7402	7402	7402	7402	7402	7402	7402

续表

Panel B 基于熵平衡的回归检验结果

变量	(1)	(2)	(3)	(4)	(5)	(6)	(7)	(8)	(9)	(10)	(11)	(12)	(13)	(14)
	H7-1	H7-2		H7-3		H7-4		H7-5		H7-6		H7-7		H7-8
	$R\&D_{t+1}$	$MEDIA_{t+1}$	$R\&D_{t+1}$	$AMIHUD_{t+1}$	$R\&D_{t+1}$	SA_{t+1}	$R\&D_{t+1}$	$AMIHUD_{t+1}$	$R\&D_{t+1}$	SA_{t+1}	$R\&D_{t+1}$	SA_{t+1}	$R\&D_{t+1}$	$R\&D_{t+1}$
$TONE$	13.4160***	1.7181***	12.7495***	0.0506***	13.2023***	0.6619***	12.1170***	0.0026***	12.5686***	0.0178***	11.5689***		11.8553***	11.3423***
	(22.3564)	(11.0622)	(20.8470)	(5.9005)	(21.9644)	(20.3199)	(19.7741)	(4.2692)	(20.5402)	(9.4459)	(18.6148)		(19.3007)	(18.2249)
$MEDIA_{t+1}$			0.3879***						0.3788***		0.3617***			0.3512***
			(9.3354)						(9.2135)		(8.7647)			(8.6082)
$AMIHUD_{t+1}$					4.2209***				3.8804***			0.1329***	4.5752***	4.2400***
					(5.9880)				(5.6167)			(3.7153)	(6.4262)	(6.0749)
SA_{t+1}							1.9625***				1.8516***		2.0080***	1.8970***
							(11.6240)				(11.0294)		(11.8448)	(11.2493)
常数项	23.0866***	-3.2756***	24.3572***	-0.5258***	25.3059***	-1.6005***	26.2275***	-0.5227***	26.3678***	-1.6163***	27.2350***	-1.7487***	28.7060***	29.5025***
	(9.4859)	(-5.7940)	(9.9418)	(-14.7150)	(10.1633)	(-12.7662)	(10.6070)	(-14.7354)	(10.5392)	(-12.8142)	(10.9678)	(-13.4147)	(11.3262)	(11.6100)
$Controls$	Yes	Yes	Yes	Yes	Yes	Yes	Yes	Yes	Yes	Yes	Yes	Yes	Yes	Yes
年份/行业	Yes	Yes	Yes	Yes	Yes	Yes	Yes	Yes	Yes	Yes	Yes	Yes	Yes	Yes
R^2	0.1869	0.5289	0.1946	0.4262	0.1893	0.4354	0.1959	0.4259	0.1965	0.4214	0.2025	0.4180	0.1987	0.2049
N	20719	20719	20719	20719	20719	20719	20719	20719	20719	20719	20719	20719	20719	20719

续表

Panel C 基于更换变量测度方法的回归检验结果

变量	(1)	(2)	(3)	(4)	(5)	(6)	(7)	(8)	(9)	(10)	(11)	(12)	(13)	(14)
	H7-1	H7-2	H7-2	H7-3	H7-3	H7-4	H7-4	H7-5	H7-5	H7-6	H7-6	H7-7	H7-7	H7-8
	$R\&D1_{t+1}$	$MEDIA_{t+1}$	$R\&D1_{t+1}$	RES_{t+1}	$R\&D1_{t+1}$	WW_{t+1}	$R\&D1_{t+1}$	RES_{t+1}	$R\&D1_{t+1}$	WW_{t+1}	$R\&D1_{t+1}$	WW_{t+1}	$R\&D1_{t+1}$	$R\&D1_{t+1}$
$TONE1_{t+1}$	4.1287 *** (17.4982)	1.8919 *** (16.3456)	3.7389 *** (15.8083)	0.0379 *** (6.9355)	4.0379 *** (17.1162)	0.5625 *** (22.1063)	3.6216 *** (15.2132)	0.0022 *** (6.3491)	3.6631 *** (15.4913)	0.0170 *** (10.2415)	3.2813 *** (13.7612)	0.1355 *** (3.8235)	3.5130 *** (14.7582)	3.1888 *** (13.3753)
$MEDIA_{t+1}$			0.2060 *** (13.5124)						0.2017 *** (13.2319)		0.1952 *** (12.8343)			0.1903 *** (12.5158)
RES_{t+1}					2.3948 *** (7.3881)				2.2167 *** (6.8662)				2.5573 *** (7.9228)	2.3801 *** (7.3992)
WW_{t+1}							0.9014 *** (12.9912)				0.8499 *** (12.2850)		0.9221 *** (13.3043)	0.8705 *** (12.5922)
常数项	11.9969 *** (12.0305)	-4.9368 *** (-10.0920)	13.0141 *** (13.0797)	-0.5154 *** (-22.3165)	13.2312 *** (13.1051)	-2.4368 *** (-22.6577)	14.1934 *** (14.0973)	-0.4815 *** (-21.0840)	14.1350 *** (14.0366)	-1.9923 *** (-18.5401)	15.0316 *** (14.9671)	-2.1206 *** (-19.4639)	15.5620 *** (15.2599)	16.2842 *** (16.0123)
Controls	Yes	Yes	Yes	Yes	Yes	Yes	Yes	Yes	Yes	Yes	Yes	Yes	Yes	Yes
年份/行业	Yes	Yes	Yes	Yes	Yes	Yes	Yes	Yes	Yes	Yes	Yes	Yes	Yes	Yes
R^2	0.1651	0.5329	0.1736	0.4336	0.1677	0.4315	0.1730	0.4334	0.1758	0.4193	0.1806	0.4163	0.1759	0.1831
N	20719	20719	20719	20719	20719	20719	20719	20719	20719	20719	20719	20719	20719	20719

注：括号内为 t 值，**** 表示在 1% 的水平下显著。

假设 H7-3 得到验证。年报语调通过融资约束影响企业创新投资的中介效应 a_3b_3 为 1.3316，占总效应的比例为 10.8062%，95% 置信区间不包含 0，说明融资约束的中介效应成立，研究假设 H7-4 得到验证。年报语调通过媒体关注、股票流动性影响企业创新投资的链式中介效应 $a_1d_1b_2$ 为 0.0173，占总效应的比例为 0.1404%，95% 置信区间不包含 0，说明"媒体关注→股票流动性"的链式中介效应成立，研究假设 H7-5 得到验证。年报语调通过媒体关注、融资约束影响企业创新投资的链式中介效应 $a_1d_2b_3$ 为 0.0427，占总效应的比例为 0.3465%，95% 置信区间不包含 0，说明"媒体关注→融资约束"的链式中介效应成立，研究假设 H7-6 得到验证。年报语调通过股票流动性、融资约束影响企业创新投资的链式中介效应 $a_2d_3b_3$ 为 0.0134，占总效应的比例为 0.1087%，95% 置信区间不包含 0，说明"股票流动性→融资约束"的链式中介效应成立，研究假设 H7-7 得到验证。年报语调通过媒体关注、股票流动性、融资约束影响企业创新投资的链式中介效应 $a_1d_1d_3b_3$ 为 0.0013，占总效应的比例为 0.0105%，95% 置信区间不包含 0，说明"媒体关注→股票流动性→融资约束"的链式中介效应成立，研究假设 H7-8 得到验证。从单独中介效应占比大小的角度分析，融资约束在年报语调影响企业创新投资过程中的中介作用最大，其次是媒体关注和股票流动性。基于链式中介效应视角，"媒体关注→融资约束"在年报语调影响企业创新投资过程中的链式中介作用最大，其次是"媒体关注→股票流动性"和"股票流动性→融资约束"，"媒体关注→股票流动性→融资约束"在年报语调影响企业创新投资过程中发挥的链式中介作用最小。

第三，年报语调对企业创新投资影响的总中介效应 $a_1b_1 + a_2b_2 + a_3b_3 + a_1d_1b_2 + a_1d_2b_3 + a_2d_3b_3 + a_1d_1d_3b_3$ 为 2.1980，占总效应的比例为 17.8373%，95% 置信区间不包含 0，说明总中介效应成立。

第四，年报语调对企业创新投资影响的总效应 $c + a_1b_1 + a_2b_2 + a_3b_3 + a_1d_1b_2 + a_1d_2b_3 + a_2d_3b_3 + a_1d_1d_3b_3$ 为 12.3225，95% 置信区间不包含 0，说明总效应显著成立，研究假设 H7-1 得到验证。

表 7.7 链式中介效应分析

路径		效应值	标准误差	区间下限	区间上限	是否显著	相对效应（%）
总效应 H7-1：$TONE{\rightarrow}R\&D$（$c+a_1b_1+a_2b_2+a_3b_3+a_1d_1b_2+a_1d_2b_3+a_2d_3b_3+a_1d_1d_3b_3$）		12.3225	0.5177	11.3077	13.3373	是	—
直接效应（c）		10.1245	0.5266	9.0924	11.1566	是	82.1627
总中介效应（$a_1b_1+a_2b_2+a_3b_3+a_1d_1b_2+a_1d_2b_3+a_2d_3b_3+a_1d_1d_3b_3$）		2.1980	0.1423	1.9219	2.4741	是	17.8373
单独中介效应	H7-2：$TONE{\rightarrow}MEDIA{\rightarrow}R\&D$（$a_1b_1$）	0.6165	0.0704	0.4807	0.7658	是	5.0030
	H7-3：$TONE{\rightarrow}AMIHUD{\rightarrow}R\&D$（$a_2b_2$）	0.1752	0.0367	0.1066	0.2527	是	1.4218
	H7-4：$TONE{\rightarrow}SA{\rightarrow}R\&D$（$a_3b_3$）	1.3316	0.1119	1.1114	1.5558	是	10.8062
链式中介效应	H7-5：$TONE{\rightarrow}MEDIA{\rightarrow}AMIHUD{\rightarrow}R\&D$（$a_1d_1b_2$）	0.0173	0.0043	0.0097	0.0261	是	0.1404
	H7-6：$TONE{\rightarrow}MEDIA{\rightarrow}SA{\rightarrow}R\&D$（$a_1d_2b_3$）	0.0427	0.0076	0.0281	0.0583	是	0.3465
	H7-7：$TONE{\rightarrow}AMIHUD{\rightarrow}SA{\rightarrow}R\&D$（$a_2d_3b_3$）	0.0134	0.0031	0.0075	0.0196	是	0.1087
	H7-8：$TONE{\rightarrow}MEDIA{\rightarrow}AMIHUD{\rightarrow}SA{\rightarrow}R\&D$（$a_1d_1d_3b_3$）	0.0013	0.0004	0.0007	0.0021	是	0.0105

第四节 本章小结

资本市场的发展必须以充分的信息披露为前提，提高上市公司信息披露水平是降低上市公司与投资者之间信息不对称程度的关键，是资本市场良性运行的基本保障。随着计算机文本分析技术的进步，非财务信息的文本特征能够被较好地刻画出来，从侧面反映出管理层情绪和语调，为研究以文本披露为主的非财务信息的有效性问题提供了可行的技术支持。本章以 2008~2021 年的 A 股上市公司作为研究对象，通过年度报告中积极词汇和消极词汇数量的差异测度年报语调，从企业战略决策视角探究了年报语调影响企业创新投资的内在逻辑和作用机制，并通过倾向得分匹配、熵平衡和更换变量测度方法进行稳健性检验，主要结论有以下三点。第一，年报语调与企业创新投资之间存在显著的正向关系，即年报语调越积极，企业创新投资水平越高，表明年报语调具有一定的信息含量，能够有效预测企业行为。第二，本章揭示了年报语调影响企业创新投资的内在逻辑，发现年报语调能够通过提高媒体关注度、提升股票流动性、缓解融资约束进而促进企业创新投资，也就是说，媒体关注、股票流动性和融资约束分别在年报语调促进企业创新投资过程中发挥中介作用。此外，本章还发现年报语调会通过如下链式中介影响企业创新投资，具体包括四条路径："媒体关注→股票流动性""媒体关注→融资约束""股票流动性→融资约束""媒体关注→股票流动性→融资约束"。第三，就中介效应的影响大小而言，本章的研究证明，对于媒体关注、股票流动性和融资约束三个独立的中介变量，融资约束在年报语调影响企业创新投资过程中发挥的中介效应最大，股票流动性发挥的中介效应最小。对于链式中介而言，在年报语调影响企业创新投资过程中发挥的中介效应由大到小依次为"媒体关注→融资约束""媒体关注→股票流动性""股票流动性→融资约束""媒体关注→股票流动性→融资约束"。

本章的研究贡献体现在以下三个方面。第一，补充了文本信息语调与企业行为之间关系的文献（Huang et al.，2021；Xin et al.，2022；Ding and Wei，2022；Yuan et al.，2022）。本章的研究关注了年度报告中的文本信息属性，从年报语调的角度出发，关注了年报语调对企业创新投资的影响。本章的研究结果为非财务信息披露经济后果及企业创新投资决策影响动机的相关研究提供了一定的参考。第二，通过构建链式多重中介模型，将年报语调、媒体关注、股票流动性、融资约束和企业创新投资纳入同一研究框架，丰富了链式多重中介模型的应用（Chen et al.，2022b）。本章试图分析年报语调如何通过媒体关注、股票流动性和融资约束影响企业创新投资，研究显示，年报语调会通过7个渠道影响企业创新投资，具体包括"媒体关注""股票流动性""融资约束""媒体关注→股票流动性""媒体关注→融资约束""股票流动性→融资约束""媒体关注→股票流动性→融资约束"。本章的研究能够为提升新兴市场企业创新水平提供经验证据。第三，拓展了信号理论在新兴资本市场的应用（Meng-tao et al.，2023）。信号传递理论认为外部利益相关者为了缓解信息不对称下的逆向选择问题，会依据企业的相关特征信号进行决策。以中国上市公司作为研究对象，本章发现，当上市公司的年报语调积极时，媒体对上市公司的关注程度提高，投资者与上市公司之间的信息不对称程度降低，股票流动性提高，企业的融资环境得到改善，企业创新投资水平提升。

本章的理论启示体现在以下三个方面。

第一，本章丰富了从文本信息语调视角分析企业创新投资影响因素的研究。企业创新战略不仅会受到企业特征、市场特征和国家制度特征的影响（He and Tian，2018），还会受到财务报告的影响（Huang et al.，2021）。随着计算机文本分析技术的进步，非财务信息的文本特征能够被较好地刻画出来，学者们开始关注语调、可读性等文本信息属性产生的经济后果。已有研究表明，客户公司的积极年报语调能够促进供应商企业的创新投资（Xin et al.，2022），同行企业的年报语调对焦点企业的创新投资有显著的溢出效应（Yuan et al.，2022）。本章的研究证实了年报语调可以提升企业创新投资水平，进一步丰富了文本信息语调与企业创新之间关系的研究文献。

第二，本章为探究企业创新的驱动机制提供了新的视角。在分析影响企业创新作用机制的文献中，相关研究基本围绕独立的中介效应展开（Lin et al.，2016；Tuyen et al.，2023），忽略了企业创新的系统性，即企业创新战略的制定与实施是多种影响机制共同作用的结果，而且不同的机制之间可能存在传导效应。为了能够更加系统、准确地识别影响企业创新的驱动机制，需要在理论分析与实证检验中构建链式多重中介模型（Chen et al.，2022b）。以本章为例，本章推断年报语调能够通过媒体关注、股票流动性和融资约束三个渠道对企业创新投资产生影响。考虑到媒体关注、股票流动性和融资约束之间存在传导关系，本章通过构建链式多重中介模型分析年报语调影响企业创新投资的作用机制，这为加深对企业创新驱动机制的认识提供了新的证据和研究视角。

第三，本章拓展了信号理论在新兴资本市场的应用（Gupta，2021）。根据信号传递理论，企业为了减缓信息不对称会向外界投资者传递企业经营绩效好和发展前景广阔的信号，改善市场交易状况。积极的年报语调是管理层向利益相关者发送企业前景好的信号，有利于改善企业决策的信息环境，提升企业决策质量，也就是说，年报语调通过信息传递影响企业行为。本章基于中国上市公司的数据研究，证实了年报语调能够通过信息传递吸引媒体关注，提高股票流动性，缓解企业融资约束，进而促进企业创新投资。

第八章

同行年报语调与企业创新

创新是推动发展的主要驱动力，对企业的生存与可持续发展起着至关重要的作用（Kim and Koo，2018）。如何促进企业创新，受到实务界和科学研究人员的持续关注。国家统计局发布的国民经济和社会发展统计公报显示，在"大众创业，万众创新"的政策推动下，中国的研究与试验发展（R&D）支出从 2014 年的 1301.6 亿元增长至 2020 年的 2442.6 亿元，增长了 87.66%；R&D 经费占国内生产总值的比重由 2.05% 上升到 2.40%。作为技术创新的微观主体，企业在推动创新驱动发展战略、促进中国经济高质量发展过程中扮演着重要角色。技术变革的挑战升级、产品的迭代更新，使得企业之间的竞争日趋激烈。面对充满竞争性和不确定性的经济社会环境，企业的战略决策不单要依靠自身信息，还需时刻关注同行企业的信息动态，以调整自身决策行为，提高企业战略决策有效性和企业竞争力。

有研究表明，企业的行为会受到同行信息披露的影响（Baginski and Hinson，2016；Shroff et al.，2017；Breuer et al.，2022；Seo，2021；Bloomfield，2021；Kepler，2021）。然而，受到数据挖掘和语义分析等技术的限制，鲜有学者关注非结构化的文本信息对企业战略决策行为的影响。近几年，随着文本分析技术的逐渐进步与成熟，信息的语调特征能够被较好地刻画出来，这为学者分析文本信息披露质量的有效性提供了技术支持。尽管已有研究证实上市公司披露的文本信息语调会对自身的未来收益、市场价值、资本结构等产生显著影响（Li，2010；Loughran and McDonald，2011；Kiattikulwattana，2019；Bowen et al.，2018；Wu et al.，2021；Wang et al.，2021），但是较少有学者研究文本信息语调对企业战略决策的影响，更没有学者探究同行文本信息语调对焦点企业投资决策的影响。创新投资不同于企业日常性投资，它具有高风险、系统性、复杂性和长周期等特点。面对不确定性程度高的创新投资决策，有限理性的战略决策主体会通过获取同行企业的信息来降低他们面临的决策不确定性风险。那么，同行文本信息语调是否会影响焦点企业创新投资决策？这将是本章要回答的一个核心问题。

为了回答上述问题，本章以 2008～2020 年 A 股上市公司作为研究样本，对同行年报语调对焦点企业创新投资的影响及具体的作用边界展开研究。本章通过倾向得分匹配、工具变量回归、固定效应回归、外生政策冲击来克服可能存在的内生性问题。为了确保研究结论的可靠性，本章还进行了一系列的稳健性检验，包括改变变量定义、更换回归模型、重新选择样本等。这些检验进一步证明了本章的研究结论，那就是同行年报语调对焦点企业创新投资具有溢出效应。

第一节　同行年报语调影响企业创新的理论分析

一　相关文献回顾

（一）文本信息和披露语气

文本信息语调，即通过文本叙述中积极词汇和消极词汇的差异反映出管理层的情感基调。有关文本信息语调的研究对象包括上市公司年报、盈余公告、管理层电话会议、管理层讨论与分析、企业社会责任报告等，这些信息中的语言基调可以传递出公司历史业绩及管理层对未来发展的预期等情况，为外界提供增量信息（Li，2010；Loughran and McDonald，2011；Kiattikulwattana，2019），并在一定程度上反映出管理层的性格特质和行为特征（Buchholz et al.，2018；Luo and Zhou，2020）。

文本信息语调导致经济后果的研究，主要基于信息增量观和印象管理观（Merkl-Davies and Brennan，2007），围绕语调特征对资本市场和企业行为的影响展开。文本信息语调可以有效改善信息环境，与超额市场回报（Feldman et al.，2010；Jegadeesh and Wu，2013；Bowen et al.，2018）、股票回报波动性（Kothari et al.，2009）、信用违约互换利差（Wang，2021）和市场价值（Wu et al.，2021）等显著相关。文本信息语调是对财务数据的有效补充，为市场提供了增量信息（Li，2010），能够有效预示公司未来业绩（Loughran and McDonald，2011；Davis et al.，2012），降低审计费用（Bicudo de Castro et al.，2019），促进资本结构调整（Wang et al.，2021）。但文本语调也可能是管理者进行印象管理的工具（Huang et al.，2014）。

（二）同行信息披露

关于信息披露的研究表明，一个公司披露的信息可能会对其他公司产生影响。同行公司之间的信息披露互动一直吸引着学者的关注。近年来，学者们发现，同行公司披露的信息可以替代公司本身披露的信息。例如，Baginski 和 Hinson（2016）发现，当同行公司停止进行季度管理预测时，公司会增加其预测行为。Shroff 等（2017）认为，当一家公司向外部公开信息较少时，同行公司的信息披露可以显著降低公司的资本成本。Breuer 等（2022）指出，强制性的公司信息披露会减少同行公司的自愿披露。然而，Seo（2021）的研究表明，在同行企业之间的信息披露中存在同行效应，同行企业信息的披露将触发企业自身的披露行为。

另外，一些学者还发现了同行之间在信息披露方面的勾结行为。Bertomeu 等（2021）证实了美国三大汽车制造商使用月度生产数据预测并公开交换生产信息。Bloomfield（2021）揭示了企业如何通过公开披露高管薪酬计划，将竞争战略信息传递给竞争对手。Bourveau 等（2020）认为，在反垄断法颁布之后，企业开始向同行披露更多的客户信息，以开展同行之间的行动。Kepler（2021）的研究证实了当同行之间形成正式的战略联盟时，联盟内的私人交流可以取代公开信息披露，作为同行交流的一种方式。

在对同行信息披露对公司战略决策影响的研究中，Beatty 等（2013）表明，行业领导者的财务欺诈信息将导致同行公司出现过度投资行为。在与本章相关的研究中，Durnev 和 Mangen（2020）指出，企业的投资效率与其竞争对手披露的 MD&A（管理层讨论与分析）的语调呈正相关关系，并且在进入成本低、公司规模大且替代产品较少的情况下，这种关系更为强烈。Cho 和 Muslu（2021）证明同行公司的 MD&A 语调可以促进焦点企业的资本投资。

二 研究假设

（一）同行年报语调与企业创新投资

本章将同行企业定义为属于同一行业的企业。信息机制和竞争机制是同行企业相互影响的两个主要机制（Lieberman and Asaba，2006；Durnev and Mangen，2009）。基于信息的理论认为，不完全信息的存在是同行企业相互影响的主要原因，并且企业的决策行为将遵循那些具有高质量信息的同行企业。基于竞争的理论则主张，通过获取关于同行企业的信息，企业可以及时调整战略决策，以减轻竞争压力或在市场上保持相对位置。由此，本章将基于信息机制和竞争机制，分析同行企业年度报告语调对焦点企业创新投资的影响。

在信息机制方面，信息缺陷是同行企业之间相互影响的重要因素。在企业战略决策过程中，管理者所拥有的信息并非完全有效。当获取创新投资项目信息面临较高的成本时，管理者会通过财务报告等渠道获得行业或者同行企业特定的信息，以优化管理者的战略决策，降低投资决策的不确定性和需要承担的风险（Foucault and Fresard，2014；Park et al.，2017）。这意味着每个企业都将受益于同行披露，它可以揭示整个行业未来投资的机遇和挑战，了解竞争对手的战略选择和行业需求，可以优化公司的战略决策并提高战略决策有效性（Durnev and Mangen，2020）。企业创新投资具有周期长和风险高的特点（Holmstrom，1989），高质量的创新投资决策需要以良好的信息环境为基础。同行企业面临着相似的政策环境和市场环境，企业的运营模式也大致相同，因此，同行企业披露的信息成为其他企业信息获取与学习的重要来源，是企业战略决策信息环境的重要组成部分。同行企业积极的年报语调中可能包含企业创新方面的投资机会，能够为管理层提供多元化的信息，优化创新投资决策的信息环境，成为促进焦点企业创新投资的直接信息来源。

在竞争机制方面，同行企业的信息披露提供了有关竞争对手的信息，企业会根据竞争对手披露的信息不断调整其投资决策（Cho and Muslu，2021）。创新是促进企业发展和获得可持续竞争优势的重要驱动力（Kim and Koo，2018）。企业为了缓解竞争压力（Fracassi，2017）、降低创新投资过程中面临的不确定性风险，会通过同行披露的信息，挖掘行业发展机会，调整自身决策行为，以确保自身的市场地位。同行年报语调积极，表明同行企业对过去一年的发展状况较为满意，管理层对企业现有的市场地位充满信心，同时也向市场传递出行业竞争激烈的信号。面对这一信号，其他企业会通过加大创新投资力度以确保企业的长期核心竞争力，巩固行业地位。相关研究也证实，同行企业的信息披露会通过竞争机制影响焦点企业的投资决策（Durnev and Mangen，2020；Cho and Muslu，2021）。企业能够根据同行企业的会计重述公告推断出同行企业的投资项目信息，进而改变企业对行业发展前景的预期，调整企业未来投资决策（Durnev and Mangen，2009；Li，2016）。

根据信息机制和竞争机制的分析，本章提出以下假设。

H8-1：在其他条件相同的情况下，同行企业年度报告的语调与焦点企业的创新投资呈正相关关系。

（二）同行企业年报语调、信息供给与企业创新投资

企业在做出战略决策时会参考同行企业的相关信息，而企业的信息环境会受到企业周围信息传递渠道的影响，良好的外部信息环境可以促进信息流动并降低信息获取成本，提高组织对各类信息的整合能力，促使组织更容易对竞争对手的战略决策行为做出反应（Li，2016）。在资本市场中，专业的中介机构可以分析和提供市场信息，消除企业获取外部信息的障碍（Carayannis et al.，2016）。作为资本市场中的一个重要信息中介，分析师有机会与管理层进行直接的互动交流，获取企业运营和战略决策等信息，并基于自身的专业能力，通过研究报告对相关信息进行解读和传播。分析师通过研究报告提供公司事件、商业战略、管理团队能力、企业竞争力和

宏观经济等信息（Kim et al.，2019b），这是资本市场中独特的行业和竞争信息来源（Martens and Sextroh，2021）。某调查显示，超过50%的投资者关系专业人士将向分析师提供行业趋势和竞争对手的信息视为分析师工作中最重要的内容之一（Brown and Martinsson，2019）。

在一个以技术变革和信息复杂为特征的市场中，企业需要及时识别新的竞争性信息以调整其业务策略。从信息供给的角度来看，分析师对同行企业的关注可以为焦点企业拓宽获取同行信息的渠道。分析师的信息传递功能可以将同行年度报告语调中所蕴含的信息传递给焦点企业，缓解焦点企业与同行企业之间的信息不对称，进一步优化创新投资决策的信息环境，降低创新投资决策过程中的不确定性风险。相关研究还表明，分析师的关注有助于信息流动，在不同企业之间会造成信息溢出（Martens and Sextroh，2021），并且可以扩大同行企业公告对焦点企业投资决策的影响（Beatty et al.，2013）。基于这个逻辑，本章认为分析师对同行企业的关注扩大了同行年报语调对焦点企业创新投资的影响，并提出以下假设。

H8-2：在其他条件相同的情况下，从信息供给的角度来看，当分析师对同行企业的关注度较高（信息供给较高）时，同行年度报告的语调与焦点企业创新投资之间的关系更强。

（三）同行年报语调、信息需求和企业创新投资

企业创新投资决策在很大程度上受到管理层良好信息环境的影响。焦点企业对同行企业信息的获取取决于自身的信息需求。基于信息获取成本的考虑，管理者更倾向于从同行企业获取信息。同行企业信息披露可以帮助管理者理解同行企业行为对公司竞争环境的潜在影响，管理者会使用同行企业的信息披露来满足自身对信息的需求（Seo，2021）。从信息需求的角度来看，信息需求高的管理层在进行创新投资决策的过程中，有更强的动机与意愿通过同行年报信息获取有关企业创新的相关信息，以提高对行业发展趋势的把握程度，降低创新投资决策风险。信息加工理论指出，团队多样性的增加可以导致组织决策过程中可用信息的增加，而组织的信息多样性受到成员知识基础和观点多样性的驱动（Tasheva and Hillman 2019）。教育背景是个人价值观和感知的重要决定因素，教育水平对个人

的思维模式和情感反应有影响，代表了个体的价值观以及其为组织提供资源和信息的能力（Katmon et al.，2019）。在企业实践过程中，管理团队通常由受教育水平较高的专业人士和具有丰富实践经验的经理人组成，而管理团队成员之间的不同教育背景和不同学位背景的差异，可以为企业创新投资决策提供必要的信息支持。例如，受教育水平较高的管理者可以提供他们在创新投资决策方面的专业知识信息，而受教育水平较低的经理人可以提供战略决策方面的实践经验信息。这意味着，高管团队教育背景多样性水平越低，其决策能力越弱，决策过程中的信息需求水平越高。在这种情况下，对于教育背景多样性水平较低的高管团队来说，同行企业披露的信息有助于其做出高质量的战略决策。换言之，焦点企业的信息需求越大，同行年度报告语调对焦点企业创新投资的推动效果就越大。由此本章提出以下假设。

H8-3：在其他条件相同的情况下，从信息需求的角度来看，当焦点企业的高管团队教育多样性较低（信息需求较高）时，同行年度报告的语调与焦点企业创新投资之间的关系更强。

（四）同行年报语调、行业复杂性和企业创新投资

激烈的行业竞争将降低企业代理成本，通过提高全要素生产率的方式实现资源有效配置（Correa and Ornaghi，2014），长此以往，企业会将更多资源配置到创新投资项目（Hashmi，2013），从而使得企业通过创新在竞争中获益（Pacheco and Dean，2015）。

企业的行业环境反映了高管决策的信息需求（Hambrick et al.，2005），而行业的复杂性则反映了行业内的异质性和集中度（Chen et al.，2017a）。高复杂性通常与激烈的竞争有关，激烈的行业竞争则通过清算和接管威胁对同行企业产生压力和学习效应，迫使企业调整决策以改善其抵御情况。竞争环境决定了公司披露的信息，并激励同行企业的管理人员利用这些信息做出投资决策（Durnev and Mangen，2020）。面对复杂的行业竞争环境，为了避免落后于同行企业，企业有强烈的动机学习同行企业的做法并进行战略创新（Mueller et al.，2021）。目前，同行企业的年度报告已成为企业获取同行企业运营和决策信息的重要载体。作为竞争对手，同一行

业的企业在其年度报告中采用更积极的语气，透露出管理层对企业运营现状和未来市场发展前景持乐观态度，并向其他企业传递行业竞争压力增加的信号。

在行业复杂性高的情况下，企业之间的相互依赖程度较高，企业需要更多信息和战略更新来有效应对同行竞争（Mueller et al.，2021），这可能会增加管理层对同行信息披露的关注。激烈的竞争会迫使公司披露与其产品和运营相关的更多信息，这将有助于向同行企业传达投资机会等信息。行业的复杂性对企业的战略适应能力提出了更高要求，迫使其及时进行战略调整以适应外部环境的竞争需求（Palmer and Wiseman，1999）。此时，通过解读同行企业年度报告的积极语调，管理层可以确认企业所处行业中竞争压力增加，激励企业通过投资创新扭转不利局面，并确保其长期竞争优势。在复杂性较高（行业集中度较低）的行业中，企业进入的障碍较低，同行披露可能对企业的投资行为产生重要的溢出效应（Durnev and Mangen，2020），导致同行企业之间出现类似的战略风格（Chen and Ma，2017）。基于此，本章认为行业复杂性将强化同行年度报告语调对焦点企业创新投资的积极影响，并提出如下假设。

H8-4：在其他条件相同的情况下，基于竞争机制的视角，在行业复杂程度较高的情况下，同行年度报告的语调与焦点企业创新投资之间的关系更强。

根据上述分析，本章研究的逻辑框架如图 8.1 所示。

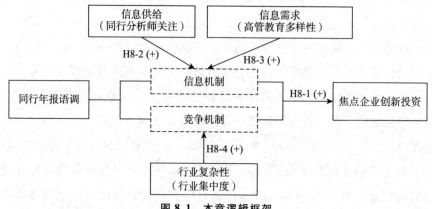

图 8.1　本章逻辑框架

第二节　同行年报语调影响企业创新的研究设计

一　数据和样本

本章以 2008~2020 年的 A 股上市公司作为研究样本。在获取初始样本（31800 个样本）后，删除如下样本：①金融和保险行业样本（899 个）；②上市不足一年的样本（2686 个）；③被 ST 和 *ST 的样本（1196 个）；④已退市的样本（69 个）；⑤数据存在缺失的样本（1978 个）；⑥每一年度行业公司数量不足 3 家的样本（108 个）。最终的样本包括 3411 家公司，总计 24864 个公司一年度观测值。表 8.1 显示了每年初始样本和删除样本情况。本章使用的数据来自 CNRDS 和 CSMAR 数据库。

表 8.1　变量筛选过程

单位：个

年份	初始样本	不同标准下的样本删除量						最终样本
		①	②	③	④	⑤	⑥	
2008	1592	56	77	151	2	58	23	1225
2009	1746	55	158	150	6	70	21	1286
2010	2069	57	405	162	5	97	13	1330
2011	2334	66	306	146	3	121	8	1684
2012	2452	72	155	102	4	156	10	1953
2013	2326	68	47	52	7	169	6	1977
2014	2572	70	161	46	3	184	4	2104
2015	2824	73	237	54	10	195	3	2252
2016	3113	78	312	65	2	207	2	2447
2017	3431	88	455	69	5	224	4	2586
2018	3601	103	130	80	9	245	7	3027
2019	3740	113	243	119	13	252	7	2993
总值	31800	899	2686	1196	69	1978	108	24864

为了排除极端值对研究结论的影响，对所有连续变量进行了缩尾处

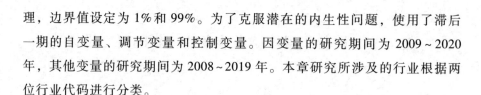

理，边界值设定为 1% 和 99%。为了克服潜在的内生性问题，使用了滞后一期的自变量、调节变量和控制变量。因变量的研究期间为 2009~2020 年，其他变量的研究期间为 2008~2019 年。本章研究所涉及的行业根据两位行业代码进行分类。

二 变量测度

（一）因变量

企业创新投资（*R&D*）。不同规模的企业在创新投资方面存在明显差异。例如，大型企业通常比小型企业在创新投资上投入更多。为了排除规模异质性对企业创新投资的影响，参考 Jiang 等（2020）、Bromiley 等（2017）、Gkypali 等（2012）、Cui 等（2021）、Zhang 等（2021）的研究，使用研发支出占总销售收入的比例测度企业创新投资。在稳健性检验中，通过两种方法重新衡量企业创新投资：①研发支出占总资产的比例；②研发支出费用加 1 取自然对数。

（二）自变量

同行年报语调（*PEER_TONE*）。首先，计算每家上市公司每年的年度报告语调，计算方法是年度报告中包含的积极词汇数量减去消极词汇数量占年报总词汇数量的比例，然后计算同一行业中除焦点企业之外的其他企业的年度报告语调的平均值，并将该值用来测度同行年度报告的语调，数值越大表示同行年度报告的语调越积极。测度年度报告语调的数据来自 CNRDS。该平台基于 Loughran 和 McDonald（2011）提供的财务情感英语词汇表，并根据中国人的词语使用习惯进行了调整和改进。最终共识别出 1076 个积极词语和 2080 个消极词语。

（三）调节变量

根据研究内容，选择同行分析师关注度、焦点企业信息需求和行业复杂性作为调节变量。具体而言，同行分析师关注度（*PEER_ANALYST*）是指同一行业中不包括焦点企业在内的分析师对同行企业关注程度的平均值取自然对数。分析师对同行企业的关注度越高，意味着焦点企业能够获得更多的信息供给。

使用上市公司高管教育背景多样性测度焦点企业的信息需求（*INF_NEED*）。教育背景多样性水平越高，信息需求越低。参考 An 等（2021）的研究，本章从两个角度使用 $1 - \sum_{i=1}^{n} p_i^2$ 来测度教育多样性——教育程度多样性和教育背景多样性。具体而言，p_i 代表不同类别高管的百分比。在计算教育程度多样性时，根据高管的教育程度将其分为四个类别：大专及以下、本科、硕士、博士。在计算教育背景多样性时，根据高管是否具有会计学、金融学、法学、管理学、经济学、工程和艺术等背景分为七个类别。教育程度多样性和教育背景多样性按年度进行排序，最高的十分位数设定为 10，最低的十分位数设定为 1。在分组分配后，将教育程度多样性和教育背景多样性相加，得到高管的教育多样性。教育多样性水平越高，意味着在进行创新投资决策时高管的信息需求越低。

行业复杂性（*IND_COM*）的计算方法为 $1 - \left[\sum x^2 / \left(\sum x \right)^2 \right]$（Chen et al.，2017a；Connelly et al.，2016；Mueller et al.，2021），其中 x 为同一行业中所有企业的总市场份额。*IND_COM* 数值越高表示行业的复杂程度越高。行业复杂，意味着决策者更具竞争力，在面临新机遇时，决策者倾向于快速完成战略调整。

（四）控制变量

参考已有研究（Jiang et al.，2020；Bromiley et al.，2017；Cui et al.，2021；Zhang et al.，2021），在回归模型中，对其他可能影响企业创新投资的变量加以控制，具体包括年报语调（*TONE*）、企业规模（*SIZE*）、资产负债率（*LEV*）、现金持有量（*CASH*）、资产收益率（*ROA*）、同行企业规模（*PEER_SIZE*）、同行企业资产负债率（*PEER_LEV*）、同行企业现金持有量（*PEER_CASH*）、同行企业资产收益率（*PEER_ROA*）、企业年龄（*AGE*）、国有企业（*SOE*）、股权集中度（*H10*）、两职合一（*DUAL*）、独立董事比例（*INDEP*）、管理层规模（*M_SIZE*）、管理层年龄（*M_AGE*）、管理层性别（*M_GENDER*）、管理层薪酬（*M_SALARY*）、管理层持股（*M_HOLDING*）。此外，考虑到企业创新投资的持续性（García-Quevedo et al.，2014；Gkypali et al.，2012）和路径依赖性（Tsekouras et al.，2016），本

章控制了当期的创新投资（*R&A*）。公司吸收能力是影响创新投资的重要因素（Gkypali et al.，2017，2018），故本章在回归中控制了研发人员占员工总数的比例（*R&D_P*）和拥有硕士及以上学位的员工占员工总数的比例（*EDU_EMP*）。此外，本章控制了同行业其他企业的创新投资（*PEER_R&D*）和同一城市其他企业的创新投资（*PEER_CITY_R&D*），以减小企业创新投资的溢出效应对研究结果的影响（Tsekouras et al.，2016）。最后，本章还控制了不同行业的信息披露要求（*IND_DIS*），以消除行业特定信息披露要求对研究结果的影响。在研究期间，深圳证券交易所和上海证券交易所发布了涵盖房地产、煤炭、电力、零售、汽车制造、医药制造和建筑等54个细分行业的信息披露指导准则，其中深交所发布了26个，上交所发布了28个。行业特定信息披露指导准则要求公司披露技术规格和商业模式等信息，在行业披露准则发布年度及之后的年度，将该行业设为1，否则设为0。根据公司是否属于高科技行业设置虚拟变量，当公司属于高科技行业时，*HIGH-TECH_IND*取值为1，否则为0。变量的定义如表8.2所示。

表8.2　变量定义

类型	名称	符号	定义
因变量	企业创新投资	*R&D_{t+1}*	$t+1$年研发支出占总销售收入的比例
自变量	同行年报语调	*PEER_TONE*	同行业企业年度报告语调的平均值
调节变量	同行分析师关注	*PEER_ANALYST*	分析师对同行企业关注度的平均值取自然对数
	高管教育多样性	*INF_NEED*	见调节变量定义
	行业复杂性	*IND_COM*	见调节变量定义
控制变量	年报语调	*TONE*	积极词汇数量与消极词汇数量之差占年报词汇总量的比例
	企业规模	*SIZE*	营业收入取自然对数
	资产负债率	*LEV*	总负债占总资产的比例
	现金持有量	*CASH*	现金和现金等价物的总额占总资产的比例
	资产收益率	*ROA*	净利润总额占总资产的比例
	同行企业规模	*PEER_SIZE*	同行企业规模的平均值
	同行企业资产负债率	*PEER_LEV*	同行企业资产负债率的平均值
	同行企业现金持有量	*PEER_CASH*	同行企业现金持有量的平均值

续表

类型	名称	符号	定义
控制变量	同行企业资产收益率	PEER_ROA	同行企业资产收益率的平均值
	企业年龄	AGE	企业上市年限取自然对数
	国有企业	SOE	为国有企业时赋值为 1，否则为 0
	股权集中度	H10	前十大股东持股比例的平方和
	两职合一	DUAL	董事长兼任 CEO 时赋值为 1，否则为 0
	独立董事比例	INDEP	独立董事人数占董事会总人数的比例
	管理层规模	M_SIZE	管理层总人数取自然对数
	管理层年龄	M_AGE	管理层的平均年龄取自然对数
	管理层性别	M_GENDER	管理层中的男性占总人数的比例
	管理层薪酬	M_SALARY	管理层薪酬总额取自然对数
	管理层持股	M_HOLDING	管理层持股数量之和占总股本的比例
	当期创新投资	R&D	当期研发支出费用占总销售收入的比例
	研发人员比例	R&D_P	研发类员工人数占员工总人数的比例
	高学历员工比例	EDU_EMP	拥有硕士及以上学位的员工人数占员工总人数的比例
	同行企业创新投资	PEER_R&D	同行企业创新投资的平均值
	同城市企业创新投资	PEER_CITY_R&D	同城市企业创新投资的平均值
	行业信息披露要求	IND_DIS	企业属于证监会提出特定信息披露要求的行业时赋值为 1，否则为 0
	高科技行业	HIGH-TECH_IND	企业属于高科技行业时赋值为 1，否则为 0

三　模型设定

根据研究假设，通过模型（8.1）测度同行企业年度报告语调对企业创新投资的影响，预期系数 α_1 显著为正。

$$R\&D_{i,t+1} = \alpha_0 + \alpha_1 PEER\_TONE_{i,t} + Controls + \omega_i + \lambda_t + \varepsilon_{i,t} \tag{8.1}$$

通过模型（8.2）来检验假设 H8-2、假设 H8-3 和假设 H8-4，探讨信息供给、信息需求和行业复杂性如何影响同行企业年度报告语调对焦点企业创新投资的影响。

$$R\&D_{i,t+1} = \beta_0 + \beta_1 PEER\_TONE_{i,t} + \beta_2 M_{i,t} + \beta_3 PEER\_TONE_{i,t} \times M_{i,t} +$$
$$Controls + \omega_i + \lambda_t + \varepsilon_{i,t} \tag{8.2}$$

在模型（8.2）中，M 是调节变量，代表 $PEER\_ANALYST$、INF_NEED 和 IND_COM。本章着重关注交互项系数 β_3 的正负性和显著性。根据研究假设，本章预计系数 β_3 显著为正。在模型（8.1）和模型（8.2）中，本章选择双向固定效应模型，以控制随时间变化的遗漏变量和时间因素对企业创新投资的影响，也就是在回归模型中控制了公司固定效应 ω_i 和时间固定效应 λ_t。公司固定效应可以在一定程度上消除不可观察因素的影响，时间固定效应可以消除企业创新投资在不同年份之间的波动。Hausman 检验显示，p 值小于 0.01，这表明选择固定效应模型比随机效应模型更为合适。

第三节　同行年报语调影响企业创新的实证结果分析

一　描述性统计和单变量分析

表 8.3 的列（1）至列（5）列出了主要变量的描述性统计结果。焦点企业的创新投资（$R\&D_{t+1}$）的均值为 0.031，最小值、最大值和标准差分别为 0.000、0.223 和 0.041，这表明我国上市公司的创新投资并不高，且存在较大的差异。同行企业年报语调（$PEER\_TONE$）的均值和中位数均为 0.002，说明就平均水平而言，同行企业的年度报告语调是积极的，可以向信息使用者传递有关企业和行业未来发展的积极信号。在调节变量方面，分析师对同行企业关注度（$PEER\_ANALYST$）的均值和标准差分别为 1.496 和 1.166，最小值和最大值分别为 0.000 和 3.761，说明从分析师信息供给的角度看，焦点企业面临的同行信息环境存在较大差异。结果显示，INF_NEED 的均值和中位数分别为 11.001 和 11.000，标准差为 4.247，表明企业管理层的教育多样性存在差异，进一步反映了不同企业的管理层在信息接收和处理方面存在差异，意味着信息需求存在差异。行业复杂性（IND_COM）的均值为 0.923，说明我国上市公司面临更强的行业复杂性。特别地，$R\&D_{t+1}$、$R\&D$、$PEER\_R\&D$ 和 $PEER\_CITY\_R\&D$ 的均值基本上在 0.03 左

右，表明企业的创新投资水平在不同年份和同一行业、同一城市内保持一致，这在一定程度上反映了企业创新投资的持续性和溢出效应。

根据同行年报语调是否超过年度中位数将样本分为两组，并使用单变量分析高同行年报语调与低同行年报语调之间的变量差异。表 8.3 的列（6）至列（11）显示，在高同行年报语调分组中，焦点企业的创新投资均值和中位数分别为 0.044 和 0.036；在低同行年报语调分组中，焦点企业的创新投资均值和中位数分别为 0.018 和 0.003。不同样本下焦点企业创新投资的均值和中位数之间的差异在 1% 的水平下是显著的，表明同行年报语调越积极，焦点企业的创新投资水平越高，研究假设 H8-1 得到初步验证。对于控制变量，高同行年报语调与低同行年报语调分组下各个变量的均值和中位数之间的差异至少在 5% 的水平下是显著的。

二　相关性分析

表 8.4 展示了变量的相关性检验结果。同行年报语调（$PEER\_TONE$）与焦点企业创新投资（$R\&D_{t+1}$）之间的相关系数为 0.028，在 1% 的水平下显著。$PEER\_ANALYST$、INF_NEED、IND_COM 与 $R\&D_{t+1}$ 之间的相关系数分别为 0.064、0.051 和 0.293，均通过了 1% 的显著性水平检验。然而，对于自变量和调节变量，IND_COM 和 $PEER\_TONE$ 之间的相关系数未通过显著性检验。因此，必须通过多元回归分析来检验这些变量之间的关系。当期的企业创新投资（$R\&D$）、研发人员比例（$R\&D\_P$）、高学历员工比例（EDU_EMP）、同行企业创新投资（$PEER\_R\&D$）和同城市企业创新投资（$PEER\_CITY\_R\&D$）与焦点企业创新投资（$R\&D_{t+1}$）之间的相关系数均在 1% 的水平下显著为正，这在一定程度上表明了企业创新投资的持续性、溢出效应和路径依赖性，并表明企业的吸收能力是创新投资的重要影响因素。IND_DIS 和 $HIGH\text{-}TECH\_IND$ 也均与 $R\&D_{t+1}$ 在 1% 的水平下呈显著正相关关系，这意味着行业信息披露要求和行业特性也是影响企业创新的重要因素。控制变量与自变量和调节变量以及控制变量之间的相关系数的绝对值大多小于 0.5，表明本章研究不存在多重共线性问题。对所有变量进行方差膨胀因子检验，结果显示，VIF 的最大值为 3.321，小于临界值 10，进一步表明变量之间不存在多重共线性。

表 8.3　描述性统计和单变量分析

| 变量 | 全样本 | | | | | 高同行年报语调 | | 低同行年报语调 | | 均值差异 | 中位数差异 |
| | (1) | (2) | (3) | (4) | (5) | (6) | (7) | (8) | (9) | (10) | (11) |
	均值	标准差	最小值	中位数	最大值	均值	中位数	均值	中位数		
$R\&D_{t+1}$	0.031	0.041	0.000	0.021	0.223	0.044	0.036	0.018	0.003	0.026***	0.033***
PEER_TONE	0.002	0.004	-0.008	0.002	0.013	0.004	0.003	0.000	0.000	0.004***	0.003***
PEER_ANALYST	1.496	1.166	0.000	1.386	3.761	1.504	1.609	1.488	1.386	0.016	0.223**
INF_NEED	11.001	4.247	2.000	11.000	20.000	10.865	11.000	11.138	11.000	-0.273***	0.000***
IND_COM	0.923	0.079	0.576	0.953	0.990	0.938	0.970	0.908	0.931	0.030***	0.039***
TONE	0.002	0.010	-0.084	0.002	0.053	0.003	0.003	0.000	0.000	0.003***	0.003***
SIZE	22.076	1.258	19.822	21.896	26.071	21.862	21.725	22.291	22.100	-0.429***	-0.374***
LEV	0.434	0.204	0.055	0.429	0.884	0.400	0.391	0.468	0.471	-0.068***	-0.081***
CASH	0.178	0.125	0.014	0.144	0.614	0.191	0.156	0.164	0.133	0.027***	0.023***
ROA	0.036	0.060	-0.258	0.036	0.192	0.039	0.039	0.034	0.033	0.006***	0.006***
PEER_SIZE	22.077	0.651	20.840	21.997	24.104	21.856	21.845	22.297	22.205	-0.441***	-0.361***
PEER_LEV	0.435	0.096	0.262	0.419	0.674	0.397	0.386	0.474	0.459	-0.077***	-0.073***
PEER_CASH	0.178	0.051	0.083	0.172	0.362	0.193	0.183	0.163	0.158	0.030***	0.025***
PEER_ROA	0.035	0.021	-0.048	0.034	0.089	0.039	0.038	0.030	0.031	0.009***	0.007***
AGE	2.003	0.827	0.000	2.197	3.219	1.861	1.946	2.145	2.303	-0.284***	-0.357***
SOE	0.392	0.488	0.000	0.000	1.000	0.318	0.000	0.467	0.000	-0.149***	0.000***
H10	0.160	0.115	0.008	0.131	0.563	0.152	0.125	0.168	0.138	-0.016***	-0.013***

续表

| 变量 | 全样本 | | | | | 高同行年报语调 | | 低同行年报语调 | | | |
| | (1) | (2) | (3) | (4) | (5) | (6) | (7) | (8) | (9) | (10) | (11) |
	均值	标准差	最小值	中位数	最大值	均值	中位数	均值	中位数	均值差异	中位数差异
DUAL	0.351	0.477	0.000	0.000	1.000	0.377	0.000	0.324	0.000	0.053***	0.000***
INDEP	0.377	0.058	0.333	0.357	0.600	0.380	0.364	0.375	0.333	0.005***	0.031***
M_SIZE	2.838	0.233	2.303	2.833	3.466	2.822	2.833	2.854	2.833	-0.032***	0.000***
M_AGE	3.863	0.068	3.689	3.871	4.007	3.858	3.850	3.868	3.871	-0.010***	-0.021***
M_GENDER	0.824	0.112	0.500	0.842	1.000	0.820	0.833	0.827	0.846	-0.007***	-0.013***
M_SALARY	15.134	0.817	12.852	15.152	17.186	15.129	15.151	15.139	15.153	-0.010**	-0.002***
M_HOLDING	0.150	0.281	0.000	0.000	1.188	0.189	0.002	0.111	0.000	0.078***	0.002***
R&D	0.028	0.051	0.000	0.011	3.423	0.040	0.031	0.016	0.001	0.024***	0.030***
R&D_P	0.118	0.128	0.000	0.097	0.650	0.158	0.127	0.078	0.050	0.080***	0.077***
EDU_EMP	0.046	0.044	0.001	0.047	0.273	0.050	0.047	0.041	0.047	0.009***	0.000***
PEER_R&D	0.028	0.011	0.001	0.027	0.047	0.030	0.030	0.026	0.025	0.004***	0.005***
PEER_CITY_R&D	0.031	0.017	0.000	0.035	0.064	0.032	0.036	0.030	0.033	0.002***	0.003***
IND_DIS	0.608	0.488	0.000	1.000	1.000	0.600	1.000	0.616	1.000	-0.016**	0.000***
HIGH-TECH_IND	0.395	0.489	0.000	0.000	1.000	0.585	1.000	0.205	0.000	0.380***	1.000***

注：***、**分别表示在1%、5%的水平下显著。

表8.4 相关性分析

变量	VIF	(1)	(2)	(3)	(4)	(5)	(6)	(7)	(8)	(9)	(10)	(11)	(12)	(13)	(14)	(15)
R&D$_{t+1}$ (1)		1														
PEER_TONE (2)	2.417	0.028***	1													
PEER_ANALYST (3)	1.706	0.064***	0.068***	1												
INF_NEED (4)	2.367	0.051***	0.061***	0.125***	1											
IND_COM (5)	1.524	0.293***	-0.003	-0.065***	-0.059***	1										
TONE (6)	1.403	0.120***	0.390***	0.212***	-0.044***	-0.003	1									
SIZE (7)	3.000	-0.200***	-0.263***	0.389***	0.373***	-0.098***	-0.145***	1								
LEV (8)	2.009	-0.347***	-0.059***	-0.022	0.136***	-0.062***	-0.192***	0.472***	1							
CASH (9)	1.330	0.207***	0.119***	0.106***	-0.041***	0.044***	0.125***	-0.208***	-0.359***	1						
ROA (10)	1.535	0.020***	0.072***	0.395***	0.018***	-0.002	0.244***	0.017***	-0.355***	0.248***	1					
PEER_SIZE (11)	3.069	-0.217***	-0.505***	0.016***	0.183***	-0.192***	-0.228***	0.468***	0.261***	-0.196***	-0.066***	1				
PEER_LEV (12)	3.293	-0.391***	-0.155***	-0.035***	0.098***	-0.137***	-0.059***	0.279***	0.410***	-0.170***	-0.110***	0.487***	1			
PEER_CASH (13)	1.758	0.228***	0.313***	0.073***	-0.058***	0.107***	0.129***	-0.252***	-0.201***	0.324***	0.088***	-0.403***	-0.484***	1		
PEER_ROA (14)	1.615	-0.049***	0.297***	0.098***	0.001	-0.013**	0.112***	-0.102***	-0.143***	0.109***	0.202***	-0.185***	-0.385***	0.327***	1	
AGE (15)	1.837	-0.269***	-0.189***	-0.094***	0.276***	-0.071***	-0.317***	0.367***	0.351***	-0.251***	-0.187***	0.246***	0.198***	-0.168***	-0.036***	1
SOE (16)	1.769	-0.302***	0.028***	0.000	0.365***	-0.191***	-0.111***	0.315***	0.288***	-0.103***	-0.062***	0.201***	0.258***	-0.123***	0.009	0.396***
H10 (17)	1.272	-0.137***	-0.029***	0.110***	0.120***	-0.150***	0.029***	0.218***	-0.115***	0.038***	0.141***	0.190***	0.124***	-0.076***	0.009	-0.141***
DUAL (18)	1.110	0.124***	-0.001	0.009	-0.122***	0.058***	0.069***	-0.115***	-0.112***	0.060***	0.025***	-0.087***	-0.101***	0.050***	-0.003	-0.163***
INDEP (19)	1.047	0.078***	-0.033***	0.001	0.000	0.026***	0.013**	0.026***	-0.018***	-0.002	-0.031***	0.008	-0.026***	0.012*	-0.048***	-0.031***

续表

变量	VIF	(1)	(2)	(3)	(4)	(5)	(6)	(7)	(8)	(9)	(10)	(11)	(12)	(13)	(14)	(15)
M_SIZE (20)	1.552	-0.175***	0.040***	0.155***	0.236***	-0.141***	-0.027***	0.390***	0.272***	-0.101***	-0.014**	0.172***	0.175***	-0.099***	0.015**	0.229***
M_AGE (21)	2.284	-0.110***	-0.174***	0.039***	0.710***	-0.080***	-0.126***	0.348***	0.106***	-0.093***	0.025***	0.251***	0.094***	-0.149***	-0.020**	0.259***
M_GENDER (22)	1.175	-0.106***	0.119***	0.062***	0.194***	-0.109***	0.011*	0.164***	0.132***	-0.063***	-0.015*	0.077***	0.117***	-0.065***	0.030***	0.071***
M_SALARY (23)	2.090	0.168***	-0.319***	0.344***	0.228***	0.125***	-0.089***	0.505***	0.071***	0.018	0.170***	0.247***	-0.045***	-0.021	-0.057***	0.101***
M_HOLDING (24)	1.561	0.280***	0.064***	0.085***	-0.246***	0.147***	0.199***	-0.267***	-0.291***	0.176***	0.126***	-0.176***	-0.210***	0.150***	0.010	-0.483***
R&D (25)	1.497	0.669***	0.094***	0.080***	-0.041***	0.213***	0.116***	-0.158***	-0.262***	0.194***	0.039***	-0.185***	-0.295***	0.230***	0.023***	-0.203***
R&D_P (26)	1.723	0.648***	0.148***	0.062***	-0.055***	0.282***	0.171***	-0.210***	-0.279***	0.215***	0.070***	-0.288***	-0.338***	0.294***	-0.042***	-0.250***
EDU_EMP (27)	1.176	0.273***	0.042***	0.075***	0.133***	0.065***	0.076***	0.000	-0.067***	0.117***	0.042***	-0.032***	-0.053***	0.104***	-0.018***	-0.009
PEER_R&D (28)	1.553	0.279***	0.039***	0.112***	0.068***	0.140***	0.105***	0.014**	-0.093***	0.132***	0.057***	-0.075***	-0.068***	0.159***	-0.061***	-0.147***
PEER_CITY_R&D (29)	3.321	0.383***	-0.552***	0.014***	0.016***	0.214***	-0.213***	0.143***	-0.131***	0.009	-0.015***	0.221***	-0.225***	-0.044***	-0.208***	-0.038***
IND_DIS (30)	1.155	0.265***	-0.005	0.100***	-0.011*	-0.021	0.127***	-0.068***	-0.143***	0.079***	0.076***	0.001	0.008	-0.007	-0.007	-0.159***
HIGH-TECH_IND (31)	1.536	0.260***	0.188***	-0.024***	-0.040***	0.456***	0.082***	-0.176***	-0.169***	0.049***	0.036***	-0.344***	-0.362***	0.118***	0.092***	-0.137***

变量	(16)	(17)	(18)	(19)	(20)	(21)
SOE (16)	1					
H10 (17)	0.193***	1				
DUAL (18)	-0.223***	-0.061***	1			
INDEP (19)	-0.063***	0.054**	0.059***	1		
M_SIZE (20)	0.423***	0.073***	-0.200***	-0.137***	1	
M_AGE (21)	0.318***	0.124***	-0.126***	-0.014	0.222***	1

续表

变量	(16)	(17)	(18)	(19)	(20)	(21)	(22)	(23)	(24)	(25)	(26)	(27)	(28)	(29)	(30)	(31)
M_GENDER (22)	0.247***	0.078***	-0.105***	-0.054***	0.238***	0.206***	1									
M_SALARY (23)	-0.019***	0.013**	-0.016**	0.013**	0.269***	0.208***	-0.013**	1								
M_HOLDING (24)	-0.409***	-0.050***	0.258***	0.075***	-0.256***	-0.247***	-0.134***	-0.029***	1							
R&D (25)	-0.202***	-0.100***	0.075***	0.045***	-0.097***	-0.108***	-0.050***	0.089***	0.286***	1						
R&D_P (26)	-0.236***	-0.124***	0.108***	0.055***	-0.156***	-0.135***	-0.068***	0.080***	0.238***	0.458***	1					
EDU_EMP (27)	0.042***	-0.029***	0.013**	0.013**	0.017***	0.016***	-0.012**	0.082***	0.007	0.201***	0.311***	1				
PEER_R&D (28)	-0.116***	0.025***	0.052***	0.039***	-0.074***	-0.044***	-0.123***	0.189***	0.152***	0.210***	0.243***	0.158***	1			
PEER_CITY_R&D (29)	-0.258***	-0.048***	0.092***	0.106***	-0.153***	0.081***	-0.201***	0.462***	0.161***	0.199***	0.236***	0.095***	0.400***	1		
IND_DIS (30)	-0.084***	0.018***	0.042***	0.003	-0.032***	-0.042***	-0.017***	0.031***	0.125***	0.268***	0.174***	0.074***	0.112***	0.029***	1	
HIGH-TECH_IND (31)	-0.150***	-0.096***	0.052***	0.012*	-0.098***	-0.040***	-0.008	-0.005	0.125***	0.181***	0.226***	0.026***	0.065***	0.054***	-0.009	1

注：***、**、*分别表示在1%、5%和10%的水平下显著。

三 回归结果分析

表 8.5 列示了多元回归的检验结果。其中，列（1）是检验控制变量对焦点企业创新投资的影响；列（2）是对假设 H8-1 的检验结果，即探究同行年报语调是否会影响焦点企业创新投资；列（3）至列（5）探究了不同信息环境和行业竞争环境是否会影响同行年报语调与焦点企业创新投资之间的关系，分别对应假设 H8-2 至假设 H8-4。在所有回归中，本章均控制了公司固定效应和年份固定效应。

列（1）的结果显示，焦点企业年报语调（$TONE$）对 $t+1$ 期的企业创新投资（$R\&D_{t+1}$）的影响系数显著为正（$\alpha_2 = 0.138$，$t = 5.224$），表明年报语调越积极，企业创新投资水平越高，这在一定程度上表明年度报告语调能够反映企业发展水平，良好的企业状况是开展创新投资活动的基础。同行企业的规模（$PEER\_SIZE$）、资产负债率（$PEER\_LEV$）、现金持有量（$PEER\_CASH$）和资产收益率（$PEER\_ROA$）均对焦点企业创新投资有显著的抑制作用，并且通过了 1% 的显著性水平检验。

企业年龄（AGE）的影响系数（$\alpha_{11} = -0.002$，$t = -2.599$）进一步证实了企业年龄是影响创新投资的重要因素（García-Quevedo et al.，2014）。当前创新投资（$R\&D$）对未来一期创新投资（$R\&D_{t+1}$）的影响系数在 1% 的水平下显著为正（$\alpha_{22} = 0.136$，$t = 4.077$），这表明企业当前的创新行为显著影响未来创新投资的水平，揭示了企业创新投资具有持续性和路径依赖性，与现有研究结论保持一致（García-Quevedo et al.，2014；Gkypali et al.，2012；Tsekouras et al.，2016）。在企业吸收能力方面，研发人员比例（$R\&D\_P$）和高学历员工比例（EDU_EMP）对焦点企业创新投资（$R\&D_{t+1}$）的影响系数在 1% 的显著性水平下为正，这表明企业的吸收能力是推动创新的重要因素。当企业具有较强的知识吸收能力时，它能够更有效地整合和吸收来自内部和外部的知识，从而提高内部和外部知识利用和转化的效率，帮助企业更好地实现创新。这一发现与 Gkypali 等（2017，2018）的研究结果是一致的。同行企业创新投资（$PEER\_R\&D$）和同城市企业创新投资（$PEER\_CITY\_R\&D$）对焦点企业创新投资的影响系数至少在 5% 的水平下显著为正，这表明企业创新投资存在行业层面和城市层面的溢出效应，与现有研究保持一致（Wen et al.，2022）。行业信息披露指南的发布（*IND_DIS*）也显著促进了焦点企业的创新投资。*HIGH-TECH_IND* 的系数也显著为正，证明高科技行业的企业在创新投资方面具有更高的水平。

列（2）是在列（1）的基础上加入本章的核心变量 *PEER_TONE*，检验同行年报语调对焦点企业创新投资的影响。结果表明，*PEER_TONE* 的系数为 1.040，并且通过了 1% 的显著性水平检验（t=14.431）。这意味着同行年报语调越积极，焦点企业创新投资水平越高，即同行年报语调对焦点企业创新投资具有溢出效应，假设 H8-1 得到验证。回归结果包含的经济意义是，同行年报语调的平均值每提高一个标准差，焦点企业的创新投资水平会提升 13.42%（=1.040×0.004/0.031）。

研究假设 H8-2 认为在信息供给水平较高的情况下，同行年报语调对焦点企业创新投资的促进作用更大。列（3）的结果显示，同行年报语调和同行分析师关注的交互项（*PEER_TONE×PEER_ANALYST*）对焦点企业创新投资的影响系数显著为正（$\beta_3=0.077$，t=3.099），这意味着同行分析师关注增加了焦点企业的信息供给，改善了管理者决策的信息环境，进而强化了同行年报语调对焦点企业创新投资的溢出效应，研究假设 H8-2 得到验证。

本章认为在焦点企业信息需求较高的情况下，同行年报语调对焦点企业创新投资的正向影响更大（假设 H8-3），但是，回归检验结果与本章的预期相反。列（4）显示，同行年报语调和高管教育多样性的交互项（*PEER_TONE×INF_NEED*）对焦点企业创新投资的影响系数在 1% 的水平下显著为正（$\beta_3=0.279$，t=2.937）。由于本章通过高管团队成员的教育水平测度信息需求，教育水平越高，信息需求越低。交互项系数意味着焦点企业的信息需求越低（高管团队成员之间的教育多样性水平越高），同行年报语调对焦点企业创新投资的促进作用越大，假设 H8-3 没有得到验证。这一结果虽然没有验证本章的假设，但似乎也合乎逻辑。高管团队成员的总体学历水平越高，意味着管理层的信息需求越低，但整个团队的学习能力、认知水平、对新事物的接受度和对复杂信息的收集处理能力就相对更强，更能做出有利于企业发展的正确战略决策。这也就解释了在信息需求低（高管团队成员之间的教育多样性水平高）的情况下，同行年报语调对焦点企业创新投资的影响更大。

　　研究假设 H8-4 推断，在行业复杂程度较高的情况下，同行年报语调对焦点企业创新投资的促进作用更大。列（5）的结果证实了这一假设。同行年报语调与行业复杂性的交互项（*PEER_TONE×IND_COM*）对焦点企业创新投资的影响系数为 1.595，通过了 1% 的显著性水平检验。这证实了研究假设 H8-4，行业复杂程度能够强化同行年报语调与焦点企业创新投资之间的关系。

　　综上所述，研究假设 H8-1、研究假设 H8-2 和研究假设 H8-4 得到了验证。同行年报语调与焦点企业创新投资之间存在正相关关系，这种关系在高信息供给和高行业复杂性的情况下更强。

表 8.5　多元回归结果

变量	（1）	（2）	（3）	（4）	（5）
	$R\&D_{t+1}$	$R\&D_{t+1}$	$R\&D_{t+1}$	$R\&D_{t+1}$	$R\&D_{t+1}$
PEER_TONE		1.040 *** (14.431)	1.165 *** (14.265)	1.204 *** (13.440)	0.764 *** (8.579)
PEER_ANALYST			0.001 *** (3.040)		
PEER_TONE×PEER_ ANALYST			0.077 *** (3.099)		
INF_NEED				0.001 ** (2.385)	
PEER_TONE×INF_NEED				0.279 *** (2.937)	
IND_COM					0.010 *** (3.373)
PEER_TONE×IND_COM					1.595 *** (6.215)
TONE	0.138 *** (5.224)	0.108 *** (4.025)	0.105 *** (3.923)	0.106 *** (3.974)	0.108 *** (4.036)
SIZE	0.001 (1.629)	0.001 (1.357)	0.000 (0.631)	0.000 (0.836)	0.001 (1.303)

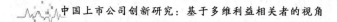

续表

变量	（1）	（2）	（3）	（4）	（5）
	$R\&D_{t+1}$	$R\&D_{t+1}$	$R\&D_{t+1}$	$R\&D_{t+1}$	$R\&D_{t+1}$
LEV	-0.015 ***	-0.015 ***	-0.014 ***	-0.014 ***	-0.015 ***
	（-9.310）	（-9.187）	（-9.045）	（-9.093）	（-9.255）
CASH	0.002	0.003	0.003	0.003	0.003
	（1.282）	（1.569）	（1.585）	（1.605）	（1.622）
ROA	-0.053 ***	-0.052 ***	-0.053 ***	-0.053 ***	-0.053 ***
	（-12.291）	（-12.059）	（-11.955）	（-11.974）	（-12.171）
PEER_ SIZE	-0.008 ***	-0.006 ***	-0.006 ***	-0.006 ***	-0.007 ***
	（-10.879）	（-8.723）	（-8.438）	（-8.429）	（-9.360）
PEER_ LEV	-0.026 ***	-0.016 ***	-0.016 ***	-0.016 ***	-0.016 ***
	（-5.988）	（-3.730）	（-3.734）	（-3.775）	（-3.786）
PEER_ CASH	-0.057 ***	-0.050 ***	-0.049 ***	-0.049 ***	-0.048 ***
	（-9.754）	（-8.485）	（-8.443）	（-8.458）	（-8.247）
PEER_ ROA	-0.030 ***	-0.051 ***	-0.052 ***	-0.052 ***	-0.052 ***
	（-3.481）	（-5.749）	（-5.875）	（-5.828）	（-5.879）
AGE	-0.002 ***	-0.002 ***	-0.002 ***	-0.002 ***	-0.002 ***
	（-2.599）	（-3.315）	（-3.426）	（-3.382）	（-2.916）
SOE	0.002 **	0.002 **	0.002 **	0.002 **	0.002 **
	（2.115）	（2.274）	（2.303）	（2.258）	（2.341）
H10	-0.007 ***	-0.006 **	-0.006 **	-0.006 **	-0.006 **
	（-2.766）	（-2.398）	（-2.287）	（-2.321）	（-2.320）
DUAL	-0.001 *	-0.001 *	-0.001 *	-0.001 *	-0.001 **
	（-1.806）	（-1.900）	（-1.842）	（-1.858）	（-1.990）
INDEP	-0.002	-0.003	-0.003	-0.002	-0.003
	（-0.712）	（-0.854）	（-0.845）	（-0.833）	（-0.878）
M_ SIZE	0.002 *	0.002	0.002	0.002	0.002
	（1.797）	（1.584）	（1.603）	（1.590）	（1.568）
M_ AGE	0.001	0.000	-0.000	0.000	0.000
	（0.247）	（0.118）	（-0.001）	（0.009）	（0.118）
M_ GENDER	0.003	0.003	0.003	0.003	0.003
	（1.518）	（1.423）	（1.421）	（1.410）	（1.450）

续表

变量	(1) $R\&D_{t+1}$	(2) $R\&D_{t+1}$	(3) $R\&D_{t+1}$	(4) $R\&D_{t+1}$	(5) $R\&D_{t+1}$
M_SALARY	0.003*** (6.654)	0.002*** (6.245)	0.002*** (6.061)	0.002*** (6.167)	0.002*** (6.225)
M_HOLDING	−0.001 (−1.169)	−0.001 (−0.871)	−0.001 (−0.969)	−0.001 (−0.927)	−0.001 (−0.741)
R&D	0.136*** (4.077)	0.134*** (4.074)	0.134*** (4.065)	0.134*** (4.070)	0.133*** (4.069)
R&D_P	0.092*** (13.948)	0.091*** (13.833)	0.090*** (13.763)	0.091*** (13.776)	0.091*** (13.852)
EDU_EMP	0.062*** (8.548)	0.061*** (8.398)	0.060*** (8.302)	0.061*** (8.339)	0.061*** (8.399)
PEER_R&D	1.149** (2.140)	1.114** (2.116)	1.110** (2.114)	1.112** (2.115)	1.114** (2.117)
PEER_CITY_R&D	0.149*** (4.452)	0.139*** (4.195)	0.135*** (4.064)	0.135*** (4.073)	0.134*** (4.037)
IND_DIS	0.003*** (5.545)	0.003*** (5.858)	0.003*** (5.807)	0.003*** (5.828)	0.003*** (5.810)
HIGH−TECH_IND	0.022*** (6.067)	0.021*** (6.030)	0.021*** (5.972)	0.021*** (5.993)	0.021*** (6.035)
常数项	0.175*** (6.835)	0.144*** (5.655)	0.150*** (5.892)	0.147*** (5.766)	0.156*** (6.120)
公司固定效应	Yes	Yes	Yes	Yes	Yes
年份固定效应	Yes	Yes	Yes	Yes	Yes
N	24864	24864	24864	24864	24864
R^2	0.848	0.849	0.849	0.849	0.850

注：括号内为 t 值，***、**、* 分别表示在 1%、5%、10% 的水平下显著。

四　内生性检验

(一) 倾向得分匹配 (PSM)

使用倾向得分匹配法来缓解由变量测量偏差引起的内生性问题。分年

度将样本按照同行年度报告的语调进行排序，将位于前 1/5 的样本设定为
处理组，剩下 4/5 的样本设定为对照组，匹配变量包括所有的控制变量、
年份和公司固定效应，经过匹配一共得到 7026 个观测值。基于倾向得分匹
配的样本重新检验同行年报语调对焦点企业创新投资的影响，检验结果列
于表 8.6 的列（1），*PEER_TONE* 的系数为 0.472，通过了 5% 的显著性水
平检验，这意味着在缓解内生性问题后，同行年度报告的语调可以促进焦
点企业的创新投资。

（二）工具变量回归

为了消除宏观经济和行业因素的影响，本部分选择同行企业的股票
特质收益率（*PEER_IR*）作为同行年报语调的工具变量，并采用两阶段
最小二乘回归（2SLS）进行检验。股票特质收益率符合本章研究中工具
变量的选择标准。首先，从外生性角度来看，计算股票特质收益率需要
考虑行业和市场因素，从而消除影响同行企业创新投资的共同外部因素，
准确反映企业信息。其次，从相关性角度来看，股票特质收益率与企业
信息披露之间存在显著相关性（Rajgopal and Venkatachalam，2011；Chen
et al.，2012）。

工具变量回归的第一阶段结果显示在表 8.6 的列（2）中。同行企业
的股票特质收益率的影响系数为 0.007，通过了 1% 的显著性水平检验，这
表明同行企业的股票特质收益率显著解释了同行企业年度报告的语调。第
二阶段的结果〔见表 8.6 的列（3）〕显示，同行年度报告语调（*PEER_
TONE*）的系数依然在 1% 的水平下显著为正，这意味着在使用工具变量回
归来缓解潜在内生性问题之后，同行年度报告的语调仍能够显著促进焦点
企业创新投资。

（三）Heckman 两阶段模型

为了缓解样本选择偏差引起的内生性问题，本部分使用 Heckman 两阶
段模型重新检验同行年度报告语调对焦点企业创新投资的影响。第一步，
建立企业是否进行创新投资的 Probit 模型，当企业在 $t+1$ 期进行创新投资
时，将 $D\_R\&D_{t+1}$ 赋值为 1，否则为 0，与工具变量回归部分一致，选择同
行企业的股票特质收益率作为第一阶段的外生变量，并在回归中包括了控

制变量。第二步，根据第一步回归结果计算出逆米尔斯比率（*IMR*），并将其作为模型（8.1）的控制变量。表8.6的列（4）和列（5）展示了基于Heckman两阶段模型的检验结果。列（5）显示，*IMR* 的系数在1%的水平下通过了显著性检验，表明研究样本存在选择偏差问题，但是，*PEER_TONE* 的系数仍在1%的水平下显著为正，表明在克服样本选择偏差引起的内生性问题后，研究结果仍然表明同行年度报告的语调可以促进焦点企业创新投资。

（四）政策冲击

中国证券监督管理委员会在2012年对上市公司年度报告中的信息披露内容和格式进行了修订，并增加了对年度报告中信息披露的要求，年度报告的披露信息质量得到了提高。这一政策为探究上市公司信息披露提供了准自然环境。这种外生冲击能够有效地缓解同行企业年度报告语调对焦点企业创新投资影响的内生性问题。将2012年之前的样本视为政策冲击前的样本，而将2012年之后的样本视为政策冲击后的样本。表8.6的列（6）和列（7）显示，在政策冲击前，同行年度报告语调对焦点企业创新投资的影响系数为0.485，显著性水平为1%（t = 4.434），而在政策冲击后，*PEER_TONE* 的系数大小和显著性水平均有所提高。组间系数差异检验的卡方值为7.96，对应的 p 值为0.019，这表明在缓解内生性问题之后，本章的结论仍然有效。

（五）一阶差分模型

为了消除由不可观察因素引起的估计偏差问题，在模型（8.1）中对所有连续变量设置了一阶差分变量，其中每个连续变量都从上一期的变量中进行差分，得到变量的变化值，用符号 Δ 表示。在检验同行年度报告语调变化（Δ*PEER_TONE*）对焦点企业创新投资变化（Δ*R&D*$_{t+1}$）的影响时，本章仍控制了公司固定效应和年份固定效应。表8.6的列（8）显示，Δ*PEER_TONE* 的系数为0.468，在1%的水平下显著（t = 5.579），表明在排除被遗漏的不可观察因素的影响后，同行年度报告语调仍然可以显著地促进焦点企业的创新投资。

表 8.6 内生性检验

变量	(1) PSM	(2) 工具变量回归 第一阶段	(3) 第二阶段	(4) Heckman 两阶段模型 第一阶段	(5) 第二阶段	(6) 政策冲击 前	(7) 后	(8) 一阶差分模型
	$R\&D_{t+1}$	$PEER\_TONE$	$R\&D_{t+1}$	$D\_R\&D_{t+1}$	$R\&D_{t+1}$	$R\&D_{t+1}$	$R\&D_{t+1}$	$\Delta R\&D_{t+1}$
$PEER\_TONE$ / $\Delta PEER\_TONE$	0.472** (2.148)	0.007*** (2.668)	39.821*** (5.264)		0.661*** (7.102)	0.485*** (4.434)	0.873*** (9.194)	0.468*** (5.579)
$PEER\_IR$				−5.516* (−1.652)				
IMR					0.012*** (14.263)			
常数项	0.044 (0.887)	0.042*** (24.637)	−1.033*** (−4.622)	5.506** (2.414)	0.170*** (3.031)	0.174*** (4.659)	0.155*** (3.000)	−0.004*** (−6.736)
Controls	Yes	Yes	Yes	Yes	Yes	Yes	Yes	Yes
公司固定效应	Yes	Yes	Yes	Yes	Yes	Yes	Yes	Yes
年份固定效应	Yes	Yes	Yes	Yes	Yes	Yes	Yes	Yes
N	7026	21450	21450	21450	21450	8209	16655	20666
R^2	0.867	0.846	0.856	0.670	0.861	0.843	0.854	0.198

注：括号内为 t 值，***、**、* 分别表示在 1%、5%、10% 的水平下显著。

五　稳健性检验

（一）更换因变量测度

正如变量定义部分所述，本节使用两种方法重新测度企业创新投资：①研发支出占总资产的比例；②研发支出费用加 1 然后取自然对数。使用重新测度的创新投资指标再次检验同行年度报告语调对焦点企业创新投资的影响，检验结果分别列在表 8.7 的列（1）和列（2）。

（二）因变量提前

由于创新投资是一种长期的企业行为，为进一步确认同行年度报告的语调是否会影响焦点企业未来的创新投资，本节分别使用 $t+2$ 和 $t+3$ 时期的企业创新投资作为因变量，具体的检验结果列于表 8.7 的列（3）和列（4）。

（三）更换自变量测度

在测度上市公司年度报告语调时，本节通过积极词汇数量与消极词汇数量之差占二者词汇数量之和的比例测度，并在此基础上重新测度同行年报语调。表 8.7 的列（5）展示了基于重新测度自变量的检验结果。

（四）更换回归模型

考虑到企业创新投资的取值为非负数，本节使用 Tobit 模型检验同行年报语调对焦点企业创新投资的影响，结果如表 8.7 的列（6）所示。

（五）重新筛选样本

本节使用企业创新投资大于 0 的样本重新检验同行年报语调对焦点企业创新投资的影响，结果列于表 8.7 的列（7）。在样本筛选过程中，本章删除了年度—行业—公司数量小于 3 的样本。在稳健性检验中，本节使用年度—行业—公司数量大于等于 5 的样本重新考察同行年报语调与焦点企业创新投资之间的关系，结果列于表 8.7 的列（8）。此外，本节还使用年度—行业—公司数量大于等于 10 的样本检验了基准假设，结果列于表 8.7 的列（9）。

（六）控制行业需求的波动性

年度报告的语调将反映特定行业的需求水平，而这种需求水平将随时间而变化。为了克服行业需求的波动对结果的影响，与 Armand 和 Mendi（2018）、Garicano 和 Steinwender（2016）、Paunov（2012）的研究保持一致，本节在回归模型中加入了年份虚拟变量和行业虚拟变量的交互项，检验结果列于表 8.7 的列（10）。

表 8.7 的检验结果显示，无论采用何种稳健性检验方法，同行年报语调对焦点企业创新投资的影响系数均在 1% 的水平下显著为正，这表明本章的研究结论是稳健的，即同行年报语调对焦点企业创新投资具有显著的溢出效应。

第四节 本章小结

本章基于上市公司的数据，研究了同行企业年度报告的语调对焦点企业创新投资的影响。通过信息机制和竞争机制两个渠道，研究证实了同行年报语调对企业创新投资的促进作用，在克服内生性并经过一系列稳健性检验之后，该结论稳健成立。此外，本章进一步验证了信息供给和行业竞争度对同行年报语调溢出效应的影响，结果显示，在同行企业信息供给水平高和行业复杂性较高的情况下，同行企业年报语调对焦点企业创新投资的促进作用更大。本章基于新兴资本市场，拓展了关于同行企业信息披露和创新投资的研究。

本章的研究做出了以下三个贡献。第一，本章丰富了企业创新投资影响因素的研究成果。以往的研究主要集中在探讨管理者特质（Bernile et al.，2018）、公司治理机制（Rodrigues et al.，2020）和制度环境（Alam et al.，2019）对企业创新投资决策的影响。较少有学者关注文本信息特征对企业创新投资的影响，尚无学者分析同行文本信息语调对焦点企业创新投资的影响，本章的研究填补了这一研究空白。第二，本章的研究是对同行文本信息披露导致经济后果研究的有益补充。在与本章主题相关的研究中，Durnev 和 Mangen（2020）、Cho 和 Muslu（2021）发现同行企业 MD&A 语调对企业投资效率和资本投资有显著的影响。与他们不同的是，本章将研究视角聚焦于同行企业年度报告语调和企业创新投资，并发现同行年报语调对焦点企业创新投资有显著的正向影响，本章为同行文本信息披露对焦

表 8.7　稳健性检验

变量	(1) 更换因变量测度	(2) 更换因变量测度	(3) 因变量提前	(4) 因变量提前	(5) 更换自变量测度	(6) 更换回归模型	(7) 重新筛选样本	(8) 重新筛选样本	(9) 重新筛选样本	(10) 控制行业需求的波动性
	$R\&D_{t+1}$	$R\&D_{t+1}$	$R\&D_{t+2}$	$R\&D_{t+3}$	$R\&D_{t+1}$	$R\&D_{t+1}$	$R\&D_{t+1}$	$R\&D_{t+1}$	$R\&D_{t+1}$	$R\&D_{t+1}$
PEER_TONE	0.571***	46.645***	0.481***	0.902***	0.133***	0.781***	0.343***	1.126***	1.362***	0.079***
	(11.388)	(13.955)	(6.262)	(11.456)	(14.906)	(5.431)	(2.835)	(14.012)	(15.023)	(2.984)
常数项	0.105***	2.092**	0.158***	0.088*	0.156***	-0.078***	0.149***	0.168***	0.173***	-0.030
	(6.485)	(2.130)	(3.399)	(1.922)	(6.112)	(-2.590)	(4.185)	(6.260)	(6.144)	(-0.455)
Controls	Yes	Yes	Yes	Yes	Yes	Yes	Yes	Yes	Yes	Yes
公司固定效应	Yes	Yes	Yes	Yes	Yes	Yes	Yes	Yes	Yes	Yes
年份固定效应	Yes	Yes	Yes	Yes	Yes	Yes	Yes	Yes	Yes	Yes
行业固定效应	No	No	No	No	No	No	No	No	No	Yes
年份×行业	No	No	No	No	No	No	No	No	No	Yes
N	24864	24864	20666	17453	24864	24864	16625	24237	22994	24864
R²	0.664	0.793	0.959	0.873	0.849	0.695	0.874	0.850	0.852	0.864

注：括号内为 t 值，***、**、*分别表示在 1%、5%、10%的水平下显著。

点企业投资决策方面的研究提供了新的经验证据。第三，本章厘清了基于新兴市场的同行文本信息披露对焦点企业投资决策的影响机制。本章的研究确认了同行年报语调会通过信息机制和竞争机制对焦点企业的创新投资产生溢出效应。具体而言，在信息供给程度高和行业复杂性高的情况下，同行年报语调对焦点企业创新投资的促进作用更大。

本章研究的理论意义如下所述。

第一，本章丰富了对企业创新投资决策影响因素的研究。企业创新投资决策的制定不仅会受到管理者特质（Bernile et al.，2018）、公司治理机制（Rodrigues et al.，2020）、制度环境（Alam et al.，2019）等因素的影响，还会受到信息环境的影响。同行企业的信息披露，能够优化焦点企业所处的信息环境，弥补管理者的信息劣势，降低风险不确定性，提高企业战略决策质量。

第二，本章丰富了新兴市场下同行信息披露对焦点企业决策行为影响的研究成果。以往有关同行信息披露对企业行为影响的研究多基于发达资本市场展开（Breuer et al.，2022；Shroff et al.，2017；Kepler，2021），学者对新兴市场的关注度不高。本章使用来自中国上市公司的数据，检验了同行年报语调对焦点企业创新投资的影响。本章丰富了新兴市场下同行的信息披露，尤其是同行的文本信息披露对企业战略决策影响的研究。

第三，本章为理解同行文本信息特征对焦点企业投资决策影响的作用机制提供了新的证据。作为对 Durnev 和 Mangen（2020）、Cho 和 Muslu（2021）研究的补充，本章基于中国上市公司的年度报告，分析了不同信息环境和行业竞争环境下，同行年报语调对焦点企业创新投资的影响，进一步证实同行信息披露会通过信息和竞争两个机制对焦点企业的战略决策产生影响。

第九章

同行企业创新信息披露与企业创新

社会心理学认为，个体倾向于与拥有相似特征的同行建立一种相互竞争和相互影响的环境，这种现象通常被称为同行效应。同行效应已广泛应用于各个学科的研究中，包括管理学、经济学、金融学和教育学（Manski，1993；Seo，2021）。研究表明，同行企业对个体企业的投资行为会产生重大影响，不仅涉及对有形资产的决策，还包括对无形资产的投资判断（Rashid and Said，2021）。进一步的研究表明，同行企业信息的传播是企业投资决策过程中的一个重要决定因素。根据 Cho 和 Muslu（2021）的研究，同行企业管理层讨论与分析（MD&A）的语调与焦点企业资本投资和存货之间存在相关性。MD&A 中更乐观的语调与更高水平的资本投资和存货相关，而语调消极的 MD&A 与更低水平的资本投资和存货相关（Durnev and Mengen，2020）。Beatty 等（2013）研究发现，夸大财务报告中的投资前景会刺激同行企业的投资活动。作为企业投资活动的重要组成部分，创新投资活动引起了投资者、分析师、管理层和其他利益相关者的关注。同行信息披露是否会对创新投资产生影响尚不清楚。自 2006 年新会计准则实施以来，中国证券监督管理委员会等监管机构提高了对公司的信息披露要求，明确要求公司在财务报告中应包含特定的创新信息。作为重要的非财务信息，创新信息披露具有重要的实际意义。本章基于上市公司在年度报告中越来越多地披露具体创新信息的企业实践，检验了同行企业创新信息披露是否会对焦点企业的创新投资产生影响。探索这个问题将深入研究同行效应，并进一步加深对同行企业信息披露与企业创新投资决策之间关系的认识。

企业通过竞争获得利益，创新在企业获取竞争优势方面发挥着关键和不可或缺的作用（Hitt et al.，1996；Lou et al.，2022；Yanadori and Cui，2013）。然而，作为一种具有内在价值的创造性行为，创新表现出复杂性、系统性和风险大的特征（Gatignon et al.，2002）。因此，在存在高度不确定性的情况下，同行披露的信息可以作为企业进行创新投资决策的宝贵资源。来自同行企业的创新信息对企业具有重要的参考价值，通过决策指导、知识获取和竞争压力等机制对焦点企业的创新决策产生影响。具体而言，同行企业提供的创新信息在指导创新方向、缓解创新带来的风险和不确定性方面具有重要的参考价值。由于创新活动的高度动态和复杂性质（Wang et al.，2008；Teece and Leih，2016；Henri and Wouters，2020），风险和不确定性是企业创新的重要属性（Teece et al.，2016；Wang et al.，2008）。对于管理层来说，建立创新投资与其带来的经济效益之间的明确关联是极具挑战性的（Austin et al.，2012；Henri and Wouters，2020）。因此，风险和不确定性的存在对管理层进行创新投资决策提出了严峻的挑战。

然而，同行企业创新信息的披露提升了信息透明度（Shroff et al.，2014），为企业创新的前进轨迹提供了指导方向，这有助于管理层确定创新的方向，准确预测创新投资与其经济效果之间的关系，从而缓解管理层对企业创新风险和不确定性的担忧。此外，同行企业传播的创新信息在创新过程方面具有知识价值，可以缓解创新过程中遇到的复杂性和系统性问题所带来的挑战。企业的创新活动涵盖了多个相互影响的环节和因素（Kash and Rycroft，2002；Hobday et al.，2000）。以汽车制造业为例，智能驾驶汽车的生产目前涉及人工智能、空间技术、能源系统、光学、机械和电子等多种技术的相互交叉运用，仅掌握传感器和控制器技术不足以满足现代汽车制造业的创新需求。不仅汽车制造业面临这些挑战，其他行业也面临类似问题，技术要求变得更加严格和复杂。因此，企业内部的创新需要克服技术复杂性、复杂的组织网络和技术与组织的协调等挑战，这些挑战共同给企业创新带来压力。同行企业创新信息的传播提升了信息透明度，降低了企业获取此类知识的成本，使企业能够深入了解并全面分析同

行企业的创新行为，这有助于企业模仿和借鉴同行企业取得的进步，最终
缓解创新活动的复杂性和相互关联性所带来的挑战。

此外，同行企业传播的创新信息能够产生竞争压力，并建立起可持续
的企业创新激励机制。同行压力指的是在各个方面与个体相似的同行对个
体产生的影响（Clasen and Brown，1985）。同行压力的影响可分为两种形
式：一致性同行压力和竞争性同行压力（Haun and Tomasello，2011；
Brown et al.，1986；Bamberger，2007）。一致性同行压力迫使个体与同行
保持一致，以避免被社会排斥（Haun and Tomasello，2011；Brown et al.，
1986），而竞争性同行压力则迫使个体通过感知和模仿同行的成就来追求
卓越（Bamberger，2007；Hwang and Chang，2016）。在企业创新领域，企
业通过同行企业的信息披露获得有关同行企业创新成就的知识，这不仅能
够产生一致性同行压力，促使企业不断进步并获得竞争优势，还产生了竞
争性同行压力，促使企业在感知到同行企业创新成就时克服创新障碍。受
到一致性同行压力和竞争性同行压力的影响，企业将优先考虑创新活动，
并加大在创新领域的投资力度。

本章从企业内部的战略决策视角，探讨了同行企业创新信息披露对焦
点企业创新投资的影响。具体而言，本章通过考虑决策指导、知识获取和
竞争压力机制，理论分析了同行企业创新信息披露对企业创新投资的影
响，并从实证上证实了同行创新信息披露对企业创新投资的促进作用。此
外，本章从信息提供、信息传递和信息接收的角度，研究了同行企业
MD&A 的可读性、分析师对同行企业的关注以及焦点企业管理者能力对同
行创新信息披露与焦点企业创新投资之间关系的调节作用。

第一节　同行企业创新信息披露影响
企业创新的理论分析

一　同行企业创新信息披露与企业创新投资

同群效应是社会科学领域的重要理论，强调受到社交环境影响的相似
个体之间存在相互影响（Manski，1993；Seo，2021；Bramoullé et al.，

2020）。同群之间的人际交流一方面促进相互支持和知识获取（Haun and Tomasello，2011）；另一方面产生同群压力，引发竞争（Bamberger，2007）。同行企业创新信息披露对企业创新投资产生影响，包括模仿机制和竞争机制。本章将通过决策指导、信息获取和竞争压力三个机制来分析同行企业创新信息披露对企业创新投资的影响。

首先，同行企业对创新信息的披露提高了与创新决策相关的信息的透明度，丰富了企业在不确定环境中获取的信息资源，有效展示了其作为创新引导的有效性。创新活动作为增强企业竞争优势的有价值活动，具有高度不确定性和高风险性等特征（Gatignon et al.，2002）。在充满不确定性的环境中运营的企业，同行的创新信息披露是其预测未来风险和机遇的重要参考。企业在做出创新决策时，可以通过前瞻性的风险和机遇评估来增强其识别潜在挑战和预期结果的能力（Shroff et al.，2014）。从同行企业获得关于创新实践的见解能够提高企业对创新发展前景的预期，进而有助于阐明创新决策的方向和目标。基于此，同行创新信息的披露为在不确定环境中运营的企业提供了有助于促进创新的决策洞察力，进而有助于厘清其创新工作的方向，预测与创新相关的潜在风险和结果，并降低与创新过程相关的不确定性和风险。

其次，同行企业对创新信息的披露通过降低信息获取成本，削弱了焦点企业获取创新信息的障碍。同群效应的主要影响机制包括模仿机制和学习机制（Haun and Tomasello，2011；Brown et al.，1986）。创新活动的复杂性和系统性往往会导致技术壁垒的出现（D'Este et al.，2012），同行企业的创新信息披露可以有效降低企业获取创新知识的成本，分析和解读同行企业的创新信息可以帮助企业效仿和借鉴同行企业行为。

最后，同行企业对创新信息的披露可以增强社会比较效应，从而激励企业为了保持竞争力而进行创新投资。基于社会科学的研究表明，个体往往会根据自己在同伴群体中的相对位置来评估和做出决策，而不仅仅依赖绝对能力（Aobdia and Cheng，2018）。同行的创新信息为企业提供了相对创新水平的参考，使企业能够评估并确立其在行业内的相对位置。鉴于创新在拓展市场、获得竞争优势和增加企业价值方面的重要性（Warusawitharana，2015；Adams et al.，2016），同行之间的比较将产生竞争压力，促进创新动力的产生。处于优势地位的企业将继续进行创新投资，甚至增加创新的承诺，以保持其竞争优势，而处于劣势地位的企业将加强对技术创新的关注，以获得竞争优势。因此，同行创新信息的披露可以激发社会比较效应并激励企业积极开展创新活动。

基于上述分析，同行创新信息披露通过决策指导机制减轻了企业对风险和不确定性的感知，并促进了企业之间的模仿和学习。同时，通过社会比较机制，企业之间产生了比较效应，有利于激励企业进行创新投资。据此，本章提出如下假设。

H9-1：同行企业创新信息披露对焦点企业创新投资有显著的促进作用。

二　同行企业 MD&A 可读性的调节作用

可读性是指文本的可理解程度（Loughran and McDonald，2014）。作为文本的重要特征之一，可读性在信息处理中起着关键作用，因为它直接影响信息理解和吸收的效率和效果（Rennekamp，2012）。较高的可读性有助于信息使用者轻松获取和理解文本信息，而较低的可读性则会对信息使用者在获取或理解文本信息方面构成挑战（Rjiba et al.，2021）。

同行企业的 MD&A 作为传播创新信息的关键渠道，在企业获取创新信息方面具有重要作用。MD&A 的可读性在确定与创新信息相关的效率和效果方面起到关键作用。

首先，同行企业的 MD&A 的可读性显著影响创新信息的清晰度。可读性高的文件以条理清晰、结构合理的方式呈现，更容易吸引信息使用者的注意，并在决策过程中更有可能受到重视（Fang et al.，2016）。此外，相比可读性低的文本，可读性高的文本更容易引发积极的心理感知反应，例如，满足感来自轻松完成任务和信息吸收水平的提高，从而促进信息的理解和吸收（Reber et al.，2004；Miele and Molden，2010；Brakus et al.，2014）。根据本章研究的具体内容，与可读性低的 MD&A 信息相比，信息使用者更倾向于高度可读的 MD&A 信息，当 MD&A 的可读性水平较高时，有利于创新信息的使用。此外，由于可读性高的 MD&A 文本相比可读性低的 MD&A 文本更易处理，企业更容易理解和融合创新信息。因此，当同行企业的 MD&A 的可读性较高时，企业更容易受到同行企业创新信息的影响。

其次，同行企业的 MD&A 的可读性显著影响信息的获取和理解。高可读性的特点，例如清晰的句子结构、简洁的表达和恰当的词语选择，有助于焦点企业从同行企业的创新信息披露中提取和理解信息（Miele and Molden，2010）。因此，在可读性高的情况下，模仿和学习更加有效，这意味着在同行企业的 MD&A 可读性高的条件下，同行企业创新信息披露对焦点企业的影响也将被放大。

最后，MD&A 的可读性影响了对竞争压力的感知。随着文本信息变得越来越清晰，高可读性的信息也呈现出更强的信号效应（Fang et al.，2016；Wang et al.，2022b）。通过理解明确的创新信息披露内容，焦点企业更倾向于把握同行企业的创新趋势和发展轨迹，从而便于开展企业创新投资活动。此外，较高的同行企业 MD&A 的可读性能够显著提高焦点企业的竞争意识。随着同行企业创新信息披露透明度的提高，企业能够更有效地感知和理解企业间创新成就的差距。拥有显著创新成果的企业会因潜在超越而产生担忧感，而创新成果有限的企业则会受到感知差距的激励。保持竞争优势或迎头赶上的压力将增大同行企业创新信息披露对企业创新的影响。然而，由于低可读性 MD&A 的信息封锁效应，信息理解受到阻碍，从而阻碍了创新相关信息的获取，进而弱化了创新信息的影响。也就是说，与高可读性的 MD&A 相比，在 MD&A 的可读性低时，同行企业的创新信息披露对企业创新投资的影响程度较小。

基于上述分析，与可读性低的 MD&A 信息相比，在 MD&A 具有高可读性时，同行企业的创新信息披露对焦点企业的创新投资决策会产生更大的影响。由此本章提出如下假设。

H9-2：基于信息供给视角，同行企业 MD&A 可读性能够强化同行企业创新信息披露对焦点企业创新投资的促进作用。

三　同行企业分析师关注的调节作用

作为市场的重要参与者，分析师通过对企业信息的解读影响信息传播过程以及其他市场参与者的决策和判断（Hilary and Hsu，2013；Clement，

1999）。分析师的关注程度显著影响焦点企业的预期和战略焦点（Gentry and Shen，2013）。当分析师对同行企业的信息或事件表现出浓厚的兴趣时，同行企业的信息披露变得更加突出（Gentry and Shen，2013；Yu，2008），从而对焦点企业的判断和决策过程产生更大的影响。此外，作为市场信息的关键传播者，分析师通过研究报告、媒体采访、社交媒体平台等向市场参与者提供意见和建议（Chen et al.，2010；Kim and Youm，2017）。分析师对同行企业信息披露的关注增加，会使市场更全面地解读和分析这些信息，有助于焦点企业更深入地了解同行企业的创新动态和决策过程，从而加强对所披露创新信息的吸纳，最终对焦点企业的创新投资产生影响。由此本章提出如下研究假设。

H9-3：基于信息传输视角，分析师对同行企业的关注能够加强同行企业创新信息披露对焦点企业创新投资的促进作用。

四　管理者能力的调节作用

管理者能力对接收同行企业的创新信息有显著影响。

首先，管理者能力在有效获取同行企业信息方面起到关键作用（Byron，2007）。高能力的管理者具有从内部和外部渠道获取知识的能力，能够辨别并捕捉有价值的信息，并识别冗余元素，在信息分类和归档方面表现出卓越的熟练程度，便于访问和引用。此外，能力较高的管理者展现出卓越的能力来批判性地评估信息的可靠性和有效性，促进决策的准确性、适应性和效率提升。相反，能力不足的管理者可能面临判断错误或忽视重要信息等挑战。

其次，管理者能力对高效处理从同行企业获得的与创新相关的信息至关重要。通过获取、分析和解读同行企业披露的与创新相关的信息，高能力的管理者可以理解市场需求，把握潜在机会，并有效地了解未来的不确定性和风险（Kaplan et al.，2012）。然而，管理能力欠缺或不足可能导致对这些信息的误解。

此外，高能力的管理者具有出色的学习能力和决策能力（Kaplan et al.，2012）。他们通常展现出强大的分析能力，以及跨学科学习能力，能够根据广泛的知识背景和对市场的熟悉度，将披露的与创新相关的数据转化为有利于企业发展的知识（Lang，2001）。与此同时，高能力的管理者展现出战略视野和创造力（Kaplan et al.，2012），能够整合各种类型的信息，权衡利弊，并迅速调整企业决策以促进创新和发展。

最后，高能力管理者在组织内树立权威，这与员工对创新的认知和工作热情有关（Kaplan et al.，2012）。员工间的合作对成功实施创新决策至关重要（Klein and Knight，2005）。有能力的管理者鼓励员工遵循和执行管理意见，这与成功实施创新实践活动相一致（Berlew，1974）。而缺乏能力的管理者可能导致员工对新决策的抵抗，从而形成抵制创新的环境。较高管理能力伴随员工接受度的提高，与减少创新抵制呈正相关关系。换句话说，与能力较差的管理者相比，当管理者能力较强时，同行企业对创新信息的披露对焦点企业创新投资的影响较大。

基于前述分析，管理者能力通过信息接收、处理、学习和创新接受环境等机制，强化了同行企业创新信息披露与焦点企业创新投资之间的关系。由此本章提出如下假设。

H9-4：基于信息接收视角，焦点企业管理者能力能够强化同行企业创新信息披露对焦点企业创新投资的影响。

第二节　同行企业创新信息披露影响企业创新的研究设计

一　数据来源与样本选择

本章以 2011~2022 年中国 A 股上市公司为研究对象，根据本章的研究需求对样本进行如下处理：①剔除金融行业的样本；②剔除被 ST、*ST 的样本；③剔除上市不足一年的样本；④剔除行业内公司数量不足 5 家的样本；⑤剔除变量存在缺失的样本。经过上述处理，本章共计得到 28258 个公司一年度观测值。为避免极端值对研究结果的影响，本章对所有连续变量进行了 1% 和 99% 水平上的缩尾处理。同时，为了控制可能存在的内生性问题，在回归模型中，本章使用 $t+1$ 期的企业创新投资作为因变量，时间区间为 2012~2022 年；自变量、调节变量和控制变量使用 t 期的取值，时间区间为 2011~2021 年。本章的研究数据来源于 CSMAR 数据库和 Win-GO 财经文本数据平台。

二　变量定义

（一）因变量

企业创新投资（*R&D*）。在测度企业创新投资的过程中，为了排除企业规模的影响，使用研发支出费用与总销售收入的比值测度企业创新投资（Yuan et al.，2022，2023）。在稳健性检验中，使用如下方法重新测度企业创新投资：①研发支出费用占企业总资产的比例；②研发支出费用加 1 取自然对数。

（二）自变量

同行企业创新信息披露（*PFID*）。使用 MD&A 中企业创新类关键词数量占词汇总量的比例测度上市公司的创新信息披露水平。具体按照如下步骤进行构建：①提取上市公司年报中的 MD&A 内容；②根据计算机编程语言 Python 中的 Jieba 分词模块进行分词处理，计算 MD&A 中的词汇数量；③根据本章确定的有关企业创新的关键词（具体包括创造、科技成果、实用新型、技术、专利、发明、试验、研制、开发、R&D、设计、知识产权、新项目、工艺、科研、资本化、研究、科技投入、研发、新产品、实验、软件、创新、预研、新业务），识别并确定 MD&A 中关于企业创新关键词的数量。上市公司的企业创新信息披露水平（*FID*）计算公式为：

$$FID = N\_I/N \tag{9.1}$$

其中，N_I 代表 MD&A 中有关企业创新词汇的数量，N 代表 MD&A 中词汇的总数量。在获得上市公司的企业创新信息披露指标后，分年度使用同行业内除焦点企业之外的所有企业创新信息披露水平的均值来测度同行企业创新信息披露，并标记为 *PFID*。该值越大，代表同行企业的创新信息披露水平越高。

（三）调节变量

同行企业的 MD&A 的可读性（*PF_R*）。基于朴素贝叶斯假设，本章假设文本中的句子相互独立，并考虑句中词语的前后搭配顺序，用上市公司年报中 MD&A 部分的各个句子生成概率乘积的对数似然的均值来测度上市公司 MD&A 的可读性（Shin et al.，2020）。具体的计算步骤如下：①提取上市公司年报中关于 MD&A 的内容；②利用词嵌入（Word Embedding）将每个词表示成一个密集的固定长度的实值向量，语义相近的词在向量空间上具有相同的向量表示；③计算得到句子的生成概率；④用各个句子生成概率乘积的对数均值来测量 MD&A 的可读性。其计算公式为：

$$READABILITY = \frac{1}{N} \sum_{s=1}^{N} \ln P_s \tag{9.2}$$

其中，P_s 表示句子 s 生成概率，N 表示构成文本的句子数。*READABILITY* 的值越高，表示 MD&A 的文本内容越容易被理解，可读性越高；反之，MD&A 的文本内容越不容易被理解，可读性越差。在获得上市公司 MD&A 的可读性之后，分年度使用同行业内除焦点企业之外的所有公司 MD&A 可读性的平均值来测度同行企业 MD&A 的可读性，并标记为 *PF_R*。

同行企业分析师关注（*PF_A*）。分年度使用同行业内除焦点企业之外的所有公司分析师跟踪人数的平均值并取自然对数来测度同行企业的分析师关注，标记为 *PF_A*，该值越大，代表分析师对同行企业的关注程度越高。

管理者能力（*MA*）。延续已有研究（Demerjian et al.，2012）的做法，本章采用数据包络分析（DEA）和 Tobit 模型相结合的两阶段模型测度管理者能力，具体的计算步骤如下。

首先，采用模型（9.3）分行业计算各企业的运营效率（*SCORE*），本章将固定资产净额（*PPE*）、研发支出（*R&D_E*）、商誉（*GOODWILL*）、无形资产净额（*INTAN*）、营业成本（*COGS*）、销售与管理费用（*SG&A*）作为投入变量，将营业收入（*SALES*）作为产出变量，把公司—年度作为一个决策单元，使用 DEA 方法计算得出企业效率值（*SCORE*）。

$$SCORE_t = \frac{SALES_t}{v_1 PPE_t + v_2 R\&D\_E_t + v_3 GOODWILL_t + v_4 INTAN_t + v_5 COGS_t + v_6 SG\&A_t}$$

$$\tag{9.3}$$

其次，估算管理者能力（*MA*）。由于采用 DEA 方法计算得出的企业效率值（*SCORE*）同时受企业与管理者两个层面的因素影响，因此，建立模型（9.4）分行业并控制年份对企业效率与企业层面的因素进行回归，分离所得残差即为管理者能力（*MA*）。

$$Tobit(SCORE_t) = \lambda_0 + \lambda_1 SIZE_t + \lambda_2 MS_t + \lambda_3 FCF_t + \lambda_4 AGE_t +$$
$$\lambda_5 FCI_t + \lambda_6 DIV_t + \sum YEAR + \varepsilon_t \tag{9.4}$$

其中，*SCORE* 为模型（9.3）计算获得的企业效率值。*SIZE* 为企业总资产的自然对数；*MS* 为市场份额，定义为企业营业收入在行业营业收入中的占比；*FCF* 为企业自由现金流水平，若企业自由现金流为正，该指标取值为 1，否则为 0；*AGE* 为企业上市年限加 1 后取自然对数；*FCI* 为国际化程度，定义为海外销售收入占营业收入的比重；*DIV* 为企业业务复杂度，定义为企业各业务部门收入除以企业总收入的平方和。

（四）控制变量

参考同主题的相关研究（Yuan et al.，2022），本章在回归模型中进一步控制了影响企业创新投资的其他因素，具体包括：企业规模（*SIZE*）、资产负债率（*LVE*）、资产收益率（*ROA*）、现金流（*CASH*）、营业收入增长率（*GROWTH*）、托宾 Q 值（*Q*）、前十大股东持股比例（*TOP*10）、机构持股比例（*INS_SHARE*）、上市年龄（*AGE*）、管理层薪酬（*M_SALARY*）、管理层持股比例（*M_SHARE*）、管理层规模（*M_SIZE*）、管理层性别比（*M_GENDER*）、管理层年龄（*M_AGE*）。此外，本章还对年份固定效应（*YEAR*）和行业固定效应（*INDUSTRY*）加以控制。变量的定义如表 9.1 所示。

表 9.1　变量定义

类型	变量	符号	定义
因变量	企业创新投资	$R\&D_{t+1}$	研发费用支出占总销售收入的比例
自变量	同行企业创新信息披露	*PFID*	同行业内除焦点企业之外的所有企业创新信息披露水平的均值

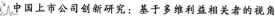

续表

类型	变量	符号	定义
调节变量	同行企业 MD&A 可读性	PF_R	同行业内除焦点企业之外的所有公司 MD&A 可读性的平均值
	同行企业分析师关注	PF_A	同行业内除焦点企业之外的所有公司分析师跟踪人数的平均值取自然对数
	管理者能力	MA	采用 DEA-Tobit 两阶段模型测算
控制变量	企业规模	SIZE	总资产取自然对数
	资产负债率	LEV	总负债占总资产的比例
	资产收益率	ROA	净利润总额占总资产的比例
	现金流	CASH	经营活动产生的现金流量净额占总资产的比例
	营业收入增长率	GROWTH	当期营业收入增长额度占上期营业收入的比例
	托宾 Q 值	Q	市场价值和负债账面价值之和占资产账面价值的比例
	前十大股东持股比例	TOP10	前十大股东持股数量之和占总股本的比例
	机构持股比例	INS_SHARE	机构投资者持股数量之和占总股本的比例
	上市年龄	AGE	企业上市年限取自然对数
	管理层薪酬	M_SALARY	管理层薪酬总额取自然对数
	管理层持股比例	M_SHARE	管理层持股数量之和占总股本的比例
	管理层规模	M_SIZE	管理层总人数取自然对数
	管理层性别比	M_GENDER	管理层中的男性人数占管理层总人数的比例
	管理层年龄	M_AGE	管理层的平均年龄取自然对数
	年份固定效应	YEAR	根据研究区间设置虚拟变量
	行业固定效应	INDUSTRY	根据所属证监会行业分类设置虚拟变量

三　模型设定

为验证同行企业创新信息披露对企业创新投资的影响（H9-1），本章设定如下待检验的模型。根据研究假设，本章预计系数 α_1 显著为正。

$$
\begin{aligned}
R\&D_{i,t+1} = {} & \alpha_0 + \alpha_1 PFID_{i,t} + \alpha_2 SIZE_{i,t} + \alpha_3 LEV_{i,t} + \alpha_4 ROA_{i,t} + \alpha_5 CASH_{i,t} + \\
& \alpha_6 GROWTH_{i,t} + \alpha_7 Q_{i,t} + \alpha_8 TOP10_{i,t} + \alpha_9 INS\_SHARE_{i,t} + \\
& \alpha_{10} AGE_{i,t} + \alpha_{11} M\_SALARY_{i,t} + \alpha_{12} M\_SHARE_{i,t} + \alpha_{13} M\_SIZE_{i,t} + \\
& \alpha_{14} M\_GENDER_{i,t} + \alpha_{15} M\_AGE_{i,t} + \sum YEAR + \sum INDUSTRY + \varepsilon_{i,t}
\end{aligned}
\tag{9.5}
$$

本章通过模型（9.6）检验本章的研究假设 H9-2 至研究假设 H9-4，即分别检验同行企业的 MD&A 可读性（H9-2）、同行企业的分析师关注（H9-3）、管理者能力（H9-4）对同行企业创新信息披露与企业创新投资之间关系的影响。

$$
\begin{aligned}
R\&D_{i,t+1} = {} & \beta_0 + \beta_1 PFID_{i,t} + \beta_2 M_{i,t} + \beta_3 PFID_{i,t} \times M_{i,t} + \beta_4 SIZE_{i,t} + \beta_5 LEV_{i,t} + \beta_6 ROA_{i,t} + \\
& \beta_7 CASH_{i,t} + \beta_8 GROWTH_{i,t} + \beta_9 Q_{i,t} + \beta_{10} TOP10_{i,t} + \beta_{11} INS\_SHARE_{i,t} + \\
& \beta_{12} AGE_{i,t} + \beta_{13} M\_SALARY_{i,t} + \beta_{14} M\_SHARE_{i,t} + \beta_{15} M\_SIZE_{i,t} + \\
& \beta_{16} M\_GENDER_{i,t} + \beta_{17} M\_AGE_{i,t} + \sum YEAR + \sum INDUSTRY + \varepsilon_{i,t}
\end{aligned}
\tag{9.6}
$$

在上述模型中，因变量为 $t+1$ 期的企业创新投资（$R\&D_{t+1}$），自变量为 t 期的同行企业创新信息披露（$PFID_t$）。M 为调节变量，分别使用 t 期的同行企业的 MD&A 可读性（PF_R_t）、同行企业的分析师关注（PF_A_t）、管理者能力（MA_t）测度。当交互项系数 β_3 显著为正时，同行企业创新信息披露对企业创新投资的促进作用增强；当交互项系数 β_3 显著为负时，同行企业创新信息披露对企业创新投资的促进作用减弱。

第三节 同行企业创新信息披露影响企业创新的实证结果分析

一 描述性统计

本章的描述性统计结果见表 9.2。企业创新投资（$R\&D_{t+1}$）的均值和标准差分别为 0.037 和 0.044，取值区间为 [0.000，0.247]，表明不同企业的创新投资水平存在较大差异。同行企业创新信息披露（$PFID$）的均值为 0.007，标准差为 0.002，取值区间为 [0.001，0.013]，说明不同企业面临的创新信息环境存在差异性。对于调节变量，同行企业的 MD&A 可读性（PF_R）、同行企业的分析师关注（PF_A）、焦点企业的管理者能力（MA）的均值分别为 -24.529、1.472、-0.001，标准差分别为 1.518、0.317、0.170，取值区间分别为 $[-31.716, -20.209]$、$[0.803, 2.433]$、$[-0.674, 0.521]$，全部显示存在差异性。控制变量的统计结果与已有研究（Yuan et al., 2022）基本保持一致，本章不再赘述。

表 9.2　描述性统计结果

变量	观测值	均值	标准差	最小值	中位数	最大值
$R\&D_{t+1}$	28258	0.037	0.044	0.000	0.030	0.247
$PFID$	28258	0.007	0.002	0.001	0.007	0.013
PF_R	28258	-24.529	1.518	-31.716	-24.766	-20.209
PF_A	28258	1.472	0.317	0.803	1.479	2.433
MA	26212	-0.001	0.170	-0.674	-0.026	0.521
$SIZE$	28258	22.126	1.277	19.846	21.942	26.047
LEV	28258	0.417	0.209	0.050	0.408	0.892
ROA	28258	0.044	0.062	-0.222	0.042	0.215
$CASH$	28258	0.046	0.069	-0.164	0.046	0.238
$GROWTH$	28258	0.171	0.396	-0.554	0.109	2.499
Q	28258	2.032	1.296	0.868	1.610	8.585
$TOP10$	28258	0.592	0.153	0.233	0.605	0.903
INS_SHARE	28258	0.452	0.253	0.003	0.468	0.937
AGE	28258	2.008	0.944	0.000	2.197	3.434
M_SALARY	28258	15.225	0.735	13.335	15.207	17.200
M_SHARE	28258	0.139	0.202	0.000	0.005	0.687
M_SIZE	28258	2.900	0.188	2.485	2.890	3.401
M_GENDER	28258	0.814	0.111	0.500	0.826	1.000
M_AGE	28258	3.891	0.065	3.721	3.895	4.031

二　相关性分析与 VIF 检验

表 9.3 展示了不同变量之间的相关性检验结果。同行企业创新信息

披露（$PFID$）与企业创新投资（$R\&D_{t+1}$）之间的相关系数为 0.499，显著性水平为 1%，表明同行企业创新信息披露与企业创新投资之间存在显著的正相关关系。调节变量同行企业的 MD&A 可读性（PF_R）、同行企业的分析师关注（PF_A）、焦点企业的管理者能力（MA）与企业创新投资（$R\&D_{t+1}$）的相关系数均在 1% 的水平下显著为正，自变量与调节变量的相关系数也全部为正，并且通过了 1% 的显著性水平检验，符合本章的预期。此外，本章还对主要变量进行了方差膨胀因子检验，VIF 的取值范围为［1.128，5.300］，说明本章模型设定合理，不存在多重共线性问题。

表 9.3　相关性分析和 VIF 检验

变量		VIF	(1)	(2)	(3)	(4)	(5)	(6)
$R\&D_{t+1}$	(1)		1					
PFID	(2)	1.604	0.499***	1				
PF_R	(3)	1.850	0.187***	0.144***	1			
PF_A	(4)	1.680	0.045***	0.255***	0.009	1		
MA	(5)	1.199	0.178***	0.155***	0.147***	0.013**	1	
SIZE	(6)	2.953	-0.250***	-0.177***	0.091***	-0.164***	-0.044***	1
LEV	(7)	1.913	-0.344***	-0.215***	0.064***	-0.105***	0.011*	0.529***
ROA	(8)	1.831	0.046***	0.033***	-0.020***	0.110***	0.229***	-0.058***
CASH	(9)	1.228	0.005	0.030***	0.012**	-0.035***	0.071***	0.055***
GROWTH	(10)	1.128	-0.027***	-0.006	0.004	0.115***	0.122***	0.035***
Q	(11)	1.389	0.208***	0.093***	0.060***	0.117***	0.023***	-0.388***
TOP10	(12)	3.244	-0.003	-0.025***	0.014**	0.029***	0.104***	0.091***
INS_SHARE	(13)	5.300	-0.241***	-0.276***	0.044***	0.065***	0.065***	0.416***
AGE	(14)	2.342	-0.280***	-0.205***	0.091***	-0.162***	-0.070***	0.428***
M_SALARY	(15)	1.785	0.089***	0.100***	-0.067***	-0.228***	-0.018***	0.498***
M_SHARE	(16)	4.513	0.291***	0.257***	-0.058***	0.027***	0.010	-0.359***
M_SIZE	(17)	1.424	-0.095***	-0.146***	0.012**	0.075***	-0.050***	0.383***
M_GENDER	(18)	1.158	-0.067***	-0.042***	0.071***	0.117***	-0.068***	0.182***

续表

变量		VIF	(1)	(2)	(3)	(4)	(5)	(6)
M_AGE	(19)	1.305	-0.138***	-0.035***	0.105***	-0.156***	-0.053***	0.349***

变量		(7)	(8)	(9)	(10)	(11)	(12)	(13)
LEV	(7)	1						
ROA	(8)	-0.397***	1					
CASH	(9)	-0.163***	0.374***	1				
GROWTH	(10)	0.032***	0.237***	0.012**	1			
Q	(11)	-0.247***	0.143***	0.101***	0.030***	1		
TOP10	(12)	-0.138***	0.276***	0.117***	0.091***	-0.117***	1	
INS_SHARE	(13)	0.213***	0.084***	0.107***	0.036***	-0.045***	0.430***	1
AGE	(14)	0.415***	-0.300***	-0.012**	-0.059***	0.014**	-0.438***	0.198***
M_SALARY	(15)	0.136***	0.171***	0.157***	0.015**	-0.139***	0.077***	0.162***
M_SHARE	(16)	-0.346***	0.214***	0.009	0.064***	0.012**	0.235***	-0.651***
M_SIZE	(17)	0.223***	0.002	0.020***	-0.013**	-0.180***	0.007	0.255***
M_GENDER	(18)	0.129***	-0.027***	-0.012**	0.006	-0.094***	-0.001	0.154***
M_AGE	(19)	0.146***	-0.032***	0.087***	-0.103***	-0.106***	-0.017***	0.256***

变量		(14)	(15)	(16)	(17)	(18)	(19)
AGE	(14)	1					
M_SALARY	(15)	0.097***	1				
M_SHARE	(16)	-0.568***	-0.064***	1			
M_SIZE	(17)	0.140***	0.389***	-0.206***	1		
M_GENDER	(18)	0.084***	0.035***	-0.154***	0.222***	1	
M_AGE	(19)	0.286***	0.203***	-0.282***	0.213***	0.227***	1

注：***、**、*分别代表1%、5%、10%的显著性水平。

三 多元回归分析

对研究假设的多元回归结果列于表9.4，所有回归均对控制变量、年份固定效应及行业固定效应加以控制。列（1）的基线回归结果显示，同行企业创新信息披露（PFID）对企业创新投资（$R\&D_{t+1}$）的回归系数为3.521，显著性水平为1%，这个结果表明同行企业创新信息披露对焦点企业的创新投资存在显著的促进作用，假设 H9-1 得到验证。

列（2）验证了同行企业的 MD&A 可读性对同行企业创新信息披露与企业创新投资之间关系的影响，结果显示，同行企业创新信息披露（$PFID$）和同行企业 MD&A 的可读性（PF_R）对企业创新投资（$R\&D_{t+1}$）的回归系数分别为 3.128 和 0.011，至少通过了 5% 的显著性水平检验，交互项（$PFID \times PF\_R$）的系数为 0.070，通过了 10% 的显著性水平检验，说明在同行企业 MD&A 的可读性较高的情况下，同行企业创新信息披露与企业创新投资之间的关系较强，假设 H9-2 得到验证。也就是说，基于信息供给视角，同行企业 MD&A 的可读性强化了同行企业创新信息披露对企业创新投资的促进作用。

基于信息传输视角的调节效应检验结果展示于表 9.4 的列（3）。同行企业创新信息披露（$PFID$）对企业创新投资（$R\&D_{t+1}$）的回归系数依然在 1% 的水平下显著为正，同行企业分析师关注（PF_A）对企业创新投资（$R\&D_{t+1}$）的回归系数也通过了 1% 的显著性水平检验，且为正值。交互项（$PFID \times PF\_A$）对企业创新投资（$R\&D_{t+1}$）的回归系数也在 1% 的水平下显著为正，说明同行企业分析师关注强化了同行企业创新信息披露对企业创新投资的影响，研究假设 H9-3 得到验证。

列（4）展示了基于信息接收视角的调节效应检验结果。结果显示，同行企业创新信息披露（$PFID$）、焦点企业管理者能力（MA）及二者的交互项（$PFID \times MA$）对企业创新投资（$R\&D_{t+1}$）的回归系数全部在 1% 的水平下显著为正，这证实了焦点企业的管理者能力能够进一步加强同行企业创新信息披露对企业创新投资的促进作用，假设 H9-4 得到验证。

就控制变量而言，资产负债率（LVE）、资产收益率（ROA）、现金流（$CASH$）、托宾 Q 值（Q）、前十大股东持股比例（$TOP10$）、机构持股比例（INS_SHARE）、上市年龄（AGE）、管理层薪酬（M_SALARY）、管理层持股比例（M_SHARE）、管理层年龄（M_AGE）均对企业创新投资（$R\&D_{t+1}$）有显著的作用。

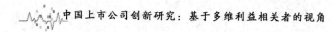

表9.4 多元回归结果

变量	(1) H9-1 $R\&D_{t+1}$	(2) H9-2 $R\&D_{t+1}$	(3) H9-3 $R\&D_{t+1}$	(4) H9-4 $R\&D_{t+1}$
PFID	3.521*** (8.623)	3.128** (2.524)	3.388*** (13.386)	3.007*** (7.126)
PF_R		0.011** (2.398)		
PFID×PF_R		0.070* (1.902)		
PF_A			0.019*** (7.115)	
PFID×PF_A			3.951*** (10.651)	
MA				0.044*** (10.973)
PFID×MA				13.545*** (23.485)
SIZE	0.000 (1.458)	0.000 (1.469)	0.000 (1.629)	-0.000 (-1.198)
LEV	-0.047*** (-35.757)	-0.047*** (-35.748)	-0.048*** (-36.066)	-0.041*** (-30.437)
ROA	-0.095*** (-22.758)	-0.096*** (-22.782)	-0.095*** (-22.674)	-0.049*** (-11.183)
CASH	-0.010*** (-3.063)	-0.010*** (-3.046)	-0.011*** (-3.447)	-0.011*** (-3.478)
GROWTH	0.001** (-2.076)	-0.001** (-2.066)	-0.001** (-2.301)	-0.000 (-0.143)
Q	0.005*** (25.376)	0.005*** (25.354)	0.005*** (25.560)	0.005*** (26.947)
TOP10	-0.027*** (-11.377)	-0.027*** (-11.380)	-0.026*** (-11.007)	-0.026*** (-10.963)

续表

变量	（1） H9-1 $R\&D_{t+1}$	（2） H9-2 $R\&D_{t+1}$	（3） H9-3 $R\&D_{t+1}$	（4） H9-4 $R\&D_{t+1}$
INS_SHARE	0.015 *** （7.996）	0.015 *** （7.987）	0.014 *** （7.914）	0.016 *** （8.742）
AGE	-0.006 *** （-18.635）	-0.006 *** （-18.655）	-0.006 *** （-18.506）	-0.006 *** （-19.622）
M_SALARY	0.008 *** （21.815）	0.008 *** （21.824）	0.008 *** （21.675）	0.007 *** （18.901）
M_SHARE	0.029 *** （13.940）	0.029 *** （13.931）	0.029 *** （14.019）	0.027 *** （12.793）
M_SIZE	0.002 * （1.883）	0.002 * （1.886）	0.002 * （1.948）	0.001 （0.994）
M_GENDER	-0.001 （-0.273）	-0.001 （-0.259）	-0.000 （-0.190）	-0.002 （-0.938）
M_AGE	0.025 *** （-7.087）	-0.025 *** （-7.096）	-0.025 *** （-7.084）	-0.026 *** （-7.483）
常数项	-0.019 （-1.401）	-0.046 * （-1.951）	-0.040 *** （-2.803）	0.019 （1.340）
YEAR	Yes	Yes	Yes	Yes
INDUSTRY	Yes	Yes	Yes	Yes
N	28258	28258	28258	26212
R²	0.408	0.438	0.450	0.479

注：括号内为 t 值，***、**、* 分别代表 1%、5%、10%的显著性水平。

四　内生性控制

（一）倾向得分匹配

本章通过倾向得分匹配法（PSM）克服了由样本选择偏差引起的估计偏差。借鉴 Yuan 等（2022）的研究，第一，分年度将同行企业创新信息披露降序排列，将位于最高 1/5 的样本设定为实验组，将剩下 4/5

的样本设定为对照组；第二，采用 1∶1 邻近匹配法进行样本匹配，匹配变量与前文的控制变量保持一致，经过匹配，一共得到 10869 个样本；第三，使用匹配后的样本重新检验同行企业创新信息披露对企业创新投资的影响。表 9.5 的列（1）基于倾向得分匹配的检验结果显示，同行企业创新信息披露（$PFID$）对企业创新投资（$R\&D_{t+1}$）的回归系数为 2.423，通过了 1% 的显著性水平检验，在克服样本选择偏差引起的内生性问题之后，假设 H9-1 得到再次验证，即同行企业创新信息披露能够促进企业创新投资。

（二）熵平衡

在使用倾向得分匹配法克服内生性问题的过程中，存在样本无法成功匹配而被剔除的情况。Hainmueller（2012）提出的熵平衡法能够有效解决倾向得分匹配过程中的样本丢失问题。该方法的思想核心是将样本分为实验组和对照组，然后对对照组中的变量进行赋权，从而保证不同分组的变量均值一致。根据同行企业创新信息披露水平是否高于年度中位数，将研究样本分为两组，高于中位数的为实验组，低于中位数的为控制组，使用熵平衡对样本进行赋权处理，使得实验组和控制组中各个控制变量的均值保持一致。基于熵平衡处理样本的检验结果列于表 9.5 的列（2），结果显示，同行企业创新信息披露（$PFID$）对企业创新投资（$R\&D_{t+1}$）的回归系数依然在 1% 的水平下显著为正，再次验证了同行企业创新信息披露对企业创新投资的促进作用。

（三）安慰剂检验

同行企业创新信息披露与企业创新投资之间的关系可能是趋势相关，而不是因果关系，为了证明同行企业创新信息披露对企业创新投资的影响并非由偶然因素导致的，本章还进行了反事实研究。借鉴 Cornaggia 和 Li（2019）的研究，在保证因变量和控制变量顺序不变的情况下，将样本中同行企业创新信息披露的顺序随机排列，使用随机打乱自变量顺序的样本重新进行回归检验。表 9.5 列（3）的结果显示，同行企业创新信息披露与企业创新投资之间不具有显著的关系，表明安慰剂效应不存在，同行企业创新信息披露与企业创新投资之间具有实质性关系，证明本章的研究结论是稳健的。

表 9.5　内生性控制

变量	（1） PSM $R\&D_{t+1}$	（2） 熵平衡 $R\&D_{t+1}$	（3） 安慰剂检验 $R\&D_{t+1}$
PFID	2. 423 *** （3. 127）	3. 348 *** （7. 516）	−0. 332 （−0. 650）
SIZE	0. 001 ** （2. 142）	0. 000 （0. 514）	0. 000 （1. 100）
LEV	−0. 045 *** （−21. 478）	−0. 052 *** （−25. 977）	−0. 047 *** （−35. 515）
ROA	−0. 077 *** （−11. 728）	−0. 107 *** （−12. 296）	−0. 095 *** （−22. 517）
CASH	0. 008 （1. 573）	−0. 015 *** （−3. 934）	−0. 009 *** （−2. 936）
GROWTH	−0. 003 *** （−3. 943）	−0. 000 （−0. 572）	−0. 001 ** （−1. 979）
Q	0. 005 *** （15. 082）	0. 005 *** （15. 041）	0. 005 *** （25. 260）
TOP10	−0. 021 *** （−5. 266）	−0. 031 *** （−10. 001）	−0. 027 *** （−11. 501）
INS_SHARE	0. 013 *** （4. 003）	0. 016 *** （6. 808）	0. 015 *** （8. 150）
AGE	−0. 004 *** （−7. 173）	−0. 007 *** （−14. 433）	−0. 006 *** （−18. 751）
M_SALARY	0. 006 *** （10. 646）	0. 010 *** （20. 886）	0. 008 *** （21. 895）
M_SHARE	0. 038 *** （10. 378）	0. 030 *** （11. 081）	0. 029 *** （14. 017）
M_SIZE	0. 005 ** （2. 399）	0. 004 ** （2. 448）	0. 002 * （1. 883）

续表

变量	（1） PSM $R\&D_{t+1}$	（2） 熵平衡 $R\&D_{t+1}$	（3） 安慰剂检验 $R\&D_{t+1}$
M_GENDER	0.009*** （2.730）	−0.001 （−0.515）	−0.000 （−0.245）
M_AGE	−0.038*** （−6.723）	−0.022*** （−5.065）	−0.024*** （−6.975）
常数项	0.029 （1.300）	−0.052*** （−2.996）	−0.004 （−0.314）
YEAR	Yes	Yes	Yes
INDUSTRY	Yes	Yes	Yes
N	10869	28258	28258
R^2	0.546	0.417	0.447

注：括号内为 t 值，***、**、* 分别代表 1%、5%、10% 的显著性水平。

五 稳健性检验

本章使用如下三种方法进行稳健性检验。第一，更换估计模型。根据因变量的数据类型，本章使用 Tobit 回归模型（Amore and Murtinu，2021）再次检验同行企业创新信息披露对企业创新投资的影响，检验结果列于表 9.6 的列（1）。第二，重新筛选样本。选择企业创新投资大于 0 的样本作为稳健性检验样本，再次检验假设 H9-1，检验结果列于表 9.6 的列（2）。第三，更换变量测度方法。正如变量定义部分所说的，使用两种方法重新测度企业创新投资：①使用研发支出费用占总资产的比例测度企业创新投资（$R\&D\_A_{t+1}$）；②使用研发支出费用加 1 取自然对数测度企业创新投资（$\ln R\&D_{t+1}$）。基于更换变量测度方法的稳健性检验结果列于表 9.6 的列（3）和列（4）。表 9.6 的稳健性检验结果显示，无论采用哪种方法进行检验，同行企业创新信息披露（PFID）对企业创新投资（$R\&D_{t+1}$）的回归系数全部在 1% 的水平下显著为正，表明本章的研究结论是稳健的，即同行企业创新信息披露能够促进企业创新投资。

表 9.6　稳健性检验

变量	（1）	（2）	（3）	（4）
	更换估计模型	重新筛选样本	更换变量测度方法	
	$R\&D_{t+1}$	$R\&D_{t+1}$	$R\&D\_A_{t+1}$	$\ln R\&D_{t+1}$
PFID	3.521***	2.691***	1.632***	3.303***
	（8.630）	（4.764）	（9.106）	（8.875）
SIZE	0.000	−0.000	−0.002***	0.000
	（1.460）	（−0.420）	（−13.868）	（1.052）
LEV	−0.047***	−0.057***	−0.002***	−0.044***
	（−35.786）	（−35.501）	（−3.419）	（−36.141）
ROA	−0.095***	−0.114***	0.005***	−0.086***
	（−22.777）	（−23.066）	（2.591）	（−22.505）
CASH	−0.010***	−0.013***	0.011***	−0.009***
	（−3.066）	（−3.315）	（7.967）	（−3.150）
GROWTH	−0.001**	−0.002***	0.000	−0.001**
	（−2.077）	（−2.938）	（1.217）	（−2.115）
Q	0.005***	0.006***	0.002***	0.004***
	（25.397）	（27.826）	（19.773）	（25.145）
TOP10	−0.027***	−0.030***	−0.009***	−0.025***
	（−11.386）	（−10.959）	（−9.143）	（−11.471）
INS_SHARE	0.015***	0.015***	0.008***	0.013***
	（8.003）	（7.224）	（10.036）	（7.982）
AGE	−0.006***	−0.005***	−0.002***	−0.006***
	（−18.651）	（−14.014）	（−14.226）	（−19.157）
M_SALARY	0.008***	0.009***	0.005***	0.007***
	（21.832）	（20.442）	（31.512）	（22.231）
M_SHARE	0.029***	0.027***	0.012***	0.027***
	（13.951）	（11.247）	（12.850）	（14.180）
M_SIZE	0.002*	0.002	−0.001**	0.002*
	（1.884）	（1.270）	（−2.137）	（1.846）
M_GENDER	−0.001	0.001	0.003***	−0.001
	（−0.273）	（0.474）	（3.663）	（−0.485）

续表

变量	(1)	(2)	(3)	(4)
	更换估计模型	重新筛选样本	更换变量测度方法	
	$R\&D_{t+1}$	$R\&D_{t+1}$	$R\&D\_A_{t+1}$	$\ln R\&D_{t+1}$
M_AGE	-0.025^{***}	-0.029^{***}	-0.005^{***}	-0.022^{***}
	(-7.093)	(-7.048)	(-2.978)	(-7.010)
常数项	-0.019	0.004	-0.027^{***}	-0.018
	(-1.402)	(0.226)	(-4.382)	(-1.394)
$YEAR$	Yes	Yes	Yes	Yes
$INDUSTRY$	Yes	Yes	Yes	Yes
N	28258	22907	28258	28258
R^2	0.175	0.400	0.434	0.461

注：括号内为 t 值，*** 、** 、* 分别代表 1%、5%、10%的显著性水平。

第四节　同行企业创新信息披露影响企业创新的进一步分析

本章已经证实了同行企业创新信息披露对企业创新投资的促进作用。考虑到国有企业与非国有企业在融资渠道、业务目标和发展战略等方面存在差异（Cui et al. , 2023），不同行业对创新的需求不同（Hassan et al. , 2021）。为了加深对同行企业创新信息披露与企业创新投资之间关系的认识，本节引入产权性质和行业性质进行横截面分析，分别根据企业是否属于国有企业、是否属于高技术行业企业将样本分为两组，分别使用子样本检验同行企业创新信息披露对企业创新投资的影响，并进行系数差异性检验，检验结果展示于表 9.7。

基于产权性质异质性视角的检验结果列于表 9.7 的列（1）和列（2），对于国有企业，同行企业创新信息披露（$PFID$）对企业创新投资（$R\&D_{t+1}$）的回归系数虽然为正，但未通过显著性检验。在非国有企业样本中，同行企业创新信息披露（$PFID$）对企业创新投资（$R\&D_{t+1}$）的回归系数为 5.057，并通过了 1%的显著性水平检验。组间系数差异检验的卡方值为 16.90，且通过了 1%的显著性水平检验，p 值为 0.000，表明同行企业创新信息披露对不同产权性质企业的创新投资存在差异性影响，具体来说，同行企业创新信息披露对非国有企业创新投资的促进作用更大。

基于行业性质异质性视角的检验结果列于表 9.7 的列（3）和列（4），同行企业创新信息披露对高技术行业企业创新投资的回归系数为 1.678，对非高技术行业企业创新投资的回归系数为 3.010，二者均通过了 1% 的显著性水平检验。组间系数差异检验的卡方值为 6.68，通过了 1% 的显著性水平检验，p 值为 0.0097，表明同行企业创新信息披露对非高技术行业企业创新投资的促进作用更大。

表 9.7 横截面分析

变量	（1）	（2）	（3）	（4）
	$R\&D_{t+1}$	$R\&D_{t+1}$	$R\&D_{t+1}$	$R\&D_{t+1}$
	是否属于国企		是否属于高技术行业	
	是	否	是	否
PFID	1.067	5.057***	1.678***	3.010***
	(1.610)	(5.585)	(3.942)	(9.437)
SIZE	−0.000	0.000	0.001	0.000
	(−0.481)	(0.862)	(1.409)	(1.543)
LEV	−0.023***	−0.062***	−0.059***	−0.031***
	(−13.510)	(−33.224)	(−29.963)	(−19.264)
ROA	−0.036***	−0.121***	−0.127***	−0.058***
	(−6.028)	(−21.792)	(−20.593)	(−11.067)
CASH	−0.018***	−0.006	−0.023***	0.010***
	(−4.411)	(−1.440)	(−4.489)	(2.584)
GROWTH	−0.002**	−0.001	−0.001	−0.001**
	(−2.302)	(−0.891)	(−0.796)	(−2.371)
Q	0.003***	0.006***	0.006***	0.003***
	(10.750)	(22.333)	(21.207)	(10.272)
TOP10	−0.031***	−0.025***	−0.035***	−0.017***
	(−8.225)	(−8.205)	(−10.017)	(−5.735)
INS_SHARE	0.021***	0.014***	0.020***	0.007***
	(6.443)	(6.138)	(7.550)	(2.857)

续表

变量	(1) $R\&D_{t+1}$	(2) $R\&D_{t+1}$	(3) $R\&D_{t+1}$	(4) $R\&D_{t+1}$
	是否属于国企		是否属于高技术行业	
	是	否	是	否
AGE	-0.005 ***	-0.006 ***	-0.007 ***	-0.003 ***
	(-12.505)	(-12.765)	(-15.344)	(-8.208)
M_SALARY	0.005 ***	0.010 ***	0.011 ***	0.003 ***
	(11.166)	(18.574)	(20.175)	(7.566)
M_SHARE	0.041 ***	0.025 ***	0.032 ***	0.023 ***
	(10.174)	(9.839)	(10.761)	(8.482)
M_SIZE	-0.004 **	0.007 ***	-0.003	0.007 ***
	(-2.516)	(3.942)	(-1.413)	(4.687)
M_GENDER	-0.009 ***	0.003	-0.005	0.007 ***
	(-3.236)	(1.104)	(-1.636)	(2.977)
M_AGE	-0.029 ***	-0.019 ***	-0.023 ***	-0.033 ***
	(-5.657)	(-4.180)	(-4.458)	(-7.571)
常数项	0.069 ***	-0.080 ***	-0.031	0.054 ***
	(3.523)	(-4.147)	(-1.478)	(3.210)
YEAR	Yes	Yes	Yes	Yes
INDUSTRY	Yes	Yes	Yes	Yes
N	10635	17623	15049	13209
R^2	0.291	0.589	0.273	0.608
chi2	16.90		6.68	
p 值	0.000		0.0097	

注：括号内为 t 值，*** 、** 分别代表1%、5%的显著性水平。

第五节 本章小结

本章基于文本分析，构建了衡量企业创新信息披露的指标。以 2011~2022 年的 A 股上市公司为研究样本，检验了同行企业创新信息披露对企业创新投资的影响。研究结果显示，同行企业创新信息披露显著促进了焦点企业的创新投资，表明同行企业创新信息披露具有溢出效应。此外，同行企业的管理层讨论与分析（MD&A）的可读性、分析师对同行企业的关注度以及焦点企业的管理者能力都强化了溢出效应。进一步的异质性分析表明，对于非国有企业和非高技术行业企业，同行企业创新信息披露对焦点企业创新投资的促进作用更强。本章的研究发现丰富了同行企业创新信息披露对实体经济影响的研究，并为同行效应研究提供了新的经验证据。

　　本章研究的主要贡献包括以下几点。首先，本章丰富了同行企业信息披露经济后果领域的研究成果。行业间的溢出效应会对企业不同的投资活动产生多样性的影响。本章在强调财务报告中创新信息披露的实践基础上，将传统的信息披露研究扩展到同行企业的创新信息披露，研究其溢出效应，并验证了同行企业创新信息披露对企业创新投资的积极影响。本章的实证结果可以丰富关于同行企业信息披露对企业经济决策行为影响的相关研究。其次，本章丰富了关于同行企业信息披露的研究主题和研究内容。现有文献从分析师和投资者的角度探讨创新信息披露的影响，本章从其他信息传递实体的角度研究了创新信息披露的影响。企业是信息的主要传播者，因此，研究同行企业创新信息披露对企业创新投资的影响本质上是探索企业信息传播如何影响其网络内其他信息传递实体的判断和决策过程，从而深化了关于企业信息披露溢出效应的研究。此外，现有关于信息披露的研究强调语调、可读性等文本信息属性导致的经济后果，本章特别关注创新信息披露的实质内容，丰富了企业信息传播领域的研究。最后，本章为关于企业创新投资影响因素的研究提供了新的证据。现有研究主要关注经济因素（Wen et al.，2022；Lin et al.，2013）、技术因素（Nambisan et al.，2019；Calia et al.，2007）、政策规范（Laux and Stocken，2018）以及文化（Škerlavaj et al.，2010）等因素对企业创新投资的影响。对于同行企业创新信息披露的研究，本章提供了新的视角和理论框架，并且通过实证研究验证了同行企业创新信息披露对企业创新投资的正向影响，弥补了现有研究的空白。

　　本章研究具有多重理论意义。首先，从信息披露的角度验证了同行效应的存在。有关同行效应的研究主要关注行为模仿和学习，研究行业行为如何影响焦点企业的行为。本章检验了同行企业披露的创新信息在企业信息披露中的溢出效应，并证实了同行企业创新信息披露对焦点企业创新投资决策的影响，扩大了同行效应研究的范围，拓展了其理论界限。其次，通过确认同行企业披露的创新信息能促进焦点企业的创新投资，本章为有关部门提升创新信息披露要求提供了理论支持。同时，为丰富非财务信息对企业创新投资决策的实际经济影响的研究做出了贡献。虽然传统上财务信息受到关注，但越来越多的人意识到非财务信息的重要性。本章特别强调创新信息披露是一种非财务信息形式，并为有关部门在年度报告中优先考虑和强调非财务信息披露提供了理论支持。

第十章

同群企业创新投资与企业创新

随着我国经济转型的逐步深入，淘汰落后产能、提高供给质量成为企业未来发展的核心任务之一。创新作为引领发展的第一动力，在企业生存和保持核心竞争力方面发挥着至关重要的作用（Kim and Koo，2018）。如何促进企业创新投资水平的提高，受到实务界和科学研究人员的持续关注。作为技术创新的微观主体和基本社会单元，企业在推动创新驱动发展战略、促进我国经济高质量发展过程中扮演着重要角色。技术变革的挑战升级、产品的迭代更新，使得企业之间的竞争日趋激烈。面对充满竞争性和不确定性的国内外经济社会环境，企业的战略决策不单要依靠自身信息，还需时刻关注同伴企业的决策动向，以此动态调整自身决策行为，提高企业战略决策有效性，提升企业竞争力。

有关企业创新投资驱动因素的研究主要围绕管理者特质（郝盼盼等，2020）、公司治理机制（Rodrigues et al.，2020）、制度环境（Alam et al.，2019）等视角展开，相关研究多基于企业独立决策的隐含假设展开，较少有学者考虑创新投资决策主体之间的相互影响。创新投资不同于企业日常性投资，具有高风险、系统性、复杂性和长周期等特点。面对不确定性程度高的创新投资决策，有限理性的战略决策主体会通过模仿群体决策行为来降低其面临的不确定性风险。地缘是群体最基本的特征，地理邻近性为企业决策者寻找模仿主体提供了先天优势，使得同地区的企业更容易成为彼此模仿的对象，从而导致企业战略决策行为的地区同群效应（唐松莲等，2020）。同一地区的企业之间存在动态竞争关系，面临的经营环境和资源供给具有同质性。为了降低决策风险、最大限度地获取可持续发展的竞争优势，企业战略决策主体有强烈的动机去模仿同地区内其他企业的决策行为。此外，同一地区内，企业之间存在交互影响，劳动力等生产资料的自由流动，使得同一地理范围内的企业获取信息的成本更低，技术交流和知识传递的渠道更多，形成区域内部相互学习的环境，即地理邻近性为企业模仿区域内其他企业决策行为提供了必要的条件和可行性。基于此，为了进一步认识企业创新投资的驱动因素，区别于刘静和王克敏（2018）、Peng 等（2021）对企业创新投资行业同群效应的研究，本章拟探讨同一城市内企业创新投资之间的相互影响，即企业创新投资的城市同群效应，并探究企业创新投资城市同群效应的影响因素和经济后果。

第一节　同群企业创新投资影响企业创新的理论分析

一　文献回顾

一家企业所处的环境在很大程度上会影响其决策行为（Peng et al.，2021），制度理论中的制度同构打破了既有研究中企业战略决策独立于同行行为或者特征的隐含假设，强调面临相同或者相似环境约束的组织表现出相似的特征，即企业的战略决策表现出"同群效应"（Wu and Salomon，2016；Marquis and Tilcsik，2016；Vedula and Matusik，2017）。所谓"同群效应"，是指个体行为受到群体行为影响的现象，体现在个体对群体行为的模仿上。有关企业决策的同群效应研究主要围绕行业同群效应和地区同群效应展开，行业同群效应是指企业决策行为会受到同行业其他企业的影响，地区同群效应是指企业决策行为会受到同一地区其他企业的影响。有关行业同群效应的研究显示，企业资本结构（Leary and Roberts，2014）、股息支付（Kaustia and Rantala，2015）、现金持有（Chen et al.，2019b）、社会责任承担（Cao et al.，2019）等决策行为均会受到同行业其他企业的影响。在地区同群效应研究方面，Marquis 和 Tilcsik（2016）认为，对于处于同一城市的企业，其他企业是本企业重要的同行群体。受信息网络和社会规范的影响，同一地理区域内的企业表现出相似的行为模式（Kedia and Rajgopal，2009；Dougal et al.，2015）。有研究表明，企业信息披露存在地区同群效应（Matsumoto et al.，2022）。基于中国情境的研究证实，高管减持（易志高等，2019）、慈善捐助（彭镇等，2020）、"脱虚向实"（李秋梅、梁权熙，2020）等均存在显著的地区同群效应。

二　研究假设

延续 Jiraporn 等（2014）的研究，本章定义"同群企业"为与焦点企业位于同一城市的其他企业；"城市同群效应"为同一城市内，焦点企业与同群企业的创新投资存在相互模仿。例如，当某个城市内共有 A、B、C、D 和 E 五家上市企业时，A 为焦点企业时，企业 B、C、D 和 E 为企业 A 的同群企业，依次类推。本章旨在探讨企业 B、C、D 和 E（同群企业）的创新投资行为对企业 A（焦点企业）创新投资行为的影响。企业作为开放系统，其战略决策行为会受到多维因素影响。为了检验竞争机制和信息机制是否为同行企业影响焦点企业决策行为的影响机制，本章在分析创新投资城市同群效应的基础上，进一步从竞争视角和信息视角出发，分析不同的情境因素对企业创新投资城市同群效应的影响。具体而言，在竞争视角，本章选取企业市场地位作为情境因素；在信息视角，本章分别聚焦于信息供给、信息传输和信息接收，通过分析师对同群企业的关注刻画信息供给水平，通过焦点企业与同群企业之间的地理距离刻画信息传输水平，通过焦点企业管理层职业背景多样性测度企业的信息接收能力。

（一）同群企业创新投资与焦点企业创新投资

竞争机制和信息机制是同群效应形成的内在驱动因素。根据基于竞争的理论，理性的决策者会模仿成功的竞争对手，以避免花费精力或搜寻成本来寻找最优解。企业模仿是一种旨在减小竞争压力或风险的行为，当具有相似资源禀赋和面临同质性的外部环境时，企业模仿是缓解竞争和保持竞争地位最常见的战略行为（Chen and Ma，2017）。基于信息的理论认为，信息缺陷是模仿的动因，管理者不具有每个企业战略决策的完美信息，一般通过财务报告等渠道获得行业或者同群企业特定的信息，从而指导他们的实际决策，降低企业投资决策的不确定性和需要承担的风险（Foucault and Fresard，2014；Park et al.，2019）。

创新是企业获得可持续发展竞争优势、实现高质量发展的第一动力和有效路径。作为一种探索性的企业战略行为，企业创新具有高度的不确定性，使得管理者对开展企业创新活动可能面临的社会经济后果存在模糊性。为了降低战略决策失败所需承担的损失，包括劳动力市场声誉受损等，管理者有强烈动机模仿同群企业的战略决策。基于竞争机制视角，在"大众创业，万众创新"的社会环境中，创新动力不足的企业会面临被市场淘汰的风险，为了缩小发展差距、提高竞争力，企业有动机和意愿开展不低于平均水平的企业创新活动（冯戈坚、王建琼，2019）。此外，同一城市内的企业面临的政策环境、拥有的资源禀赋和劳动力市场供给等因素具有同质性。有效提升企业的市场竞争能力，是确保企业可持续发展的关键所在。基于信息机制视角，同异地企业相比，位于同一城市的企业处于同一社会网络信息环境之中，彼此之间的信息不对称程度更低，可以基于城市内的行业协会、商会等渠道以较低的成本获取同群企业信息。同群企业有关创新投资决策的信息，包含着相应的行业信息和市场信息，有助于降低焦点企业在创新投资方面的决策成本，化解创新过程中所面临的不确定性风险，提高企业创新效率（刘静、王克敏，2018）。由此可以预知，企业及其管理者有动机、能力和意愿去模仿同群企业的战略决策行为，以降低决策风险，提高企业的竞争能力。基于此，本章提出如下假设。

H10-1：同群企业创新投资对焦点企业创新投资有正向影响，即企业创新投资存在城市同群效应。

（二）同群企业创新投资与焦点企业创新投资的影响因素

1. 市场地位

DiMaggio 和 Powell（1983）提出的领导追随模型认为，追随者总是倾向于模仿领导者，因为领导者拥有更完备的信息和优越的市场知识。与非行业领导者相比，行业领导者更有可能抓住投资机会，开发创新产品和技术。更高的市场地位，意味着更大的组织可见性，使得企业行为更容易被其他企业效仿（Gupta and Misangyi，2018）。基于竞争动力学的观点，由于缺乏足够的市场经验和可利用的资源，处于较低市场地位的企业更容易模仿同群企业的战略行为，以缓解竞争压力、降低不确定性和保持相对市场地位，尤其是在面临相似资源禀赋的情况下。

市场地位高的企业作为同一城市内的企业领导者，可以为其他企业降低不确定性指明方向（Giachetti and Torrisi，2018）。模仿领导者是追随者追赶和超越领导者的有效途径（Ross and Sharapov，2015），并且需要承担的时间成本和信息收集成本较低，能够有效降低企业战略决策面临的不确定性风险。当一家企业的市场地位较高时，其在市场中拥有足够的竞争能力，对同行企业行为的依赖性和敏感度较低（Peng et al.，2021），激烈的竞争环境将导致市场地位较低的企业对竞争者的决策行为做出更为积极的反应。创新作为一种具有高风险性和高不确定性的企业战略行为，是促进企业发展和获得可持续竞争优势的重要驱动力。基于该逻辑，企业为了保持市场竞争优势和获取市场份额，降低创新投资过程中所需面临的不确定性，更倾向于模仿市场领导者的创新行为。因此，本章提出如下假设。

H10-2：焦点企业市场地位越高，同群企业创新投资对焦点企业创新投资的正向影响越小，即焦点企业的市场地位会弱化创新投资的城市同群效应。

2. 分析师关注

战略管理的研究认为，企业在做出战略决策时会参考同行企业的相关信息，而企业的信息环境会受到企业周围信息传递渠道的影响。良好的外部信息环境可以促进信息流动并降低信息获取成本，增强组织对各类信息的整合能力，促使组织更容易对竞争对手的战略决策行为做出反应（Li，2016）。

在新兴市场，专业的中介机构能够分析和提供市场信息、促进交易，扫清企业获取外部信息的障碍（Carayannis et al.，2016）。在一个以快速的技术变革和信息过载为特征的竞争市场中，公司有强烈的动机寻求、识别和适应新的竞争信息，在这种情况下，分析师成为其关注公司丰富而独特的行业信息和竞争信息的重要来源（Martens and Sextroh，2021）。作为资本市场中的一个重要信息中介，公司可以通过各种渠道从分析师那里获取信息。首先，分析师有机会与管理层进行直接的互动交流，获取关于企业运营和战略决策方面独特的信息，这为其他企业从分析师这里获取行业发展或企业决策信息提供了机会。其次，分析师基于自身专业能力，在其研究报告中提供公司事件、商业战略、管理团队能力、企业竞争力和宏观经济等信息（Kim et al.，2019b），这成为企业获取同群企业信息的重要载体。随着分析师对同一区域内其他企业关注度的提高，焦点企业与同群企业之间的信息不对称程度降低，使得焦点企业对同群企业包括创新投资信息在内的企业运营信息更为了解。为了降低企业创新过程中的不确定性和提高企业竞争力，焦点企业会发生战略模仿行为。相关研究也表明，分析师关注加强了企业创新投资的同群效应（Beatty et al.，2013）。基于此，本章提出如下假设。

H10-3：分析师对同群企业的关注程度越高，同群企业创新投资对焦点企业创新投资的正向影响越大，即同群企业的分析师关注会强化创新投资的城市同群效应。

3. 地理距离

地理经济学认为，企业所处地理位置会对企业战略决策产生影响。地理集聚的一个优势是获得知识溢出和信息溢出。地理邻近性有助于创建和维持非正式的社会网络，增加不同企业加入商会、行业协会等社会组织的可能性（Funk，2014）。企业之间的地理邻近性促进了员工流动和非正式的社会交往，进而产生知识的流动和溢出（Lamin and Ramos，2016）。地理邻近性能够使企业通过观察竞争对手来获得有关企业创新的前沿信息和技术，增加企业获得非正式知识溢出的机会。地理距离越近，越有利于企业之间相互接触，促进知识和技术在区域内企业间的相互交流与学习（Kelchtermans et al.，2020）。整体而言，企业之间的地理邻近性能够实现软信息低成本、高效率地交换传播。

此外，地理邻近性与社会邻近性、认知邻近性显著正相关（Boschma，2005）。邻近性意味着焦点企业更容易与同区域内的其他企业建立联系，包括员工之间的社会联系。社会联系具有地方性，在有限的区域范围之内，人与人之间的关系是知识流动的重要驱动力（Storper and Venables，2004）。地理距离越近，企业之间拥有越多的信息共享机会（Matsumoto et al.，2022），人与人之间进行面对面沟通交流的成本越低，劳动力在不同企业之间流动所需承担的成本越低，能够有效促进包括创新信息在内的企业特有信息的传播。基于此，本章提出如下假设。

H10-4：焦点企业与同群企业之间的地理距离越远，同群企业创新投资对焦点企业创新投资的正向影响越小，即地理距离会弱化创新投资的城市同群效应。

4. 管理层职业背景多样性

为了适应当前激烈的竞争环境，组织越来越依赖由不同背景特征的成员组成的具有异质性背景特征的管理团队。基于信息加工理论的观点，管理团队异质性的提高会导致信息来源、知识和观点的增加，进而提升管理团队信息处理和战略决策能力（Tasheva and Hillman，2019）。基于资源依赖理论的观点，企业的战略决策会受益于不同背景管理者所拥有的战略资源，多样性程度高的管理团队为企业带来了多元化的管理技能、专业知识和观点，这有助于企业发现机会、产生新的想法并突破知识盲区（An et al.，2021）。

管理者的职业背景决定了其认知框架（Tuggle et al.，2010）。不同于性别、教育背景等其他人口特征，职业背景与管理者的工作经历紧密相关，由此产生的工作经验会对管理者认知基础和行为决策产生深刻影响（Chung et al.，2018）。职业背景多样性可以带来更广泛的知识来源和解决问题的不同方法，弱化群体思维，促使管理者更有可能产生"创造性的替代方案"，解决复杂的问题，以应对企业经营过程中遇到的挑战，即职业背景多样性可以增强管理者的创造力和应对环境变化的能力，提高对企业战略决策相关信息的获取能力和识别能力，并将其嵌入企业战略决策行为。相关研究也表明，多样性的背景能够提高管理者适应和学习新技术的能力，以及收集、处理和分析信息的能力（An et al.，2021）。可以预期，管理层职业背景多样性高的企业，对同行企业创新投资决策信息的解读及吸收能力更强。基于此，本章提出如下假设。

H10-5：焦点企业管理层职业背景越丰富，同群企业创新投资对焦点企业创新投资的正向影响越大，即焦点企业管理层职业背景多样性会强化创新投资的城市同群效应。

基于上述分析，本章的研究框架如图10.1所示。

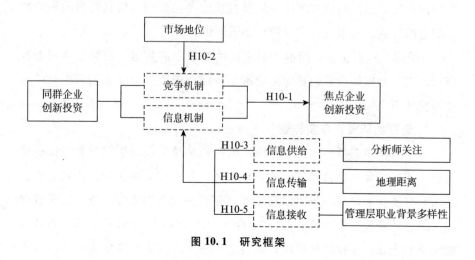

图10.1 研究框架

第二节 同群企业创新投资影响企业创新的研究设计

一 样本选择与数据来源

本章选取2008~2020年所有A股上市公司作为研究样本，在获取原始样本之后，按照如下标准进行筛选：①剔除研发投入为0的样本；②剔除金融类样本；③剔除研究期内被ST、*ST以及退市的样本；④剔除上市不足一年的样本；⑤剔除相关变量存在缺失的样本；⑥剔除具体会计年度同一城市内上市公司数量不足3家的样本。经过上述处理，本章共计得到12825个公司一年份观测值。为了缓解潜在的内生性问题，将自变量和控制变量滞后一期，即本章因变量的时间区间为2009~2020年，自变量和控制变量的时间区间为2008~2019年。为了克服极端值对研究结论的影响，对所有连续变量进行1%和99%水平上的缩尾处理。相关数据的处理与分析通过Stata 15.0完成。

二　变量定义

（一）因变量

焦点企业创新投资（$R\&D_{t+1}$）。通过研发投入占主营业务收入的比例来测度焦点企业创新投资。

（二）自变量

同群企业创新投资（*PEER*）。同一城市内，除焦点企业之外，其他企业创新投资水平的平均值，即同群企业创新投资的均值。

（三）调节变量

焦点企业市场地位（*STATUS*）。通过企业营业收入占其所在城市、所在行业营业收入的比例测度，数值越大，说明该企业在城市内的市场地位越高。

同群企业分析师关注（*ANALYST*）。关注同群企业分析师人数的年度平均值，数值越大，说明分析师对同群企业的关注程度越高。

地理距离（*DISTANCE*）。焦点企业与同群企业之间地理距离的平均值取自然对数，地理距离根据企业注册地的经纬度计算得来。

焦点企业管理层职业背景多样性（*DIVERSITY*）。本章将职业背景分为生产、研发、设计、人力资源、管理、市场、金融、财务、法律和其他10类，职业背景多样性为管理层中每位管理者所拥有职业背景数量的均值，数值越大，说明管理层职业背景多样性水平越高。特别地，本章将高管团队成员和董事会成员定义为管理层成员。

（四）控制变量

本章进一步控制了其他影响企业创新投资的变量，企业层面的控制变量包括企业规模（*SIZE*）、资产负债率（*LEV*）、营业收入增长率（*GROWTH*）、机构持股比例（*INS*）、资产收益率（*ROA*）、资本支出（*CAPEXPT*）、现金流（*CASH*）、股权集中度（*TOP*10）、企业年龄（*AGE*）。管理层特征层面的控制变量包括管理层规模（*MSIZE*）、管理层年龄（*MAGE*）、管理层性别比（*MGENDER*）、管理层薪酬（*MSALARY*）和管理层持股（*MSHARE*）。

为了排除地方政府环境和政策对研究结论的影响，本章对政府补助（*SUB-SIDY*）、税收优惠（*TAX*）和产业政策（*POLICY*）加以控制。区域层面的控制变量包括城市人均 GDP（*GDP*）、城市产业结构（*STRUCTURE*）、高校学生平均教育经费（*EDU*）、高等学校数量（*SCHOOL*）、高等学校在校生数（*STUDENT*）和公共交通车辆（*BUS*）。此外，本章还对年份固定效应（*YEAR*）和行业固定效应（*INDUSTRY*）加以控制。变量的具体定义如表 10.1 所示。

表 10.1　变量定义

类型	名称	符号	定义
因变量	焦点企业创新投资	$R\&D_{t+1}$	研发投入占主营业务收入的比例
自变量	同群企业创新投资	*PEER*	同群企业研发投入占主营业务收入比例的平均值
调节变量	焦点企业市场地位	*STATUS*	焦点企业营业收入占其所在城市、所在行业营业收入的比例
	同群企业分析师关注	*ANALYST*	同群企业分析师人数的年度平均值
	地理距离	*DISTANCE*	焦点企业与同群企业之间地理距离的平均值取自然对数
	焦点企业管理层职业背景多样性	*DIVERSITY*	焦点企业管理层中管理者拥有职业背景数量的平均值
控制变量	企业规模	*SIZE*	总资产取自然对数
	资产负债率	*LEV*	总负债占总资产的比例
	营业收入增长率	*GROWTH*	当期营业收入增加额占上期营业收入的比例
	机构持股比例	*INS*	机构持股比例之和占总股本的比例
	资产收益率	*ROA*	净利润占总资产的比例
	资本支出	*CAPEXPT*	购买固定资产、无形资产和其他长期资产支付的现金占总资产的比例
	现金流	*CASH*	经营活动产生的现金流量净额占总资产比例
	股权集中度	*TOP10*	前十大股东持股之和占总股本的比例
	企业年龄	*AGE*	样本年份减去上市年份

续表

类型	名称	符号	定义
控制变量	管理层规模	MSIZE	管理层总人数
	管理层年龄	MAGE	管理层成员的平均年龄
	管理层性别比	MGENDER	管理层中男性人数与女性人数比值
	管理层薪酬	MSALARY	管理层薪酬之和取自然对数
	管理层持股	MSHARE	管理层持股之和占总股本的比例
	政府补助	SUBSIDY	收到的政府补助总额占总资产的比例
	税收优惠	TAX	收到的税收返还总额占总资产的比例
	产业政策	POLICY	当上市公司所属行业为所在省份"五年规划"中的重点支持行业时，所在年份赋值为1，否则为0
	城市人均GDP	GDP	上市公司所在城市人均GDP取自然对数
	城市产业结构	STRUCTURE	上市公司所在城市第三产业占GDP的比例
	高校学生平均教育经费	EDU	上市公司所在省份高校学生平均教育经费支出取自然对数
	高等学校数量	SCHOOL	上市公司所在省份高等学校数量取自然对数
	高等学校在校生数	STUDENT	上市公司所在省份每十万人高等学校平均在校生数取自然对数
	公共交通车辆	BUS	上市公司所在省份每万人拥有公共交通车辆取自然对数
	年份效应	YEAR	根据研究区间设置虚拟变量
	行业效应	INDUSTRY	根据所属证监会行业分类设置虚拟变量

三　模型设定

为检验企业创新投资的城市同群效应，本章设定模型（10.1）。根据研究假设，本章预计系数 β_1 显著为正。

$$R\&D_{i,t+1} = \beta_0 + \beta_1 PEER_{i,t} + Controls_{i,t} + \sum YEAR + \sum INDUSTRY + \varepsilon_{i,t} \quad (10.1)$$

本章通过模型（10.2）检验研究假设 H10-2 至研究假设 H10-5，即检验企业创新投资城市同群效应的影响因素。

$$R\&D_{i,t+1} = \beta_0 + \beta_1 PEER_{i,t} + \beta_2 M_{i,t} + \beta_3 PEER \times M_{i,t} +$$

$$Controls_{i,t} + \sum YEAR + \sum INDUSTRY + \varepsilon_{i,t}$$

（10.2）

在前述两个模型中，$Controls$ 为控制变量；M 为调节变量，分别通过焦点企业市场地位（$STATUS$）、同群企业分析师关注（$ANALYST$）、焦点企业管理层职业背景多样性（$DIVERSITY$）、焦点企业与同群企业之间的地理距离（$DISTANCE$）测度。当交互项系数显著为正时，说明企业创新投资的城市同群效应增强；当显著为负时，说明企业创新投资的城市同群效应减弱。

第三节　同群企业创新投资影响企业创新的实证结果分析

一　描述性统计

表 10.2 报告了主要变量的描述性统计结果。其中，焦点企业创新投资（$R\&D_{t+1}$）的最小值、最大值和标准差分别为 0.021、26.001 和 4.661，表明我国上市公司在创新投资方面存在较大差异。焦点企业创新投资（$R\&D_{t+1}$）的平均值（4.611）小于同群企业创新投资（$PEER$）的平均值（4.765）。整体而言，焦点企业的创新投资水平低于同群企业创新投资水平。就调节变量而言，焦点企业市场地位（$STATUS$）的平均值为 7.260，标准差为 14.228，意味着在同一城市内，企业市场地位的差异性较大，这为本章探究焦点企业市场地位对企业创新投资城市同群效应的影响提供了良好的检验环境。同群企业分析师关注（$ANALYST$）的平均值、中位数和最大值分别为 2.215、2.269 和 3.164，标准差为 0.399，这意味着分析师对同一城市内企业的关注程度比较均衡。焦点企业管理层职业背景多样性（$DIVERSITY$）的最小值和最大值分别为 1.000 和 3.294，表明在本章研究样本中，高管团队成员和董事会成员至少拥有 1 类职业背景，至多拥有 4 类职业背景。地理距离（$DISTANCE$）的平均值为 3.735，说明焦点企业与同群企业之间的平均地理距离为 41.888 公里。其他各控制变量的统计结果与已有研究基本一致，本章不再赘述。

本章研究共涉及 115 个城市（4 个直辖市和 111 个地级市），按照上市公司所在城市分组统计焦点企业创新投资（$R\&D_{t+1}$）和同群企业创新投资（$PEER$）的平均值（限于篇幅，结果留存备索）。统计结果显示，珠海市的焦点企业创新投资（$R\&D_{t+1}$）和同群企业创新投资（$PEER$）平均值最高，分别为 8.043 和 7.869；银川市的企业创新投资（$R\&D_{t+1}$）和同群企业创新投资（$PEER$）平均值最低，分别为 0.129 和 0.237，这表明不同城市上市公司创新投资水平存在较大差异。通过比较不同城市焦点企业创新投资和同群企业创新投资平均值的大小，本章发现，共有 77 个城市的焦点企业创新投资和同群企业创新投资平均值保持一致，占比达到 66.96%，这在一定程度上说明我国上市公司创新投资存在城市同群效应，即同一城市内上市公司的创新投资水平存在趋同现象。焦点企业创新投资水平均值低于（高于）同群企业创新投资水平均值的城市有 27 个（11 个），这说明整体而言，同群企业创新投资水平高于焦点企业创新投资水平，与描述性统计结果保持一致。

表 10.2　描述性统计

变量	平均值	标准差	最小值	中位数	最大值
$R\&D_{t+1}$	4.611	4.661	0.021	3.538	26.001
$PEER$	4.765	1.698	0.236	4.606	8.968
$STATUS$	7.260	14.228	0.001	1.344	97.557
$ANALYST$	2.215	0.399	0.000	2.269	3.164
$DIVERSITY$	1.899	0.332	1.000	1.889	3.294
$DISTANCE$	3.735	1.157	1.544	3.435	7.178
$SIZE$	22.173	1.275	19.986	21.981	26.061
LEV	40.630	20.110	5.089	39.754	86.763
$GROWTH$	19.769	40.434	-46.008	12.593	248.439
INS	5.034	4.334	0.167	3.870	20.729
ROA	3.955	5.361	-20.853	3.669	19.268
$CAPEXPT$	5.179	4.643	0.116	3.812	22.925
$CASH$	4.372	6.481	-14.194	4.204	23.050
$TOP10$	58.352	15.803	0.771	59.620	90.240
AGE	9.425	6.670	1.000	7.263	28.052
$MSIZE$	2.832	0.235	2.303	2.833	3.466

续表

变量	平均值	标准差	最小值	中位数	最大值
MAGE	47.760	3.354	40.000	48.000	56.000
MGENDER	0.821	0.109	0.529	0.833	1.000
MSALARY	15.314	0.687	13.538	15.278	17.159
MSHARE	14.969	20.468	0.000	1.348	68.207
SUBSIDY	0.682	1.250	0.000	0.339	48.398
TAX	0.727	1.441	0.000	0.183	33.973
POLICY	0.633	0.482	0.000	1.000	1.000
GDP	11.753	0.720	9.523	11.812	13.135
STRUCTURE	55.283	13.814	23.082	53.354	83.091
EDU	10.412	0.396	9.294	10.328	11.215
SCHOOL	4.642	0.402	1.792	4.682	5.118
STUDENT	7.935	0.305	6.950	7.805	8.817
BUS	2.655	0.246	1.953	2.609	3.279

二　相关性分析

表 10.3 列示了各变量之间的相关性检验结果，同群企业创新投资（*PEER*）与焦点企业创新投资（$R\&D_{t+1}$）在 1% 的水平下显著正相关，表明在不控制其他因素的情况下，同群企业创新投资与焦点企业创新投资之间呈正相关，研究假设 H10-1 得到初步验证，即企业创新投资存在城市同群效应。就调节变量与因变量之间的关系而言，焦点企业市场地位（*STATUS*）、地理距离（*DISTANCE*）与焦点企业创新投资（$R\&D_{t+1}$）的相关系数显著为负，同群企业分析师关注（*ANALYST*）、焦点企业管理层职业背景多样性（*DIVERSITY*）与焦点企业创新投资（$R\&D_{t+1}$）之间的关系显著为正，并且均通过了 1% 的显著性水平检验。调节变量如何影响企业创新投资的城市同群效应，后文将通过回归分析进一步检验。各研究变量之间相关系数的绝对值大多数小于 0.5，表明本章研究不存在明显的多重共线性问题。与此同时，本章通过方差膨胀因子检验以排除多重共线性对实证检验的影响，检验结果显示，VIF 的最小值为 1.049，最大值为 4.353，远小于临界值 10，进一步说明本章研究不存在多重共线性问题。

表 10.3 相关性检验

变量	VIF	(1)	(2)	(3)	(4)	(5)	(6)	(7)	(8)	(9)	(10)	(11)	(12)	(13)	(14)
$R\&D_{t+1}$ (1)		1.000													
PEER (2)	1.662	0.186***	1.000												
STATUS (3)	1.686	-0.211***	-0.228***	1.000											
ANALYST (4)	1.291	0.083***	0.250***	-0.266***	1.000										
DIVERSITY (5)	1.067	0.099***	0.067***	-0.055***	-0.008	1.000									
DISTANCE (6)	1.216	-0.082***	-0.214***	0.094***	-0.171***	-0.020**	1.000								
SIZE (7)	2.903	-0.290***	0.017*	0.373***	-0.028***	0.068***	-0.005	1.000							
LEV (8)	1.994	-0.339***	-0.039***	0.241***	-0.025**	0.005	0.019*	0.456***	1.000						
GROWTH (9)	1.106	-0.009	0.033***	0.004	0.023**	0.016	0.025**	0.010	0.000	1.000					
INS (10)	1.049	0.029***	0.052***	0.005	0.023**	-0.011	-0.008	0.038***	-0.002	0.085***	1.000				
ROA (11)	1.624	0.037***	0.029***	0.015	0.058***	0.006	-0.025**	-0.079***	-0.389***	0.214***	0.123***	1.000			
CAPEXPT (12)	1.110	0.033***	-0.015	0.047***	0.032***	-0.018*	0.023**	-0.076***	-0.074***	0.051***	0.078***	0.128***	1.000		
CASH (13)	1.273	-0.041***	-0.033***	0.096***	-0.013	-0.028***	0.005	0.046***	-0.158***	0.001	0.039***	0.413***	0.134***	1.000	
TOP10 (14)	1.256	-0.057***	0.074***	0.030***	0.068***	0.015	-0.002	0.090***	-0.077***	0.093***	-0.010	0.185***	0.120***	0.091***	1.000
AGE (15)	1.864	-0.245***	-0.096***	0.161***	-0.149***	-0.078***	0.055***	0.429***	0.370***	-0.090***	0.016*	-0.195***	-0.228***	-0.008	-0.318***
MSIZE (16)	1.538	-0.126***	-0.036***	0.201***	-0.023**	0.011	-0.018*	0.415***	0.312***	-0.047***	-0.010	-0.081***	-0.066***	-0.001	-0.010
MAGE (17)	1.433	-0.183***	-0.052***	0.123***	-0.063***	0.000	-0.012	0.400***	0.196***	-0.131***	-0.050***	-0.047***	-0.114***	0.064***	-0.016*
MGENDER (18)	1.189	-0.059***	-0.088***	0.173***	-0.045***	0.046***	-0.001	0.217***	0.175***	-0.042***	-0.021**	-0.080***	-0.008	-0.026***	0.008
MSALARY (19)	1.792	0.013	0.131***	0.098***	0.057***	0.099***	-0.036***	0.390***	0.187***	0.023***	0.066***	0.148***	-0.021**	0.145***	0.036***

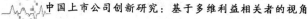
续表

变量		VIF	(1)	(2)	(3)	(4)	(5)	(6)	(7)	(8)	(9)	(10)	(11)	(12)	(13)	(14)
MSHARE	(20)	1.494	0.233***	0.124***	-0.184***	0.088***	0.041***	-0.051***	-0.343***	-0.319***	0.110***	-0.010	0.184***	0.107***	-0.008	0.172***
SUBSIDY	(21)	1.113	0.189***	0.031***	-0.044***	0.001	-0.010	-0.034***	-0.148***	-0.078***	-0.031***	0.034***	0.056***	0.053***	0.026***	-0.007
TAX	(22)	1.077	0.097***	0.029***	-0.028***	0.066***	0.023**	-0.052***	-0.074***	-0.009	-0.021**	-0.024***	0.010	0.031***	0.032***	-0.025***
POLICY	(23)	1.065	0.015	-0.060***	0.000	-0.046***	0.059***	0.049***	-0.090***	-0.042***	-0.017*	-0.009	-0.012	0.057***	-0.027***	-0.008
GDP	(24)	2.338	0.149***	0.466***	-0.393***	0.257***	0.074***	-0.319***	0.028***	-0.022**	0.047***	0.011	0.022**	-0.038***	-0.025**	0.041***
STRUCTURE	(25)	4.353	0.163***	0.508***	-0.367***	0.230***	0.074***	-0.270***	0.140***	0.008	0.022**	0.013	0.002	-0.096***	-0.031***	0.041***
EDU	(26)	3.922	0.117***	0.343***	-0.309***	0.197***	0.077***	-0.196***	0.146***	-0.011	0.029***	-0.027***	0.002	-0.110***	-0.015	0.041***
SCHOOL	(27)	1.875	0.056***	0.150***	0.001	0.251***	0.051***	-0.085***	-0.084***	-0.067***	0.048***	0.023**	0.068***	0.039***	0.035***	0.039***
STUDENT	(28)	3.274	0.119***	0.345***	-0.218***	0.223***	0.050***	-0.230***	0.136***	-0.012	0.017*	0.003	0.007	-0.104***	-0.033***	0.056***
BUS	(29)	2.280	0.135***	0.414***	-0.196***	0.280***	0.114***	-0.108***	0.086***	-0.046***	0.043***	0.035***	0.018*	-0.082***	-0.024***	0.030***

变量		(15)	(16)	(17)	(18)	(19)	(20)	(21)	(22)	(23)	(24)	(25)	(26)	(27)	(28)	(29)
AGE	(15)	1.000														
MSIZE	(16)	0.279***	1.000													
MAGE	(17)	0.356***	0.258***	1.000												
MGENDER	(18)	0.113***	0.262***	0.276***	1.000											
MSALARY	(19)	0.178***	0.371***	0.179***	0.075***	1.000										
MSHARE	(20)	-0.481***	-0.326***	-0.336***	-0.198***	-0.135***	1.000									
SUBSIDY	(21)	-0.054***	0.010	-0.053***	0.008	-0.060***	0.031***	1.000								
TAX	(22)	-0.024**	-0.029***	-0.050***	-0.007	0.042***	0.041***	0.166***	1.000							

续表

变量	(15)	(16)	(17)	(18)	(19)	(20)	(21)	(22)	(23)	(24)	(25)	(26)	(27)	(28)	(29)
POLICY (23)	-0.051***	-0.007	0.025**	0.019*	-0.067***	0.016	0.048***	0.081***	1.000						
GDP (24)	-0.071***	-0.154***	-0.058***	-0.141	0.225***	0.149***	-0.045***	0.080***	-0.058***	1.000					
STRUCTURE (25)	0.017*	0.008	0.077***	-0.092***	0.208***	0.050***	-0.022**	-0.026**	-0.171***	0.534***	1.000				
EDU (26)	0.047***	-0.057***	0.106***	-0.097***	0.245***	0.053***	-0.084***	0.017*	-0.130***	0.447***	0.547***	1.000			
SCHOOL (27)	-0.178***	-0.118***	-0.142***	-0.046**	0.013	0.148***	-0.011	0.084***	0.088***	0.199***	-0.290***	-0.209***	1.000		
STUDENT (28)	0.009	0.052***	0.127***	-0.012	0.143***	0.025**	-0.016	-0.024**	-0.111***	0.250***	0.670***	0.757***	-0.130***	1.000	
BUS (29)	-0.086***	-0.007	0.014	-0.080***	0.131***	0.073***	-0.023**	0.002	-0.070***	0.258***	0.540***	0.584***	0.105***	0.442***	1.000

注：***、**和*分别代表在1%、5%和10%的水平下显著。

三 多元回归分析

通过多元回归分析检验本章提出的研究假设，具体的检验结果列于表10.4。其中，列（1）是同群企业创新投资影响焦点企业创新投资的检验结果，列（2）至列（5）是基于竞争视角和信息视角针对企业创新投资城市同群效应影响因素的检验结果。

列（1）的检验结果表明，同群企业创新投资（$PEER$）对焦点企业创新投资（$R\&D_{t+1}$）的影响系数为0.305，并且通过了1%的显著性水平检验，表明在控制了企业特征、管理层特征、区域特征等影响企业创新投资的因素之后，同群企业创新投资对焦点企业未来一期的创新投资存在显著的促进作用，即企业创新投资存在城市同群效应，研究假设H10-1得到验证。

焦点企业市场地位（$STATUS$）对企业创新投资城市同群效应影响的检验结果如列（2）所示，同群企业创新投资（$PEER$）与焦点企业市场地位（$STATUS$）交互项$PEER{\times}STATUS$的系数为-0.003，对应的t值为-2.293，说明焦点企业的市场地位会弱化同群企业创新投资对焦点企业创新投资的正向影响，即焦点企业市场地位会弱化企业创新投资的城市同群效应。当焦点企业的市场地位较低时，同群企业对其创新投资的影响更大，研究假设H10-2得到验证。

由列（3）可知，同群企业创新投资（$PEER$）与同群企业分析师关注（$ANALYST$）的交互项$PEER{\times}ANALYST$对焦点企业创新投资（$R\&D_{t+1}$）的影响系数在5%的水平下显著为正（$\beta_3 = 0.121$，$t = 2.450$），说明分析师对同群企业的关注可以强化同群企业创新投资与焦点企业创新投资之间的关系，即同群企业分析师关注会强化企业创新投资的城市同群效应，研究假设H10-3得到验证。

地理区位因素对企业创新投资城市同群效应影响的检验结果如列（4）所示，交互项$PEER{\times}DISTANCE$的系数为-0.077，对应的t值为-4.070，意味着焦点企业与同群企业之间的地理距离会弱化同群企业创新投资对焦点企业创新投资的促进作用，即地理距离会弱化企业创新投资的城市同群效应，研究假设H10-4得到验证。

由列（5）可知，同群企业创新投资（$PEER$）与焦点企业管理层职业背景多样性（*DIVERSITY*）的交互项 *PEER×DIVERSITY* 对焦点企业创新投资（*R&D*$_{t+1}$）有显著的正向影响（β_3=0.273，t=4.110），表明相对于管理层职业背景多样性程度较低的企业，同群企业创新投资对管理层职业背景多样性程度高的企业创新投资的影响更大，即焦点企业管理层职业背景多样性会强化企业创新投资的城市同群效应，本章的研究假设 H10-5 得到验证。

企业层面和管理层特征层面的控制变量对企业创新投资影响的检验结果显示，企业规模（*SIZE*）、资产负债率（*LEV*）、营业收入增长率（*GROWTH*）、资产收益率（*ROA*）、现金流（*CASH*）、股权集中度（*TOP10*）、企业年龄（*AGE*）和管理层年龄（*MAGE*）对企业创新投资有显著的抑制作用，机构持股比例（*INS*）、资本支出（*CAPEXPT*）、管理层性别比（*MGENDER*）、管理层薪酬（*MSALARY*）和管理层持股（*MSHARE*）对企业创新投资有显著的促进作用，与既有研究结论（刘静、王克敏，2018）基本保持一致。区域层面的控制变量显示，城市产业结构（*STRUCTURE*）和高校学生平均教育经费（*EDU*）均是促进企业创新投资的重要驱动因素。特别地，本章发现政府补助（*SUBSIDY*）、税收优惠（*TAX*）和产业政策（*POLICY*）均能显著促进企业创新投资。这进一步说明，在排除地方政府环境因素和政策因素影响之后，企业创新投资的城市同群效应是稳健存在的。

综上所述，本章的研究假设 H10-1 至 H10-5 全部得到验证，同群企业创新投资对焦点企业创新投资具有显著的促进作用，即企业创新投资存在城市同群效应（假设 H10-1），焦点企业市场地位、焦点企业与同群企业之间的地理距离会弱化创新投资的城市同群效应（假设 H10-2 和假设 H10-4），分析师对同群企业的关注和焦点企业管理层职业背景多样性会强化创新投资的城市同群效应（假设 H10-3 和假设 H10-5）。

表 10.4　研究假设的多元回归检验结果

变量	H10-1	H10-2	H10-3	H10-4	H10-5
	(1)	(2)	(3)	(4)	(5)
	R&D$_{t+1}$	*R&D*$_{t+1}$	*R&D*$_{t+1}$	*R&D*$_{t+1}$	*R&D*$_{t+1}$
		M = STATUS	M = ANALYST	M = DISTANCE	M = DIVERSITY
PEER	0.305 *** (12.218)	0.271 *** (9.579)	0.296 *** (11.772)	0.299 *** (11.904)	0.296 *** (11.905)

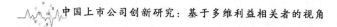

续表

变量	H10-1	H10-2	H10-3	H10-4	H10-5
	(1)	(2)	(3)	(4)	(5)
	$R\&D_{t+1}$	$R\&D_{t+1}$	$R\&D_{t+1}$	$R\&D_{t+1}$	$R\&D_{t+1}$
		$M=STATUS$	$M=ANALYST$	$M=DISTANCE$	$M=DIVERSITY$
M		0.011 ***	0.210 ***	-0.083 **	0.925 ***
		(3.397)	(3.036)	(-2.328)	(7.747)
PEER×M		-0.003 **	0.121 **	-0.077 ***	0.273 ***
		(-2.293)	(2.450)	(-4.070)	(4.110)
SIZE	-0.349 ***	-0.339 ***	-0.351 ***	-0.351 ***	-0.371 ***
	(-7.338)	(-6.661)	(-7.368)	(-7.302)	(-7.816)
LEV	-0.055 ***	-0.055 ***	-0.055 ***	-0.054 ***	-0.055 ***
	(-21.120)	(-21.086)	(-21.106)	(-20.848)	(-21.199)
GROWTH	-0.002 **	-0.002 **	-0.002 **	-0.002 **	-0.002 **
	(-2.211)	(-2.206)	(-2.191)	(-2.388)	(-2.133)
INS	0.031 ***	0.031 ***	0.031 ***	0.029 ***	0.033 ***
	(3.581)	(3.553)	(3.581)	(3.343)	(3.743)
ROA	-0.092 ***	-0.091 ***	-0.092 ***	-0.092 ***	-0.092 ***
	(-10.397)	(-10.377)	(-10.401)	(-10.406)	(-10.495)
CAPEXPT	0.025 ***	0.025 ***	0.025 ***	0.024 ***	0.025 ***
	(2.883)	(2.889)	(2.904)	(2.748)	(2.861)
CASH	-0.028 ***	-0.027 ***	-0.028 ***	-0.028 ***	-0.026 ***
	(-4.241)	(-4.198)	(-4.255)	(-4.199)	(-4.014)
TOP10	-0.019 ***	-0.019 ***	-0.019 ***	-0.018 ***	-0.018 ***
	(-7.011)	(-7.012)	(-7.009)	(-6.952)	(-6.887)
AGE	-0.058 ***	-0.058 ***	-0.058 ***	-0.058 ***	-0.052 ***
	(-7.510)	(-7.504)	(-7.476)	(-7.443)	(-6.654)
MSIZE	0.089	0.085	0.086	0.147	0.086
	(0.445)	(0.425)	(0.430)	(0.728)	(0.432)
MAGE	-0.038 ***	-0.038 ***	-0.037 ***	-0.037 ***	-0.034 **
	(-2.829)	(-2.832)	(-2.821)	(-2.747)	(-2.559)
MGENDER	2.087 ***	2.090 ***	2.087 ***	2.052 ***	1.914 ***
	(5.638)	(5.646)	(5.638)	(5.483)	(5.177)

续表

变量	H10-1	H10-2	H10-3	H10-4	H10-5
	（1）	（2）	（3）	（4）	（5）
	$R\&D_{t+1}$	$R\&D_{t+1}$	$R\&D_{t+1}$	$R\&D_{t+1}$	$R\&D_{t+1}$
		$M=STATUS$	$M=ANALYST$	$M=DISTANCE$	$M=DIVERSITY$
MSALARY	0.863***	0.863***	0.864***	0.867***	0.840***
	（11.884）	（11.884）	（11.906）	（11.884）	（11.597）
MSHARE	0.009***	0.009***	0.009***	0.009***	0.009***
	（6.253）	（6.245）	（6.246）	（6.385）	（6.143）
SUBSIDY	0.465***	0.464***	0.464***	0.467***	0.466***
	（14.808）	（14.800）	（14.773）	（14.874）	（14.898）
TAX	0.168***	0.168***	0.169***	0.157***	0.162***
	（6.280）	（6.279）	（6.309）	（5.829）	（6.086）
POLICY	1.080***	1.078***	1.077***	1.071***	1.046***
	（11.398）	（11.368）	（11.365）	（11.224）	（11.062）
GDP	0.093	0.083	0.094	0.064	0.086
	（1.217）	（1.062）	（1.238）	（0.821）	（1.128）
STRUCTURE	0.035***	0.035***	0.035***	0.034***	0.034***
	（6.417）	（6.155）	（6.277）	（6.048）	（6.126）
EDU	1.161***	1.161***	1.171***	1.171***	1.138***
	（5.572）	（5.574）	（5.613）	（5.573）	（5.480）
SCHOOL	−0.033	−0.034	−0.035	0.017	−0.035
	（−0.261）	（−0.265）	（−0.266）	（0.128）	（−0.276）
STUDENT	0.841***	0.840***	0.851***	0.914***	0.839***
	（3.648）	（3.641）	（3.690）	（3.910）	（3.653）
BUS	0.199	0.198	0.162	0.048	0.203
	（0.830）	（0.817）	（0.662）	（0.188）	（0.848）
常数项	0.127	0.119	0.231	0.135	−0.552
	（0.064）	（0.060）	（0.115）	（0.065）	（−0.277）
YEAR	Yes	Yes	Yes	Yes	Yes
INDUSTRY	Yes	Yes	Yes	Yes	Yes
N	12825	12825	12825	12825	12825
R^2	0.374	0.375	0.375	0.376	0.379

注：括号内为 t 值，*** 、** 分别代表在 1%、5%的水平下显著。

四　内生性控制

（一）Heckman 两阶段

本章的因变量仅保留了研发投入大于 0 的样本。为了缓解由样本选择偏差带来的内生性问题，本章选择 Heckman 两阶段模型重新检验企业创新投资的城市同群效应。第一步，针对全部上市公司，建立企业是否进行创新投资的 Probit 模型，控制变量与前文保持一致。第二步，根据第一步的回归结果计算逆米尔斯比率（IMR），将其作为控制变量纳入模型（10.1）和模型（10.2）。表 10.5 的 Panel A 报告了 Heckman 两阶段检验的第二阶段回归结果，结果显示，IMR 显著为正，企业创新投资（$PEER$）、调节变量（M）及二者的交互项（$PEER×M$）对焦点企业创新投资（$R\&D_{t+1}$）的影响系数符号和显著性与前文保持一致，这表明在克服了由样本选择偏差带来的内生性问题之后，企业创新投资的城市同群效应依然成立。

（二）熵平衡

本节采用 Hainmueller（2012）提出的熵平衡法对样本进行处理，以克服可能存在的内生性问题。该方法的核心是，将样本分为两组，然后对各组变量进行赋权处理，使得各组变量的平均值保持一致，实现均衡。本章根据同群企业创新投资的年度中位数将样本分为两组，然后对各组中的控制变量进行赋权处理，使得两组中控制变量的均值保持一致，以控制变量差异对研究结论的影响。采用经过熵平衡处理之后的样本重新检验研究假设，具体的检验结果如表 10.5 的 Panel B 所示，本章重点关注同群企业创新投资（$PEER$）及其与调节变量（M）交互项 $PEER×M$ 的系数符号和显著性。结果表明，基于熵平衡处理之后的检验结果，关键变量的系数符号和显著性与表 10.4 保持一致，表明在克服可能存在的内生性问题之后，本章的研究结论依然稳健成立。

（三）固定效应回归

为了克服不随时间改变但随个体差异改变的变量遗漏问题，以及不随个体改变但随时间改变的变量遗漏问题，本节采用双向固定效应模型重新检验本章的研究假设，以进一步控制公司个体效应（$FIRM$）和年份固定效应（$YEAR$）对实证结果的影响。表 10.5 中的 Panel C 是基于双向固定效应模型的检验结果，同群企业创新投资（$PEER$）对焦点企业创新投资（$R\&D_{t+1}$）的影响系数全部为正，并且均通过了 1% 的显著性水平检验。焦点企业市场地位（$STATUS$）、地理距离（$DISTANCE$）与同群企业创新投资（$PEER$）交互项系数分别为 -0.002 和 -0.072，对应的 t 值分别为 -2.343 和 -3.213，表明焦点企业市场地位、焦点企业与同群企业之间的地理距离会弱化企业创新投资的城市同群效应。同群企业分析师关注（$ANALYST$）、焦点企业管理层职业背景多样性（$DIVERSITY$）与同群企业创新投资（$PEER$）之间的交互项系数全部在 1% 的水平下显著为正，表明同群企业分析师关注和焦点企业管理层职业背景多样性会强化企业创新投资的城市同群效应。假设 H10-1 至假设 H10-5 得到再次验证。

表 10.5　内生性检验

变量	H10-1 (1) $R\&D_{t+1}$	H10-2 (2) $R\&D_{t+1}$ $M=STATUS$	H10-3 (3) $R\&D_{t+1}$ $M=ANALYST$	H10-4 (4) $R\&D_{t+1}$ $M=DISTANCE$	H10-5 (5) $R\&D_{t+1}$ $M=DIVERSITY$
Panel A Heckman 两阶段					
$PEER$	0.298*** (12.105)	0.262*** (9.369)	0.291*** (11.690)	0.293*** (11.819)	0.290*** (11.804)
M		0.016*** (4.940)	0.186*** (3.645)	-0.073** (-2.061)	0.864*** (7.315)
$PEER×M$		-0.002** (-2.356)	0.113** (2.326)	-0.073*** (-3.898)	0.247*** (3.767)
IMR	9.631*** (16.678)	9.880*** (17.048)	9.612*** (16.648)	9.657*** (16.551)	9.427*** (16.370)
常数项	-29.071*** (-10.977)	-29.669*** (-11.158)	-28.965*** (-10.920)	-29.340*** (-10.743)	-29.156*** (-11.041)
Controls	Yes	Yes	Yes	Yes	Yes
YEAR/INDUSTRY	Yes	Yes	Yes	Yes	Yes
N	12825	12825	12825	12825	12825
R^2	0.390	0.391	0.391	0.392	0.394

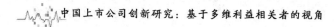

续表

变量	H10-1	H10-2	H10-3	H10-4	H10-5
	(1)	(2)	(3)	(4)	(5)
	$R\&D_{t+1}$	$R\&D_{t+1}$	$R\&D_{t+1}$	$R\&D_{t+1}$	$R\&D_{t+1}$
		$M = STATUS$	$M = ANALYST$	$M = DISTANCE$	$M = DIVERSITY$
Panel B 熵平衡					
PEER	0.326***	0.291***	0.314***	0.318***	0.316***
	(12.532)	(11.929)	(11.883)	(12.248)	(12.186)
M		0.014***	0.311***	−0.076**	0.872***
		(5.299)	(2.798)	(−2.029)	(6.768)
PEER×M		−0.002**	0.120**	−0.080***	0.263***
		(−2.160)	(2.449)	(−4.373)	(3.512)
常数项	0.110	0.056	0.250	−0.217	−0.500
	(0.049)	(0.025)	(0.112)	(−0.094)	(−0.225)
Controls	Yes	Yes	Yes	Yes	Yes
YEAR/INDUSTRY	Yes	Yes	Yes	Yes	Yes
N	12825	12825	12825	12825	12825
R^2	0.374	0.376	0.376	0.377	0.380
Panel C 固定效应回归					
PEER	0.204***	0.180***	0.190***	0.203***	0.199***
	(6.920)	(5.743)	(6.378)	(6.830)	(6.792)
M		0.010***	0.187**	−0.123***	0.913***
		(2.891)	(2.474)	(−2.951)	(7.590)
PEER×M		−0.002**	0.219***	−0.072***	0.257***
		(−2.343)	(3.705)	(−3.213)	(3.860)
常数项	−3.307	−3.611	−2.478	−1.390	−4.724
	(−0.413)	(−0.450)	(−0.308)	(−0.172)	(−0.592)
Controls	Yes	Yes	Yes	Yes	Yes
FIRM	Yes	Yes	Yes	Yes	Yes
YEAR	Yes	Yes	Yes	Yes	Yes
N	12825	12825	12825	12825	12825
R^2	0.580	0.582	0.582	0.583	0.586

注：括号内为 t 值，***、**分别代表在1%、5%的水平下显著。

五　稳健性检验

(一) 更换因变量

本节使用研发投入占总资产的比例重新测度焦点企业创新投资 ($R\&D_{t+1}$) 和同群企业创新投资 ($PEER$), 使用模型 (10.1) 和模型 (10.2) 重新检验研究假设 H10-1 至研究假设 H10-5, 具体的检验结果如表 10.6 的 Panel A 所示, 所得结论与前文保持一致。

(二) 重新筛选样本

本节选择同一城市内上市公司数量大于 5 家的样本作为稳健性检验样本, 再次检验研究假设。表 10.6 的 Panel B 表明, 企业创新投资存在城市同群效应, 焦点企业市场地位越高、与同群企业之间的地理距离越远, 企业创新投资的城市同群效应越弱, 分析师对同群企业关注度越高、管理层职业背景多样性程度越高, 企业创新投资的城市同群效应越强。与表 10.4 的检验结果相比, 基于重新筛选样本的实证结果未发生实质性改变。

(三) 更换估计模型

本节因变量为取值大于 0 小于 100 的受限变量, 借鉴祝振铎等 (2021) 的研究, 使用 Tobit 模型再次检验本章的研究假设。表 10.6 中 Panel C 显示, 在使用 Tobit 模型进行回归检验之后, 本章的研究结论依然成立, 企业创新投资存在城市同群效应, 在焦点企业市场地位高、焦点企业与同群企业距离较远的情况下, 城市同群效应更弱; 在同群企业分析师关注度高、焦点企业管理层职业背景多样性程度高的情况下, 城市同群效应更强。

(四) 分组检验

前文理论分析及实证检验表明, 焦点企业市场地位和焦点企业与同群企业之间的地理距离会弱化企业创新投资的城市同群效应, 同群企业分析师关注和焦点企业管理层职业背景多样性会强化企业创新投资的城市同群效应, 为了进一步确保该结论的稳健性, 本节分别根据焦点企业市场地位、同群企业分析师关注、焦点企业与同群企业之间地理距离、焦点企业管理层职业背景多样性的年度中位数将样本分别分为两组，对研究假设 H10-2 至研究假设 H10-5 进行分组检验。表 10.6 中 Panel D 的检验结果表明，在不同的分组下，同群企业创新投资对焦点企业创新投资的影响系数全部在 1% 的水平下显著为正，但在焦点企业市场地位低、同群企业分析师关注度高、焦点企业与同群企业之间地理距离近、焦点企业管理层职业背景多样性程度高的情况下，同群企业创新投资对焦点企业创新投资的影响系数更大。组间系数差异检验显示，在不同的分组下，同群企业创新投资影响系数差异性比较的 chi2 值分别为 8.901、4.392、4.732 和 9.421，对应的 p 值均小于 0.05，说明在不同分组下，同群企业创新投资对焦点企业创新投资的影响系数至少在 5% 的水平下存在显著差异，进一步验证了本章的研究假设 H10-2 至研究假设 H10-5。

第四节 同群企业创新投资影响企业创新的进一步分析

一 异质性分析

既有研究表明，企业创新投资会受到产权性质、高新技术属性和创新环境的影响（严苏艳，2019）。为分析不同产权性质、企业属性和创新环境下企业创新投资城市同群效应的异质性，本节构建如下待检验模型。

$$R\&D_{i,t+1} = \beta_0 + \beta_1 PEER_{i,t} + \beta_2 MO_{i,t} + \beta_3 PEER \times MO_{i,t} +$$
$$Controls_{i,t} + \sum YEAR + \sum INDUSTRY + \varepsilon_{i,t}$$

$$(10.3)$$

模型（10.3）中，MO 代表异质性检验的三个情境变量，包括产权性质（SOE）、高新技术企业（HI）和创新环境（IE）。当企业的终极控股股东为国有性质时，将 SOE 赋值为 1，否则为 0。当上市公司的两位行业代码为 C26、C27、C34、C35、C37、C38、C39 和 C40 时，认定该企业为高新技术企业，将 HI 赋值为 1，否则为 0。根据《中国区域创新能力评价报告》披露的各省份创新环境指数，当上市公司所在省份的创新环境指数高于当年所有省份创新环境指数中位数时，将 IE 赋值为 1，否则为 0。为了确保研究结论的稳健性，本节进一步根据情境变量将样本分别分为两组进

表 10.6　稳健性检验

变量	Panel A 更换因变量					Panel B 重新筛选样本					Panel C 更换估计模型				
	H10-1	H10-2	H10-3	H10-4	H10-5	H10-1	H10-2	H10-3	H10-4	H10-5	H10-1	H10-2	H10-3	H10-4	H10-5
	(1)	(2)	(3)	(4)	(5)	(6)	(7)	(8)	(9)	(10)	(11)	(12)	(13)	(14)	(15)
	$R\&D_{t+1}$	$R\&D_{t+1}$	$R\&D_{t+1}$	$R\&D_{t+1}$	$R\&D_{t+1}$	$R\&D_{t+1}$	$R\&D_{t+1}$	$R\&D_{t+1}$	$R\&D_{t+1}$	$R\&D_{t+1}$	$R\&D_{t+1}$	$R\&D_{t+1}$	$R\&D_{t+1}$	$R\&D_{t+1}$	$R\&D_{t+1}$
	$M=$	$M=$ STATUS	$M=$ ANALYST	$M=$ DISTANCE	$M=$ DIVERSITY	$M=$	$M=$ STATUS	$M=$ ANALYST	$M=$ DISTANCE	$M=$ DIVERSITY	$M=$	$M=$ STATUS	$M=$ ANALYST	$M=$ DISTANCE	$M=$ DIVERSITY
PEER	0.305*** (12.218)	0.271*** (9.579)	0.296*** (11.772)	0.299*** (11.904)	0.296*** (11.905)	0.315*** (10.693)	0.207*** (4.285)	0.294*** (9.844)	0.306*** (10.245)	0.299*** (10.191)	0.036*** (4.965)	0.035*** (4.674)	0.037*** (4.998)	0.037*** (5.021)	0.035*** (4.830)
M		0.011*** (3.397)	0.210* (1.836)	-0.083** (-2.328)	0.925*** (7.747)		0.007** (2.307)	0.359*** (2.190)	-0.066** (-2.156)	0.868*** (6.431)		0.003*** (4.093)	0.090*** (2.735)	-0.022** (-2.136)	0.190*** (5.413)
PEER×M		-0.003* (-1.763)	0.121** (2.450)	-0.077*** (-4.070)	0.273*** (4.110)		-0.008*** (-2.730)	0.287*** (3.915)	-0.111*** (-4.458)	0.298*** (3.695)		-0.001*** (-3.011)	0.043*** (3.331)	-0.004* (-1.805)	0.025** (2.312)
常数项	0.127 (0.064)	0.119 (0.060)	0.231 (0.115)	0.135 (0.065)	-0.552 (-0.277)	1.011 (0.444)	1.341 (0.586)	1.706 (0.744)	0.720 (0.299)	0.649 (0.286)	-0.940* (-1.824)	-1.038** (-2.014)	-1.145** (-2.206)	-1.556** (-2.851)	-1.040** (-2.019)
YEAR	Yes	Yes	Yes	Yes	Yes	Yes	Yes	Yes	Yes	Yes	Yes	Yes	Yes	Yes	Yes
INDUSTRY	Yes	Yes	Yes	Yes	Yes	Yes	Yes	Yes	Yes	Yes	Yes	Yes	Yes	Yes	Yes
Controls	Yes	Yes	Yes	Yes	Yes	Yes	Yes	Yes	Yes	Yes	Yes	Yes	Yes	Yes	Yes
N	12825	12825	12825	12825	12825	10812	10812	10812	10812	10812	12825	12825	12825	12825	12825
R^2	0.374	0.375	0.375	0.376	0.379	0.381	0.382	0.382	0.383	0.386	0.325	0.329	0.328	0.326	0.329

续表

Panel D 分组检验

变量	企业市场地位		分析师关注		地理距离		管理层职业背景多样性	
	高	低	高	低	远	近	高	低
	(16)	(17)	(18)	(19)	(20)	(21)	(22)	(23)
	$R\&D_{t+1}$	$R\&D_{t+1}$	$R\&D_{t+1}$	$R\&D_{t+1}$	$R\&D_{t+1}$	$R\&D_{t+1}$	$R\&D_{t+1}$	$R\&D_{t+1}$
PEER	0.155***	0.321***	0.305***	0.235***	0.218***	0.361***	0.371***	0.222***
	(6.585)	(6.680)	(7.433)	(6.933)	(6.944)	(8.689)	(9.916)	(6.786)
常数项	-3.449*	7.143*	1.813	-0.899	-2.847	5.550	1.273	0.695
	(-1.697)	(1.939)	(0.454)	(-0.350)	(-1.043)	(1.479)	(0.423)	(0.267)
Controls	Yes	Yes	Yes	Yes	Yes	Yes	Yes	Yes
YEAR	Yes	Yes	Yes	Yes	Yes	Yes	Yes	Yes
INDUSTRY								
N	6415	6410	6415	6410	6415	6410	6415	6410
R^2	0.306	0.357	0.407	0.332	0.318	0.420	0.403	0.357
chi2	8.901		4.392		4.732		9.421	
p 值	0.000		0.036		0.030		0.000	

注：括号内为 t 值，***、** 和 * 分别代表在 1%、5% 和 10% 的水平下显著。

行分组差异性检验，具体的异质性分析检验结果如表 10.7 所示。

列（1）显示，同群企业创新投资与产权性质的交互项（$PEER×SOE$）对焦点企业创新投资的影响系数在 1%的水平下显著为负，表明与非国有企业相比，在国有企业中，同群企业创新投资对焦点企业创新投资的促进作用更小。列（2）和列（3）的分组检验显示，同群企业创新投资对非国有企业创新投资的影响系数在 1%的水平下显著高于国有企业，进一步说明了国有产权属性弱化了同群企业创新投资对焦点企业创新投资的促进作用。

列（4）至列（6）是针对高新技术企业属性的异质性分析结果。其中，同群企业创新投资和高新技术企业的交互项（$PEER×HI$）对焦点企业创新投资的影响系数为正，并且通过了 1%的显著性水平检验。不同的分组下，同群企业创新投资对焦点企业创新投资的影响系数均在 1%的水平下显著为正，但是同群企业创新投资对高新技术企业创新投资的影响系数显著高于对非高新技术企业创新投资的影响系数（p=0.000）。检验结果表明，企业的高新技术属性能够强化企业创新投资的城市同群效应。

基于创新环境的异质性检验结果如列（7）至列（9）所示。同群企业创新投资与创新环境的交互项（$PEER×IE$）对焦点企业创新投资有显著的促进作用。在高创新环境水平分组下，同群企业创新投资对焦点企业创新投资的影响系数为 0.375；在低创新环境水平分组下，同群企业创新投资对焦点企业创新投资的影响系数为 0.199，均通过了 1%的显著性水平检验。组间系数差异检验显示，不同的创新环境分组下，同群企业创新投资对焦点企业创新投资的影响系数存在显著差异。检验结果表明，企业所在地的创新环境会强化企业创新投资的城市同群效应。

综上可知，国有企业产权属性能够弱化企业创新投资的城市同群效应，企业的高新技术属性和所在地的创新环境能够强化企业创新投资的城市同群效应。

二 经济后果分析

前文研究证实了企业创新投资存在城市同群效应，那么，创新投资的城市同群效应会导致什么样的经济后果？本节拟通过两种方法来探究企业

表 10.7 企业创新投资城市同群效应的异质性分析

变量	(1)	(2)	(3)	(4)	(5)	(6)	(7)	(8)	(9)
	$R\&D_{t+1}$	$R\&D_{t+1}$	$R\&D_{t+1}$	$R\&D_{t+1}$	$R\&D_{t+1}$	$R\&D_{t+1}$	$R\&D_{t+1}$	$R\&D_{t+1}$	$R\&D_{t+1}$
		产权性质			高新技术企业属性			企业所在地创新环境	
	$MO=SOE$	是否属于国有企业		$MO=HI$	是否属于高新技术企业		$MO=IE$	创新环境水平高低	
		是	否		是	否		高	低
PEER	0.398***	0.107***	0.404***	0.134***	0.363***	0.182***	0.197***	0.375***	0.199***
	(13.554)	(3.044)	(12.368)	(4.057)	(10.265)	(5.373)	(5.739)	(9.124)	(4.137)
MO	-1.107***			0.705***			1.114***		
	(-4.624)			(3.182)			(4.347)		
PEER×MO	-0.275***			0.265***			0.228***		
	(-5.906)			(6.022)			(4.656)		
常数项	-2.042	-2.147	0.098	0.674	-2.971	3.067	-1.607	-0.685	-3.867
	(-1.011)	(-0.879)	(0.033)	(0.343)	(-0.997)	(1.178)	(-0.755)	(-0.099)	(-1.572)
Controls	Yes	Yes	Yes	Yes	Yes	Yes	Yes	Yes	Yes
YEAR	Yes	Yes	Yes	Yes	Yes	Yes	Yes	Yes	Yes
INDUSTRY	Yes	Yes	Yes	Yes	Yes	Yes	Yes	Yes	Yes
N	12825	4388	8437	12825	6177	6648	12825	6415	6410
R²	0.378	0.337	0.369	0.393	0.235	0.492	0.376	0.396	0.351
chi2	—	14.172		—	31.135		—	12.401	
p 值		0.000			0.000			0.000	

注：括号内为 t 值，*** 代表在 1% 的水平下显著。

创新投资的城市同群效应是否会提升焦点企业的创新产出和市场价值。其中，模型（10.4）通过引入同群企业创新投资和焦点企业创新投资的交互项判断创新投资城市同群效应引发的经济后果。模型（10.5）和模型（10.6）是通过构建中介效应模型检验同群企业创新投资是否会通过促进焦点企业创新投资，进而提升焦点企业的创新产出和市场价值。

$$PATENT_{i,t+1}/Q_{i,t+1} = \beta_0 + \beta_1 PEER_{i,t} + \beta_2 R\&D_{i,t+1} + \beta_3 PEER_{i,t} \times R\&D_{i,t+1} +$$
$$Controls_{i,t} + \sum YEAR + \sum INDUSTRY + \varepsilon_{i,t}$$

$$(10.4)$$

$$PATENT_{i,t+1}/Q_{i,t+1} = \beta_0 + \beta_1 PEER_{i,t} + Controls_{i,t} + \sum YEAR + \sum INDUSTRY + \varepsilon_{i,t}$$

$$(10.5)$$

$$PATENT_{i,t+1}/Q_{i,t+1} = \beta_0 + \beta_1 R\&D_{i,t+1} + \beta_2 PEER_{i,t} + Controls_{i,t} +$$
$$\sum YEAR + \sum INDUSTRY + \varepsilon_{i,t}$$

$$(10.6)$$

在上述模型中，参考姚立杰和周颖（2018）的研究，使用专利申请量（$PATENT1$）和专利授权量（$PATENT2$）来测度焦点企业的创新产出，其中，专利申请量通过当年专利申请数量加 1 取自然对数测量，专利授权量通过当年及未来三年专利授权量之和并取自然对数测量。通过托宾 Q 值（Q）来度量市场价值，通过总市值与总资产的比值测度。企业创新投资城市同群效应所导致经济后果的检验结果如表 10.8 所示。列（1）至列（3）显示，同群企业创新投资（$PEER$）、焦点企业创新投资（$R\&D_{t+1}$）及二者的交互项（$PEER \times R\&D_{t+1}$）对焦点企业专利申请量（$PATENT1_{t+1}$）、专利授权量（$PATENT2_{t+1}$）和市场价值（Q_{t+1}）的影响全部为正，并通过了 1% 的显著性水平检验，表明同群企业创新投资能够强化焦点企业创新投资对创新产出和市场价值的促进作用。列（4）、列（6）和列（8）显示，同群企业创新投资（$PEER$）对焦点企业专利申请量（$PATENT1_{t+1}$）、专利授权量（$PATENT2_{t+1}$）和市场价值（Q_{t+1}）的影响系数全部通过了 1% 的显著性水平检验。进一步在回归模型中纳入焦点企业创新投资（$R\&D_{t+1}$），列（5）、列（7）和列（9）显示，同群企业创新投资（$PEER$）对焦点企业专利申请量（$PATENT1_{t+1}$）、专利授权量（$PATENT2_{t+1}$）和市场价值（Q_{t+1}）

的影响系数依然显著为正，但影响系数和显著性均有所下降。结合前文的检验结果可知，同群企业创新投资通过促进焦点企业创新投资提升了焦点企业的创新产出和市场价值。两种不同的检验方法均证实企业创新投资的城市同群效应能够提高焦点企业的创新产出和市场价值。

第五节　本章小结

创新是企业获取市场竞争优势、实现可持续发展的关键因素。除管理者特质、公司治理机制和制度环境外，其他企业创新行为也是驱动企业创新的关键因素。鉴于此，本章选取 2008~2020 年 A 股上市公司数据，探究企业创新投资的城市同群效应及其形成机理和经济后果。研究发现：第一，企业创新投资存在城市同群效应，即同群企业创新投资能够显著促进焦点企业创新投资。第二，基于竞争视角，焦点企业市场地位能够弱化企业创新投资的城市同群效应；基于信息视角，分析师对同群企业的关注（信息供给）和焦点企业管理层职业背景多样性（信息接收）能够强化企业创新投资的城市同群效应，焦点企业与同群企业之间的地理距离（信息传输）会弱化企业创新投资的城市同群效应。第三，异质性检验表明，国有企业产权属性会弱化企业创新投资的城市同群效应，企业的高新技术属性和所在地的创新环境会强化企业创新投资的城市同群效应；经济后果检验显示，企业创新投资的城市同群效应对焦点企业专利申请数量、专利授权数量和市场价值有提升作用。

同已有研究相比，本章的边际贡献体现在如下几个方面。第一，聚焦同一城市内同群企业创新投资对焦点企业创新投资影响效应的新视角，丰富和拓展了企业创新决策驱动因素的相关研究。在企业创新如何受其他企业影响这一话题的研究中，学者们多围绕产业和行业层面展开（刘静、王克敏，2018；Peng et al.，2021）。城市作为企业集聚、资源流动和整合的依托地，城市内经济主体的经营活动受城市内其他主体的影响，因此，研究也应关注同一城市内同群企业创新决策对焦点企业创新决策的影响。第二，多视角探索企业创新投资城市同群效应的形成机理和经济后果，为企业决策行为同群效应的研究提供了增量证据，丰富了企业决策行为产生动

表 10.8 企业创新投资城市同群效应导致的经济后果

变量	(1) PATENT1$_{t+1}$	(2) PATENT2$_{t+1}$	(3) Q_{t+1}	(4) PATENT1$_{t+1}$	(5) PATENT1$_{t+1}$	(6) PATENT2$_{t+1}$	(7) PATENT2$_{t+1}$	(8) Q_{t+1}	(9) Q_{t+1}
PEER	0.086***	0.093***	0.063***	0.055***	0.036***	0.050***	0.033***	0.044***	0.029***
	(7.224)	(5.892)	(6.731)	(5.930)	(3.980)	(3.992)	(2.686)	(6.011)	(3.941)
R&D$_{t+1}$	0.125***	0.131***	0.095***		0.061***		0.052***		0.050***
	(11.869)	(9.275)	(11.465)		(16.240)		(9.625)		(17.520)
PEER×R&D$_{t+1}$	0.012***	0.014***	0.008***						
	(6.494)	(6.055)	(-5.770)						
常数项	-17.974***	-16.938***	10.684***	-17.862***	-17.878***	-16.773***	-16.847***	10.757***	10.750***
	(-23.812)	(-16.198)	(18.397)	(-23.322)	(-23.642)	(-15.836)	(-16.056)	(18.232)	(18.488)
Controls	Yes	Yes	Yes	Yes	Yes	Yes	Yes	Yes	Yes
YEAR	Yes	Yes	Yes	Yes	Yes	Yes	Yes	Yes	Yes
INDUSTRY	Yes	Yes	Yes	Yes	Yes	Yes	Yes	Yes	Yes
N	10729	5063	12825	10729	10729	5063	5063	12825	12825
R^2	0.394	0.361	0.375	0.376	0.391	0.344	0.356	0.355	0.373
Sobel				0.000***	[9.385]	0.000***	[6.558]	0.000***	[10.023]
Goodman1				0.000***	[9.373]	0.000***	[6.539]	0.000***	[10.009]
Goodman2				0.000***	[9.396]	0.000***	[6.577]	0.000***	[10.032]
中介效应比例				33.38%		32.79%		34.92%	

注：小括号内为 t 值，中括号内为 z 值，*** 代表在 1% 的水平下显著。

机的相关研究。具体地，基于市场地位、信息环境、管理者特质和地理区位视角探索创新投资城市同群效应形成机理，以及创新投资城市同群效应对企业创新产出和市场价值的影响，这有助于深入理解企业创新投资城市同群效应的形成机理及经济后果。第三，立足创新驱动可持续发展战略需求，关注企业微观经济主体创新决策的影响因素。本章研究结论有助于为企业创新激励模式的构建提供指导框架，对企业获取可持续发展的竞争优势具有一定启示。

第十一章

研究结论与启示

第一节　研究结论

企业创新是推动经济增长和提高竞争力的关键因素。在当前全球经济竞争日益激烈的背景下，只有不断创新才能保持企业的竞争优势和实现可持续发展。开展企业创新有助于提高产品和服务的质量和效率。通过技术创新和产品升级，可以满足消费者对高品质、高附加值产品的需求，提升企业的品牌形象和市场份额。同时，创新还可以改进生产流程和管理方式，提高生产效率和资源利用率，降低成本，增加利润。

我国政府提出的创新驱动发展战略，鼓励企业在核心技术、关键领域等方面加大研发投入。上市公司作为资本市场的重要参与者，是积极响应国家政策、推动经济转型升级、实现高质量发展的中坚力量。本书以上市公司作为研究对象，基于利益相关者视角分析影响其创新的因素，得到如下主要结论。

（1）基于连锁股东视角。在资本市场中，企业通过连锁股东形成经济关联的现象十分普遍。目前学术界关于连锁股东对企业创新投资的影响尚未形成一致的认知，主要存在"资源整合"和"竞争合谋"两种不同观点。这使得连锁股东既可能利用资源治理优势，突破资源约束，提高企业的创新投入，又可能触发持股企业之间的合谋行为，降低企业的创新投入，以获取高额垄断收益。究竟是治理协同还是竞争合谋，有待深入探究。本书以 2010~2022 年的 A 股上市公司为研究样本，结合社会网络理论，考察连锁股东对企业创新投资的影响及其作用机制。研究发现，在企业创新投资活动中，连锁股东能够显著促进企业创新投资，连锁股东数量越多，企业创新投资水平越高。此外，本书还考察在不同治理情境下，连锁股东对企业创新投资的资源协同效应的异质性表现。检验结果显示，冗余资源越多、环境丰富性越高、管理者能力越强的企业，连锁股东对企业创新投资的促进作用越显著。进一步地，从创新效率视角，探究了连锁股东对企业创新投资的影响是否会显著提升。结果显示，连锁股东通过企业创新投资会显著提高企业的创新效率，但只是企业专利数量的显著增加，专利质量的变化并不显著。这说明企业在进行创新投资活动时，追求创新"数量"而忽略了创新"质量"。为了提高研究结果的稳健性，规避变量测度偏误等因素对回归结果的影响，本书进行了一系列内生性检验和稳健性检验，结果均显著支持了研究结论。

（2）基于独立董事地理距离视角。研究发现：第一，独立董事地理距离越远，企业创新水平越低，高铁的开通则会弱化二者之间的关系，在使用因变量提前、工具变量回归、控制遗漏变量、倾向得分匹配（PSM）、熵平衡和 Heckman 两阶段等方法克服内生性问题，并经过更换估计模型、重新测度自变量、重新筛选样本和控制非线性影响因素等进行稳健性检验之后，前述研究结论依然成立。第二，进一步研究显示，高铁开通对异地独立董事履职效果的影响受到信息环境和异地独立董事配置的影响。具体而言，对于信息环境，在媒体关注度高、高产品竞争程度的样本中，高铁开通可以缓解独立董事地理距离对企业创新的抑制作用。对于异地独立董事配置，只有在异地独立董事人数大于等于 3 人、异地独立董事占比超过50%或者独立董事地理距离介于 100 公里和 1100 公里之间时，高铁开通才会有效促进异地独董履职。

（3）基于董事网络视角。作为企业重要的探索性战略行为，创新投资需要不断对市场中的新机会和新知识进行搜索，时刻掌握行业的第一手动态和最新技术发展，通过对异质性、多样性和新颖知识和信息的积累整理，寻求新的市场缺口。因此，市场信息、资源和新知识的结合是企业创新的关键因素。连锁董事网络为公司带来更为丰富的信息和稀缺资源，降低企业经营活动中的信息不对称程度，并为企业提供赖以创新的要素资源。本书利用中国上市公司数据实证检验了董事网络对企业创新投资的影响，结果发现：第一，上市公司董事网络的中心度会正向影响企业创新投资水平。企业在董事网络中处于不同位置时，其能掌握的知识量会有所不同。企业所处的网络中心度越高，其与外部直接联系的企业数量越多，能够获取的外部资源和信息可能会越多。第二，董事网络的结构洞会正向影响企业创新投资水平。拥有结构洞越多代表企业在连锁董事网络中的连锁企业数量越广泛、类型越多样。企业在连锁网络中扮演中介的角色，为网络中没有直接连锁董事的企业充当联系的桥梁，控制信息和资源的流动，能够提升企业创新投资。第三，在环境动态性程度高的情况下，上市公司董事网络中心度和结构洞丰富度对企业创新投资的促进作用更强。这说明董事网络所嵌入的信息和资源优势在环境不确定性高的情境下发挥的作用更大，企业更需要连锁董事获取更多的外部资源和战略环境信息，进而提升企业的创新投资水平。第四，在资源冗余程度高的情况下，上市公司董事网络中心度和结构洞丰富度对企业创新投资的促进作用更强。这说明企业创新投资不仅依赖外部资源的获取，也受制于自身资源的丰富程度，内部资源的存量能够为企业创新活动提供一定的资源支持。

（4）基于CEO权力视角。作为创新主体的微观企业，其创新战略的制定与实施通过以CEO为核心的高管团队完成，CEO作为公司经营者中的"最高行政长官"，其个人权力对企业创新投资存在重要影响。CEO在行使权力过程中，会受到新闻媒体报道等外部情境的影响。基于此，本书以2014~2020年在我国沪深两市上市的所有A股公司为研究样本，理论分析和实证检验了CEO权力和新闻媒体情感对企业创新投资的协同影响。实证结果显示：第一，CEO权力对企业创新投资存在显著正向影响，即CEO权力越大，企业创新投资越多；第二，CEO权力和新闻媒体情感对企业创新投资具有显著的协同促进效应，对于创新投资水平高的公司，协同效应对企业创新投资的影响更大；第三，CEO权力和新闻媒体情感通过促进企业创新投资提升企业价值。

（5）基于新闻媒体情绪视角。以沪深两市的上市公司作为研究对象，基于信号理论和社会信息加工理论，分析并实证检验新闻媒体情绪对上市公司创新投资的影响。检验结果表明，新闻媒体情绪促进了企业创新投资。机制检验也证实了研究假设的内在逻辑，即新闻媒体情绪通过诱发管理者过度自信、吸引高级人才和提高股票流动性三个渠道促进企业创新投资。为进一步验证新闻媒体情绪影响企业创新投资的作用机制，本书分别按照管理层女性占比、管理层咨询需求以及是否为融资融券标的将样本分为两组。分组检验发现，在管理层女性占比低、管理层咨询需求高和非融资融券标的的情况下，新闻媒体情绪对企业创新投资的促进作用更大。截面异质性分析表明，国有产权属性会弱化新闻媒体情绪对企业创新投资的促进作用，高新技术行业属性则会强化新闻媒体情绪对企业创新投资的促进作用。

（6）基于年报语调视角。大数据文本分析技术的逐渐成熟，加快了财务信息披露领域的研究进程，关于文本信息表达的语调逐渐引起学术界的关注。本书使用来自中国上市公司的数据，构建包含三个中介变量的链式多重中介模型，基于信号理论考察年报语调对企业创新投资的影响及其具体的作用机制。研究结果表明，年报语调对企业创新投资有显著的促进作用。影响机制检验表明，媒体关注、股票流动性、融资约束在年报语调和企业创新投资之间发挥着独立的中介效应和链式中介效应。在独立中介效应中，融资约束的中介作用最大；在链式中介中，"媒体关注→融资约束"的链式中介作用最大。

（7）基于同行年报语调视角。本书使用 2008～2020 年的中国上市公司数据，实证分析了同行年报语调与焦点企业创新投资之间的关系。区别于以往探究文本信息语调对资本市场和企业行为影响的研究（Loughran and McDonald，2011；Kiattikulwattana，2019；Bicudo de Castro et al.，2019；Wang et al.，2021），本书基于同行效应的相关研究（Durnev and Mangen，2009；Lieberman and Asaba，2006），重点关注同行企业年度报告的语调特征对焦点企业创新投资的影响。研究结果表明，同行年报语调对焦点企业创新投资有溢出效应。同行年报语调越积极，焦点企业的创新投资水平越高，在克服内生性问题并经过一系列稳健性检验之后，这个结论依然成立。为了确定同行年报语调影响焦点企业创新投资的边界条件，本书检验了不同信息环境和行业环境下同行年报语调对焦点企业创新投资的影响。结果显示，在信息供给水平高和行业复杂程度高的情况下，同行年报语调对焦点企业创新投资的溢出效应更大。

（8）基于同行企业创新信息披露视角。在竞争日益激烈的市场环境中，企业对信息披露的重视日益增加。监管部门要求企业披露特定创新信息的要求也更为严格。为了研究企业信息披露对实体经济的影响，本书采用文本分析的方法构建了创新信息披露指数，并研究了同行企业创新信息披露对焦点企业创新投资的影响。研究结果显示，同行企业创新信息披露具有溢出效应，即同行企业创新信息披露能够促进焦点企业创新投资。此外，本书还识别了强化同行企业创新信息披露与焦点企业创新投资之间关系的边界条件，包括同行企业 MD&A 的可读性、分析师对同行企业的关注以及焦点企业管理者能力。在解决内生性问题后，这些研究结果仍然稳健。进一步，基于产权性质的横截面分析结果显示，与国有企业相比，同行企业创新信息披露对非国有企业创新投资的促进作用更为显著。基于行业特征的横截面分析表明，与高科技行业相比，同行企业创新信息披露对非高科技行业企业创新投资具有更大的促进作用。

（9）基于同群企业创新投资视角。本书以 2008～2020 年我国所有 A 股上市公司作为研究对象，基于信息和竞争视角，理论分析并实证检验企业创新投资的城市同群效应。研究结果表明：第一，同一城市内的同群企业创新投资能够促进焦点企业创新投资，即企业创新投资存在城市同群效应。第二，焦点企业市场地位、与同群企业之间的地理距离会弱化企业创新投资的城市同群效应，同群企业分析师关注和焦点企业管理层职业背景多样性能够强化企业创新投资的城市同群效应。第三，国有企业产权属性会弱化企业创新投资的城市同群效应，企业的高新技术属性和所在地的创新环境会强化企业创新投资的城市同群效应。第四，在经济后果方面，企业创新投资的城市同群效应能够提高焦点企业的创新产出（包括专利申请数量和专利授权数量）和市场价值。

第二节　政策启示

笔者结合本书的研究内容和所得研究结论，提出如下政策建议。

（1）基于连锁股东视角。第一，从连锁股东的角度来看，连锁股东可以通过参与企业的经营管理，影响企业的创新投资。作为企业的股东，连锁股东有权参与企业的重大决策，包括创新投资决策。连锁股东可以通过自己的专业知识和经验，为企业提供决策建议，帮助企业做出更好的决策。例如，连锁股东可以通过提供市场信息、技术支持等方式，帮助企业进行创新投资。同时，连锁股东也可以通过股权激励等方式，激励企业进行创新投资。

第二，引入连锁股东，利用其资源优势，提高企业的创新投资能力。对企业来说，应仔细考虑选择连锁股东的标准，以确保他们与企业的创新目标相一致。同时，建立有效的治理机制，以确保连锁股东的积极作用最大化，同时防范合谋行为。连锁股东作为一种特殊的股权结构，通过资源整合能够为企业提供更多的资源支持，从而促进企业的创新投资。这为中国企业在面临资源约束时提供了一种新的解决思路。

第三，从政府的角度来看，政府通过制定政策和提供资金支持，鼓励企业进行创新投资。例如，提供研发税收优惠、科技创新基金等，激励企业增加创新投资，以降低企业的创新成本。此外，政府还可以推动产业链的协同创新，促进企业与高校、科研机构的合作，以提高企业的创新能力，为创新型企业提供了良好的发展环境和充足的资源。

（2）基于独立董事地理距离视角。独立董事制度是公司治理中的重要机制，我国资本市场上又存在大量的异地独立董事，因此，在对异地独立董事展开研究时，不但要考虑独立董事的人口特征、人力资本和社会资本，还应该突破以往"定性"研究的局限性，从人数、比例和地理距离等角度进行深入分析，此外还应该考虑交通便利性等外部环境对异地独董履职的影响。本书的研究可为上市公司聘任独立董事和选址提供启示。异地独立董事受地理距离的客观限制，战略咨询能力和资源提供能力有待提高，因此，高咨询需求的上市公司在聘任独立董事的时候应充分考虑是否选聘异地独董。与此同时，声誉激励可以驱动独立董事积极参与到公司治理过程中。基于此，上市公司应倾向于聘请专家学者等社会声誉较高的人士担任独立董事，以提高董事会的治理效率。此外，交通的便利性可以吸引人才、促进资源的优化配置，上市公司的研发中心等核心技术部门在选址时应充分考虑所在地交通的便利程度。

（3）基于董事网络视角。出于经济动机尤其是获取外部资源的需求考虑，建立社会关系网络是企业的理性选择。这对于中国企业更是如此，因为"关系至上"的理念遍布国内社会的各个领域。从公司治理角度看，社会关系网络是超越市场和企业的一种组织形态，是对正式制度的补充。作为一种重要的社会关系网络，董事网络具有镶嵌于社会、文化以及政治等制度框架的特点，日益成为企业拓展外部生存空间与提升竞争力的重要平台。作为企业之间可靠的、低成本的交流渠道，董事网络不仅实现了企业之间的资源流动和信息沟通，而且弱化了市场失灵产生的外部冲击，从而直接影响企业所面临的融资约束。因此，建立连锁董事网络关系，并占据该网络关系的重要位置，是企业建立竞争优势并获得控制收益的重要来源。相较于政企关系，董事网络的优势在于提供企业之间信息交流的渠道，缓解企业之间的信息不对称，为企业获取外部融资提供了信息优势。相较于产业链关系，董事网络的优势在于其提供跨行业、跨地域的资源，从而满足企业对异质性资源的需求。

（4）基于CEO权力视角。第一，权力是CEO的一个重要特征，能够确保其做出高效率的战略决策，上市公司在CEO的聘任和选拔上，应倾向于管理经验丰富的人员，并确保CEO拥有足够的任期，减少CEO的更替频率，丰富的经验和长期任职可以提高CEO的风险承担水平，进而开展更多的创新活动，提升企业价值。此外，应给予CEO一定的公司股份或者进行期权激励，这样可以使CEO个人利益和公司长远利益保持一致，激发CEO的"管家精神"，促使其更加积极、主动地参与到高质量的战略决策之中。第二，信息经济时代，新闻媒体，尤其是互联网新闻媒体的监督功能和信息传递功能的重要性日益凸显。公司的日常运转，始终无法避免要与媒体打交道。因此，上市公司应在保证自身正常经营之外，在合法合规的基础上与媒体保持良好的关系，以期通过媒体的宣传，为公司营造一个良好的外部经营环境。第三，战略决策是一系列公司治理机制共同作用的结果，在公司治理机制的设计方面，应致力于提高战略决策的灵活性，以最大限度地提升战略决策质量进而提升企业竞争力。不同的治理机制之间可能存在相互替代的关系，要充分避免"多多益善"的错误认识。

（5）基于新闻媒体情绪视角。第一，公司治理具有系统性和复杂性，上市公司在关注董事会治理、高管治理等内部治理机制的同时，也应该充分注重媒体治理等外部治理因素，构建有效的媒体报道舆情监控机制，当面临负面新闻报道时，要及时公关，以将负面消息对公司运营的影响程度降到最低；当新闻媒体报道积极乐观时，上市公司应该以此为契机，积极进行股权融资、吸引高级人才进入公司任职，开展企业创新等长期投资项目，以获得能够促进企业长期健康发展的可持续竞争优势。第二，新闻媒体情绪可以提高管理层的过度自信水平和股票流动性，进而提升企业创新投资水平，在此过程中，管理者过度自信和股票流动性发挥着正向作用。值得注意的是，管理者过度自信和股票流动性也会引发负面影响，比如非效率投资、企业违规、股价崩盘风险和恶意收购等，上市公司及其管理者和所有者应对此加以重视。

（6）基于年报语调视角。第一，基于规范资本市场环境的角度。随着大量的年报文本信息的出现，文本信息披露受到越来越多的关注。虽然中国证监会已经发布相关文件，要求禁止年报进行误导性陈述，但对反映价值、情感倾向的年报语调并没有进行明确规定。因此，监管机构不仅要关注年报文本信息内容是否存在误导性陈述，还要关注年报文本信息传递的情感倾向，鼓励上市公司充分披露与价值相关的非财务信息，提高上市公司非财务信息披露质量及其外部有效性，从而为市场参与者营造公开、透明和优质的信息环境。

第二，基于优化企业战略投资的角度。年报语调反映了公司业绩情况以及管理层的态度和情感倾向，能向信息使用者传递公司经营状况等方面的信息。本书的研究结果表明，积极的年报语调向外界传递出企业积极的信号，能够吸引媒体、投资者等利益相关者的关注，这有助于缓解企业面临的融资约束，促进企业创新投资。这也就意味着年报语调可能蕴含未来发展的投资机会。对于同行企业而言，应充分关注同行企业的年度报告，提高信息获取质量，营造良好的决策环境，提升企业战略决策质量。

第三，基于保护投资者权益的角度。应该引导投资者重视上市企业年报文本增量信息的价值，基于对不同类型信息的分析解读，做出更为科学理性的投资决策。具体而言，投资者可以选择年报语调积极的公司作为投资标的，因为这样的公司媒体关注度高，股票流动性强，交易成本较低。

同时，年报语调积极的公司创新投资水平高，公司的可持续发展能力较强，可以有效保护投资者权益。

（7）基于同行年报语调视角。第一，对于政府监管部门。在全面推行股票发行注册制的背景下，信息披露对资本市场的健康发展有重要的意义。监管部门应该继续规范和完善年度报告中的文本信息披露制度及相应的惩罚机制，制约管理层在信息披露过程中对信息的操纵，鼓励上市公司自愿披露信息，并且能够充分披露高质量的非财务信息，为资本市场参与者提供良好的信息环境。

第二，对于上市公司及其管理者。不仅要关注同行企业的财务信息，也要感知文本信息中所包含的语调倾向等文本属性，尤其是对行业复杂性较高的企业。同行是企业通过低成本和高效率获取行业信息、市场信息的重要渠道。提高对同行披露信息的关注程度和解读能力，能够帮助企业发现新的投资机会，把握行业发展趋势，优化企业进行战略决策所面临的信息环境，缓解信息不对称程度，提升企业战略决策有效性。

第三，应建立高质量的公司创新决策机制。创新是经济增长的重要驱动因素，对公司的生存和维持核心竞争力起着至关重要的作用。公司应充分意识到创新在提升自身价值中的重要作用，在积极提升自身创新能力的同时还应借鉴同行企业的优势，不断提升自身的核心竞争力。这个过程还涉及关注同行企业的分析师研究报告，优化管理层配置，并充分了解行业竞争水平对公司创新策略选择的影响。

第四，避免非理性和盲目的投资。信息机制是同行企业年度报告披露影响焦点企业投资行为的重要渠道。需要注意的是，在披露过程中，经理有操纵信息的动机，这表明文字信息虽然提供了增量信息，但也可能成为经理印象管理的工具（Huang et al.，2014）。在这种情况下，管理者需要提高识别、收集和处理信息的能力，从同行获得高质量的信息，提高投资的效率和质量。

（8）基于同行企业创新信息披露视角。第一，通过研究同行企业创新信息披露对焦点企业创新投资的影响，本书验证了披露创新信息的实际经济效应，有关部门应提高对创新信息披露的具体要求，进一步促进企业和行业创新。第二，研究结果证实了通过企业间创新信息披露，同行企业之间存在社会比较效应和社会学习效应，从而刺激了企业的创新投资。比较效应和学习效应会进一步影响同行企业的判断和决策过程。从这个角度看，管理层应注意识别企业所面临的社会环境和竞争压力，从同行企业中获取创新信息，有针对性地分析、准确地解读，并从中学习，有效地保持企业的竞争优势。第三，从信息供给、传递和接收的角度来看，同行企业MD&A 的可读性以及分析师对同行企业的关注度可以加强同行企业创新信息披露对焦点企业创新投资的促进作用，监管部门可以通过提高披露文件的可读性和加强对分析师的监督来促进行业和企业的创新。同时，企业可以通过关注管理者能力的提升来促进持续创新，提升企业价值。

（9）基于同群企业创新投资视角。无论是基于竞争视角还是信息视角，企业创新投资的城市同群效应本质上是企业在战略决策过程中存在以学习同群企业行为为基础的战略模仿。从这一角度来看，促进企业之间的相互交流与学习，是提高企业战略决策水平，获取可持续竞争优势，进一步推进创新驱动发展战略，进而实现企业和经济高质量发展的有效路径。基于此，第一，政府应充分利用城市同群效应对企业创新行为的积极影响，兼具市场地位、信息环境、地理区位要素，构建以企促企的最优创新激励模式，以发挥同群效应的优势，从而实现创新驱动高质量发展的战略目标。第二，企业要充分认识到创新对自身价值提升的重要作用，在主动提升自身创新能力的同时，还需学习借鉴同群企业的优势，不断提升企业的核心竞争力。同时，提升管理层职业背景多样化水平，发挥其在企业重要决策制定中的作用。

第三节　研究不足

针对不同部分的研究，本书可能存在如下不足。

（1）基于连锁股东视角。首先，缺少在不同行业之间的深入差异分析。不同行业可能面临不同的竞争压力和创新要求，这对于理解连锁股东的影响可能具有重要意义。其次，尽管本书考虑了企业的异质性，但是否有其他未考虑的因素对研究结果产生影响仍有待进一步研究。异质性可能导致不同企业在连锁股东影响下表现出不同的行为。最后，专利质量的衡量有待进一步完善。研究指出，连锁股东对创新投资的影响主要表现在专利数量上，但专利质量的衡量可能需要更全面的考虑，例如专利的商业价值和技术水平。未来的研究可以关注不同国家和地区的情况，以了解连锁股东在全球范围内的多样性和共性。

（2）基于独立董事地理距离视角。在研究独立董事地理距离对企业创新的研究中，本书以公司层面的独立董事为研究对象，未具体到独立董事个体层面。同本地独立董事相比，异地独立董事具有哪些特殊的特征，本书未进行深入探讨。此外，在探究高铁开通对异地独立董事履职影响的时候，以上市公司所在城市是否开通高铁作为依据，这种情况未考虑独立董事所在城市是否开通高铁，可能存在独立董事所在地和任职公司所在地之间无直达高铁的情况。因此，未来可将研究主体由公司层面拓展至个体层面。

（3）基于董事网络视角。基于信息和资源的视角，本书分析了董事网络对企业创新投资的积极影响，并基于中国情境进行了实证检验。然而"关系社会"具有两面性，本书并没有考虑董事网络可能对企业创新投资的消极影响。已有研究发现，广泛镶嵌于企业间的董事网络容易导致成员之间的共谋，"精英圈子"的存在催生了他们之间的包容与妥协，从而影响董事治理的有效性及公司绩效的提高。在治理失灵的情况下，董事网络沦为社会凝聚的工具，董事网络中心度会显著降低企业绩效。董事网络也可能是控股股东掏空公司的手段。"重关系"的社会文化使得董事更多地按照阶层利益思考问题，连锁董事与其他公司董事、高管之间的相互依赖关系也使其在履职过程中变得宽容和中庸，丧失独立性，进而弱化了对大股东掏空行为的治理作用（Westphal and Khanna，2003）。另外，"繁忙董事假说"认为，董事兼职数量过多会严重影响其在各家企业的工作时间，这不利于董事会监督职责的发挥，导致较高的代理成本，从而不利于企业绩效的提升（Fich and Shivdasani，2006）。因此，未来可以进一步考虑董事网络可能存在的负面效应，以帮助企业更好地利用董事网络关系。

（4）基于CEO权力视角。首先，受研究数据的可得性限制，本书仅对2014~2020年的样本进行研究，研究周期较短。其次，新闻媒体情感是针对上市公司整体报道的情感倾向，并非针对CEO本身，若可深度挖掘有关上市公司 CEO 的新闻报道情感倾向，本书的研究结论将更加准确。再次，对于不同行业特征和处于不同成长期的公司，CEO 权力和新闻媒体情感对企业创新投资的作用也会存在差异。在 CEO 权力的度量方面，本书从领导权结构、专家权力、所有权等维度进行指标构建，未将 CEO 的社交网络驱动的权力纳入其中。最后，企业创新包括创新投入、创新产出和创新效率，创新投入又包括资金投入和人力投入等多个维度，本书未探究 CEO 权力和新闻媒体情感对研发人员投入、创新产出和创新效率等维度的影响。上述问题以期在后续研究中予以解决。

（5）基于新闻媒体情绪视角。受限于指标的可获得性，本书仅对 2014～2018 年的上市公司样本展开了研究。在影响机制方面，本书认为管理者过度自信、高级人才流动、企业融资和股票流动性是新闻媒体情绪促进企业创新投资的中介机制，并未深入考虑不同机制之间存在相互影响的可能性。在后续研究中，可以引入链式中介等研究方法进一步深入剖析新闻媒体情绪影响企业创新的作用路径。此外，新闻媒体情绪指标的度量有待进一步优化，媒体报道可能存在选择性报道和倾向性报道的问题，即只报道某些企业或行业，而忽略其他相关企业或行业的情况，导致研究结果的偏颇性。与此同时，媒体报道存在主观性，往往受到记者个人经验和价值观的影响，难以客观地评估和评价企业行为，寻找更为准确的新闻媒体情绪指标是未来可拓展的研究方向之一。

（6）基于年报语调视角。第一，年报语调包含反映公司经营基本面的正常语调和管理者使用自由裁量权进行文本信息表述修饰的异常语调（Huang et al., 2014；Yuan et al., 2022），异常语调是否会影响企业决策行为也是未来值得探讨的一个问题。第二，创新是具有系统性和持续性的动态行为，包括创新投资、创新产出和创新效率，本书考察了年报语调对企业创新投资的影响，未来可进一步检验年报语调对企业创新产出和创新效率的影响。第三，本书证实年报语调会通过媒体关注、股票流动性、融资约束及它们之间的链式中介影响企业创新投资，但缺少对影响边界条件的考察，在未来的研究中，可以考察不同的制度环境、产权性质等情境因素对年报语调与企业创新投资之间关系的影响。

（7）基于同行年报语调视角。首先，年度报告中文本信息所包含的语调特征，不仅包含反映公司经营状况的正常语调，也包含管理者使用自由裁量权进行文本信息操纵的异常语调（Huang et al.，2014），同行年度报告中的异常语调是否会影响焦点企业的投资决策，本书没有深入分析，这一不足可在未来加以研究。其次，本书在不同信息环境和行业竞争程度下研究了同行年度报告语调对焦点企业创新投资的影响，但没有进一步考察经理人特征和公司治理机制对它们之间关系的影响，这为未来的研究提供了进一步的方向。再次，本书使用行业集中度来衡量行业复杂性，虽然有一些学者采用了这种方法（Chen et al.，2017a；Connelly et al.，2016；Mueller et al.，2021），但必须承认这种衡量方法是不完美的，希望在未来研究中能够找到测度行业复杂性更为准确的方法。最后，未来可以将文本信息的来源拓展至业绩说明会、盈余公告等，探究同行文本信息语调对焦点企业股利政策、融资政策等的影响。

（8）基于同行企业创新信息披露视角。虽然本书全面考察了同行企业创新信息披露对焦点企业创新投资的影响，但本书聚焦于年度报告中 MD&A 部分的信息披露，未来的研究可以探讨创新信息披露的其他载体，例如社交媒体和公司官网上的创新信息。此外，本书没有针对企业传播的创新信息可能存在操纵的问题进行探讨，进一步的研究可以考察操纵企业创新信息披露带来的经济后果。

（9）基于同群企业创新投资视角。本书聚焦于探究同一城市内其他企业创新投资行为对焦点企业创新投资行为的影响，是对企业创新投资同群效应研究（既有研究聚焦于探究创新投资的行业同群效应）的有益补充，但并未深入分析城市同群效应和行业同群效应对企业创新投资的影响孰大孰小，二者之间存在互补关系还是替代关系，这也是未来可进一步深入挖掘的选题。此外，创新投资是企业重要的战略决策之一，未来还可继续探讨同群效应在企业其他重要战略决策中的存在性及具体的作用机制。

参考文献

曹春方, 林雁 . 2017. 异地独董、履职职能与公司过度投资 [J]. 南开管理评论, 20 (1): 16-29+131.

陈克兢, 康艳玲, 万清清, 刘琪 . 2021. 外部大股东能促进企业创新吗——基于退出威胁视角的实证分析 [J]. 南开管理评论, 24 (3): 202-214.

陈仕华, 姜广省, 卢昌崇 . 2013. 董事联结、目标公司选择与并购绩效——基于并购双方之间信息不对称的研究视角 [J]. 管理世界, (12): 117-132+187-188.

陈晓东, 刘佳 . 2020. 行政审批制度改革、创新环境与城市科技创新 [J]. 财经论丛, (7): 104-112.

戴静, 刘放, 张豪, 许传华 . 2019. 周期交错、政策不确定和企业 R&D 投资——基于官员任期和五年计划的证据 [J]. 管理评论, 31 (12): 100-114.

董竹, 张欣, 李雨奇 . 2020. 股票流动性对企业研发投入的影响——融资约束和代理成本的中介作用与调节作用 [J]. 财经论丛, (8): 73-82.

杜兴强, 彭妙薇 . 2017. 高铁开通会促进企业高级人才的流动吗? [J]. 经济管理, 39 (12): 89-107.

段军山, 庄旭东 . 2020. 社会责任履行对企业创新投入的分层影响机制研究——基于中国上市公司的经验证据 [J]. 南方经济, (8): 49-64.

方红星, 金玉娜 . 2013. 公司治理、内部控制与非效率投资: 理论分析与经验证据 [J]. 会计研究, (7): 63-69+97.

冯戈坚, 王建琼 . 2019. 企业创新活动的社会网络同群效应 [J]. 管理学
报, 16 (12): 1809-1819.

龚红, 彭玉瑶 . 2021. 技术董事的专家效应、研发投入与创新绩效 [J]. 中
国软科学, (1): 127-135.

郝盼盼, 张信东, 贺亚楠 . 2020. 高管改革开放经历与创新决策——基于风
险承担和职业路径的双重调节效应 [J]. 南方经济, (7): 108-120.

何瑛, 于文蕾, 戴逸驰, 王砚羽 . 2019. 高管职业经历与企业创新 [J]. 管
理世界, 35 (11): 174-192.

胡杰, 杜曼 . 2019. 信贷市场、行业异质性与企业研发投入 [J]. 财经论
丛, (7): 54-63.

胡元木, 纪端 . 2017. 董事技术专长、创新效率与企业绩效 [J]. 南开管理
评论, 20 (3): 40-52.

胡元木 . 2012. 技术独立董事可以提高 R&D 产出效率吗?——来自中国证
券市场的研究 [J]. 南开管理评论, 15 (2): 136-142.

黄海杰, 吕长江, 丁慧 . 2016. 独立董事声誉与盈余质量——会计专业独董
的视角 [J]. 管理世界, (3): 128-143+188.

纪炀, 周二华, 蒋国银 . 2020. 媒体报道、战略惯性与企业绩效——基于中
国上市公司的经验证据 [J]. 管理评论, 32 (6): 266-279.

江轩宇, 贾婧, 刘琪 . 2021. 债务结构优化与企业创新——基于企业债券融
资视角的研究 [J]. 金融研究, (4): 131-149.

江轩宇 . 2016. 政府放权与国有企业创新——基于地方国企金字塔结构视角
的研究 [J]. 管理世界, (9): 120-135.

乐菲菲, 张金涛, 魏震昊 . 2020. 独立董事辞职、政治关联丧失与企业创新
效率 [J]. 科研管理, 41 (2): 248-256.

李秋梅, 梁权熙 . 2020. 企业"脱实向虚"如何传染?——基于同群效应
的视角 [J]. 财经研究, 46 (8): 140-155.

李文贵, 余明桂 . 2015. 民营化企业的股权结构与企业创新 [J]. 管理世
界, (4): 112-125.

李焰, 秦义虎 . 2011. 媒体监督、声誉机制与独立董事辞职行为 [J]. 财贸
经济, (3): 36-41+60+136.

李云鹤，吴文锋，胡悦．2022．双层股权与企业创新：科技董事的协同治理功能［J］．中国工业经济，（5）：159-176．

连燕玲，郑伟伟，刘依琳，况琳．2021．临时 CEO 继任与企业创新投入水平——基于中国上市公司的实证分析［J］．研究与发展管理，33（6）：124-141．

林雁，谢抒桑，刘宝华．2019．异地独董与公司创新投入——基于董事会文化多样性视角的考察［J］．管理科学，32（4）：76-89．

刘静，王克敏．2018．同群效应与公司研发——来自中国的证据［J］．经济理论与经济管理，（1）：21-32．

刘萌，史晋川，罗德明．2019．媒体关注与公司研发投入——基于中国上市公司的实证分析［J］．经济理论与经济管理，（3）：18-32．

刘维奇，李建莹．2019．媒体热议度能有效降低股价暴跌风险吗？——基于公司透明度调节作用的研究［J］．中国管理科学，27（11）：39-49．

罗进辉，黄泽悦，朱军．2017．独立董事地理距离对公司代理成本的影响［J］．中国工业经济，（8）：100-119．

罗进辉，李小荣，向元高．2018．媒体报道与公司的超额现金持有水平［J］．管理科学学报，21（7）：91-112．

罗肖依，周建，王宇．2023．独立董事—CEO 友好性、业绩期望落差与公司创新［J］．南开管理评论，26（4）：168-181．

南楠，陈程，袁晓星．2016．媒体报道、风险承担与企业创新——来自中国上市公司的经验证据［J］．社会科学家，（11）：98-101．

彭镇，彭祖群，卢惠薇．2020．中国上市公司慈善捐赠行为中的同群效应研究［J］．管理学报，17（2）：259-268．

史晋川，刘萌．2019．媒体关注、高管背景特征与研发投入——基于中国民营上市公司的实证研究［J］．东南学术，（2）：136-147．

宋建波，文雯．2016．董事的海外背景能促进企业创新吗？［J］．中国软科学，（11）：109-120．

孙亮，刘春．2014．公司为什么聘请异地独立董事？［J］．管理世界，（9）：131-142+188．

唐松莲，顾倩，夏飞．2020．公司海外背景高管聘任的地区同群效应［J］．

上海财经大学学报，22（2）：96-110.

田高良，封华，于忠泊．2016.资本市场中媒体的公司治理角色研究［J］.
会计研究，（6）：21-29+94.

王砾，孔东民，代昀昊．2018.官员晋升压力与企业创新［J］.管理科学学
报，21（1）：111-126.

王楠，苏杰，黄静．2017.CEO权力异质性视角下政府资助对创业板企业研
发投入的影响研究［J］.管理学报，14（8）：1199-1207.

王菅，张光利．2018.董事网络和企业创新：引资与引智［J］.金融研究，
（6）：189-206.

魏立佳，张彤彤．2018.铁路经济学研究的新进展［J］.经济评论，（6）：
154-166.

温忠麟，叶宝娟．2014.中介效应分析：方法和模型发展［J］.心理科学进
展，22（5）：731-745.

夏楸，郑建明．2015.媒体报道、媒体公信力与融资约束［J］.中国软科
学，（2）：155-165.

夏晓兰，唐雪松，赖黎．2018.媒体报道、竞争对手与企业创新［J］.财经
问题研究，（7）：94-101.

肖虹，曲晓辉．2012.R&D投资迎合行为：理性迎合渠道与股权融资渠
道？——基于中国上市公司的经验证据［J］.会计研究，（2）：42-49+96.

谢黎旭，张信东，张燕，王东．2018.融资融券扩容和流动性［J］.管理科
学，31（6）：46-57.

解维敏，魏化倩．2016.市场竞争、组织冗余与企业研发投入［J］.中国软
科学，（8）：102-111.

许强，王利琴，茅旭栋．2019.CEO—董事会关系如何影响企业研发投入？
［J］.外国经济与管理，41（4）：126-138.

许瑜，冯均科，杨菲．2017.媒体关注、内部控制有效性与企业创新绩效
［J］.财经论丛，（12）：88-96.

闫红蕾，张自力，赵胜民．2020.资本市场发展对企业创新的影响——基于
上市公司股票流动性视角［J］.管理评论，32（3）：21-36.

闫红蕾，赵胜民．2018.上市公司股票流动性对企业创新的促进作用［J］.

经济理论与经济管理，（2）：98-112.

严苏艳.2019.共有股东与企业创新投入［J］.审计与经济研究，34（5）：85-95.

杨道广，陈汉文，刘启亮.2017.媒体压力与企业创新［J］.经济研究，52（8）：125-139.

杨青，吉赟，王亚男.2019.高铁能提升分析师盈余预测的准确度吗？——来自上市公司的证据［J］.金融研究，（3）：168-188.

姚立杰，周颖.2018.管理层能力、创新水平与创新效率［J］.会计研究，（6）：70-77.

叶志强，赵炎.2017.独立董事、制度环境与研发投入［J］.管理学报，14（7）：1033-1040.

易志高，李心丹，潘子成，茅宁.2019.公司高管减持同伴效应与股价崩盘风险研究［J］.经济研究，54（11）：54-70.

张燕.2021.战略领导力研究：最近20年的进展与未来研究方向［J］.管理学季刊，6（1）：1-15+160.

章永奎，赖少娟，杜兴强.2019.学者型独立董事、产品市场竞争与公司创新投入［J］.经济管理，41（10）：123-142.

赵子夜，杨庆，陈坚波.2018.通才还是专才：CEO的能力结构和公司创新［J］.管理世界，34（2）：123-143.

周建，李小青.2012.董事会认知异质性对企业创新战略影响的实证研究［J］.管理科学，25（6）：1-12.

周建，罗肖依，张双鹏.2016.独立董事个体有效监督的形成机理——面向董事会监督有效性的理论构建［J］.中国工业经济，（5）：109-126.

周建，秦蓉，王顺昊.2021.连锁董事任职经验与企业创新——组织冗余的调节作用［J］.研究与发展管理，33（5）：40-53.

周建，许为宾，余耀东.2015.制度环境、CEO权力与企业战略风格［J］.管理学报，12（6）：807-813.

周雪峰，李珍珠，王红建.2021.董事网络位置对企业创新投资的影响——风险承担的遮掩和中介效应［J］.研究与发展管理，33（2）：53-66.

朱冰，张晓亮，郑晓佳.2018.多个大股东与企业创新［J］.管理世界，34

（7）：151-165.

朱朝晖，李敏鑫.2023.技术独董-CEO 社会关系与企业创新［J］.科研管理，44（1）：183-192.

朱琦.2021.战略领导力研究：热烈的过去，澎湃的未来［J］.管理学季刊，6（1）：59-71+165.

祝振铎，李新春，赵勇.2021.父子共治与创新决策——中国家族企业代际传承中的父爱主义与深谋远虑效应［J］.管理世界，37（9）：191-206+232+207.

Acharya, V. V., Baghai, R. P., Subramanian, K. V. 2013. Labor laws and innovation［J］. The Journal of Law and Economics, 56（4）: 997-1037.

Adams, R., Jeanrenaud, S., Bessant, J., Denyer, D., Overy, P. 2016. Sustainability-oriented innovation: A systematic review［J］. International Journal of Management Reviews, 18（2）: 180-205.

Adams, R. B., Ferreira, D. 2012. Regulatory pressure and bank directors' incentives to attend board meetings［J］. International Review of Finance, 12（2）: 227-248.

Aghion, P., Bloom, N., Blundell, R., Griffith, R., Howitt, P. 2005. Competition and innovation: An inverted-U relationship［J］. The Quarterly Journal of Economics, 120（2）: 701-728.

Aghion, P., Van Reenen, J., Zingales, L. 2013. Innovation and institutional ownership［J］. American Economic Review, 103（1）: 277-304.

Ahern, K. R., Sosyura, D. 2015. Rumor has it: Sensationalism in financial media［J］. The Review of Financial Studies, 28（7）: 2050-2093.

Alam, A., Uddin, M., Yazdifar, H. 2019. Institutional determinants of R&D investment: Evidence from emerging markets［J］. Technological Forecasting and Social Change, 138: 34-44.

Alam, Z. S., Chen, M. A., Ciccotello, C. S., Ryan, H. E. 2014. Does the location of directors matter? Information acquisition and board decisions［J］. Journal of Financial and Quantitative Analysis, 49（1）: 131-164.

Allen, F., Qian, J., Qian, M. 2005. Law, finance, and economic growth in

China [J]. Journal of Financial Economics, 77 (1): 57-116.

Aman, H., Moriyasu, H. 2022. Effect of corporate disclosure and press media on market liquidity: Evidence from Japan [J]. International Review of Financial Analysis, 82: 102167.

Amihud, Y., Hameed, A., Kang, W., Zhang, H. 2015. The illiquidity premium: International evidence [J]. Journal of Financial Economics, 117 (2): 350-368.

Amihud, Y., Mendelson, H. 1987. Trading mechanisms and stock returns: An empirical investigation [J]. The Journal of Finance, 42 (3): 533-553.

Amihud, Y., Noh, J. 2021. Illiquidity and stock returns II: Cross-section and time-series effects [J]. The Review of Financial Studies, 34 (4): 2101-2123.

Amin, M. R., Chung, C. Y., Kang, S. 2023. Does information quality matter in corporate innovation? Evidence from the Korean market [J]. Economics of Innovation and New Technology, 32 (1): 92-112.

Amore, M. D., Murtinu, S. 2021. Tobit models in strategy research: Critical issues and applications [J]. Global Strategy Journal, 11 (3): 331-355.

Amore, M. D., Schneider, C., Žaldokas, A. 2013. Credit supply and corporate innovation [J]. Journal of Financial Economics, 109 (3): 835-855.

An, H., Chen, C. R., Wu, Q., Zhang, T. 2021. Corporate innovation: Do diverse boards help? [J]. Journal of Financial and Quantitative Analysis, 56 (1): 155-182.

Anderson, C., Galinsky, A. D. 2006. Power, optimism, and risk-taking [J]. European Journal of Social Psychology, 36 (4): 511-536.

Aobdia, D., Cheng, L. 2018. Unionization, product market competition, and strategic disclosure [J]. Journal of Accounting and Economics, 65 (2-3): 331-357.

Armand, A., Mendi, P. 2018. Demand drops and innovation investments: Evidence from the Great Recession in Spain [J]. Research Policy, 47 (7): 1321-1333.

Armstrong, C. S. , Core, J. E. , Guay, W. R. 2014. Do independent directors cause improvements in firm transparency? [J]. Journal of Financial Economics, 113 (3): 383-403.

Atanassov, J. 2013. Do hostile takeovers stifle innovation? Evidence from anti-takeover legislation and corporate patenting [J]. The Journal of Finance, 68 (3): 1097-1131.

Austin, R. D. , Devin, L. , Sullivan, E. E. 2012. Accidental innovation: Supporting valuable unpredictability in the creative process [J]. Organization Science, 23 (5): 1505-1522.

Baginski, S. P. , Hassell, J. M. , Hillison, W. A. 2000. Voluntary causal disclosures: Tendencies and capital market reaction [J]. Review of Quantitative Finance and Accounting, 15: 371-389.

Baginski, S. P. , Hinson, L. A. 2016. Cost of capital free-riders [J]. The Accounting Review, 91 (5): 1291-1313.

Bajo, E. , Raimondo, C. 2017. Media sentiment and IPO underpricing [J]. Journal of Corporate Finance, 46: 139-153.

Balsmeier, B. , Buchwald, A. , Stiebale, J. 2014. Outside directors on the board and innovative firm performance [J]. Research Policy, 43 (10): 1800-1815.

Balsmeier, B. , Fleming, L. , Manso, G. 2017. Independent boards and innovation [J]. Journal of Financial Economics, 123 (3): 536-557.

Bamberger, P. A. 2007. Competitive appraising: A social dilemma perspective on the conditions in which multi-round peer evaluation may result in counter-productive team dynamics [J]. Human Resource Management Review, 17 (1): 1-18.

Barasa, L. , Knoben, J. , Vermeulen, P. , Kimuyu, P. , Kinyanjui, B. 2017. Institutions, resources and innovation in East Africa: A firm level approach [J]. Research Policy, 46: 280-291.

Barney, J. 1991. Firm resources and sustained competitive advantage [J]. Journal of Management, 17 (1): 99-120.

Beatty, A., Liao, S., Yu, J. J. 2013. The spillover effect of fraudulent financial reporting on peer firms' investments [J]. Journal of Accounting and Economics, 55 (2-3): 183-205.

Beneito, P., Rochina-Barrachina, M., Sanchis, A. 2014. Learning through experience in Research Development: An empirical analysis with Spanish firms [J]. Technological Forecasting and Social Change, 88: 290-305.

Berlew, D. E. 1974. Leadership and organizational excitement [J]. California Management Review, 17 (2): 21-30.

Bernile, G., Bhagwat, V., Yonker, S. 2018. Board diversity, firm risk, and corporate policies [J]. Journal of Financial Economics, 127 (3): 588-612.

Berns, J., Bick, P., Flugum, R., Houston, R. 2022. Do changes in MD&A section tone predict investment behavior? [J]. Financial Review, 57 (1): 129-153.

Bernstein, S. 2015. Does going public affect innovation? [J]. The Journal of Finance, 70 (4): 1365-1403.

Bertomeu, J., Evans, J. H., Feng, M., Tseng, A. 2021. Tacit collusion and voluntary disclosure: Theory and evidence from the US automotive industry [J]. Management Science, 67 (3): 1851-1875.

Bharath, S. T., Jayaraman, S., Nagar, V. 2013. Exit as governance: An empirical analysis [J]. The Journal of Finance, 68 (6): 2515-2547.

Bicudo de Castro, V., Gul, F. A., Muttakin, M. B., Mihret, D. G. 2019. Optimistic tone and audit fees: Some Australian evidence [J]. International Journal of Auditing, 23 (2): 352-364.

Biscotti, A. M., Mafrolla, E., Giudice, M. D., D'Amico, E. 2018. CEO turnover and the new leader propensity to open innovation: Agency-resource dependence view and social identity perspective [J]. Management Decision, 56 (6): 1348-1364.

Bloomfield, M. J. 2021. Compensation disclosures and strategic commitment: Evidence from revenue-based pay [J]. Journal of Financial Economics,

141 (2): 620-643.

Boivie, S., Withers, M. C., Graffin, S. D., Corley, K. G. 2021. Corporate directors' implicit theories of the roles and duties of boards [J]. Strategic Management Journal, 42 (9): 1662-1695.

Boschma, R. 2005. Proximity and innovation: A critical assessment [J]. Regional Studies, 39 (1): 61-74.

Boubaker, S., Gounopoulos, D., Rjiba, H. 2019. Annual report readability and stock liquidity [J]. Financial Markets, Institutions & Instruments, 28 (2): 159-186.

Bourveau, T., She, G., Žaldokas, A. 2020. Corporate disclosure as a tacit coordination mechanism: Evidence from cartel enforcement regulations [J]. Journal of Accounting Research, 58 (2): 295-332.

Bowen, R. M., Dutta, S., Tang, S., Zhu, P. 2018. Inside the "black box" of private in-house meetings [J]. Review of Accounting Studies, 23: 487-527.

Brachert, M., Dietrich, J. 2017. Interlocking directorships and corporate innovation: A empirical analysis [J]. Journal of Business Research, 76: 163-176.

Bradley, D., Kim, I., Tian, X. 2017. Do unions affect innovation? [J]. Management Science, 63 (7): 2251-2271.

Brakus, J. J., Schmitt, B. H., Zhang, S. 2014. Experiential product attributes and preferences for new products: The role of processing fluency [J]. Journal of Business Research, 67 (11): 2291-2298.

Bramoullé, Y., Djebbari, H., Fortin, B. 2020. Peer effects in networks: A survey [J]. Annual Review of Economics, 12: 603-629.

Brav, A., Jiang, W., Ma, S., Tian, X. 2018. How does hedge fund activism reshape corporate innovation? [J]. Journal of Financial Economics, 130 (2): 237-264.

Bravo, F., Reguera-Alvarado, N. 2017. The effect of board of directors on R&D intensity: Board tenure and multiple directorships [J]. R&D Management, 47 (5): 701-714.

Breuer, M., Hombach, K., Müller, M. A. 2022. When you talk, I remain silent: Spillover effects of peers' mandatory disclosures on firms' voluntary disclosures [J]. The Accounting Review, 97 (4): 155-186.

Bromiley, P., Rau, D., Zhang, Y. 2017. Is R&D risky? [J]. Strategic Management Journal, 38 (4): 876-891.

Brown, B. B., Clasen, D. R., Eicher, S. A. 1986. Perceptions of peer pressure, peer conformity dispositions, and self-reported behavior among adolescents [J]. Developmental Psychology, 22 (4): 521.

Brown, J. R., Martinsson, G., Thomann, C. 2022. Can environmental policy encourage technical change? Emissions taxes and R&D investment in polluting firms [J]. The Review of Financial Studies, 35 (10): 4518-4560.

Brown, J. R., Martinsson, G. 2019. Does transparency stifle or facilitate innovation? [J]. Management Science, 65 (4): 1600-1623.

Brunetta, F., Marchegiani, L., Peruffo, E. 2020. When birds of a feather don't flock together: Diversity and innovation outcomes in international R&D collaborations [J]. Journal of Business Research, 114: 436-445.

Buchholz, F., Jaeschke, R., Lopatta, K., Maas, K. 2018. The use of optimistic tone by narcissistic CEOs [J]. Accounting, Auditing & Accountability Journal, 31 (2): 531-562.

Burt, R. S. 1992. Structural Hole: The Social Structure of Competition [M]. Boston: Harvard Business School Press.

Bushee, B. J., Core, J. E., Guay, W., Hamm, S. J. 2010. The role of the business press as an information intermediary [J]. Journal of Accounting Research, 48 (1): 1-19.

Bushman, R. M., Piotroski, J. D., Smith, A. J. 2004. What determines corporate transparency? [J]. Journal of Accounting Research, 42 (2): 207-252.

Byron, K. 2007. Male and female managers' ability to read emotions: Relationships with supervisor's performance ratings and subordinates' satisfaction ratings [J]. Journal of Occupational and Organizational Psychology, 80 (4): 713-733.

Byun, S. 2022. The role of intrinsic incentives and corporate culture in motivating innovation [J]. Journal of Banking & Finance, 134: 106325.

Cacciolatti, L., Rosli, A., Ruiz-Alba, J. L., Chang, J. 2020. Strategic alliances and firm performance in startups with a social mission [J]. Journal of Business Research, 106: 106-117.

Cai, J., Liu, Y., Qian, Y., Yu, M. 2015. Information asymmetry and corporate governance [J]. Quarterly Journal of Finance, 5 (3): 1550014.

Cai, W. D., Zhang, J. 2015. Does corporate governance matter in China? [J]. Journal of Corporate Finance, 34: 1-22.

Caiazza, R., Cannella, A. A., Phan, P. H., Simoni, M. 2019. An institutional contingency perspective of interlocking directorates [J]. International Journal of Management Reviews, 21 (3): 277-293.

Calia, R. C., Guerrini, F. M., Moura, G. L. 2007. Innovation networks: From technological development to business model reconfiguration [J]. Technovation, 27 (8): 426-432.

Cannella, A., Sala, F. 2016. The role of interlocking directorships in fostering innovation in Italian firms [J]. International Journal of Management, 33 (3): 485-498.

Cao, J., Liang, H., Zhan, X. 2019. Peer effects of corporate social responsibility [J]. Management Science, 65 (12): 5487-5503.

Cao, X., Leng, T., Goh, J., Malatesta, P. 2020. The innovation effect of dual-class shares: New evidence from US firms [J]. Economic Modelling, 91: 347-357.

Carayannis, E. G., Provance, M., Grigoroudis, E. 2016. Entrepreneurship ecosystems: An agent-based simulation approach [J]. The Journal of Technology Transfer, 41: 631-653.

Cavaco, S., Crifo, P., Rebérioux, A., Roudaut, G. 2017. Independent directors: Less informed but better selected than affiliated board members?

[J]. Journal of Corporate Finance, 43: 106-121.

Cerqueiro, G., Hegde, D., Penas, M. F., Seamans, R. C. 2017. Debtor rights, credit supply, and innovation [J]. Management Science, 63 (10): 3311-3327.

Chahine, S., Fang, Y., Hasan, I., Mazboudi, M. 2019. Entrenchment through corporate social responsibility: Evidence from CEO network centrality [J]. International Review of Financial Analysis, 66: 101347.

Chang, C. H., Wu, Q. 2021. Board networks and corporate innovation [J]. Management Science, 67 (6): 3618-3654.

Chatterjee, A., Hambrick, D. C. 2011. Executive personality, capability cues, and risk taking: How narcissistic CEOs react to their successes and stumbles [J]. Administrative Science Quarterly, 56 (2): 202-237.

Chatterjee, S., Hasan, I., John, K., Yan, A. 2021. Stock liquidity, empire building, and valuation [J]. Journal of Corporate Finance, 70: 102051.

Chemmanur, T. J., Kong, L., Krishnan, K., Yu, Q. 2019. Top management human capital, inventor mobility, and corporate innovation [J]. Journal of Financial and Quantitative Analysis, 54 (6): 2383-2422.

Chen, C., Huang, A. G., Jha, R. 2012. Idiosyncratic return volatility and the information quality underlying managerial discretion [J]. Journal of Financial and Quantitative Analysis, 47 (4): 873-899.

Chen, C. J., Lin, B. W., Lin, Y. H., Hsiao, Y. C. 2016. Ownership structure, independent board members and innovation performance: A contingency perspective [J]. Journal of Business Research, 69 (9): 3371-3379.

Chen, H., Zeng, S., Lin, H., Ma, H. 2017a. Munificence, dynamism, and complexity: How industry context drives corporate sustainability [J]. Business Strategy and the Environment, 26 (2): 125-141.

Chen, H. L. 2014. Board capital, CEO power and R&D investment in electronics firms [J]. Corporate Governance: An International Review, 22 (5): 422-436.

Chen, I. J. , Hsu, P. H. , Wang, Y. 2022a. Staggered boards and product innovations: Evidence from Massachusetts State Bill HB 5640 [J]. Research Policy, 51 (4): 104475.

Chen, J. , Hu, Q. , Song, J. S. 2017b. Effect of partial cross ownership on supply chain performance [J]. European Journal of Operational Research, 258 (2): 525-536.

Chen, Q. A. , Tang, S. , Xu, Y. 2022b. Do government subsidies and financing constraints play a dominant role in the effect of state ownership on corporate innovation? Evidence from China [J]. Managerial and Decision Economics, 43 (8): 3698-3714.

Chen, S. , Ma, H. 2017. Peer effects in decision-making: Evidence from corporate investment [J]. China Journal of Accounting Research, 10 (2): 167-188.

Chen, X. , Cheng, Q. , Lo, K. 2010. On the relationship between analyst reports and corporate disclosures: Exploring the roles of information discovery and interpretation [J]. Journal of Accounting and Economics, 49 (3): 206-226.

Chen, Y. , Ge, R. , Louis, H. , Zolotoy, L. 2019a. Stock liquidity and corporate tax avoidance [J]. Review of Accounting Studies, 24: 309-340.

Chen, Y. , Hu, C. , Zhang, W. , Li, Q. 2021b. CEO exposure, media influence, and stock returns [J]. Journal of Global Information Management, 29 (6): 1-19.

Chen, Y. , Liu, Y. , Zhang, Z. 2020. The impact of foreign ownership on corporate innovation: Evidence from Chinese firms [J]. Journal of Business Research, 114: 283-294.

Chen, Y. , Tang, G. , Jin, J. , Xie, Q. , Li, J. 2014. CEOs Transformational Leadership and Product Innovation Performance: The Roles of corporate entrepreneurship and technology orientation [J]. Journal of Product Innovation Management, 31: 2-17.

Chen, Y. W. , Chan, K. , Chang, Y. 2019b. Peer effects on corporate cash holdings [J]. International Review of Economics & Finance, 61: 213-227.

Chen, Z., Chen, Y., Zhang, H. 2021a. Corporate innovation investment, shareholder structure, and market competition [J]. Journal of Business Research, 126: 487-499.

Cheng, S., Felix, R., Zhao, Y. 2019. Board interlock networks and informed short sales [J]. Journal of Banking & Finance, 98: 198-211.

Cheng, X., Wang, H. H., Wang, X. 2021. Common institutional ownership and corporate social responsibility [J]. Journal of Banking & Finance, 136: 106218.

Chesbrough, H. W. 2003. Open Innovation: The New Imperative for Creating and Profiting from Technology [M]. Harvard Business Press.

Chiu, P. C., Teoh, S. H., Tian, F. 2013. Board interlocks and earnings management contagion [J]. The Accounting Review, 88 (3): 915-944.

Cho, H., Kim, R. 2021. Asymmetric effects of voluntary disclosure on stock liquidity: Evidence from 8-K filings [J]. Accounting & Finance, 61 (1): 803-846.

Cho, H., Muslu, V. 2021. How do firms change investments based on MD&A disclosures of peer firms? [J]. The Accounting Review, 96 (2): 177-204.

Chung, D., Cho, T. S., Kang, J. 2018. The linkage between TMT knowledge diversity and firm-level innovation: The role of organisational search scope and managerial discretion [J]. International Journal of Technology Management, 78 (3): 208-233.

Clasen, D. R., Brown, B. B. 1985. The multidimensionality of peer pressure in adolescence [J]. Journal of Youth and Adolescence, 14 (6): 451-468.

Clement, M. B. 1999. Analyst forecast accuracy: Do ability, resources, and portfolio complexity matter? [J]. Journal of Accounting and Economics, 27 (3): 285-303.

Cohen, L., Frazzini, A., Malloy, C. 2008. The small word of investing: Board connections and mutual fund returns [J]. Journal of Political Economy, 116: 951-979.

Cohen, W. M., Levinthal, D. A. 1989. Innovation and learning: The two faces of R&D [J]. The Economic Journal, 99 (397): 569-596.

Connelly, B. L., Haynes, K. T., Tihanyi, L., Gamache, D. L., Devers, C. E. 2016. Minding the gap: Antecedents and consequences of top management-to-worker pay dispersion [J]. Journal of Management, 42 (4): 862-885.

Cornaggia, J., Li, J. Y. 2019. The value of access to finance: Evidence from M&As [J]. Journal of Financial Economics, 131 (1): 232-250.

Correa, J. A., Ornaghi, C. 2014. Competition & innovation: Evidence from US patent and productivity data [J]. The Journal of Industrial Economics, 62 (2): 258-285.

Covington, M. V. 1984. The self-worth theory of achievement motivation: Findings and implications [J]. The Elementary School Journal, 85 (1): 5-20.

Crane, A. D., Michenaud, S., Weston, J. P. 2016. The effect of institutional ownership on payout policy: Evidence from index thresholds [J]. The Review of Financial Studies, 29 (6): 1377-1408.

Crossland, C., Zyung, J., Hiller, N. J., Hambrick, D. C. 2014. CEO career variety: Effects on firm-level strategic and social novelty [J]. Academy of Management Journal, 57 (3): 652-674.

Cui, X., Wang, C., Liao, J., Fang, Z., Cheng, F. 2021. Economic policy uncertainty exposure and corporate innovation investment: Evidence from China [J]. Pacific-Basin Finance Journal, 67: 101533.

Cui, X., Wang, C., Sensoy, A., Liao, J., Xie, X. 2023. Economic policy uncertainty and green innovation: Evidence from China [J]. Economic Modelling, 118: 106104.

Cumming, D., Leung, T. Y., Rui, O. 2015. Gender diversity and securities fraud [J]. Academy of Management Journal, 58 (5): 1572-1593.

Cumming, D. , Leung, T. Y. 2021. Board diversity and corporate innovation: Regional demographics and industry context [J]. Corporate Governance: An International Review, 29 (3): 277-296.

Cummings, T. , Knott, A. M. 2018. Outside CEOs and innovation [J]. Strategic Management Journal, 39 (8): 2095-2119.

Custódio, C. , Ferreira, M. A. , Matos, P. 2019. Do general managerial skills spur innovation? [J]. Management Science, 65 (2): 459-476.

Dai, L. , Shen, R. , Zhang, B. 2021. Does the media spotlight burn or spur innovation? [J]. Review of Accounting Studies, 26: 343-390.

Dang, T. V. , Xu, Z. 2018. Market sentiment and innovation activities [J]. Journal of Financial and Quantitative Analysis, 53 (3): 1135-1161.

Dasgupta, S. , Li, X. , Wang, A. Y. 2018. Product market competition shocks, firm performance, and forced CEO turnover [J]. The Review of Financial Studies, 31 (11): 4187-4231.

Davis, A. K. , Piger, J. M. , Sedor, L. M. 2012. Beyond the numbers: Measuring the information content of earnings press release language [J]. Contemporary Accounting Research, 29 (3): 845-868.

De Beule, F. , Sels, A. 2016. Do innovative emerging market cross-border acquirers create more shareholder value? Evidence from India [J]. International Business Review, 25: 604-617.

De Cleyn, S. , Braet, J. 2012. Do board composition and investor type influence innovativeness in SMEs? [J]. International Entrepreneurship and Management Journal, 8: 285-308.

DeBoskey, D. G. , Luo, Y. , Zhou, L. 2019. CEO power, board oversight, and earnings announcement tone [J]. Review of Quantitative Finance and Accounting, 52: 657-680.

Demerjian, P. , Lev, B. , McVay, S. 2012. Quantifying managerial ability: A new measure and validity tests [J]. Management Science, 58 (7): 1229-1248.

Deng, T. , Wang, D. , Yang, Y. , Yang, H. 2019. Shrinking cities in growing

China: Did high speed rail further aggravate urban shrinkage? [J]. Cities, 86: 210-219.

Diamond, D. W. , Verrecchia, R. E. 1991. Disclosure, liquidity, and the cost of capital [J]. The Journal of Finance, 46 (4): 1325-1359.

DiMaggio, P. J. , Powell, W. W. 1983. The iron cage revisited: Institutional isomorphism and collective rationality in organizational fields [J]. American Sociological Review, 23 (2): 147-160.

Ding, B. Y. , Wei, F. 2022. Executive resume information disclosure and corporate innovation: Evidence from China [J]. Managerial and Decision Economics, 43 (8): 3593-3610.

Dong, X. , Zheng, S. , Kahn, M. E. 2020. The role of transportation speed in facilitating high skilled teamwork across cities [J]. Journal of Urban Economics, 115: 103212.

Dougal, C. , Parsons, C. A. , Titman, S. 2015. Urban vibrancy and corporate growth [J]. The Journal of Finance, 70 (1): 163-210.

Du, D. , Tang, X. , Wang, H. , Zhang, J. H. , Tsui, S. , Lin, D. 2022. CEO organizational identification and corporate innovation investment [J]. Accounting & Finance, 62 (3): 4185-4217.

Duchin, R. , Matsusaka, J. G. , Ozbas, O. 2010. When are outside directors effective? [J]. Journal of Financial Economics, 96 (2): 195-214.

Durnev, A. , Mangen, C. 2009. Corporate investments: Learning from restatements [J]. Journal of Accounting Research, 47 (3): 679-720.

Durnev, A. , Mangen, C. 2020. The spillover effects of MD&A disclosures for real investment: The role of industry competition [J]. Journal of Accounting and Economics, 70 (1): 101299.

Dyck, A. , Volchkova, N. , Zingales, L. 2008. The corporate governance role of the media: Evidence from Russia [J]. The Journal of Finance, 63 (3): 1093-1135.

D'Este, P. , Iammarino, S. , Savona, M. , von Tunzelmann, N. 2012. What hampers innovation? Revealed barriers versus deterring barriers [J]. Research Policy, 41 (2): 482-488.

Edmans, A. , Holderness, C. G. 2017. Blockholders: A survey of theory and evidence [J]. The Handbook of the Economics of Corporate Governance, 1: 541-636.

Eggers, J. P. , Kaplan, S. 2009. Cognition and renewal: Comparing CEO and organizational effects on incumbent adaptation to technical change [J]. Organization Science, 20 (2): 461-477.

Faleye, O. , Hoitash, R. , Hoitash, U. 2011. The costs of intense board monitoring [J]. Journal of Financial Economics, 101 (1): 160-181.

Fama, E. F. , Jensen, M. C. 1983. Separation of ownership and control [J]. The Journal of Law and Economics, 26 (2): 301-325.

Fang, B. , Ye, Q. , Kucukusta, D. , Law, R. 2016. Analysis of the perceived value of online tourism reviews: Influence of readability and reviewer characteristics [J]. Tourism Management, 52: 498-506.

Fang, L. , Peress, J. 2009. Media coverage and the cross-section of stock returns [J]. The Journal of Finance, 64 (5): 2023-2052.

Fedorova, E. , Drogovoz, P. , Nevredinov, A. , Kazinina, P. , Qitan, C. 2022. Impact of MD&A sentiment on corporate investment in developing economies: Chinese evidence [J]. Asian Review of Accounting, 30 (4): 513-539.

Feldman, R. , Govindaraj, S. , Livnat, J. , Segal, B. 2010. Management's tone change, post earnings announcement drift and accruals [J]. Review of Accounting Studies, 15: 915-953.

Feng, H. , Xiao, J. Z. 2022. Board change and firm risk: Do new directors mean unstable corporate policies? [J]. Corporate Governance: An International Review, 30 (2): 212-231.

Ferracuti, E. , Stubben, S. R. 2019. The role of financial reporting in resolving uncertainty about corporate investment opportunities [J]. Journal of Accounting and Economics, 68 (2-3): 101248

Fich, E. M. , Shivdasani, A. 2006. Are busy boards effective monitors? [J].

The Journal of Finance, 61 (2): 689-724.

Finkelstein, S. 1992. Power in top management teams: Dimensions, measurement, and validation [J]. Academy of Management Journal, 35 (3): 505-538.

Foucault, T. , Fresard, L. 2014. Learning from peers' stock prices and corporate investment [J]. Journal of Financial Economics, 111 (3): 554-577.

Fracassi, C. 2017. Corporate finance policies and social networks [J]. Management Science, 63 (8): 2420-2438.

Freeman, L. C. 1979. Centrality in social networks: Conceptual clarification [J]. Social Network: Critical Concepts in Sociology, 1: 215-239.

Funk, R. J. 2014. Making the most of where you are: Geography, networks, and innovation in organizations [J]. Academy of Management Journal, 57 (1): 193-222.

Galasso, A. , Simcoe, T. S. 2011. CEO overconfidence and innovation [J]. Management Science, 57 (8): 1469-1484.

Galindo, M. , Méndez-Picazo, M. 2013. Innovation, entrepreneurship and economic growth [J]. Management Decision, 51: 501-514.

Gan, H. , Park, M. S. 2017. CEO managerial ability and the marginal value of cash [J]. Advances in Accounting, 38: 126-135.

Gao, H. , Wang, J. , Wang, Y. , Wu, C. , Dong, X. 2020. Media coverage and the cost of debt [J]. Journal of Financial and Quantitative Analysis, 55 (2): 429-471.

Gao, K. , Shen, H. , Gao, X. , Chan, K. C. 2019. The power of sharing: Evidence from institutional investor cross-ownership and corporate innovation [J]. International Review of Economics & Finance, 63: 284-296.

Gao, X. , Xu, W. , Li, D. , Xing, L. 2021. Media coverage and investment efficiency [J]. Journal of Empirical Finance, 63: 270-293.

Gao, X. , Xu, W. , Li, D. 2022. Media coverage and corporate risk-taking: International evidence [J]. Journal of Multinational Financial Management, 65: 100738.

García-Quevedo, J., Pellegrino, G., Vivarelli, M. 2014. R&D drivers and age: Are young firms different? [J]. Research Policy, 43 (9): 1544-1556.

García-Sánchez, I. M., Martínez-Ferrero, J. 2018. How do independent directors behave with respect to sustainability disclosure? [J]. Corporate Social Responsibility and Environmental Management, 25 (4): 609-627.

García-Sánchez, I. M., Martínez-Ferrero, J. 2019. Chief executive officer ability, corporate social responsibility, and financial performance: The moderating role of the environment [J]. Business Strategy and the Environment, 28 (4): 542-555.

Garicano, L., Steinwender, C. 2016. Survive another day: Using changes in the composition of investments to measure the cost of credit constraints [J]. Review of Economics and Statistics, 98 (5): 913-924.

Gatignon, H., Tushman, M. L., Smith, W., Anderson, P. 2002. A structural approach to assessing innovation: Construct development of innovation locus, type, and characteristics [J]. Management Science, 48 (9): 1103-1122.

Gentry, R. J., Shen, W. 2013. The impacts of performance relative to analyst forecasts and analyst coverage on firm R&D intensity [J]. Strategic Management Journal, 34 (1): 121-130.

Gentzkow, M., Kelly, B., Taddy, M. 2019. Text as data [J]. Journal of Economic Literature, 57 (3): 535-574.

George, G. 2005. Slack resources and the performance of privately held firms [J]. Academy of Management Journal, 48 (4): 661-676.

Ghosh, D., Olsen, L. 2009. Environmental uncertainty and managers' use of discretionary accruals [J]. Accounting, Organizations and Society, 34 (2): 188-205.

Giachetti, C., Torrisi, S. 2018. Following or running away from the market leader? The influences of environmental uncertainty and market leadership [J]. European Management Review, 15 (3): 445-463.

Giroud, X. 2013. Proximity and investment: Evidence from plant-level data [J].

The Quarterly Journal of Economics, 128 (2): 861-915.

Gkypali, A., Arvanitis, S., Tsekouras, K. 2018. Absorptive capacity, exporting activities, innovation openness and innovation performance: A SEM approach towards a unifying framework [J]. Technological Forecasting and Social Change, 132: 143-155.

Gkypali, A., Filiou, D., Tsekouras, K. 2017. R&D collaborations: Is diversity enhancing innovation performance? [J]. Technological Forecasting and Social Change, 118: 143-152.

Gkypali, A., Tsekouras, K., von Tunzelmann, N. 2012. Endogeneity between internationalization and knowledge creation of global R&D leader firms: An econometric approach using Scoreboard data [J]. Industrial and Corporate Change, 21 (3): 731-762.

Gong, M., Wang, Y., Yang, X. 2021. Do independent directors restrain controlling shareholders' tunneling? Evidence from a natural experiment in China [J]. Economic Modelling, 94: 548-559.

Gorman, L., Lynn, T., Monaco, E., Palumbo, R., Rosati, P. 2021. The effect of media coverage on target firms' trading activity and liquidity around domestic acquisition announcements: Evidence from UK [J]. The European Journal of Finance, 27 (14): 1392-1412.

Goyenko, R. Y., Holden, C. W., Trzcinka, C. A. 2009. Do liquidity measures measure liquidity? [J]. Journal of financial Economics, 92 (2): 153-181.

Graf-Vlachy, L., Oliver, A. G., Banfield, R., König, A., Bundy, J. 2020. Media coverage of firms: Background, integration, and directions for future research [J]. Journal of Management, 46 (1): 36-69.

Griffin, D., Li, K., Xu, T. 2021. Board gender diversity and corporate innovation: International evidence [J]. Journal of Financial and Quantitative Analysis, 56 (1): 123-154.

Grimpe, C., Sofka, W., Bhargava, M., Chatterjee, R. 2017. R&D, marketing innovation, and new product performance: A mixed methods study [J]. Journal of Product Innovation Management, 34: 360-383.

Gruber, M., Heinemann, F., Brettel, M., Hungeling, S. 2010. Configurations of resources and capabilities and their performance implications: An exploratory study on technology ventures [J]. Strategic Management Journal, 31 (12): 1337-1356.

Gu, L., Wang, Y., Yao, W., Zhang, Y. 2018. Stock liquidity and corporate diversification: Evidence from China's split share structure reform [J]. Journal of Empirical Finance, 49: 57-80.

Guo, R., Zhang, Y. 2020. Blockholder network, board independence, and firm performance: An empirical analysis based on Chinese listed companies [J]. Journal of Modern Accounting and Auditing, 10 (2): 155-172.

Guo, S., Zan, B., Sun, Y., Zhang, M. 2020. Effects of top managers' military experience on technological innovation in the transition economies of China [J]. Technological Forecasting and Social Change, 153: 119909.

Gupta, A., Misangyi, V. F. 2018. Follow the leader (or not): The influence of peer CEOs' characteristics on interorganizational imitation [J]. Strategic Management Journal, 39 (5): 1437-1472.

Gupta, A. K. 2021. Innovation dimensions and firm performance synergy in the emerging market: A perspective from dynamic capability theory signaling theory [J]. Technology in Society, 64: 101512.

Hadlock, C. J., Pierce, J. R. 2010. New evidence on measuring financial constraints: Moving beyond the KZ index [J]. The Review of Financial Studies, 23 (5): 1909-1940.

Hainmueller, J. 2012. Entropy balancing for causal effects: A multivariate reweighting method to produce balanced samples in observational studies [J]. Political Analysis, 20 (1): 25-46.

Hambrick, D. C., Finkelstein, S., Mooney, A. C. 2005. Executive job demands: New insights for explaining strategic decisions and leader behaviors [J]. Academy of Management Review, 30 (3): 472-491.

Hambrick, D. C. 2007. Upper echelons theory: An update [J]. Academy of Management Review, 32 (2): 334-343.

Han, S., Nanda, V. K., Silveri, S. 2016. CEO power and firm performance under pressure [J]. Financial Management, 45 (2): 369-400.

Harris, I. C., Shimizu, K. 2004. Too busy to serve? An examination of the influence of over-boarded directors [J]. Journal of Management Studies, 41 (5): 775-798.

Hashmi, A. R. 2013. Competition and innovation: The inverted-U relationship revisited [J]. Review of Economics and Statistics, 95 (5): 1653-1668.

Hassan, M. K., Houston, R., Karim, M. S. 2021. Courting innovation: The effects of litigation risk on corporate innovation [J]. Journal of Corporate Finance, 71: 102098.

Haun, D. B., Tomasello, M. 2011. Conformity to peer pressure in preschool children [J]. Child Development, 82 (6): 1759-1767.

Haunschild, P. R., Beckman, C. M. 1998. When do interlocks matter?: Alternate sources of information and interlock influence [J]. Administrative Science Quarterly, 43 (4): 815-844.

Haynes, K. T., Hillman, A. 2010. The effect of board capital and CEO power on strategic change [J]. Strategic Management Journal, 31 (11): 1145-1163.

He, J., Huang, J. 2017. Product market competition in a world of cross-ownership: Evidence from institutional blockholdings [J]. The Review of Financial Studies, 30 (8): 2674-2718.

He, J., Tian, X. 2013. The dark side of analyst coverage: The case of innovation [J]. Journal of Financial Economics, 109 (3): 856-878.

He, J., Tian, X. 2018. Finance and corporate innovation: A survey [J]. Asia-Pacific Journal of Financial Studies, 47 (2): 165-212.

Helmers, C., Patnam, M., Rau, P. R. 2017. Do board interlocks increase innovation? Evidence from a corporate governance reform in India [J]. Journal of Banking & Finance, 80: 51-70.

Henri, J. F., Wouters, M. 2020. Interdependence of management control practices for product innovation: The influence of environmental unpredictability

[J]. Accounting, Organizations and Society, 86: 101073.

Hernández, A., Jiménez, J. L. 2014. Does high-speed rail generate spillovers on local budgets? [J]. Transport Policy, 35: 211-219.

Hernández-Lara, A. B., Gonzales-Bustos, J. P. 2019. The impact of interlocking directorates on innovation: The effects of business and social ties [J]. Management Decision, 57 (10): 2799-2815.

Hilary, G., Hsu, C. 2013. Analyst forecast consistency [J]. The Journal of Finance, 68 (1): 271-297.

Hillman, A. J., Dalziel, T. 2003. Boards of directors and firm performance: Integrating agency and resource dependence perspectives [J]. Academy of Management Review, 28 (3): 383-396.

Hirshleifer, D., Low, A., Teoh, S. H. 2012. Are overconfident CEOs better innovators? [J]. The Journal of Finance, 67 (4): 1457-1498.

Hitt, M. A., Hoskisson, R. E., Johnson, R. A., Moesel, D. D. 1996. The market for corporate control and firm innovation [J]. Academy of Management Journal, 39 (5): 1084-1119.

Hobday, M., Rush, H., Tidd, J. 2000. Innovation in complex products and system [J]. Research Policy, 29 (7-8): 793-804.

Holmstrom, B. 1989. Agency costs and innovation [J]. Journal of Economic Behavior & Organization, 12 (3): 305-327.

Hornung, E. 2015. Railroads and growth in Prussia [J]. Journal of the European Economic Association, 13 (4): 699-736.

Howard, M. D., Withers, M. C., Tihanyi, L. 2017. Knowledge dependence and the formation of director interlocks [J]. Academy of Management Journal, 60 (5): 1986-2013.

Hsu, P. H., Lü, Y., Wu, H., Xuan, Y. 2024. Director job security and corporate innovation [J]. Journal of Financial and Quantitative Analysis, 59 (2): 652-689.

Hsu, P. H., Tian, X., Xu, Y. 2014. Financial development and innovation: Cross-country evidence [J]. Journal of Financial Economics, 112 (1):

116-135.

Huang, H. J. , Habib, A. , Sun, S. L. , Liu, Y. , Guo, H. 2021. Financial reporting and corporate innovation: A review of the international literature [J]. Accounting & Finance, 61 (4): 5439-5499.

Huang, J. , Li, W. , Qiu, C. , Yim, F. , Wan, J. 2016. The impact of CEO servant leadership on firm performance in the hospitality industry [J]. International Journal of Contemporary Hospitality Management, 28: 945-968.

Huang, J. , Roberts, H. , Tan, E. K. 2018. Media tone and CEO power [J]. Available at SSRN 3220885.

Huang, J. , Roberts, H. , Tan, E. K. 2022. The media and CEO dominance [J]. International Review of Finance, 22 (1): 5-35.

Huang, S. , Zhang, Y. 2021. Blockholder networks, institutional environments, and firm performance: An empirical study [J]. Journal of Corporate Finance, 64: 102241.

Huang, X. , Teoh, S. H. , Zhang, Y. 2014. Tone management [J]. The Accounting Review, 89 (3): 1083-1113.

Humphery-Jenner, M. , Islam, E. , Rahman, L. , Suchard, J. A. 2022. Powerful CEOs and corporate governance [J]. Journal of Empirical Legal Studies, 19 (1): 135-188.

Hwang, B. N. , Lai, Y. P. , Wang, C. 2023. Open innovation and organizational ambidexterity [J]. European Journal of Innovation Management, 26 (3): 862-884.

Hwang, D. B. , Golemon, P. L. , Chen, Y. , Wang, T. , Hung, W. 2009. Guanxi and business ethics in Confucian society today: An empirical case study in Taiwan [J]. Journal of Business Ethics, 89: 235-250.

Hwang, G. J. , Chang, S. C. 2016. Effects of a peer competition-based mobile learning approach on students' affective domain exhibition in social studies courses [J]. British Journal of Educational Technology, 47 (6): 1217-1231.

Islam, E., Zein, J. 2020. Inventor CEOs [J]. Journal of Financial Economics, 135 (2): 505-527.

Jegadeesh, N., Wu, D. 2013. Word power: A new approach for content analysis [J]. Journal of Financial Economics, 110 (3): 712-729.

Ji, Y., Zhou, E., Guo, W. 2021. Can the media breed CEO overconfidence? A sociocognitive perspective in the Chinese context [J]. Cross Cultural Strategic Management, 28 (4): 705-733.

Jia, S., Zhou, C., Qin, C. 2017. No difference in effect of high-speed rail on regional economic growth based on match effect perspective? [J]. Transportation Research Part A: Policy and Practice, 106: 144-157.

Jiang, F., Shi, W., Zheng, X. 2020. Board chairs and R&D investment: Evidence from Chinese family-controlled firms [J]. Journal of Business Research, 112: 109-118.

Jiraporn, P., Jiraporn, N., Boeprasert, A., Chang, K. 2014. Does corporate social responsibility (CSR) improve credit ratings? Evidence from geographic identification [J]. Financial Management, 43 (3): 505-531.

Jiraporn, P., Lee, S. M., Park, K. J., Song, H. 2018. How do independent directors influence innovation productivity? A quasi-natural experiment [J]. Applied Economics Letters, 25 (7): 435-441.

Johansson, B., Lööf, H. 2015. Productivity, networks and knowledge flows [J]. Economics of Innovation and New Technology, 24: 1-4.

John, K., Litov, L., Yeung, B. 2008. Corporate governance and risk-taking [J]. The Journal of Finance, 63 (4): 1679-1728.

Johnson, S. G., Schnatterly, K., Hill, A. D. 2013. Board composition beyond independence: Social capital, human capital, and demographics [J]. Journal of Management, 39 (1): 232-262.

Kaczmarek, S., Kimino, S., Pye, A. 2014. Interlocking directorships and firm performance in highly regulated sectors: The moderating impact of board diversity [J]. Journal of Management & Governance, 18: 347-372.

Kang, J. K., Liu, W. L., Low, A., Zhang, L. 2018. Friendly boards and innovation [J]. Journal of Empirical Finance, 45: 1-25.

Kaplan, S. N., Klebanov, M. M., Sorensen, M. 2012. Which CEO characteristics and abilities matter? [J]. The Journal of Finance, 67 (3): 973-1007.

Kash, D. E., Rycroft, R. 2002. Emerging patterns of complex technological innovation [J]. Technological Forecasting and Social Change, 69 (6): 581-606.

Katmon, N., Mohamad, Z. Z., Norwani, N. M., Farooque, O. A. 2019. Comprehensive board diversity and quality of corporate social responsibility disclosure: Evidence from an emerging market [J]. Journal of Business Ethics, 157: 447-481.

Kaustia, M., Rantala, V. 2015. Social learning and corporate peer effects [J]. Journal of Financial Economics, 117 (3): 653-669.

Kedia, S., Rajgopal, S. 2009. Neighborhood matters: The impact of location on broad based stock option plans [J]. Journal of Financial Economics, 92 (1): 109-127.

Kelchtermans, S., Neicu, D., Teirlinck, P. 2020. The role of peer effects in firms' usage of R&D tax exemptions [J]. Journal of Business Research, 108: 74-91.

Kepler, J. D. 2021. Private communication among competitors and public disclosure [J]. Journal of Accounting and Economics, 71 (2-3): 101387.

Kerr, W. R., Nanda, R. 2015. Financing innovation [J]. Annual Review of Financial Economics, 7: 445-462.

Kiattikulwattana, P. 2019. Do letters to shareholders have information content? [J]. Asian Review of Accounting, 27 (1): 137-159.

Kim, C., Bettis, R. A. 2014. Cash is surprisingly valuable as a strategic asset [J]. Strategic Management Journal, 35 (13): 2053-2063.

Kim, E. H., Youm, Y. N. 2017. How do social media affect analyst stock recommendations? Evidence from S&P 500 electric power companies' Twitter accounts [J]. Strategic Management Journal, 38 (13): 2599-2622.

Kim, J., Koo, K. 2018. Are founder CEO s effective innovators? [J]. Asia-Pacific Journal of Financial Studies, 47 (3): 426-448.

Kim, J., Steensma, H. K., Park, H. D. 2019a. The influence of technological links, social ties, and incumbent firm opportunistic propensity on the formation of corporate venture capital deals [J]. Journal of Management, 45 (4): 1595-1622.

Kim, J. B., Lu, L. Y., Yu, Y. 2019b. Analyst coverage and expected crash risk: Evidence from exogenous changes in analyst coverage [J]. The Accounting Review, 94 (4): 345-364.

Klein, K. J., Knight, A. P. 2005. Innovation implementation: Overcoming the challenge [J]. Current Directions in Psychological Science, 14 (5): 243-246.

Koh, J. H., Park, J. 2018. Dual-class shares and firm performance: Empirical evidence from Korea [J]. Journal of Business Research, 86: 262-274.

Kong, D., Xiang, J., Zhang, J., Lu, Y. 2019. Politically connected independent directors and corporate fraud in China [J]. Accounting & Finance, 58 (5): 1347-1383.

Kothari, S. P., Li, X., Short, J. E. 2009. The effect of disclosures by management, analysts, and business press on cost of capital, return volatility, and analyst forecasts: A study using content analysis [J]. The Accounting Review, 84 (5): 1639-1670.

Krammer, S. M., Jimenez, A. 2020. Do political connections matter for firm innovation? Evidence from emerging markets in Central Asia and Eastern Europe [J]. Technological Forecasting and Social Change, 151: 119669.

Lamin, A., Ramos, M. A. 2016. R&D investment dynamics in agglomerations under weak appropriability regimes: Evidence from Indian R&D labs [J]. Strategic Management Journal, 37 (3): 604-621.

Lang, J. C. 2001. Managerial concerns in knowledge management [J]. Journal of Knowledge Management, 5 (1): 43-59.

Larcker, D. F., So, E. C., Wang, C. C. 2013. Boardroom centrality and firm performance [J]. Journal of Accounting and Economics, 55 (2-3): 225-250.

Laux, V. , Stocken, P. C. 2018. Accounting standards, regulatory enforcement, and innovation [J]. Journal of Accounting and Economics, 65 (2-3): 221-236.

Leary, M. T. , Roberts, M. R. 2014. Do peer firms affect corporate financial policy? [J]. The Journal of Finance, 69 (1): 139-178.

Lee, J. , Park, J. 2019. The impact of audit committee financial expertise on management discussion and analysis (MD&A) tone [J]. European Accounting Review, 28 (1): 129-150.

Lee, J. M. , Kim, J. , Bae, J. 2020. Founder CEOs and innovation: Evidence from CEO sudden deaths in public firms [J]. Research Policy, 49 (1): 103862.

Lee, Y. S. , Kim, T. , Choi, S. , Kim, W. 2022. When does AI pay off? AI-adoption intensity, complementary investments, and R&D strategy [J]. Technovation, 118: 102590.

Lewellyn, K. B. , Muller-Kahle, M. I. 2012. CEO power and risk taking: Evidence from the subprime lending industry [J]. Corporate Governance: An International Review, 20 (3): 289-307.

Li, C. , Yan, C. , Li, J. , Xia, C. , Xiao, Y. , Zheng, L. 2024. Multiple large shareholders, agency problem, and firm innovation [J]. Managerial and Decision Economics, 45 (2): 734-747.

Li, D. , Jiang, Q. , Mai, Y. 2019c. Board interlocks and capital structure dynamics: Evidence from China [J]. Accounting & Finance, 59: 1893-1922.

Li, F. 2010. The information content of forward-looking statements in corporate filings—A naïve Bayesian machine learning approach [J]. Journal of Accounting Research, 48 (5): 1049-1102.

Li, J. , Tang, Y. 2010. CEO hubris and firm risk taking in China: The moderating role of managerial discretion [J]. Academy of Management Journal,

53 (1): 45-68.

Li, M., Lu, Y., Phillips, G. M. 2019d. CEOs and the product market: When are powerful CEOs beneficial? [J]. Journal of Financial and Quantitative Analysis, 54 (6): 2295-2326.

Li, P., Shu, W., Tang, Q., Zheng, Y. 2019a. Internal control and corporate innovation: Evidence from China [J]. Asia-Pacific Journal of Accounting & Economics, 26 (5): 622-642.

Li, S., Li, Y., Zhang, J., Huang, H. 2019b. The impact of board of directors' international experience on corporate innovation: The role of market and institutional environments [J]. Journal of Business Research, 100: 167-179.

Li, V. 2016. Do false financial statements distort peer firms' decisions? [J]. The Accounting Review, 91 (1): 251-278.

Li, X., Wang, L. 2017. Corporate governance, excess resources, and innovation investment: Empirical evidence from Chinese listed companies [J]. Journal of Business Economics and Management, 39 (5): 65-76.

Li, Y., He, J., Xiao, M. 2019e. Risk disclosure in annual reports and corporate investment efficiency [J]. International Review of Economics & Finance, 63: 138-151.

Li, Y. X., He, C. 2023. Board diversity and corporate innovation: Evidence from Chinese listed firms [J]. International Journal of Finance & Economics, 28 (1): 1092-1115.

Liberti, J. M., Petersen, M. A. 2019. Information: Hard and soft [J]. Review of Corporate Finance Studies, 8 (1): 1-41.

Lieberman, M. B., Asaba, S. 2006. Why do firms imitate each other? [J]. Academy of Management Review, 31 (2): 366385.

Lin, C., Liu, S., Manso, G. 2021a. Shareholder litigation and corporate innovation [J]. Management Science, 67 (6): 3346-3367.

Lin, H., Zeng, S., Liu, H., Li, C. 2016. How do intermediaries drive corporate innovation? A moderated mediating examination [J]. Journal of Business Research, 69 (11): 4831-4836.

Lin, R. J., Tan, K. H., Geng, Y. 2013. Market demand, green product innovation, and firm performance: Evidence from Vietnam motorcycle industry [J]. Journal of Cleaner Production, 40: 101-107.

Lin, Y. 2017. Travel costs and urban specialization patterns: Evidence from China's high speed railway system [J]. Journal of Urban Economics, 98: 98-123.

Lin, Z., Patel, P., Oghazi, P. 2021b. The value of managerial ability and general ability for inventor CEOs [J]. Journal of Business Research, 135: 78-98.

Lin, Z. J., Liu, S., Sun, F. 2017. The impact of financing constraints and agency costs on corporate R&D investment: Evidence from China [J]. International Review of Finance, 17 (1): 3-42.

Link, A. 2021. Investments in R&D and innovative behavior: An exploratory cross-country study [J]. International Entrepreneurship and Management Journal, 17: 731-739.

Liu, S., Han, J. 2020. Media tone and expected stock returns [J]. International Review of Financial Analysis, 70: 101522.

Lo, K., Ramos, F., Rogo, R. 2017. Earnings management and annual report readability [J]. Journal of Accounting and Economics, 63 (1): 1-25.

Lou, Z., Ye, A., Mao, J., Zhang, C. 2022. Supplier selection, control mechanisms, and firm innovation: Configuration analysis based on fsQCA [J]. Journal of Business Research, 139: 81-89.

Loughran, T., McDonald, B. 2011. When is a liability not a liability? Textual analysis, dictionaries, and 10-Ks [J]. The Journal of Finance, 66 (1): 35-65.

Loughran, T., McDonald, B. 2014. Measuring readability in financial disclosures [J]. The Journal of Finance, 69 (4): 1643-1671.

Love, E. G., Lim, J., Bednar, M. K. 2017. The face of the firm: The influence of CEOs on corporate reputation [J]. Academy of Management Jour-

365

nal, 60 (4): 1462-1481.

Lu, J., Mahmoudian, F., Yu, D., Nazari, J. A., Herremans, I. M. 2021. Board interlocks, absorptive capacity, and environmental performance [J]. Business Strategy and the Environment, 30 (8): 3425-3443.

Lu, J., Wang, W. 2018. Managerial conservatism, board independence and corporate innovation [J]. Journal of Corporate Finance, 48: 1-16.

Luo, Y., Zhou, L. 2020. Textual tone in corporate financial disclosures: A survey of the literature [J]. International Journal of Disclosure and Governance, 17 (2-3): 101-110.

Luong, H., Moshirian, F., Nguyen, L., Tian, X., Zhang, B. 2017. How do foreign institutional investors enhance firm innovation? [J]. Journal of Financial and Quantitative Analysis, 52 (4): 1449-1490.

Mansfield, E. 1963. Size of firm, market structure, and innovation [J]. Journal of Political Economy, 71 (6): 556-576.

Manski, C. F. 1993. Identification of endogenous social effects the reflection problem [J]. Review of Economic Studies, 60 (3): 531-542.

Manso, G. 2011. Motivating innovation [J]. The Journal of Finance, 66 (5): 1823-1860.

March, J. G. 1991. Exploration and exploitation in organizational learning [J]. Organization Science, 2 (1): 71-87.

Marks, J. M., Shang, C. 2021. Does stock liquidity affect corporate debt maturity structure? [J]. Quarterly Journal of Finance, 11 (1): 2150005.

Marquis, C., Tilcsik, A. 2016. Institutional equivalence: How industry and community peers influence corporate philanthropy [J]. Organization Science, 27 (5): 1325-1341.

Martens, T., Sextroh, C. J. 2021. Analyst coverage overlaps and interfirm information spillovers [J]. Journal of Accounting Research, 59 (4): 1425-1480.

Martin, G., Gözübüyük, R., Becerra, M. 2015. Interlocks and firm performance: The role of uncertainty in the directorate interlock-performance relationship [J]. Strategic Management Journal, 36 (2): 235-253.

Masulis, R. W. , Wang, C. , Xie, F. 2012. Globalizing the boardroom—The effects of foreign directors on corporate governance and firm performance [J]. Journal of Accounting and Economics, 53 (3): 527-554.

Masulis, R. W. , Zhang, E. J. 2019. How valuable are independent directors? Evidence from external distractions [J]. Journal of Financial Economics, 132 (3): 226-256.

Mathers, A. M. , Wang, B. , Wang, X. 2020. Shareholder coordination and corporate innovation [J]. Journal of Business Finance & Accounting, 47 (5-6): 730-759.

Matsumoto, D. , Serfling, M. , Shaikh, S. 2022. Geographic peer effects in management earnings forecasts [J]. Contemporary Accounting Research, 39 (3): 2023-2057.

McConnell, J. J. , Servaes, H. 1990. Additional evidence on equity ownership and corporate value [J]. Journal of Financial Economics, 27 (2): 595-612.

Meng-tao, C. , Da-peng, Y. , Wei-qi, Z. , Qi-jun, W. 2023. How does ESG disclosure improve stock liquidity for enterprises—Empirical evidence from China [J]. Environmental Impact Assessment Review, 98: 106926.

Merkl-Davies, D. M. , Brennan, N. M. 2007. Discretionary disclosure strategies in corporate narratives: Incremental information or impression management? [J]. Journal of Accounting Literature, 27: 116-196.

Midavaine, J. , Dolfsma, W. , Aalbers, R. 2016. Board diversity and R&D investment [J]. Management Decision, 54 (3): 558-569.

Miele, D. B. , Molden, D. C. 2010. Naive theories of intelligence and the role of processing fluency in perceived comprehension [J]. Journal of Experimental Psychology: General, 139 (3): 535.

Migliori, S. , De Massis, A. , Maturo, F. , Paolone, F. 2020. How does family management affect innovation investment propensity? The key role of innovation impulses [J]. Journal of Business Research, 113: 243-256.

Min, B. S., Chizema, A. 2018. Board meeting attendance by outside directors [J]. Journal of Business Ethics, 147: 901-917.

Minetti, R., Murro, P., Paiella, M. 2015. Ownership structure, governance, and innovation [J]. European Economic Review, 80: 165-193.

Miroshnychenko, I., De Massis, A. 2020. Three decades of research on corporate governance and R&D investments: A systematic review and research agenda [J]. R&D Management, 50 (5): 648-666.

Mishra, C. S. 2019. Does managerial ability drive firm innovativeness? [J]. IEEE Transactions on Engineering Management, 68 (4): 1139-1154.

Mishra, C. S. 2022. Does institutional ownership discourage investment in corporate R&D? [J]. Technological Forecasting and Social Change, 182: 121837.

Mizruchi, M. S. 1996. What do interlocks do? An analysis, critique, and assessment of research on interlocking directorates [J]. Annual Review of Sociology, 22: 271-298.

Morris, D. M. 2018. Innovation and productivity among heterogeneous firms [J]. Research Policy, 47 (10): 1918-1932.

Mueller, P. E., Georgakakis, D., Greve, P., Peck, S., Ruigrok, W. 2021. The curse of extremes: Generalist career experience and CEO initial compensation [J]. Journal of Management, 47 (8): 1977-2007.

Muhammad, H., Migliori, S., Consorti, A. 2022. Corporate governance and R&D investment: Does firm size matter? [J]. Technology Analysis & Strategic Management, 36 (2): 1-15.

Muller, E., Peres, R. 2019. The effect of social networks structure on innovation performance: A review and directions for research [J]. International Journal of Research in Marketing, 36 (1): 3-19.

Muslu, V., Mutlu, S., Radhakrishnan, S., Tsang, A. 2019. Corporate social responsibility report narratives and analyst forecast accuracy [J]. Journal of Business Ethics, 154: 1119-1142.

Nambisan, S., Wright, M., Feldman, M. 2019. The digital transformation of innovation and entrepreneurship: Progress, challenges and key themes

[J]. Research Policy, 48 (8): 103773.

Nanda, R., Rhodes-Kropf, M. 2013. Investment cycles and startup innovation [J]. Journal of Financial Economics, 110 (2): 403-418.

Nguyen, B. D. 2015. Is more news good news? Media coverage of CEOs, firm value, and rent extraction [J]. Quarterly Journal of Finance, 5 (4): 1550020.

Nguyen, J. H., Qiu, B. 2022. Right-to-Work laws and corporate innovation [J]. Journal of Corporate Finance, 76: 102263.

Oh, H., Labianca, G., Chung, M. H. 2006. A multilevel model of group social capital [J]. Academy of Management Review, 31 (3): 569-582.

Oh, W. Y., Chang, Y. K., Kim, T. Y. 2018. Complementary or substitutive effects? Corporate governance mechanisms and corporate social responsibility [J]. Journal of Management, 44 (7): 2716-2739.

Omer, T. C., Shelley, M. K., Tice, F. M. 2020. Do director networks matter for financial reporting quality? Evidence from audit committee connectedness and restatements [J]. Management Science, 66 (8): 3361-3388.

Pacheco, D. F., Dean, T. J. 2015. Firm responses to social movement pressures: A competitive dynamics perspective [J]. Strategic Management Journal, 36 (7): 1093-1104.

Palmer, T. B., Wiseman, R. M. 1999. Decoupling risk taking from income stream uncertainty: A holistic model of risk [J]. Strategic Management Journal, 20 (11): 1037-1062.

Park, J., Sani, J., Shroff, N., White, H. 2019. Disclosure incentives when competing firms have common ownership [J]. Journal of Accounting and Economics, 67 (2-3): 387-415.

Park, K., Yang, I., Yang, T. 2017. The peer-firm effect on firm's investment decisions [J]. The North American Journal of Economics and Finance, 40: 178-199.

Park, K. 2018. Financial reporting quality and corporate innovation [J]. Journal of Business Finance & Accounting, 45 (7-8): 871-894.

Parrino, B., Sorescu, A. 2014. Managerial capabilities and corporate innovation: A review of the literature [J]. International Journal of Management Reviews, 14 (4): 349–376.

Paunov, C. 2012. The global crisis and firms' investments in innovation [J]. Research Policy, 41 (1): 24–35.

Peng, M., Mutlu, C., Sauerwald, S., Au, K., Wang, D. 2015. Board interlocks and corporate performance among firms listed abroad [J]. Journal of Management History, 21: 257–282.

Peng, Z., Lian, Y., Forson, J. A. 2021. Peer effects in R&D investment policy: Evidence from China [J]. International Journal of Finance & Economics, 26 (3): 4516–4533.

Peress, J. 2014. The media and the diffusion of information in financial markets: Evidence from newspaper strikes [J]. The Journal of Finance, 69 (5): 2007–2043.

Pillai, R., Al-Malkawi, H. 2017. On the relationship between corporate governance and firm performance: Evidence from GCC countries [J]. Research in International Business and Finance, 44: 394–410.

Polk, C., Sapienza, P. 2009. The stock market and corporate investment: A test of catering theory [J]. The Review of Financial Studies, 22 (1): 187–217.

Prugsamatz, N. C. 2021. CEO dominance and firm innovation effort [J]. Managerial Finance, 47 (7): 998–1015.

Pucheta-Martínez, M. C., García-Meca, E. 2019. Monitoring, corporate performance and institutional directors [J]. Australian Accounting Review, 29 (1): 208–219.

Qiao, H., Su, Y. 2020. Media coverage and decomposition of stock market volatility: Based on the generalized dynamic factor model [J]. Emerging Markets Finance and Trade, 56 (3): 613–625.

Quah, H., Haman, J., Naidu, D. 2021. The effect of stock liquidity on investment efficiency under financing constraints and asymmetric information:

Evidence from the United States [J]. Accounting & Finance, 61: 2109-2150.

Quan, X., Ke, Y., Qian, Y., Zhang, Y. 2023. CEO foreign experience and green innovation: Evidence from China [J]. Journal of Business Ethics, 182 (2): 535-557.

Rajgopal, S., Venkatachalam, M. 2011. Financial reporting quality and idiosyncratic return volatility [J]. Journal of Accounting and Economics, 51 (1-2): 1-20.

Rajkovic, T. 2020. Lead independent directors and investment efficiency [J]. Journal of Corporate Finance, 64: 101690.

Ramasamy, B., Goh, K. W., Yeung, M. C. 2006. Is Guanxi (relationship) a bridge to knowledge transfer? [J]. Journal of Business Research, 59 (1): 130-139.

Rashid, A., Said, A. F. 2021. Peer effects on investment decisions: Do industry leaders and young firms behave differently? [J]. Global Business Review.

Reber, R., Schwarz, N., Winkielman, P. 2004. Processing fluency and aesthetic pleasure: Is beauty in the perceiver's processing experience? [J]. Personality and Social Psychology Review, 8 (4): 364-382.

Rennekamp, K. 2012. Processing fluency and investors' reactions to disclosure readability [J]. Journal of Accounting Research, 50 (5): 1319-1354.

Rjiba, H., Saadi, S., Boubaker, S., Ding, X. S. 2021. Annual report readability and the cost of equity capital [J]. Journal of Corporate Finance, 67: 101902.

Rodrigues, R., Samagaio, A., Felício, T. 2020. Corporate governance and R&D investment by European listed companies [J]. Journal of Business Research, 115: 289-295.

Rogers, J. L., Skinner, D. J., Zechman, S. L. 2016. The role of the media in disseminating insider-trading news [J]. Review of Accounting Studies, 21: 711-739.

Ross, J. M., Sharapov, D. 2015. When the leader follows: Avoiding dethronement through imitation [J]. Academy of Management Journal, 58 (3): 658-679.

Salancik, G. R., Pfeffer, J. 1978. A social information processing approach to job attitudes and task design [J]. Administrative Science Quarterly, 23 (2): 224-253.

Sariol, A. M., Abebe, M. A. 2017. The influence of CEO power on explorative and exploitative organizational innovation [J]. Journal of Business Research, 73: 38-45.

Sarto, F., Saggese, S. 2022. Board industry expertise and innovation input: Evidence on the curvilinear relationship and the moderating effect of CEO [J]. European Journal of Innovation Management, 25 (6): 775-803.

Schiehll, E., Lewellyn, K. B., Muller-Kahle, M. I. 2018. Pilot, pivot and advisory boards: The role of governance configurations in innovation commitment [J]. Organization Studies, 39 (10): 1449-1472.

Seo, H. 2021. Peer effects in corporate disclosure decisions [J]. Journal of Accounting and Economics, 71 (1): 101364.

Shao, S., Tian, Z., Yang, L. 2017. High speed rail and urban service industry agglomeration: Evidence from China's Yangtze River Delta region [J]. Journal of Transport Geography, 64: 174-183.

Sheikh, S. 2018. The impact of market competition on the relation between CEO power and firm innovation [J]. Journal of Multinational Financial Management, 44: 36-50.

Sheikh, S. 2019. CEO power and corporate risk: The impact of market competition and corporate governance [J]. Corporate Governance: An International Review, 27 (5): 358-377.

Shi, H., Xu, H., Zhang, X. 2018. Do politically connected independent directors create or destroy value? [J]. Journal of Business Research, 83: 82-96.

Shin, D., He, S., Lee, G. M., Whinston, A. B., Cetintas, S., Lee, K. C. 2020. Enhancing social media analysis with visual data analytics: A deep learning approach [J]. MIS Quarterly, 44 (4): 1459-1492.

Shroff, N. , Verdi, R. S. , Yost, B. P. 2017. When does the peer information environment matter? [J]. Journal of Accounting and Economics, 64 (2–3): 183–214.

Shroff, N. , Verdi, R. S. , Yu, G. 2014. Information environment and the investment decisions of multinational corporations [J]. The Accounting Review, 89 (2): 759–790.

Simpson, A. , Tamayo, A. 2020. Real effects of financial reporting and disclosure on innovation [J]. Accounting and Business Research, 50 (5): 401–421.

Song, C. , Nahm, A. Y. , Song, Z. 2023. Executive technical experience and corporate innovation quality: Evidence from Chinese listed manufacturing companies [J]. Asian Journal of Technology Innovation, 31 (1): 94–114.

Srinivasan, R. , Wuyts, S. , Mallapragada, G. 2018. Corporate board interlocks and new product introductions [J]. Journal of Marketing, 82 (1): 132–148.

Stenbacka, R. , Van Moer, G. 2021. Cross ownership and divestment incentives [J]. Economics Letters, 201: 109748.

Storper, M. , Venables, A. J. 2004. Buzz: face-to-face contact and the urban economy [J]. Journal of Economic Geography, 4 (4): 351–370.

Sunder, J. , Sunder, S. V. , Zhang, J. 2017. Pilot CEOs and corporate innovation [J]. Journal of Financial Economics, 123 (1): 209–224.

Škerlavaj, M. , Song, J. H. , Lee, Y. 2010. Organizational learning culture, innovative culture and innovations in South Korean firms [J]. Expert Systems with Applications, 37 (9): 6390–6403.

Tailab, M. M. , Burak, M. J. 2021. Examining the effect of linguistic style in an MD&A on stock market reaction [J]. International Journal of Business Communication, 58 (3): 430–458.

Tan, R. S. K. , Chng, P. L. , Tan, T. W. 2001. CEO share ownership and firm value [J]. Asia Pacific Journal of Management, 18: 355–371.

Tang, X. , Shi, J. , Han, J. , Shu, A. , Xiao, F. 2021. Culturally diverse

board and corporate innovation [J]. Accounting & Finance, 61 (4):
5655-5679.

Tasheva, S., Hillman, A. J. 2019. Integrating diversity at different levels:
Multilevel human capital, social capital, and demographic diversity and
their implications for team effectiveness [J]. Academy of Management Review, 44 (4): 746-765.

Teece, D. J., Leih, S. 2016. Uncertainty, innovation, and dynamic capabilities: An introduction [J]. California Management Review, 58 (4): 5-
12.

Teece, D. J., Peteraf, M., Leih, S. 2016. Dynamic capabilities and organizational agility: Risk, uncertainty, and strategy in the innovation economy
[J]. California Management Review, 58 (4): 13-35.

Teece, D. J. 2007. Explicating dynamic capabilities: The nature and microfoundations of (sustainable) enterprise performance [J]. Strategic Management
Journal, 28 (13): 1319-1350.

Tetlock, P. C. 2010. Does public financial news resolve asymmetric information?
[J]. The Review of Financial Studies, 23 (9): 3520-3557.

Tortoriello, M. 2015. The social underpinnings of absorptive capacity: The moderating effects of structural holes on innovation generation based on external
knowledge [J]. Strategic Management Journal, 36 (4): 586-597.

Tran, L. T. H., Tu, T. T. K., Nguyen, T. T. H., Nguyen, H. T. L., Vo,
X. V. 2023. Annual report narrative disclosures, information asymmetry and
future firm performance: Evidence from Vietnam [J]. International Journal
of Emerging Markets, 18 (2): 351-375.

Tsai, W. H. S., Men, L. R. 2017. Social CEOs: The effects of CEOs' communication styles and parasocial interaction on social networking sites [J].
New Media & Society, 19 (11): 1848-1867.

Tsekouras, K., Chatzistamoulou, N., Kounetas, K., Broadstock, D. C. 2016.
Spillovers, path dependence and the productive performance of European
transportation sectors in the presence of technology heterogeneity [J].

Technological Forecasting and Social Change, 102: 261-274.

Tuggle, C. S. , Schnatterly, K. , Johnson, R. A. 2010. Attention patterns in the boardroom: How board composition and processes affect discussion of entrepreneurial issues [J]. Academy of Management Journal, 53 (3): 550-571.

Tuo, L. , Yu, J. , Zhang, Y. 2020. How do industry peers influence individual firms' voluntary disclosure strategies? [J]. Review of Quantitative Finance and Accounting, 54: 911-956.

Tuyen, B. Q. , Mai, N. P. , Long, T. Q. 2023. Does corporate engagement in social responsibility affect firm innovation? The mediating role of digital transformation [J]. International Review of Economics & Finance, 84: 292-303.

Vedula, S. , Matusik, S. F. 2017. Geographic, network, and competitor social cues: Evidence from US venture capitalists internationalization decisions [J]. Strategic Entrepreneurship Journal, 11 (4): 393-421.

Voss, G. B. , Sirdeshmukh, D. , Voss, Z. G. 2008. The effects of slack resources and environmentalthreat on product exploration and exploitation [J]. Academy of Management Journal, 51 (1): 147-164.

Wang, C. , Rodan, S. , Fruin, M. , Xu, X. 2014. Knowledge networks, collaboration networks, and exploratory innovation [J]. Academy of Management Journal, 57: 484-514.

Wang, C. , Xie, F. , Zhu, M. 2015. Industry expertise of independent directors and board monitoring [J]. Journal of Financial and Quantitative Analysis, 50 (5): 929-962.

Wang, C. H. , Lu, I. Y. , Chen, C. B. 2008. Evaluating firm technological innovation capability under uncertainty [J]. Technovation, 28 (6): 349-363.

Wang, F. , Mbanyele, W. , Muchenje, L. 2022a. Economic policy uncertainty and stock liquidity: The mitigating effect of information disclosure [J]. Research in International Business and Finance, 59: 101553.

Wang, H., Sengupta, S. 2016. Stakeholder relationships, brand equity, firm performance: A resource-based perspective [J]. Journal of Business Research, 69: 5561-5568.

Wang, K. 2021. Is the tone of risk disclosures in MD&As relevant to debt markets? Evidence from the pricing of credit default swaps [J]. Contemporary Accounting Research, 38 (2): 1465-1501.

Wang, Q., Wu, D., Yan, L. 2021. Effect of positive tone in MD&A disclosure on capital structure adjustment speed: Evidence from China [J]. Accounting & Finance, 61 (4): 5809-5845.

Wang, S., Wang, L., Xu, Y. 2020. How does the market reaction to corporate innovation investment depend on the level of investment risk? [J]. Journal of Business Research, 73 (10): 1063-1077.

Wang, W., Xu, Y., Wu, Y. J., Goh, M. 2022b. Linguistic understandability, signal observability, funding opportunities, and crowdfunding campaigns [J]. Information & Management, 59 (2): 103591.

Wang, Z., Li, Z. 2023. Does minority shareholder activism enhance corporate innovation? Evidence from China [J]. Finance Research Letters, 54: 103755.

Warusawitharana, M. 2015. Research and development, profits, and firm value: A structural estimation [J]. Quantitative Economics, 6 (2): 531-565.

Wei, X., Yang, H., Han, S. 2021. A meta-analysis of top management team compositional characteristics and corporate innovation in China [J]. Asia Pacific Business Review, 27 (1): 53-76.

Wen, H., Lee, C. C., Zhou, F. 2022. How does fiscal policy uncertainty affect corporate innovation investment? Evidence from China's new energy industry [J]. Energy Economics, 105: 105767.

Westphal, J. D., Khanna, P. 2003. Keeping directors in line: Social distancing as a control mechanism in the corporate elite [J]. Administrative Science Quarterly, 48 (3): 361-398.

Westphal, J. D., Zajac, E. J. 2013. A behavioral theory of corporate governance: Explicating the mechanisms of socially situated and socially constituted agency [J]. The Academy of Management Annals, 7 (1): 607-661.

Whited, T. M. , Wu, G. 2006. Financial constraints risk [J]. The Review of Financial Studies, 19 (2): 531-559.

Wu, D. X. , Yao, X. , Guo, J. L. 2021. Is textual tone informative or inflated for firm's future value? Evidence from Chinese listed firms [J]. Economic Modelling, 94: 513-525.

Wu, Z. , Fan, X. , Zhu, B. , Xia, J. , Zhang, L. , Wang, P. 2022. Do government subsidies improve innovation investment for new energy firms: A quasi-natural experiment of China's listed companies [J]. Technological Forecasting and Social Change, 175: 121418.

Wu, Z. , Salomon, R. 2016. Does imitation reduce the liability of foreignness? Linking distance, isomorphism, and performance [J]. Strategic Management Journal, 37 (12): 2441-2462.

Xia, Q. , Tan, M. , Cao, Q. , Li, L. 2023. The microfoundations of open innovation: CEO overconfidence and innovation choices [J]. R&D Management, 53 (1): 43-57.

Xiang, R. , Zhu, W. 2023. Academic independent directors and corporate fraud: Evidence from China [J]. Asia-Pacific Journal of Accounting & Economics, 30 (2): 285-303.

Xin, Y. , Zeng, X. , Luo, Z. 2022. Customers' tone in MD&A disclosure and suppliers' inventory efficiency: Evidence from China [J]. Managerial and Decision Economics, 43 (8): 3833-3853.

Yanadori, Y. , Cui, V. 2013. Creating inventives for innovation? The relationship between pay dispersion in R&D groups and firm innovation performance [J]. Strategic Management Journal, 34 (12): 1502-1511.

Yang, F. , Huang, J. , Cai, Y. 2022. Tone of textual information in annual reports and regulatory inquiry letters: Data from China [J]. Emerging Markets Finance and Trade, 58 (2): 417-427.

Yekini, L. S. , Wisniewski, T. P. , Millo, Y. 2016. Market reaction to the positiveness of annual report narratives [J]. The British Accounting Review, 48 (4): 415-430.

Yu, F., Shi, Y., Wang, T. 2020. R&D investment and Chinese manufacturing SMEs' corporate social responsibility: The moderating role of regional innovative milieu [J]. Journal of Cleaner Production, 258: 120840.

Yu, F. F. 2008. Analyst coverage and earnings management [J]. Journal of Financial Economics, 88 (2): 245-271.

Yuan, D., Shang, D., Ma. Y., Li, D. 2022. The spillover effects of peer annual report tone for firm innovation investment: Evidence from China [J]. Technological Forecasting and Social Change, 177: 121518.

Yuan, Y., Hu, M., Cheng, C. 2023. CEO succession and corporate innovation: A managerial myopic perspective [J]. The North American Journal of Economics and Finance, 64: 101863.

Zavertiaeva, M. A., López-Iturriaga, F. J., Kuminova, E. V. 2018. Better innovators or more innovators? Managerial overconfidence and corporate R&D [J]. Managerial and Decision Economics, 39 (4): 447-461.

Zhang, D., Guo, Y., Wang, Z., Chen, Y. 2020a. The impact of US monetary policy on Chinese enterprises' R&D investment [J]. Finance Research Letters, 35: 101301.

Zhang, D., Zheng, W. 2020. Does financial constraint impede the innovative investment? Micro evidence from China [J]. Emerging Markets Finance and Trade, 56 (7): 1423-1446.

Zhang, F., Zhu, L., Lyu, C. 2020b. Large shareholder-manager social capital and firms' radical innovation: empirical evidence from Chinese firms [J]. Innovation, 22 (4): 377-398.

Zhang, K., Wang, J. J., Sun, Y., Hossain, S. 2021. Financial slack, institutional shareholding and enterprise innovation investment: Evidence from China [J]. Accounting & Finance, 61 (2): 3235-3259.

Zhang, X., Wu, W., Zhou, Z., Yuan, L. 2020c. Geographic proximity, information flows and corporate innovation: Evidence from the high-speed rail construction in China [J]. Pacific-Basin Finance Journal, 61: 101342.

Zhao, T. 2021. Board network, investment efficiency, and the mediating role of CSR: Evidence from China [J]. International Review of Economics & Finance, 76 (1): 897-919.

Zhao, Z. , Wang, L. , Wu, J. , Yang, R. 2023. The threshold effect of financing channels on the R&D investment: evidence from the manufacturing companies in China [J]. Technology Analysis & Strategic Management, 35 (8): 1024-1037.

Zhu, Y. , Wu, Z. , Zhang, H. , Yu, J. 2017. Media sentiment, institutional investors and probability of stock price crash: Evidence from Chinese stock markets [J]. Accounting & Finance, 57 (5): 1635-1670.

Zona, F. 2012. Corporate investing as a response to economic downturn: Prospect theory, the behavioural agency model and the role of financial slack [J]. British Journal of Management, 23: 42-57.

图书在版编目（CIP）数据

中国上市公司创新研究：基于多维利益相关者的视
角／原东良著 . --北京：社会科学文献出版社，2024.
7. --ISBN 978-7-5228-3843-4

Ⅰ. F279. 246

中国国家版本馆 CIP 数据核字第 20243E03E1 号

中国上市公司创新研究：基于多维利益相关者的视角

著　　者／原东良

出 版 人／冀祥德
责任编辑／高　雁
文稿编辑／陈丽丽
责任印制／王京美

出　　　版／社会科学文献出版社·经济与管理分社（010）59367226
　　　　　　 地址：北京市北三环中路甲 29 号院华龙大厦　邮编：100029
　　　　　　 网址：www. ssap. com. cn
发　　　行／社会科学文献出版社（010）59367028
印　　　装／三河市龙林印务有限公司

规　　　格／开　本：787mm×1092mm　1/16
　　　　　　 印　张：24.25　字　数：385 千字
版　　　次／2024 年 7 月第 1 版　2024 年 7 月第 1 次印刷
书　　　号／ISBN 978-7-5228-3843-4
定　　　价／138.00 元

读者服务电话：4008918866